STUDY ON CONTEMPORARY OVERSEAS MARXIST PHILOSOPHY

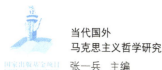

当代国外
马克思主义哲学研究丛书
张一兵　主编

南京大学
建设世界一流大学一流学科工程项目

Biopower,Form-of-Life
and Community
A Study on Agamben's Biopolitics

生命权力、生命形式与共同体

阿甘本的生命政治学研究

刘　黎　著

北京师范大学出版集团
BEIJING NORMAL UNIVERSITY PUBLISHING GROUP
北京师范大学出版社

总　序

今天中国的改革开放创造了一个前所未有的华夏文明的时代，中国人文社会科学学术研究领域中那种单向的"去西方取经"一边倒的情形，已经转换为世界各国的科学家和思想家纷纷来到中国这块火热的大地上，了解这里发生的一切，与中国的学者进行面对面的交流。在作为中国马克思主义哲学研究重镇的南京大学，德里达来了，齐泽克[①]

[①]　斯拉沃热·齐泽克(Slavoj Žižek，1949—　)：当代斯洛文尼亚著名思想家，欧洲后马克思思潮主要代表人物之一。1949 年 3 月 21 日生于斯洛文尼亚的卢布尔雅那市，当时，该市还是南斯拉夫西北部的一个城市。1971 年在卢布尔雅那大学文学院哲学系获文科(哲学和社会学)学士，1975 年在该系获文科(哲学)硕士，1981 年在该系获文科(哲学)博士。1985 年在巴黎第八大学获文科(精神分析学)博士。从 1979 年起，在卢布尔雅那大学社会学和哲学研究所任研究员(该所从 1992 年开始更名为卢布尔雅那大学社会科学院社会科学研究所)。主要著作：《意识形态的崇高对象——悖论与颠覆》(1989)、《斜视》(1991)、《延迟的否定——康德、黑格尔与意识形态批判》(1993)、《快感大转移——妇女和因果性六论》(1994)、《难缠的主体——政治本体论的缺席中心》(1999)、《易碎的绝对——基督教遗产为何值得奋斗?》(2000)、《视差之见》(2006)、《捍卫失败的事业》(2008)、《比无更少》(2012)等。

来了，德里克①来了，凯文·安德森②来了，凯尔纳③来了，阿格里塔④
来了，巴加图利亚⑤来了，郑文吉⑥来了，望月清司⑦来了，奈格里⑧

---

① 阿里夫·德里克(Arif Dirlik, 1940—2017)：土耳其裔历史学者，美国著名左派学者，美国杜克大学、俄勒冈大学教授。代表作：《革命与历史——中国马克思主义历史学的起源，1919—1937》(1978)、《中国革命中的无政府主义》(2006)、《后革命时代的中国》(2015)等。

② 凯文·安德森(Kevin B. Anderson, 1948—)：美国当代西方列宁学家，社会学家，加利福尼亚大学圣塔芭芭拉分校教授。代表作：《列宁、黑格尔和西方马克思主义：一种批判性研究》(1995)等。

③ 道格拉斯·凯尔纳(Douglas Kellner, 1943—)：马克思主义批判理论家，美国加利福尼亚大学洛杉矶分校教授，乔治·奈勒教育哲学讲座教授。代表作：《后现代转折》(1997)、《后现代理论——批判性的质疑》(1991)、《媒体奇观：当代美国社会文化透视》(2001)等。

④ 米歇尔·阿格里塔(Michel Aglietta, 1938—)：法国调节学派理论家，法国巴黎第五大学国际经济学教授，法国巴黎大学荣誉教授。代表作：《调节与资本主义危机》(1976)等。

⑤ 巴加图利亚(G. A. Bagaturija, 1929—)：俄罗斯著名马克思主义文献学家和哲学家。

⑥ 郑文吉(Chung, Moon-Gil, 1941—2017)：当代韩国著名马克思学家。1941年11月20日出生于韩国庆尚北道大邱市；1960—1964年就读于大邱大学(现岭南大学)政治系，1964—1970年为首尔大学政治学研究生，获博士学位；1971年起，任教于高丽大学，1975年任副教授，1978年任教授；2007年，从高丽大学的教职上退休。1998—2000年，郑文吉任高丽大学政治科学与经济学院院长。代表作：《异化理论研究》(1978)、《青年黑格尔派与马克思》(1987)、《马克思的早期论著及思想生成》(1994)、《韩国的马克思学视域》(2004)等。

⑦ 望月清司(Mochizuki Seiji, 1929—)：日本当代新马克思主义思想家。1929年生于日本东京，1951年就读于日本专修大学商学部经济学科，1956年就任该大学商学部助手，1969年晋升为该大学经济学部教授。1975年获得专修大学经济学博士，并从1989年开始连任专修大学校长9年，直至退休为止。代表作：《马克思历史理论的研究》(1973)等。

⑧ 安东尼·奈格里 (Antonio Negri, 1933—)：意大利当代著名马克思主义哲学家。1956年毕业于帕多瓦大学哲学系，获得哲学学士学位。同年加入意大利工人社会党。20世纪60年代曾参与组织意大利工人"自治运动"(Autonomia Operaia)。1967年获得教授资格。1978年春季，他应阿尔都塞的邀请在巴黎高师举办了一系列关于马克思《政治经济学批判大纲》的讲座，其书稿于1979年分别在法国和意大利出版，即《〈大纲〉：超越马克思的马克思》。1979年，奈格里因受到红色旅杀害时任意大利总理阿尔多·莫罗事件的牵连而被捕。释放后流亡法国14年，在法国文森大学(巴黎第八大学)和国际哲学学院任教。1997年，在刑期从30年缩短到13年后，奈格里回到意大利服刑。在狱中奈格里出版了一批有影响的著作。1994年，奈格里与哈特合作出版了《酒神：国家形式的批判》。之后，二人又相继合作出版了批判资本主义全球化的三部曲：《帝国》(2000)、《诸众》(2004)、《大同世界》(2011)等。

和普舒同①来了，斯蒂格勒②和大卫·哈维③这些当代的哲学大师都多次来到南京大学，为老师和学生开设课程，就共同关心的学术前沿问题与我们开展系列研讨与合作。曾几何时，由于历史性和地理性的时空相隔，语言系统迥异，不同文化和不同的政治话语语境，我们对国外马克思主义哲学的研究，只能从多重时空和多次语言转换之后的汉译文本，生发出抽象的理论省思。现在，这一切都在改变。我们已经获得足够完整的第一手文献，也培养了一批批熟练掌握不同语种的年轻学者，并且，我们已经可以直接与今天仍然在现实布尔乔亚世界中执着抗争的欧美亚等左派学者面对

①　穆伊什·普舒同（Moishe Postone，1942—2018）：当代加拿大马克思主义历史学家、哲学家和政治经济学家。1983年获德国法兰克福大学博士学位，代表作《时间、劳动和社会支配：对马克思批判理论的再解释》在国际马克思主义学界产生了很大影响。普舒同教授曾于2012年和2017年两次访问南京大学马克思主义社会理论研究中心，为师生作精彩的学术演讲，并与中心学者和学生进行深入的研讨与交流。

②　贝尔纳·斯蒂格勒（Bernard Stiegler，1952—　）：当代法国哲学家，解构理论大师德里达的得意门生。早年曾因持械行劫而入狱，后来在狱中自学哲学，并得到德里达的赏识。1992年在德里达的指导下于社会科学高级研究院获博士学位（博士论文：《技术与时间》）。于2006年开始担任法国蓬皮杜中心文化发展部主任。代表作：《技术与时间》（三卷，1994—2001）、《象征的贫困》（二卷，2004—2005）、《怀疑和失信》（三卷，2004—2006）、《构成欧洲》（二卷，2005）、《新政治经济学批判》（2009）等。

③　大卫·哈维（David Harvey，1935—　）：当代美国著名马克思主义思想家。1935年出生于英国肯特郡，1957年获剑桥大学地理系文学学士，1961年以《论肯特郡1800—1900年农业和乡村的变迁》一文获该校哲学博士学位。随后即赴瑞典乌普萨拉大学访问进修一年，回国后任布里斯托大学地理系讲师。1969年后移居美国，任约翰·霍普金斯大学地理学与环境工程系教授，1994—1995年曾回到英国在牛津大学任教。2001年起，任教于纽约市立大学研究生中心和伦敦经济学院。哈维是当今世界最重要的马克思主义思想家，提出地理—历史唯物主义，是空间理论的代表人物。其主要著作有《地理学中的解释》（1969）、《资本的界限》（1982）、《后现代的状况——对文化变迁之缘起的探究》（1989）、《正义、自然与差异地理学》（1996）、《希望的空间》（2000）、《新自由主义简史》（2005）、《跟大卫·哈维读〈资本论〉》（第一卷，2010；第二卷，2013）、《资本社会的17个矛盾》（2014）、《世界之道》（2016）等。

面地讨论、合作与研究，情况确实与以前大不相同了。

2017 年 5 月，我们在南京召开了"第四届当代资本主义研究暨纪念《资本论》出版 150 周年国际学术研讨会"和"《政治经济学批判大纲》专题讨论会"。在这两个会议上，我们与来到南京大学的国外马克思主义哲学研究者们，不仅共同讨论基于原文的马克思《1857—1858 年经济学手稿》中的"机器论片断"，也一同进一步思考当代数字资本主义社会出现的所谓自动化生产与"非物质劳动"问题。真是今非昔比，这一切变化都应该归因于正在崛起的伟大的社会主义中国。

2001 年，哲学大师德里达在南京大学的讲坛上讨论解构理论与当代资本主义批判之间的关系，他申辩自己不是打碎一切的"后现代主义者"，而只是通过消解各种固守逻辑等级结构的中心论，为世界范围内的文化、性别平等创造一种新的思维方式。如今，这位左派大师已经驾鹤西去，但他的批判性思想的锐利锋芒，尤其是谦逊宽宏的学术胸怀令人永远难忘。

2003 年以来，我们跟日本学界合办的"广松涉与马克思主义哲学国际学术研讨会"已经举行了六届，从南京到东京，多次与广松涉①夫人及

---

① 广松涉(Hiromatsu Wataru，1933—1994)：当代日本著名的新马克思主义哲学家和思想大师。广松涉 1933 年 8 月 11 日生于日本的福冈柳川。1954 年，广松涉考入东京大学，1959 年，在东京大学哲学系毕业。1964 年，广松涉在东京大学哲学系继续博士课程的学习。1965 年以后，广松涉先后任名古屋工业大学讲师(德文)、副教授(哲学和思想史)，1966 年，他又出任名古屋大学文化学院讲师和副教授(哲学与伦理学)。1976 年以后，广松涉出任东京大学副教授、教授直至 1994 年退休。同年 5 月，任东京大学名誉教授。同月，广松涉因患癌症去世。代表作：《唯物史观的原像》(1971)、《世界的交互主体性的结构》(1972)、《文献学语境中的〈德意志意识形态〉》(1974)、《资本论的哲学》(1974)、《物象化论的构图》(1983)、《存在与意义》(全二卷，1982—1983)等。

学生们深入交流，每每谈及广松先生从 20 世纪 60 年代就开始直接投入左翼学生运动狂潮的激情，尤其是每当聊到广松先生对马克思主义哲学的痴迷和以民族文化为根基，以马克思主义哲学为中轴，创立独具东方特色的"广松哲学"的艰辛历程时，广松夫人总是热泪盈眶、情不能已。

2005 年，卡弗①访问了南京大学马克思主义社会理论研究中心，每当谈起马克思恩格斯的《德意志意识形态》等经典哲学文本时，这位严谨的欧洲人认真得近乎固执的治学态度和恭敬于学术的痴迷神情总是会深深打动在场的所有人。2018 年，卡弗再一次来到南京大学时，已经带来了我们共同关心的《德意志意识形态》手稿版和政治传播史的新书。2006 年，雅索普②在我们共同主办的"当代资本主义研究国际学术研讨会"上受邀致闭幕词，其间他自豪地展示了特意早起拍摄的一组清晨的照片，并辅以激情洋溢的抒怀，他对中国社会和中国文化的欣赏与热情展露无遗，令与会者尽皆动容。

令我记忆深刻的还有 2007 年造访南京大学的哲学家齐泽克。在我

---

① 特雷尔·卡弗（Terrell Carver，1946— ）：英国布里斯托大学政治学系教授，当代著名西方马克思学学者。1974 年在牛津大学贝列尔学院获得政治学博士学位，1995 年 8 月至今任英国布里斯托大学政治学系教授。代表作：《卡尔·马克思：文本与方法》（1975）、《马克思的社会理论》（1982）、《弗里德里希·恩格斯：他的生活及思想》（1989）、《后现代的马克思》（1998）、《政治理论中的人》（2004）、《〈德意志意识形态〉手稿》（2016）等。

② 鲍勃·雅索普（Bob Jessop，1946— ）：当代重要的西方马克思主义理论家。毕业于英国兰卡斯特大学，从事社会学研究并获得学士学位。在英国剑桥大学获得博士学位后，任剑桥大学唐宁学院的社会与政治科学研究员。1975 年他来到艾塞克斯大学政府学院，开始教授国家理论、政治经济学、政治社会学和历史社会学，现为英国兰卡斯特大学社会学教授。代表作：《国家理论：让资本主义国家归位》（1990）、《国家的过去、现在与未来》（2016）等。

与他的对话中，齐泽克与我提到资本主义经济全球化中的那一双"童真之眼"，他说，我们应该为芸芸众生打开一个视界，让人们看到资本的逻辑令我们看不到的东西。在他看来，这，就是来自马克思主义批判的质性追问。也是在这一年，德里克访问南京大学，作为当代中国现代史研究的左翼大家，他在学术报告中提出后革命时代中马克思主义的不可或缺的意义。不久之后，在我的《回到马克思》英文版的匿名评审中，德里克给予了此书极高的学术评价，而这一切他从来都没有提及。

2008年，苏联马克思主义研究院的那位编译专家巴加图利亚，为我们带来了自己多年以前写作的关于《德意志意识形态》的哲学博士论文和俄文文献。也是这一年，韩国著名马克思文献学学者郑文吉应邀来南京大学访问，他在为南京大学学生作的报告中告诉我们，他的学术研究生涯是"孤独的30年"，但是，在他退休之后，他的研究成果却在中国这样一个伟大的国家得到承认，他觉得过去艰难而孤独的一切都是值得的。2011年，日本新马克思主义思想家望月清司访问南京大学，他将这里作为40年前的一个约定的实现地，此约定即谁要是能查到马克思在《资本论》中唯一一次使用的"资本主义"（Kapitalismus）一词，就请谁喝啤酒。已经初步建成《马克思恩格斯全集》电子化全文数据库的我们都喝到了他的啤酒。

最令我感动的是年过八旬的奈格里，他是怀中放着心脏病的急救药，来参加我们2017年"第四届当代资本主义研究暨纪念《资本论》出版150周年国际学术研讨会"的，曾经坐过十几年资产阶级政府大牢的他，一讲起意大利"1977运动"的现场，就像一个小伙子那样充满激情。同样是参加这次会议的八旬老翁普舒同，当看到他一生研究的马克思

《1857—1858 年经济学手稿》的高清扫描件时，激动得眼泪都要流出来了。不幸的是，普舒同教授离开中国不久就因病离世，在南京大学的会议发言和访谈竟然成了他留给世界最后的学术声音。

2015—2018 年，斯蒂格勒四次访问南京大学，他连续三年为我们的老师和学生开设了三门不同的课程，我先后与他进行了四次学术对话，也正是与他的直接相遇和学术叠境，导引出一本我关于《技术与时间》的研究性论著。① 2016—2018 年，哈维三次来到南京大学，他和斯蒂格勒都签约成为刚刚成立的南京大学国际马克思主义研究院的兼职教授，他不仅为学生开设了不同的课程，而且每一次都带来了自己的最新研究成果。我与他的哲学学术对话经常会持续整整一天，当我问他是否可以休息一下时，他总是笑着说："我到这里来，不是为了休息的。"哪怕在吃饭的时候，他还会问我："马克思的异化概念到底是什么时候形成的？"

对我来说，这些当代国外马克思主义哲学家和左派学者真的让人肃然起敬。他们的旨趣和追求是真与当年马克思、恩格斯的理想一脉相承的，在当前这个物质已经极度富足丰裕的资本主义现实里，身处资本主义体制之中，他们依然坚执地秉持知识分子的高尚使命，在努力透视繁华世界里理直气壮的形式平等背后深藏的无处控诉的不公和血泪，依然理想化地高举着抗拒全球化资本统治逻辑的大旗，发出阵阵发自肺腑、激奋人心的激情呐喊。无法否认，相对于对手的庞大势

---

① 张一兵：《斯蒂格勒〈技术与时间〉构境论解读》，上海，上海人民出版社，2018。

力而言，他们显得实在弱小，然而正如传说中美丽的天堂鸟①一般，时时处处，他们总是那么不屈不挠。我为有这样一批革命的朋友感到自豪和骄傲。

其实，自 20 世纪 80 年代以来，中国马克思主义理论界接触、介绍和研究国外马克思主义哲学已经有 30 多个年头了。我们对国外马克思主义哲学家的态度和研究方法也都有了全面的理解。早期的贴标签式的为了批判而批判的研究方式早已经淡出了年轻一代的主流话语，并逐渐形成了以文本和思想专题为对象的各类更为科学的具体研究，正在形成一个遍及中国的较高的学术探讨和教学平台。研究的领域也由原来对欧美马克思主义哲学的关注，扩展到对全球马克思主义哲学研究的全景式研究。在研究的思考逻辑上，国内研究由原来零星的个人、流派的引介和复述，深入到对国外马克思主义哲学的整体理论逻辑的把握，并正在形成一批高质量的研究成果。各种国外马克思主义论坛和学术研讨活动，已经成为广受青年学者关注和积极参与的重要载体和展示平台，正在产生重要的学术影响。可以说，我们的国外马克思主义哲学学科建设取得了喜人的进展，从无到有，从引进到深入研究，走过的是一条脚踏实地的道路。

从这几十年的研究来看，国外马克思主义哲学研究对于我国的马克思主义学术理论建设，对于了解西方当代资本主义社会的变迁具有极为

---

① 传说中的天堂鸟有很多版本。辞书上能查到的天堂鸟是鸟，也是一种花。据统计，全世界共有 40 余种天堂鸟，在巴布亚新几内亚就有 30 多种。天堂鸟花是一种生有尖尖的利剑状叶片的美丽的花。但是我最喜欢的传说，还是作为极乐鸟的天堂鸟，在阿拉伯古代传说中是不死之鸟，相传每隔五六百年就会自焚成灰，在灰中获得重生。

重要的意义。首先，国内的马克思主义哲学研究由于长期受到苏联教条主义教科书的影响，在取得了重大历史成就的同时也存在着一些较为严重的缺陷，对这些理论缺陷的反思，在某种意义上是依托对国外马克思主义哲学的研究和比较而呈现出来的。因而，在很大的意义上，国外马克思主义哲学的研究推动了国内马克思主义研究在理论和方法上的变革。甚至可以说，国外马克思主义哲学研究和国内马克思主义哲学研究是互为比照，互相促进的。其次，我们对国外马克思主义哲学的研究同时也深化了对西方左翼理论的认识，并通过这种研究加深了我们对于当代资本主义现实的理解，进而也让我们获得了中国特色社会主义道路自信最重要的共时性参照。

当然，随着当代资本主义的发展，国外马克思主义哲学理论逻辑也发生了重大变化，比如，到 20 世纪 60 年代，以阿多诺的《否定的辩证法》和 1968 年"红色五月风暴"学生运动的失败为标志，在欧洲以学术为理论中轴的"西方马克思主义"在哲学理论逻辑和实践层面上都走到了终结，欧洲的马克思主义哲学研究出现了"后马克思"转向，并逐渐形成了"后马克思思潮""后现代马克思主义""晚期马克思主义"等哲学流派。这些流派或坚持马克思的立场和方法，或认为时代已经变了，马克思的理论和方法已经过时，或把马克思的理论方法在新的时代条件下加以运用和发展。总的来说，"后马克思"理论倾向呈现出一幅繁杂的景象。它们的理论渊源和理论方法各异，理论立场和态度也各异，进而对当代资本主义的认识和分析也相去甚远。还应该说明的是，自意大利"1977 运动"失败之后，意大利的马克思主义理论研究开始在欧洲学术界华丽亮相，出现了我们并没有很好关注的所谓"意大利激进思潮"①。在 20 世纪 60 年代曾经达到学术高峰的日本马克思主义哲学研究界，昔日的辉煌不再，青年一代的马克思追随者还在孕育之中；而久被压制的韩国马克思主义哲学研究，才刚刚进入它的成长初期；我们对印度、伊朗等第三世界国家的马克思主义哲学研究还处于关注不够、了解不深的状况之中。这些，都是我们在今后的国外马克思主义哲学研究中需要努力的方向。

本丛书是关于国外马克思主义哲学研究的专题性丛书，算是比较完整地收录了近年来我所领导的南京大学马克思主义哲学研究学术团队和学生们在这个领域中陆续完成的一批重要成果。其中，有少量原先已经出版过的重要论著的修订版，更多的是新近写作完成的前沿性成果。将这一丛书作为南京大学"双一流"建设工程的重要成果之一，献礼于马克思诞辰 200 周年，我深感荣幸。

张一兵

2018 年 5 月 5 日于南京大学

---

① 意大利激进理论的提出者主要是 20 世纪六七十年代意大利新左派运动中涌现出来的以工人自治活动为核心的"工人主义"和"自治主义"的一批左翼思想家。工人运动缘起于南部反抗福特主义流水线生产的工会运动，他们 1961 年创刊《红色笔记》，1964 年出版《工人阶级》，提出"拒绝工作"的战略口号。1969 年，他们组织"工人运动"，1975 年，新成立的"自治运动"取代前者，成为当时意大利学生、妇女和失业者反抗斗争的大型组织。1977 年，因一名自治主义学生在罗马被法西斯分子杀害，引发"1977 运动"的爆发。因为受红色旅的暗杀事件牵连，自治运动的主要领导人于 1979 年 4 月全部被政府逮捕入狱，运动进入低潮。这一运动的思想领袖，除去奈格里，还有马里奥·特洪迪（Mario Tronti）、伦涅罗·潘兹尔瑞（Raniero Panzieri）、布罗那（Sergio Bologna）以及马西莫·卡西亚里（Massimo Cacciari）、维尔诺（Paolo Virno）、拉扎拉托（Maurizio Lazzarato）等。其中，维尔诺和拉扎拉托在理论研讨上有较多著述，这些应该也属于广义上的意大利激进理论。这一理论近期开始受到欧美学术界的广泛关注。

目　录

导　言　/ 1

第一章　生命政治范式问题域的理论渊源　/ 38

　一、生命政治概念史溯源　/ 40

　二、生命政治学理论的发展　/ 70

第二章　阿甘本生命政治学理论建构的生命概念及主权逻辑　/ 116

　一、生命概念的原初分隔性结构　/ 119

　二、生命政治实践部署的统治之域——主权　/ 143

　三、主权逻辑运作的三种模式　/ 157

第三章　阿甘本生命政治权力结构　/ 174

　一、生命政治权力结构根本性特征的双重维度　/ 176

　二、生命政治的极端走向：纳粹主义的死亡政治学　/ 202

　三、现代生命政治实践的空间架构　/ 223

第四章　阿甘本生命形式与潜能的反抗图景　/ 249

　一、生命形式：生命与形式的不可分离　/ 251

　二、潜能与实现之辩证关系的对抗与重构　/ 281

第五章 人类共同体形态结构的政治筹划与理论定位 / 317

　　一、政治共同体的新政治学走向 / 319

　　二、马克思主义视域下阿甘本的共产主义构想 / 359

结　语 / 390

附　录 / 402

索　引 / 407

参考文献 / 411

后　记 / 428

导　言

　　20 世纪 20 年代，瑞典政治学家鲁道夫·契伦
(Rudolf Kjellén)在国家有机主义框架下提出了"生命
政治"(biopolitics)这一术语。对于当时的时代背景以
及理论趋向来说，这一概念的出现不至于产生"一石
激起千层浪"的巨大效应，它之所以引起强烈反响是
因为法国思想家、哲学家与历史学家米歇尔·福柯
(Michel Foucault)。福柯在 20 世纪 70 年代的法兰西
学院讲座以及相关著作中，基于微观权力理论展开了
关于生命政治学理论的讨论。他对生命政治概念的重
新界定，使得西方传统的政治哲学架构遭遇到前所未
有的挑战。如果说福柯的生命政治概念致使政治哲学
逻辑走向了一条异于往常的革命道路，那么让其迈向
激进话语圈并在各领域异彩纷呈的则是意大利哲学家

吉奥乔·阿甘本（Giorgio Agamben）[①]。阿甘本现在是哲学、政治理论界的领军人物之一，他对文学作品、文学理论、欧陆哲学、政治思想、宗教研究和艺术的独特解读，使他成为我们这个时代十分具有创新精神的思想家。回到生命政治的理论语境，阿甘本确实在很大程度上受到了福柯生命政治思想的启发，然而，他想要做的并不是像其他大多数理论家那样，执着于对福柯生命政治思想的文本研究与考证，而是试图在此基础上构建具有自身理论特色和研究范式的生命政治学理论。

阿甘本之所以能够在欧陆哲学界闻名遐迩，主要归功于他在 20 世纪 90 年代开启的神圣人计划（Project of *Homo Sacer*）系列著作的相继出版，包括《神圣人：至高权力与赤裸生命》（*Homo Sacer：Sovereign Power and Bare Life*）[②]、《奥斯维辛的剩余：证据与档案》（*Remnants of Auschwitz：The Witness and the Archive*）、《例外状态》（*State of Exception*）、《王国与荣耀：安济与治理的神学谱系学》（*The Kingdom and the Glory：For a Theological Genealogy of Economy and Government*）、《语言的圣礼：誓言考古学》（*Sacrament of Language：An Archaeology of the Oath*）、《最高的贫困：隐修制度与生命形式》（*The Highest Poverty：Monastic Rules and Form-of-Life*）、《主业：责任考古学》（*Opus Dei：An Archaeology of Duty*）、《身体之用》（*The Use of Bodies*）、《内战：作为政治范式的内战》（*Stasis：Civil War as a Politi-*

---

①　阿甘本的中文译名还有乔吉奥·阿甘本、乔治·阿甘本等。

②　"虽然福柯的著作已是现代讨论生命政治的基础，但是就生命政治文献的扩散而言，没有任何一个文本比得上阿甘本《神圣人：至高权力与赤裸生命》一书的贡献。"参见 Catherine Mills, *Biopolitics*, Routledge, 2018, p. 37。

cal Paradigm）。这九本著作所构筑的神圣人计划不仅是福柯生命政治学理论之后最典型的系列著作，更重要的是，它完整地呈现了阿甘本生命政治思想的精彩演绎。福柯后来转向了对自我技术的研究，加上他的早逝，致使生命政治学概念存在着很大的模糊性。对此，阿甘本曾直言不讳地宣称，他的生命政治学理论是对福柯生命政治思想的继续、修正与完成。本书对于阿甘本生命政治学理论的探寻，具体基于以下几个方面的考虑。

首先，探索阿甘本是如何展现他所谓的对福柯生命政治思想的修正与完成的，以及他在神圣人计划之中到底有没有实现这一目标。他认为："福柯之著述最为持续的特点之一，就是它果断地放弃了以诸种司法性—制度性模型（主权的定义、国家的理论）为基础的研究权力问题的传统进路，转而支持对下述问题去进行一种无偏见的分析：权力如何具体地穿透到主体们的身体中，以及穿透到生命的诸种形式中？"[①]对于福柯摆脱传统政治路径的做法，阿甘本并没有继续追随的打算。从方法论的角度来看，他试图运用历史哲学的方法，在依旧采用政治—司法模式的情况下研究生命政治概念的起源，并将其推演到古希腊、古罗马时期，即西方政治传统建基以来。这显然异于福柯认为的政治转变为生命政治是现代的产物。从国内外的研究状况来看，很少有文献在此问题上进行过清晰的阐述。它们要么停留在对福柯生命政治思想的研究上，要么只是单纯地对福柯与阿甘本生命政治内容阐述的差异进行比较。例

---

① ［意］吉奥乔·阿甘本：《神圣人：至高权力与赤裸生命》，吴冠军译，8页，北京，中央编译出版社，2016。

如，福柯关注的权力装置是相对微观的政府或社会机构，如医院、军队、工厂等，阿甘本则将注意力聚焦在宏大的权力装置集中营上。这种单维度的比较会在一定程度上阻碍我们对两人思想的整体把握。因此，我们需要在更广泛的意义上，即研究动机、研究方法、研究风格、研究兴趣、理论资源、历史背景等诸多方面，来审视二者之间的异同，从而对阿甘本修正与完成福柯生命政治思想的目标进行客观的评价。

其次，思索意大利三条不同的生命政治研究模式的理论逻辑及其关系。在福柯开启了对生命政治概念的重新定义之后，涌现出一批致力于研究生命政治思想的理论家，而意大利这片沃土所孕育的三条不同的生命政治研究路径已然构成当代生命政治思想的理论典范，并在全球范围内发挥着举足轻重的作用。这三条路径即奈格里（Antonio Negri）"帝国论"的生命政治路径、埃斯波西托（Roberto Esposito）"免疫论"的生命政治路径，以及阿甘本的神圣人计划建构的生命政治路径。虽然隶属同一时代的上述三人人生经历与研究重点各有不同，但最终都将理论旨趣落在了生命政治学理论的建构上。学界比较流行的观点是，奈格里与埃斯波西托虽然都对当代资本主义政治制度持批判与否定的立场，但是更倾向于对未来的政治社会充满希望，他们的理论都呈现出乐观的基调。阿甘本虽然有着与他们相同的政治立场，却更像是极度悲观的思想家，其著作充满阴郁、悲凉的色彩。不过，阿甘本曾在访谈中明确表示这是对他的误解。他并不以毁灭世界为目标，相反，他期待着一种新的政治的到来。从这个角度来看，我们需要细致地思索三者之间是否存在休戚与共的关系。对这一关键问题的严谨探讨既有益于完整地展现福柯生命政治思想之后对这一主题的再度思考所产生的影响，又能使我们更好地理解在意大利占主导地位的生命政治思想脉络之间的逻辑关联。

再次，从阿甘本目前出版的神圣人计划的系列著作来看，这个跨越二十年余的研究计划基本已经完结。尤其是2014年出版的《身体之用》，虽然没有增加太多原创性内容，但是在很大程度上对之前的概念与内容进行了补充与延伸，这有助于我们更加准确地把握阿甘本的生命政治学理论以及他所提出的与之相关的"赤裸生命""例外状态""使用""弥赛亚"等诸多引人瞩目的概念的内涵及其变化。更为重要的是，这个系列的基本完结成为反击误解的有力武器。无论是指出阿甘本的悲观主义态度、乌托邦式的社会倾向，还是批判他背离了资本主义批判的经济要素，抑或认为阿甘本的生命政治思想并没有多少新鲜的内容（与其说他是一个原创性的理论家，倒不如说他是一个融会众多思想家与哲学家理论的集大成者），或者认为他只是在解释世界而不是改造世界，神圣人计划都可以给予明确回应。当然，这并不意味着阿甘本的生命政治学理论是无懈可击的。他在概念阐释以及逻辑架构上存在很大的局限性，这需要我们立足于阿甘本的文本著作，辩证地看待与消除人们的质疑，彰显阿甘本生命政治学理论的特定思想与理论底蕴，实现生成阿甘本生命政治学理论思想原像的目标。

最后，任何一个概念或理论其内涵都不可能是恒定不变的，尤其是密切关注人类生活与生存的理论思想。虽然阿甘本并不像其他众多左翼理论家那样，把自身的理论建构嫁接在当代重大事件和热点问题上，但这并不是说，阿甘本只执着于他的词源学分析方式，完全放弃了对现代重大问题的探讨。他其实也关注人权、难民、反恐战争等政治问题，试图多方面地拓展自己的理论方向与内涵。更值得我们注意的是，生命政治学理论已不再局限在政治学、哲学领域，而是蔓延至诸多学科，如医学、教育学、农学、艺术学、遗传生物学等。毫无疑问，在面对来自其他学科有意或无意的冲击时，是直接忽视新时代所遭遇的问题，还是在吸纳新学科内涵的前提下保持自身理论的独特性，这是阿甘本的生命政治学理论必须做出的选择。这就需要我们去思考，在面临多方思想渗透时，阿甘本的生命政治学理论是否具备应对危机与挑战的能力，以及如何释放生命政治学理论的张力来维持其自身的理论特色，从而避免泛化为浮于表面的理论术语。另一个值得深入思考的问题是，当阿甘本生命政治学理论流行于学术界并被"吹捧"至激进理论至高点时，我们在探索国外马克思主义理论的过程中，既要认识到它为学术理论的发展所做出的杰出贡献，又必须保持清醒的头脑，对冒失而又草率的西方主流理论持批判态度。我们要坚定地站在马克思主义立场上，慎重地审视其发展境况以及逻辑布展的局限性问题。

目前来看，中国对阿甘本思想的研究还处于起步阶段，主要是对阿甘本著作的翻译与介绍。在这方面贡献突出的是汪民安等主编的《生产》。《生产》第 2 辑就开始引入阿甘本的短篇文章，第 3 辑主要节译了阿甘本的著作《开放性——人与兽》①，第 7 辑以生命政治为专题介绍阿甘本生命政治方面的文章与访谈，第 9 辑节译了阿甘本的著作。截至 2020 年，已出版的阿甘本的中文译著，主要包括《幼年与历史：经验的毁灭》《潜能》《无目的的手段：政治学笔记》《例外状态》《剩余的时间：解

---

① 该书的完整中译，书名为《敞开：人与动物》（南京大学出版社 2019 年版）。

读〈罗马书〉》《语言的圣礼：誓言考古学》《宁芙》《神圣人：至高权力与赤裸生命》《裸体》《论友爱》《渎神》《万物的签名：论方法》《奇遇》《普尔奇内拉或献给孩童的嬉游曲》《敞开：人与动物》《语言与死亡：否定之地》《彼拉多与耶稣》《品味》《什么是哲学？》《来临中的共同体》《散文的理念》《什么是真实？物理天才马约拉纳的失踪》。待出版的著作有《奥斯维辛的剩余：证据与档案》《王国与荣耀：安济与治理的神学谱系学》《内战：作为政治范式的内战》等。除此之外，还包括郑秀才编写的两篇阿甘本的访谈①、黄世权编写的《生命权力：福柯与阿甘本（上）》与靳琦编写的《生命权力：福柯与阿甘本（下）》②。黄世权的文章主要谈论生命政治如何应付各种社会现象，如何理解主体化和去主体化过程，以及即将来临的政治到底是什么，而这又是一种怎样的逃离。靳琦的文章诠释的是福柯与阿甘本对生命权力的不同界定，即阿甘本借用了福柯的生命权力术语，却将其置于传统的主权领域，使其展现出与福柯的理解完全不同的内涵，实现了对福柯生命权力内容的补充与延伸。以上译著和研究为我们了解阿甘本的原始文本与思想架构提供了很有价值的材料。近年来，阿甘本的著作不断被翻译成中文。这既表明了阿甘本思想的重要性，也说明中国学者正在努力拓展自身的研究领域，不断丰富理论研究的内容，力求实现自身研究的科学性与创新性。

---

① 郑秀才：《生命政治与主体性（上）——阿甘本访谈》，载《国外理论动态》，2005年第6期；郑秀才：《生命政治与主体性（下）——阿甘本访谈》，载《国外理论动态》，2005年第7期。

② 黄世权：《生命权力：福柯与阿甘本（上）》，载《国外理论动态》，2007年第7期；靳琦：《生命权力：福柯与阿甘本（下）》，载《国外理论动态》，2007年第8期。

第一，从生命政治角度解析阿甘本思想。

胡继华教授对阿甘本思想及重点范畴进行过简单论述①，而蓝江教授目前的研究重点就是阿甘本以及生命政治问题。蓝江教授不仅翻译了很多阿甘本的著作，还撰写了很多有关阿甘本的论文。

首先，就生命政治这一主题来说，蓝江教授回溯了该概念从福柯到埃斯波西托的发展。他以福柯的文本为依据，探索其生命政治概念发展的线索，推演出福柯更倾向于一种带有安全机制的生命政治。阿甘本则依据神圣人计划，以核心概念"赤裸生命"与"例外状态"来构建自己的生命政治思想逻辑，指出人们终将会还原为没有任何权力与身份的赤裸生命。埃斯波西托对于生命政治路径的构序不同于福柯与阿甘本，而是以"免疫"概念为核心范畴，设想主体与共同体之间的关系。蓝江教授认为，这在很大程度上类似于福柯所说的"必须保卫社会"。② 他对福柯、阿甘本与埃斯波西托有关生命政治的论述是目前介绍生命政治概念最详细的资料，既为读者快速了解生命政治问题提供了有效的信息，也在一定程度上推动了生命政治研究的发展，吸引着对该主题感兴趣的学者加入进来，进而推进国内学术界的理论研究。

其次，从语言哲学角度审视生命政治问题。国外研究者对阿甘本的语言哲学没有太多讨论，更多关注的是阿甘本的政治哲学作品，尤其是他的神圣人计划系列著作。在这个层面上，蓝江教授以斯巴达克斯的命

---

① 胡继华：《生命政治化——简述乔治·阿甘本》，载《国外理论动态》，2006年第5期。

② 蓝江、董金平：《生命政治：从福柯到埃斯波西托》，载《哲学研究》，2015年第4期。

名为切入点，看到了语言之中存在着对生命问题的重新思考，重点研究了语言哲学的两条道路，即分析哲学的语言哲学以及现代的科学语言，进而转向了阿甘本在《幼年与历史：经验的毁灭》中对语言问题的分析，认为生命政治是一种走向未来的语言，是具体生命在此展开的门槛地带。① 阿甘本也确实是从语言哲学迈入对政治问题、具体生命的探讨的。蓝江教授将语言哲学问题与生命政治问题嫁接起来，从有趣的斯巴达克斯故事入手，把看起来很玄妙的语言哲学问题用简单易懂的方式呈现给读者。在这之后，蓝江教授又从阿甘本的誓言——元语言角度——阐述了它是如何架空我们的政治生活与宗教体系，从而使我们的生命沦为赤裸生命的。② 对阿甘本语言哲学问题的探讨为我们了解阿甘本的政治思想提供了基础。阿甘本语言哲学的问题是一个复杂性的问题，然而又是与阿甘本政治哲学密切相关的问题。只有厘清阿甘本语言哲学及其转向政治问题的逻辑，我们才能更加准确地理解阿甘本神圣人计划系列著作的思想。

再次，蓝江教授讲述了生命政治视野下的共产主义问题。其一，他论述了当代思想家重提共产主义的理由，并重点突出了阿甘本在《内战：作为政治范式的内战》中对霍布斯《利维坦》的封面解读模式。③ 其二，蓝江教授希望构建一种可以与马克思政治经济学批判范式并驾齐驱的生

---

① 蓝江：《语言哲学下的生命政治——当代马克思主义哲学与语言转向》，载《哲学动态》，2013 年第 12 期。

② 蓝江：《誓言与亵渎：论阿甘本的元语言哲学》，载《江西社会科学》，2016 年第 9 期。

③ 蓝江：《共产主义的可能性——当代激进政治理论家的思考》，载《黑龙江社会科学》，2016 年第 5 期。

命政治学批判范式。马克思政治经济学批判范式主要关注人与人之间的社会关系的改造，生命政治学批判范式则重点关注个体与集体生命的发展。① 西方激进思想家试图从不同的理论角度，提出实现共产主义蓝图的方法。这样的理论视角确实激励着我们思考是不是可以在马克思对资本主义政治制度的批判模式上，建构出不同的批判范式。或许这也是对传统马克思主义理论发起的挑战。面对这样的挑战，马克思主义理论者又该如何回应？

最后，蓝江教授描述了生命政治治理模式在社会发展过程中的演化。他以阿甘本赤裸生命范畴下的生命政治治理模式的凸显来呈现其在社会演变过程中的形象，分析了《利维坦》中的医生、"伤寒玛丽"与晚期资本主义的生命政治如何体现出阿甘本的生命政治思想。这种赤裸生命论的生命政治并不是历史发展的阶段性产物，而是一直隐藏在西方的传统政治之中。资本主义生产的发展即生命政治肉体的生产。② 此外，蓝江教授还从其他方面对阿甘本思想进行了介绍与解读③，这也为我们了解阿甘本的思想提供了补充性材料。不过需要指出的是，目前对阿甘本

---

① 蓝江：《生命政治学批判视野下的共产主义》，载《吉林大学社会科学学报》，2016 年第 3 期。

② 蓝江：《赤裸生命与被生产的肉身：生命政治学的理论发凡》，载《南京社会科学》，2016 年第 2 期。

③ 蓝江：《在美杜莎与宁芙之间——论阿甘本的图像理论》，载《文艺理论研究》，2015 年第 6 期；蓝江：《记忆与影像——从古希腊到阿甘本的生命—影像哲学》，载《浙江工商大学学报》，2016 年第 1 期；蓝江：《什么是人民？抑或我们需要什么样的人民？——当代西方激进哲学的人民话语》，载《理论探讨》，2016 年第 4 期；蓝江：《作为爱智慧的趣味——简论阿甘本的〈趣味〉》，载《中国图书评论》，2016 年第 7 期；蓝江：《作为事件的耶稣审判——阿甘本〈彼拉多与耶稣〉解读》，载《江海学刊》，2016 年第 5 期。

的研究还处于零散阶段，并没有形成对某个理论的完整论述，主要还是针对阿甘本思想中比较突出的问题进行考察，并与其他思想家进行比较。这在很大程度上展现出阿甘本研究的滞后性。

吴冠军教授也将阿甘本作为重点研究对象。他对阿甘本生命政治思想的研究主要表现在以下方面。

首先，对生命政治概念进行历史性追溯（从生命政治概念最初的使用语境，到福柯、阿甘本等人对此概念的使用），阐述了生命政治概念在不同历史时期以及不同理论家那里的深刻内涵。①

其次，对福柯与阿甘本所说的生命政治做了基本的判断，即福柯意义上的生命政治是一种作为"规范"的生命政治，阿甘本的则是作为"典范"的生命政治，并且阿甘本对生命政治思想的阐述基于一种"反福柯主义"逻辑。吴冠军教授认为，把生命政治学理论推向高潮的是阿甘本，正是他对福柯意义上的生命政治思想的延续与发展才使得该理论在学术界得到了高度关注，而且阿甘本对生命政治思想的研究也有益于大众对当前各种复杂的社会现象与政治冲突的理解。② 在生命权力问题上，吴冠军教授分析了两条线索，这也代表福柯与阿甘本在此问题上的对立。福柯认为生命权力更多体现的是捕获生命的权力，阿甘本则认为它也内含着反抗生命权力的力量，即生命形式。③ 对这一问题的解答，也是对

① 吴冠军：《"生命政治"论的隐秘线索：一个思想史的考察》，载《教学与研究》，2015 年第 1 期。
② 吴冠军：《生命政治：在福柯与阿甘本之间》，载《马克思主义与现实》，2015 年第 1 期。
③ 吴冠军：《生命权力的两张面孔——透析阿甘本的生命政治论》，载《哲学研究》，2014 年第 8 期。

认为"阿甘本是忧郁、充满绝望色彩的理论家"之人的回应。高奇琦教授也对福柯与阿甘本的生命政治内涵进行了比较分析，认为后者的思想是对前者的延续与补充，但又认为对社会生活的分析不能停留在对阿甘本的描述之上，而是要探寻另外一种隐性暴力的运作机制。① 这是对生命政治内涵的拓展性分析，是在福柯与阿甘本二人相关思想的基础上，重新看到生命政治在当代社会发展过程中所展现的另一种面向。

再次，多维度地分析了人类共同体的原始结构。其一，对术语"使用"的分析。使用概念是阿甘本在建构生命形式的过程中谈论的重点，使用与所有权的分离正是形成人类共同体的首要基础。人们正是通过"使用"连接在一起，形成人类共同体的。吴冠军教授把阿甘本对使用问题的论述与马克思的"交换价值""使用价值"捆绑起来，批判资本主义社会的商品结构特征，试图从这个角度阐述"即将到来的共同体"②。其二，对人类共同体另一重要维度"亵渎"的分析。吴冠军教授认为，"使用"与"亵渎"是理解阿甘本哲学的重要钥匙。亵渎就是对主权逻辑下的暴力排除的反抗，如此，才能形成未来的共同体。③

最后，对弥赛亚时间展开研究。阿甘本既描述了生命与权力之间的矛盾关系，也试图突破权力的压榨，为生命力量的解放找寻出路，而对弥赛亚问题的讨论即阿甘本寻找出路的一种方式。吴冠军教授通过重点

① 高奇琦：《填充与虚无：生命政治的内涵及其扩展》，载《政治学研究》，2016 年第 1 期。
② 吴冠军：《关于"使用"的哲学反思——阿甘本哲学中一个被忽视的重要面向》，载《马克思主义与现实》，2013 年第 6 期。
③ 吴冠军：《阿甘本论神圣与亵渎》，载《国外理论动态》，2014 年第 3 期。

研究阿甘本视域下的弥赛亚时间，塑造出阿甘本政治主体的形象。这种政治主体既能像弥赛亚一样生活，更为重要的是，还能成为抵抗世俗权力结构、世俗法律秩序等权力装置的力量。[①]

从总体上看，吴冠军教授的研究主要集中在阿甘本政治哲学与宗教学领域，而从阿甘本生命政治思想的全貌来看，他前期主要关注政治层面的生命与权力的关系问题。在这一点上，阿甘本着力探讨了赤裸生命、例外状态、集中营等政治领域的范畴，而对于逃离生命政治权力控制的问题更多倾向于从宗教领域中探寻出路。吴冠军教授对使用、亵渎、共同体、弥赛亚问题的研究，为我们理解阿甘本的生命政治问题提供了重要的思考方向。对于这一主题，高奇琦教授则从赤裸生命、例外状态与弥赛亚精神三者的关系进行讨论。高奇琦着重论述了这三种范畴如何有效地构架在一起，从而形成阿甘本思想的整体逻辑，即"真正的例外状态就是弥赛亚时刻，而生命政治的核心则是在弥赛亚时刻下生命得到救赎"[②]。在例外状态下界定弥赛亚时刻，这还有待商榷，弥赛亚时刻的到来也许更应从时间角度以及阿甘本笔下弥赛亚的具体形象来把握。不过，他的这种逻辑建构为我们在一定程度上厘清阿甘本思想脉络做出了重要的贡献，启发我们进一步思索阿甘本的思想所蕴含的理论价值。

第二，从神圣人概念角度解读阿甘本思想。

神圣人（Homo Sacer）是阿甘本思想中一个至关重要的概念，尤其

[①]　吴冠军：《"我们所拥有的唯一时间"——透析阿甘本的弥赛亚主义》，载《山东社会科学》，2016 年第 9 期。

[②]　高奇琦：《世俗化的弥赛亚精神：阿甘本的宗教哲学思想》，载《世界宗教研究》，2015 年第 3 期。

是他以此为名出版了系列著作，形成了著名的神圣人计划。这个概念极其复杂，本身就包含模糊性。蓝江教授对神圣人概念做了如下解析。其一，将其置于法与宗教领域，这也是阿甘本在其著作中明确表达过的神圣人概念的双重维度。其二，将神圣人概念与例外状态、主权权力连接起来，从政治秩序角度看待主体生命问题，即三种范式如何运作从而生成赤裸生命。其三，通过分析誓言这种政治的原初结构，展示神圣人形成的原因。其四，在安济神学中追溯神圣人概念诞生的宗教背景。① 这既有利于我们大致地了解神圣人概念的谱系发展，也有助于我们对阿甘本其他概念与理论的理解。

由于神圣人概念本身的模糊性，在对此概念进行翻译时就遇到了很大的麻烦，因为在中文话语体系中，很难找到与 Homo Sacer 对应的词。姚云帆②在其博士论文中就首先对 Homo Sacer 的中文翻译进行了探讨，但是最终并没有找到合适的词语。不过，姚云帆对某些翻译术语的批判至少部分地为我们澄清了它不是什么，也提醒着我们对此概念的理解不能局限在某一层含义上，因为这是一个悬而未决的概念，一个多义的概念。之后，姚云帆探讨了 Homo Sacer 对应的实质内容，从古希腊罗马、中世纪基督教一直延续到现代社会，试图厘清 Homo Sacer 的演化过程，其中必然包括对阿甘本政治著作中的核心范式的讨论。再者，面对学术界对 Homo Sacer 的悲观主义分析语调，姚云帆试图找寻这种反抗逻辑

---

① 蓝江：《从赤裸生命到荣耀政治——浅论阿甘本 homo sacer 思想的发展谱系》，载《黑龙江社会科学》，2014 年第 4 期。

② 姚云帆：《阿甘本"牲人"概念研究》，北京外国语大学博士学位论文，2013 年；姚云帆：《论阿甘本 Homo Sacer 概念的含义》，载《马克思主义与现实》，2015 年第 1 期。

的可能性。姚云帆博士对 Homo Sacer 的研究，尤其是对 Homo Sacer 概念的揭示，清晰地展现了该概念在阿甘本整个研究计划中的发展轨迹，他也以此为基础描绘了阿甘本的思想对现代社会的警醒意义。

另一篇论 Homo Sacer 的文章是朱麟钦的《试论阿甘本"Homo Sacer"概念的神学面向及其生命政治》。作者认为，阿甘本在其政治著作中虽然阐述了 Homo Sacer 的双重面向，但是在具体政治计划操作过程中主要以 Homo Sacer 概念的政治维度为论述基点，因而他想回到 Homo Sacer 概念的神学面向，重点解读 Sacer 的三重属性。这为我们更充分地了解神圣人概念的神学意义提供了重要的资料。而后，他又回到阿甘本的核心范畴，论述了神圣人与赤裸生命、例外状态、主权的关系。① 这种论述也是目前大多数学者考察的重点。

第三，从法学视角研究阿甘本思想。

阿甘本的法学思想是目前中国学术界研究的重点。柯朝钦在博士论文《例外状态的统治与救赎——论阿冈本的两种例外状态模式》②中就以例外状态的统治与救赎为研究对象，展现了阿甘本例外状态理论的思想脉络。柯朝钦认为，例外状态在阿甘本那里不再单纯只是一个司法领域中的问题，而是被深化为一个司法—政治—哲学—神学本体论问题。就阿甘本思想的源泉及理论特征来看，他从来不把某个范畴或核心理论局限在某一单个的视域之下，而是倾向于在其他学科，尤其是在宗教神学领域之中探索其根源性问题。与其他研究者一样，柯朝钦博士也偏爱于

---

① 朱麟钦：《试论阿甘本"Homo Sacer"概念的神学面向及其生命政治》，载《同济理论电车》，2016 年 11 月 22 日。

② 我国台湾地区通常将阿甘本译为阿冈本。

把阿甘本的核心概念如赤裸生命、例外状态构建在同一层级上。不同的是，他以例外状态为主导地位来审视赤裸生命、生命政治等概念，并且试图在例外状态的层面上论述弥赛亚与未来共同体的到来，从而勾画出以例外状态为核心的阿甘本法律思想的系统逻辑。这使他相对完整地勾勒出一条比较有逻辑的线索。

薛熙平曾在硕士论文《例外状态——阿冈本思想中的法与生命》中重点探讨了阿甘本例外状态理论中法与生命的关系问题。作者以阿甘本的文本为基础，梳理出例外、法律与生命的隐性关系，并用它们来解释与批判现代社会出现的社会现象，如指纹录入、殖民统治等问题。虽然薛熙平与柯朝钦在分析方式与论述重点上有所不同，但是，他们都试图从阿甘本的政治思想之中，尤其是在法律、生命等的关系之中，厘出一条阿甘本叙事的逻辑线索，即既有对现实事实问题的描述与控诉，也想绘制出逃离生命压制的路线。但是，由于阿甘本的神圣人计划系列著作在他们写作时还没有完全出版，因此，他们在梳理阿甘本生命反抗逻辑的线索时表述得不够完整。虽然他们有提及阿甘本的弥赛亚、潜能与生命形式的问题，但只是侧重于某一方面而没有从整体上进行把握，这意味着他们对阿甘本政治主体、革命解放逻辑的阐述还有待完善。

其他学者在阿甘本法律思想研究方面也有相对完整的著作。例如，张宪丽既阐述了阿甘本例外状态的思想发展史及其法律语言问题，又结合现实背景，反思了阿甘本法律思想对中国法律研究的启示。[1] 该研究

---

① 张宪丽：《阿甘本法律思想研究》，华东政法大学博士学位论文，2015 年。

主要关注法律问题，没有过多探索阿甘本的政治、宗教、神学、哲学等问题。牟晓龙重点探索了阿甘本的主权概念，但主要是从主权、例外、赤裸生命的关系以及发展入手，更多停留在阐述阶段。[①]

从众多研究文献来看，张一兵教授的方式值得借鉴。他的研究基调是发现阿甘本思想中的不在场之物，即通过阿甘本思想的表象找寻隐藏在深处的本质。他曾对《奥斯维辛的剩余》进行解读，极为深刻地阐述了集中营这种灰色的空间范式以及囚犯非人的存在方式，进而探索奥斯维辛的存在论剩余。[②] 此外，他分析了阿甘本的潜能问题，即不在场的在场者，认为阿甘本的潜能哲学在很大程度上受益于亚里士多德与海德格尔，尤其是海德格尔的本有论思想构建了阿甘本哲学的基本范式。[③] 他也关注阿甘本对德波景观社会的进一步分析，即资本主义社会之中的隐性奴役，并对其进行深化。同时，他也批判了阿甘本对马克思与德波关系的臆想，肯定了阿甘本对资本主义景观社会中人的身体的商品化的批判。[④] 张一兵教授的阿甘本研究主要涉及阿甘本 20 世纪 90 年代的政治学作品，尤为关注奥斯维辛的问题以及阿甘本思想中的隐性话语，试图多方面展现阿甘本思想的原貌及其分析缺陷。这在当下为数不多的阿甘

---

①　牟晓龙：《至高权力：探析阿甘本的主权概念》，华东师范大学硕士学位论文，2016 年。

②　张一兵：《奥斯维辛背后不可见的存在论剩余——阿甘本〈奥斯维辛的剩余〉解读》，载《哲学研究》，2013 年第 11 期。

③　张一兵：《黑暗中的本有：可以不在场的潜能——阿甘本的哲学隐性话语》，载《社会科学战线》，2013 年第 7 期。

④　张一兵：《孤离的神姿：阿甘本与德波的〈景观社会〉》，载《马克思主义与现实》，2013 年第 6 期。

本研究中是非常有价值的，为我们了解阿甘本以及他与海德格尔、德波、马克思等人的关系提供了重要的线索。

中国学术界的阿甘本研究还处于起步阶段，国外则表现出百花齐放式的阐述与评价，主要集中在以下几个方面：从形式上来看，主要有书评形式、翻译形式、专题讨论—论文集形式、著书立说形式；从内容上来看，表现为从法学、艺术、神学、政治哲学、教育学、宗教、诗学、文学等方面探求阿甘本的思想理论。

第一，政治与本体论的解读模式。

2013 年，纽约州立大学出版社出版了杰西卡·怀特（Jessica Whyte）的《灾难与救赎：吉奥乔·阿甘本的政治思想》（*Catastrophe and Redemption：the Political Thought of Giorgio Agamben*）。2014 年，爱丁堡大学出版社出版了马修·阿伯特（Mathew Abbott）的《这个世界的形象：阿甘本及政治本体论问题》（*The Figure of This World：Agamben and the Question of Political Ontology*）。这两本书为我们描绘了相对完整的阿甘本原像，既清晰地解释了阿甘本的政治思想以及阿甘本著作中的高频术语，又彼此构成了相辅相成的关系，有利于我们更加立体地把握阿甘本思想的理论全貌。值得注意的是，这两本书是从不同的角度，运用不同的方法论来解读阿甘本的政治哲学思想的。从标题就可以清楚地看到，怀特倾向于以一种政治哲学的解读方式切入阿甘本的政治概念与哲学问题，阿伯特则用本体论的解读方式穿梭于阿甘本的思想海洋，并尝试延伸阿甘本的思想。

怀特既不完全否定阿甘本，又与阿甘本保持着一定的距离。怀特主要针对阿甘本的部分论点——西方政治自创建以来就是生命政治的、我绝对不是一个悲观主义者、例外状态规范化、即将来临的世界与当下的世界只有一点不同、救赎的时刻发生在当前的灾难事件之中——进行了批判性分析并做出了正面的回应。怀特赞同生命与政治所遭遇的当代命运，也认为人类的生命可以摆脱主权权力的压榨，支持阿甘本把对未来政治的期待放置在政治事件之中。怀特认为："阿甘本政治思想的真正弱点是，他把对当前灾难的强化视为救赎的路径。"①在弥赛亚问题上，怀特拒绝阿甘本对"书记员巴特比"纯粹潜能存在的分析，更赞成本雅明"虚弱的弥赛亚力量"，认为后者是"思考破除主权禁止的更好的集体实践形式"②。在与马克思主义传统的关系上，虽然阿甘本一定程度地体现了传统马克思主义的批判精神，但是，怀特与奈格里持有着同样的观点，认为阿甘本几乎没有关注资本主义的生产方式问题——即便《王国与荣耀》从中世纪基督教文献资料中追溯了经济学的起源。此外，由于认为阿甘本不够重视已然存在的政治斗争，怀特转向了对当代希腊问题的分析，把希腊社会中的政治实践形式与资本主义斗争连接起来，以拓展阿甘本对即将来临的共同体的设想。怀特在阐述阿甘本政治思想方面做出了重大贡献，尤其是把马克思主义传统嫁接到阿甘本的思想之中。但是，怀特把对未来世界的构想放置在当代希腊问题之中，这种用偶然的政治事件预示未来世界之到来的做法未免不妥。

与怀特关注阿甘本的生命政治、集中营、例外状态等政治现状不同，阿伯特从维特根斯坦、尼采、列维纳斯（Emmanuel Levinas）、海德

---

① Jessica Whyte，*Catastrophe and Redemption：The Political Thought of Giorgio Agamben*，Albany：State University of New York Press，2013，p. 3.

② *Ibid.*，p. 17.

格尔等思想家出发，解读阿甘本思想中的本体论维度。阿甘本早期就关注语言问题，把语言问题当成一种存在问题。这明显受到了海德格尔的影响。而且阿甘本对语言哲学的研究并没有因为神圣人计划的开展而中止，相反，语言哲学问题贯穿于他的全部作品之中。虽然语言问题在阿甘本思想中至关重要，阿甘本也是从对语言实验的研究转入对政治问题的探讨的，但是，很少有人从语言、存在的角度切入来研究阿甘本的政治思想。因此，阿伯特在《这个世界的形象》中进行的本体论维度解读就显得尤为重要。

如果说怀特更倾向于从阿甘本的政治现象中提取有用的信息，从而反思阿甘本的思想的话，那么阿伯特更注重把阿甘本的思想与其他理论联系起来，试图从其他思想家那里找到研究阿甘本思想的入口。当然，这不是说阿伯特只是用其他思想家的理论来武装自身。结合其他思想家的理论，并以阿甘本的文本为基础进行本体论解读，进而实现对阿甘本思想的延伸，这是阿伯特强化阿甘本的解读方式与目标。《这个世界的形象》从内容上来看，主要谈论了以下问题：政治本体论的定义以及它与政治哲学、神学的区分，海德格尔的存在问题，尼采的生命哲学以及维特根斯坦的语言问题、生命政治风险，对剩余问题的思考，对赤裸生命的本体论解读。阿伯特试图对阿甘本传统政治理论批判家的身份提出质疑，并且强调"阿甘本哲学的'肯定性'方面"。①

首先，阿伯特不像怀特那样直接关注阿甘本的生命政治问题，而是

---

① Mathew Abbott，*The Figure of This World：Agamben and the Question of Political Ontology*，Edinburgh：Edinburgh University Press，2014，p. 2.

选择了一种迂回的方式来谈论阿甘本的生命政治思想，如对赤裸生命问题的考察。阿甘本在神圣人计划中描述过具体的赤裸生命形象的代表，如难民等，阿伯特则把它与海德格尔的本体论嫁接起来，认为从本体论角度来看，"没有生命是赤裸的，因为存在已经如其所是地被揭露（在它的隐蔽性中）。没有例外，因为存在本身就是例外（在它的日常性中）。在这个世界的形象经过之后留下的只是这个世界"①。赤裸生命只是一种形而上学的幻想。其次，阿伯特认为，阿甘本对政治问题的分析不可能为我们实际的政治行动提供蓝图，但也并不带有末世论的基调，因为他的本体论"不关心世界的终结，而是思考活着意味着什么，思考超越世界的图像，思考世界的图像被建构为可表征的全部事实将意味着什么"②。最后，对于未来世界，他与怀特立场一致，认为灾难事件中不可能存在拯救的力量，即本体论的危险不具备救赎的资格，而是需要从日常生活的本体论事实之中去寻找。阿伯特对阿甘本思想图像的本体论解读正是怀特所欠缺的。这两本著作为我们提供了崭新的视角，在有效祛除阿甘本思想中的神秘性与模糊性方面发挥了重要作用。

第二，"肯定性"和"否定性"的解读模式。

在对阿甘本生命政治思想进行"肯定性"解读方面，典型代表是美国曼哈顿大学的大卫·基西克（David Kishik）与赫尔辛基大学的谢尔盖·普罗佐罗夫（Sergei Prozorov）。两者的共同之处在于把阿甘本的生命形式（form-of-life）问题作为思考其生命政治学理论的核心。在阿甘本对当

---

①　Mathew Abbott，*The Figure of This World*：*Agamben and the Question of Political Ontology*，Edinburgh：Edinburgh University Press，2014，p. 196.

②　*Ibid.*，p. 193.

代全球政治的批判性分析方面，他们立场一致，认为阿甘本的政治思想隐含着他所宣称的乐观主义因素，而不是很多左翼思想家所指认的虚无主义以及绝望。

基西克是阿甘本《什么是装置?》(*What is an Apparatus?*)①以及《裸体》(*Nudities*)②的英译者之一，出版过两本构想生命形式的著作，即《维特根斯坦的生活形式（构想一种生命形式Ⅰ）》[*Wittgenstein's Form of Life*(To Imagine a Form of Life, I)]③与《生命的力量：阿甘本与即将来临的政治（构想一种生命形式Ⅱ）》[*The Power of Life*：*Agamben and the Coming Politics*(To Imagine a Form of Life，II)]④。在前一本著作中，基西克通过对维特根斯坦早期与晚期著作的解读，来探讨生命问题。基西克的这种研究明显受到了阿甘本的影响。维特根斯坦从语言问题转向哲学问题，阿甘本也以语言哲学为起点继续探讨政治与生命的问题。基西克认为，维特根斯坦"给予了我们最具影响的以及有着完好记录的对生命问题的解决方案"⑤。基西克保持着这样的信念：对语言问题的探讨意味着对生命形式问题的探讨。"虽然维特根斯坦发现了生

①　Giorgio Agamben, *What Is an Apparatus? and Other Essays*, translated by David Kishik and Stefan Pedatella, California：Stanford University Press, 2009.

②　Giorgio Agamben, *Nudities*, translated by David Kishik and Stefan Pedatella, California：Stanford University Press，2010.

③　David Kishik, *Wittgenstein's Form of Life*(To Imagine a Form of Life, I)，Continuum International Publishing Group Ltd, 2008.

④　David Kishik, *The Power of Life*：*Agamben and the Coming Politics*(To Imagine a Form of Life, II)，California：Stanford University Press，2012.

⑤　David Kishik, *Wittgenstein's Form of Life*(To Imagine a Form of Life, I)，Continuum International Publishing Group Ltd，2008，p. 2.

命与语言最潜能的表达，但是，他没有像阿甘本那样看到两者之间的政治意义。"①因此，基西克想要探寻政治与生命的关系，以便构想出一种生命形式。基西克在《生命的力量》中介绍了阿甘本的生活经历，提供了比较详细的资料。他也点明了《生命的力量》一书的目标，即"致力于研究阿甘本的生命哲学，成功与否取决于引导读者构想一种生命形式的能力，以及澄清阿甘本的思维方式如何指向一种生活方式的能力"②，并且肯定了阿甘本的著作所蕴含的巨大潜能以及构想一种生命形式的可能性。他明确阐释："这本书会展现阿甘本著作真正的力量在于有能力再定义政治行动、哲学思想与伦理主体，这三部分构成了三角形的角，其中心就是'生命形式'。"③生命形式就是即将来临的政治的力量，这即阿甘本所说的生命不能与形式相分离，不能从生命中分离出某种类似赤裸生命的东西，与社会学常说的生活风格相异。

　　基西克在阿甘本生命政治学理论的基础上进一步延伸，认为赤裸生命不可能完全没有力量，因此，对生命与权力问题之间的关系，他着重探讨了两种形式。其一，生命本身具有潜在力量。其二，权力对生命产生胁迫，而生命本身所蕴含的力量是我们战胜权力的最好武器。"在这里，关键问题并不是一个人的生命形式是什么（进入荒唐可笑的身份队列之中），而是一个独特生命拥有（或参与、分享）一种形式，这种形式

---

①　David Kishik, *The Power of Life*: *Agamben and the Coming Politics*(To Imagine a Form of Life, II), California: Stanford University Press, 2012, p. 7.

②　*Ibid.*, p. 3.

③　*Ibid.*, p. 4.

没有必要被进一步定义，它经常是力量的源泉。"[1]基西克的主张就是沿着阿甘本的政治思想方向不断探索生命形式的内在力量，这种力量的源泉指示着未来世界与政治的来临。"为了理解阿甘本的思想，我们必须认识到他在《神圣人：至高权力与赤裸生命》中的论点类似于阶梯：我们需要攀登上那些论点然后超越它们，最后再扔掉生命政治的阶梯。只有这样，我们才能切实看到阿甘本的世界。"[2]

对于普罗佐罗夫来说，"阿甘本所有的著作都以对完全不同的生命形式可能性的肯定而结束"[3]。面对阿甘本对集中营、赤裸生命等阴暗对象的关注，他给出了这样的解释："阿甘本针对事物的当前状态描绘了偶然性的隐喻画面，这是为了最终呈现出宏大的逆转，即在吞没我们的绝望中发现希望与信念。"[4]

与"肯定性"的确认相反，意大利马克思主义者奈格里持不同意见。虽然奈格里和阿甘本处在相同的时代背景中，并且吸收了很多类似的理论资源，但是，他在经济全球化背景之下，以帝国理论为基础，构建了完全异于阿甘本生命政治思想的理论道路。从整体上来看，奈格里更倾向于对阿甘本的理论逻辑持批判性态度，尤其认为阿甘本具有后海德格尔主义的鲜明特征。他直接表达过对阿甘本生命政治思想的"否定性"态度："阿甘本认为生命政治是一个含混且充满冲突的领域，只有在极限

---

① David Kishik, *The Power of Life*: *Agamben and the Coming Politics* (To Imagine a Form of Life, II), California: Stanford University Press, 2012, p. 113.

② *Ibid.*, pp. 26-27.

③ Sergei Prozorov, "Why Giorgio Agamben is an Optimist", *Philosophy and Social Criticism*, 36(9), p. 1053.

④ *Ibid.*, p. 1057.

处才能看到反抗，如权力的极权主义形式边缘，或是不可能性的边缘。这些研究者可以轻而易举地解释荷尔德林的'哪里有危险，哪里就有拯救'。这种阐释在某种程度上区分了生命权力与生命政治，却又使生命政治变得毫无力量，并且缺乏主体性。这些研究者从福柯那里寻求生命政治的定义，排除了自主与创造性行动的一切可能，又在这种分析过程中退回到海德格尔那里，否定生命权力反抗的任何构建能力。阿甘本将生命政治置于神学—政治讨论中，认为让生命权力产生裂痕的唯一可能就在于'失效'行为。这种空洞的拒绝让人想起海德格尔的泰然任之，完全不可能建构出另类权力。"①

首先，奈格里认为，阿甘本将生命政治领域置于极端边缘化的境况中，即在现代化语境之中很难再现的集中营。集中营本来就是一种稀缺性场所，因而对于它的分析不足以证明现代政治就是生命政治的。这种分析对象的选择存在很大的局限性。其次，阿甘本虽然区分了生命权力与生命政治，但是否定了生命政治的自主性与创造性，尤其是对赤裸生命的分析完全剥夺了生命本身具有的创造力与潜能。这种哀怨的政治构建不利于政治主体的塑造。奈格里则在承认生命权力压迫的同时，认为也存在推翻权力的可能性，并且革命主体终究会摆脱权力的压制而获得自治能力。最后，阿甘本过于相信政治神学的讨论，忽视了马克思主义传统。奈格里则将其生命政治思想与马克思对劳资关系的探讨结合起来，立足于资本主义的生产方式，试图从马克思主义理论中找到理论支

---

① ［美］迈克尔·哈特、［意］安东尼奥·奈格里：《大同世界》，王行坤译，46—47页，北京，中国人民大学出版社，2015。

撑点。除此之外，奈格里指出："事实上有两个阿甘本。一个坚持存在论，受到命运的支配，有着令人恐怖的背景，被迫与死亡的想法不断对抗；另一个通过沉浸在哲学劳动和语言分析中，抓住了生命政治视角。在后一种语境之中，阿甘本有时候似乎呈现出一种瓦堡（Aby Warburg）的批判本体论。这两个阿甘本交织在一起，在你最料想不到的时候，第一个的重新出现会使第二个变得更加模糊，阴郁的死亡之影不断蔓延并对抗着生活的意义，对抗着欲望的剩余。反之亦然。"[①]

齐泽克（Slavoj Žižek）在讨论暴力问题时也提到过阿甘本的"否定性"方面。"对于施米特（Carl Schmitt）而言，简单地说，不存在神圣暴力。对于他来说，只存在非法暴力，这是基础，是一种例外暴力，法律即由此产生。许多调侃本雅明的左翼分子想要言说一些'幽灵的'暴力。这些'幽灵的'暴力从来没有真正发生过，或者说他们采取了一种类似于阿甘本的态度，即等待一种神奇的干预。"[②]这种带有"否定性"的解读并不是完全否认阿甘本思想的积极性，只是二者在理论风格与逻辑取向上存在很大的差异。齐泽克试图从另一个角度，采用另一种方式建构自身的理论。

第三，阿甘本的神圣人计划书评系列。

阿甘本于 20 世纪 90 年代中期开启神圣人计划。第一本著作《神圣

---

① Antonio Negri, "*The Ripe Fruit of Redemption*", review of Giorio Agamben's The State of Exception, published on Manifesto in 2003, translated by Arianna Bove from Italian.

② Slavoj Žižek, "Divine Violence and Liberated Territories: SOFT TARGETS Ttalks with Slavoj Žižek", *Los Angeles Review of Books*, March 14, 2007.

人：至高权力与赤裸生命》的出版使阿甘本在欧陆哲学界获得了极高的声誉。亚当·科茨科(Adam Kotsko)是阿甘本神圣人计划系列著作的主要评论者与英文翻译者，其译作主要包括《语言的圣礼：誓言考古学》《最高的贫困：隐修制度与生命形式》《主业：责任考古学》《彼拉多与耶稣》《身体之用》。他对于如何阅读阿甘本提出了几点建议。

首先，在写作特点、写作方法以及研究方式上，科茨科注意到阿甘本倾向于从最细小的细节描述跳跃到最广泛的可能归纳，而且他很喜欢在文本中插入希伯来字母"aleph"，表示注释。科茨科认为，这在很大程度上是受到了海德格尔与本雅明的影响，在某种程度上，我们也可以把阿甘本的著作解读为对这两位思想家的注解。其次，阿甘本融会了很多伟大思想家的思想，如福柯、施米特、阿伦特、德勒兹、德里达等，对矛盾与悖论有所偏爱。再次，阿甘本密切关注法律结构问题，并且据此展开对现代政治现象的分析与探讨。同样值得我们注意的是阿甘本的弥赛亚讨论策略。最后，阿甘本的整个工作具有系统性，并且具有开放性与探索性。① 科茨科的阅读建议一定程度上为我们更深刻地理解阿甘本指明了方向，也提醒我们在阅读阿甘本时不能只关注著名的神圣人计划系列著作，也要致力于阿甘本其他著作以及片段的分析，全面把握阿甘本的思想。

迈克尔·A. 彼得斯(Michael A. Peters)在《阿甘本的神圣人计划》

---

① Adam Kotsko，"How to Read Agamben"，*Los Angeles Review of Books*，June 4，2013.

("Giorgio Agamben's Homo Sacer Project")①中简要地介绍了神圣人计划，着重强调了福柯对阿甘本的重大影响以及二人的思想与理论差异。他认为"神圣人计划是自福柯生命政治出现以来最让人印象深刻的系列著作"②，但是也存在局限性。例如，彼得斯对阿甘本所有现代政治的范式都是集中营的观点表示怀疑，这也是其他评论家经常诟病阿甘本之处。他还对阿甘本与福柯只是从否定性角度谈论政治社会的阴暗面表达了不满。彼得斯的这种简介既能让我们快速了解阿甘本的整个研究计划，也能让我们对阿甘本的思想形成大致的轮廓。不过，他对神圣人计划的介绍不太完整，比如阿甘本在 2014 年与 2015 年分别出版了《身体之用》与《内战》，而且依据阿甘本的写作风格以及性格特点，我们很难断定他的神圣人计划已经完结，或许会一直继续下去。这也为我们对他的研究提供了源源不断的宝贵资源。

对于神圣人计划的其他评论，我们也可以参看布莱恩·布鲁克(Brian Brock)③、贾斯丁·克莱芒(Justin Clemens)④、卡利奥皮·尼科洛普劳(Kalliopi Nikolopoulou)⑤、杜兰塔耶(Leland De la Durantaye)⑥、布

---

① Michael A. Peters, "Giorgio Agamben's Homo Sacer Project", *Educational Philosophy and Theory*, 2014, 46(4): 327-333.

② *Ibid.*, p. 329.

③ Brian Brock, *The Highest Poverty*: *Monastic Rules and Form-of-Life*(Review), 2015 John Wiley & Sons Ltd., pp. 349-351.

④ Justin Clemens, *The Sacrament of Language*: *An Archeology of the Oath*(Review), Symploke, Volume19, Numbers1-2, 2011, pp. 414-416.

⑤ Kalliopi Nikolopoulou, *Homo Sacer*: *Sovereign Power and Bare Life*(Review), 2000, Substance 29 (3): 124-131.

⑥ Leland De la Durantaye, "The Suspended Substantive: On Animals and Men in Giorgio Agamben's The Open" (Review), *Diacritics*, 2003, 33(2): pp. 3-9.

莱恩·狄龙(Brain Dillon)^①的论述。他们都曾以神圣人计划中的著作为主要讨论对象。这一系列书评既展现了作者的创造性思想，又短小精湛，能让读者快速了解阿甘本的整个思想计划，并对著作的核心内容产生直观感受。虽然不够全面，但是对于对阿甘本感兴趣地读者来说，这些确实是不错的文献资料。此外，值得引起我们高度注意的是，《批判理论家与国际关系》(*Critical Theorists and International Relations*，2009)^②和《从阿甘本到齐泽克：当代批判理论家》(*From Agamben to Žižek：Contemporary Critical Theorists*，2010)^③论及当前政治哲学界享负盛名的批判理论家，为我们了解当代批判理论家及其思想提供了有效的窗口。在前一本著作中，尼克·沃恩-威廉姆斯(Nick Vaughan-Williams)介绍了阿甘本的思想传记，重点突出了阿甘本的神圣人计划及相关著作，并概述了阿甘本生命政治思想的相关内容，如赤裸生命、集中营、主权等概念。在后一本著作中，保罗·赫加蒂(Paul Hegarty)主要从两个方面来探讨阿甘本的思想。其一，即将来临的语言。语言哲学研究是阿甘本早期著作的主要内容，深受海德格尔的影响。赫加蒂通过《幼年与历史：经验的毁灭》《语言与死亡：否定之地》《敞开：人与动物》对语言问题的讨论，揭示出阿甘本从语言转向人的生命与死亡，从而开启了政治之旅。这也被认为是探讨政治问题的有效方式。其二，那些能

①　Brain Dillon, "Potentialities"(Review), *Substance*, Issue 94/95, 2001, 30(1-2)：254-258.

②　*Critical Theorists and International Relations*, edited by Jenny Edkins and Nick Vaughan-Williams, Routledge，2009.

③　*From Agamben to Žižek：Contemporary Critical Theorists*, edited by Jon Simons, Edinburgh University Press，2010.

被杀死之人。这里主要讨论神圣人计划的核心概念"神圣人"以及主权问题。这两位作者对阿甘本思想核心的介绍能让我们从整体上加深对神圣人计划的印象，尤其是其对语言哲学问题的讨论让我们有机会理解神圣人计划的全貌。语言哲学问题是阿甘本开展政治批判计划的重要前提，但是，从目前的研究情况来看，研究者更关注阿甘本著作的政治内容，经常忽视其语言哲学问题。

第四，阿甘本其他相关思想专著研究。

托马斯·莱姆克（Thomas Lemke）是德国社会理论家与社会学家，主要从事福柯及其生命政治与治理术研究。他对生命政治概念的研究产生了较早专门介绍生命政治的著作，即《生命政治：一种进阶介绍》（*Biopolitics：An Advanced Introduction*）①。他在导言中明确提出了这本书的两个目标。"其一，试图提供关于生命政治概念的系统性的历史概括；其二，探索生命政治概念与现代理论争论的相关性。"②莱姆克清晰地梳理了生命问题的历史演变：从把生命作为政治基础的自然主义与把生命作为政治对象的政治主义开始，演绎现代理论家对生命政治概念的发展。随后，他密切关注福柯、阿甘本、奈格里与哈特对生命政治概念的界定与批判性分析，以及从福柯生命政治思想中演化出来的两条思想线索，即政治形态与生命实体。最后，他展望了生命政治分析视角的前景。不过，莱姆克对于这种生命政治的分类方法并没有给予正面回应，而且表现出一种经验主义倾向。在对阿甘本生命政治思想的分析

---

① Thomas Lemke, *Biopolitics：An Advanced Introduction*，translated by Eric Frederick Trump, New York and London：New York University Press，2011.

② *Ibid.*，p. 2.

中，莱姆克主要关注的是阿甘本的几个核心概念，即主权、法律、赤裸生命、集中营、例外状态等。很显然，莱姆克对阿甘本生命政治思想的分析不够完整。受限于写作时间，莱姆克也没有涉及阿甘本随后出版的神圣人计划系列著作。但是，不可否认的是，莱姆克确实提供了阿甘本关于生命政治主题拓展的一般方向。

另外一本以生命政治为题的专著是《生命政治：读本》(*Biopolitics：A Reader*)①，这是由蒂莫西·坎贝尔(Timothy Campbell)与亚当·塞茨(Adam Sitze)编辑的论文集，涉及当代批判理论家关于生命政治概念问题的看法，包括阿甘本、奈格里、埃斯波西托、齐泽克、巴迪欧等思想家。不过，他们并没有将生命政治运用于具体现象与事件的现实领域之中。这本论文集收录的论文有益于读者了解诸多迥异的理论家关于生命政治的观点，启发读者从不同的角度看待与批判这一主题，而不是局限于某一位思想家的理论。坎贝尔 2011 年出版了《不适当的生命：从海德格尔到阿甘本的技术和生命政治》(*Improper Life：Technology and Biopolitics from Heidegger to Agamben*)②。简单来说，这本著作始于海德格尔对技术的批判，探讨生命政治走向死亡政治的趋向。但是，它通过对福柯晚期作品自我技术的研究，推演出生命政治终将走向肯定性的方向，与埃斯波西托肯定性的生命政治高度一致。除了上述主要针对生命政治研究的专著之外，还有很多关于阿甘本其他思想方面的研究著

① Timothy Campbell and Adam Sitze, *Biopolitics：A Reader*, Durham and London：Duke University Press, 2013.

② Timothy Campbell, *Improper Life：Technology and Biopolitics from Heidegger to Agamben*, Minneapolis：University of Minnesota Press, 2011.

作，都可以作为研究阿甘本的辅助资料，帮助我们更加全面地了解阿甘本的思想。

亚历克斯·默里（Alex Murray）和杰西卡·怀特编纂的《阿甘本词典》(*The Agamben Dictionary*)①，以阿甘本著作中的重要术语为基础，如遗弃、禁止、集中营、赤裸生命、任意的独特性、共同体、商品、现实性等，逐条解释其在文本中的内涵，并且涉及那些对阿甘本产生影响的思想家，如福柯、德勒兹、德里达、本雅明、本维尼斯特（Émile Benveniste）等。这能让读者很快地了解阿甘本思想的主要内容及其思想源泉，既为读者提供了有价值的信息与指引，又能激发读者去发现他们之间的关系，为创造新型的关系形式提供了丰富的材料。默里 2010 年出版专著《阿甘本》(*Giorgio Agamben*)②，简单地介绍了阿甘本所开展的工作，重点突出了他早期的语言哲学探索以及即将来临的共同体问题，探寻了阿甘本著作中政治、语言、美学、文学、诗学、伦理学之间的关系。

杜兰塔耶的《阿甘本：一种批判性介绍》(*Giorgio Agamben：A Critical Introduction*)③与谢尔盖·普罗佐罗夫的《阿甘本与政治：一种批判性介绍》(*Agamben and Politics：A Critical Introduction*)④都以阿甘本

---

① *The Agamben Dictionary*，edited by Alex Murray and Jessica Whyte，Edinburgh：Edinburgh University Press，2011.

② Alex Murray，*Giorgio Agamben*，London and New York：Routledge，2010.

③ Leland de la Durantaye，*Giorgio Agamben：A Critical Introduction*，California：Stanford University Press，2009.

④ Sergei Prozorov，*Agamben and Politics：A Critical Introduction*，Edinburgh：Edinburgh University Press Ltd.，2014.

的文本为基础，进行创造性解读。前者以阿甘本早期著作为起点，分章
节介绍阿甘本的主要思想，因为作者认为对阿甘本早期著作的研究不
够，需要加大研究力度，以达到对阿甘本思想更加完整的理解。该书重
点探讨了青年阿甘本与海德格尔的渊源以及海德格尔对他的影响，同时
涉及阿甘本在 20 世纪 90 年代后出版的政治作品，即《神圣人：至高权
力与赤裸生命》《奥斯维辛的剩余：证据与档案》与《例外状态》。杜兰塔
耶在研究过程中强调文献学研究的重要作用。普罗佐罗夫正如其著作名
称所显示的那样，聚焦阿甘本的政治学问题。但是，他首先明确说明要
以肯定性基调开始对阿甘本的政治思想研究，而不是像其他理论家那样
把阿甘本的政治思想界定为一种乌托邦的幻想或一种极其幼稚的描述。
在《阿甘本与政治》第一章中，普罗佐罗夫呈现了阿甘本在政治与伦理学
中对悲剧范式的拒绝，认为那种否定性的形象从属于阿甘本思想的肯定
性方面。随后，他引进了"即将来临的政治"和"幸福生活"，以"无效"
(Inoperative)概念作为叙事的核心线索。"无效的政治""无效的语言"
"无效的状态""无效的历史""无效的人类"……"无效"这个词在阿甘本的
关键词中非常重要，内涵相当复杂。总而言之，《阿甘本与政治》为我们
了解阿甘本的政治构想、宗教思想提供了线索。普罗佐罗夫与西蒙娜·
润塔尔(Simona Rentea)于 2017 年编写了论文集《劳特里奇生命政治手
册》(*The Routledge Handbook of Biopolitics*)①，展现了讨论生命政治
问题的两种趋势以及由此形成的两种讨论生命政治的方式：历史哲学方

---

① Sergei Prozorov and Simona Rentea，*The Routledge Handbook of Biopolitics*，London and New York：Routledge，2017.

式与经验主义方式。该书前两个部分主要谈论生命政治概念的发展史以及当代理论家的争论，后三个部分从经济、安全与技术三个角度出发论述生命政治问题。整体来看，它主要概述了生命政治产生、发展的基本框架，试图拓展生命政治研究领域。

凯瑟琳·米尔斯（Catherine Mills）的《阿甘本的哲学》（*The Philosophy of Agamben*）想要实现两个目标："其一，为那些不熟悉阿甘本著作的读者提供介绍。在这方面，我试图清晰地总结阿甘本讨论的逻辑，以及处理不同文本中的问题……其二，对阿甘本的思想提出批判性解释。"①阿甘本思想的研究者很多都秉持这两个目标，只不过讨论方式及重点各不相同。米尔斯主要论述了阿甘本思想的以下方面：形而上学、美学、政治、伦理学与弥赛亚主义。米尔斯也是从阿甘本的语言哲学问题谈起的，进而论述了否定性与潜能的问题，为我们理解阿甘本的语言哲学提供了不错的视角。她在第三章中也谈及了生命政治问题，认为阿甘本的主权理论是对本雅明与施米特理论的调和。跟大多数政治理论家一样，米尔斯也把阿甘本的赤裸生命作为其政治论述的关键，并将其与奈格里、德勒兹的论述进行比较，评估了阿甘本的政治思想在当今政治理论界的地位。米尔斯从阿甘本早期著作中对语言问题的研究开始，延续到对政治问题的论述乃至人类弥赛亚的实现，确实展现出阿甘本思想的宏观框架。

继莱姆克后，米尔斯在 2018 年出版了《生命政治》（*Biopolitics*），在

---

① Catherine Mills, *The Philosophy of Agamben*, Montreal & Kingston Ithaca: McGill-Queen's University Press, 2008, p. 7.

导言部分明确表示并不打算对"生命政治"这一术语进行历史性追溯。如果想要了解生命政治概念在福柯之前和之后的发展，她推荐大家去阅读莱姆克 2011 年的著作。她想要思考的是生命政治学理论在福柯及之后的理论家那里建构起来的批判脉络，即审视其理论框架、哲学方法、应用方式，同时试图从批判的女权主义生物伦理学家的角度探究生命政治研究的问题。该著作主要分为两个部分。第一部分集中对福柯（一种崭新的权力体制）、阿甘本（作为死亡政治的生命政治）、阿伦特（极权主义与政治动物）、埃斯波西托和奈格里（肯定性生命政治）的生命政治核心思想进行深刻的探讨。第二部分讨论了政治、生命、主体性等范畴。①

还有很多著作是以论文集的形式出版的。《政治、形而上学与死亡：阿甘本神圣人的论文集》（*Politics，Metaphysics，and Death：Essays on Giorgio Agamben's Homo Sacer*）②主要谈及神圣人，从法学、政治理论、法律史等角度来分析阿甘本关于主权与现代政治生命的讨论。该书对阿甘本政治思想的阐释与评价值得被认真对待。《阿甘本：主权与生命》（*Giorgio Agamben：Sovereignty and Life*）③主要关注阿甘本神圣人计划的核心范畴主权与生命。它既论述了阿甘本早期著作关于语言问题的研究，也集中阐述了阿甘本之后开展的神圣人计划，为阿甘本哲学与政治思想提供了清晰的解释与评判性的评价，可以让读者从中发现阿甘

---

① Catherine Mills，*Biopolitics*，London and New York：Routledge，2018，p. 6.

② *Politics，Metaphysics，and Death：Essays on Giorgio Agamben's Homo Sacer*，edited by Andrew Norris，London：Duke University Press，2005.

③ *Giorgio Agamben：Sovereignty and Life*，edited by Matthew Calarco and Steven DeCaroli，California：Stanford University Press，2007.

本的有效概念，从而增强对阿甘本政治思想的了解。《阿甘本的著作：法、文学与生命》(The Work of Giorgio Agamben: Law, Literature, Life)①收录的文章主要是对阿甘本早期著作的研究，如语言哲学、语言学、诗学等。这既是为了避开学术界对阿甘本政治思想，尤其是神圣人计划的密集关注，更是为了寻求阿甘本政治思想的基础，拓展对阿甘本政治思想的研究，从不同的领域、不同的角度来审视阿甘本著作的思想内涵。《阿甘本：法、政治与哲学视角》(Giorgio Agamben: Legal, Political and Philosophical Perspectives)②主要由三部分组成。第一部分论述法律问题以及基督教相关概念；第二部分涉及阿甘本的政治视角，内容依旧在阿甘本通常的政治思想范围之内，如对主权、集中营、政治解放、暴力等内容的探索，试图分析阿甘本未来的政治方向；第三部分是哲学视角，即在神学、生物学等领域中探寻即将来临的世界以及未来哲学的问题。《阿甘本效应》(The Agamben Effect)③没有停留在阿甘本文本上，分析其政治理论、政治哲学或法律理论，而是与现代社会现象联系起来，探讨阿甘本思想在现实层面的运用问题，如对人道主义问题、性别问题、种族问题的分析。《阿甘本与殖民主义》(Agamben

---

① *The Work of Giorgio Agamben: Law, Literature, Life*, edited by Justin Clemens, Nicholas Heron and Alex Murray, Edinburgh: Edinburgh University Press, 2008.

② *Giorgio Agamben: Legal, Political and Philosophical Perspectives*, edited by Tom Frost, London and New York: Routledge, 2013.

③ *The Agamben Effect*, edited by Alison Ross, Durham: Duke University Press, 2008.

and Colonialism)①在后殖民主义视角下，运用阿甘本的政治思想来解释现代世界中的现象，主要抓住阿甘本对主权、例外状态、赤裸生命、集中营等政治思想的分析。该书试图在殖民主义语境中以及殖民地反抗的历史背景中，重新看待阿甘本提出的集中营、神圣人等核心概念，将其与现代世界范围内的政治冲突（以色列和巴勒斯坦的冲突、非洲等地的殖民冲突）连接起来。这既能展现出阿甘本的政治思想在现实领域的有效运用，也能促进读者对现代世界范围内的政治冲突的理论理解，更能拓展殖民主义理论。

　　总而言之，这些论文集为我们从不同方面来理解阿甘本的政治、文学、艺术、哲学、法律等思想提供了不错的入口。

---

　　① 　Marcelo Svirsky and Simone Bignall，*Agamben and Colonialism*，Edinburgh：Edinburgh University Press，2012.

第一章 ｜ 生命政治范式问题域的理论渊源

　　面对着风云突变的国际局势，波谲云诡的世界政治经济秩序，纷繁复杂的世界格局与全球战略，这个时代确实需要用异于传统政治哲学与社会政治理论的概念与叙事方式来描述浸染于经济全球化与信息技术革命的人与世界。正如埃斯波西托所说："我们面对着一些不可判定的或有着两副面孔的现象，在那里，生命与政治处在需要新的概念语言加以解释的关系之中。这种语言的核心即生命政治概念。"①新的概念语言，也是自治主义马克思主义者奈格里与哈特所言的我们需要一套新的政治词汇，必须革新政治语汇。这

---

① Roberto Esposito，*Bios*：*Biopolitics and Philosophy*，Minneapolis：The University of Minnesota Press，2008，p. 7.

就要求语汇必须跟踪并描述新的现实，深化大众的新的技术、社会和政治构成。在奈格里与哈特看来，这种新的政治语汇必须能够使政治主体发言。[①] 生命政治范式的横空出世似乎是解读现代社会政治语境、审视资本主义全球扩张和新自由主义资本主义等的另一种方式。

这一新词汇的出现意义重大，不仅展示了与马克思主义对资本主义政治经济制度与秩序的批判相异的研究思路与理论入口，更重要的是，它试图从理论与实践上寻求思考当代资本主义政治、经济、社会、文化等方面的解释模式，进一步探索可能的革命政治主体与未来社会的发展趋向。从理论上来看，这鲜明地体现在以福柯、阿甘本、埃斯波西托、奈格里与哈特等人为代表的生命政治学理论的逻辑建构与政治表达之中。从实践角度来说，随着生物科学技术与生物资本主义的快速发展，生命政治的批判视角正在揭示医学、技术、身份、政治等因素的最新突破与构型。从整体上来看，生命政治学理论的基调，即探索生命与政治之间的复杂关系，虽然继承了马克思主义的批判与革命精神，但它所要做的并不是遵循生产方式、资本逻辑、劳动范式背景下的政治经济学批判路径，而是面对当前的政治形式与经济态势，勾勒出对资本主义政治制度与生产方式的另一种思考，从而揭示出人所面临的岌岌可危的生存状态，以及众人诚惶诚恐的社会图景。

不过，虽然生命政治范式主要关注的是人口或生命个体生物学意义上的生命被卷入政治理性与计算之中，明显区别于马克思对资本主义生

---

① ［意］安东尼奥·内格里：《超越帝国》，李琨、陆汉臻译，207—208 页，北京，北京大学出版社，2016。该书将奈格里译为内格里，下同。——编者注

产方式与过程的分析——通过政治经济学批判范式揭示资本主义发展的内在矛盾与本质(这是马克思解决资本主义形成与发展的历史之谜的具体性的历史任务)，然而这并不意味着马克思在执行揭露资本主义生产方式矛盾的主要任务时，完全忽视对个体或人口问题的关注。换而言之，马克思政治经济学批判视角似乎潜藏着生命政治批判范式的隐性线索，尤其是福柯与奈格里在阐述其生命政治思想的过程中表露出浓厚的马克思主义色彩。因而，从某种程度上来说，在探索生命政治起源方面，马克思给予了后来的生命政治学理论家重要的启发与逻辑线索。与此同时，必须注意的是，不能将对生命政治学理论的探讨视为一种静态的、被动的思想建构模型；相反，它更倾向于表达一种动态而又积极的话语生成。或者说，它作为一种分析性与解释性的理论工具，存在复杂性、多元性、不确定性、新颖性的理论内涵。我们不能将其囿于某种固定不变的理论构思与逻辑结构之中。因此，为了更加清晰、快速地了解生命政治学理论在当前社会中的基本内涵，我们需要对其吸收的理论资源以及时代背景进行溯源。

一、生命政治概念史溯源

生命政治概念史溯源主要指从对生命政治概念使用的间接与直接角度出发，厘清生命政治概念史的基本发展情况。从目前学术界的研究来看，一般是将生命政治学理论的建构追溯至福柯。福柯确实在筹划具体的生命政治学理论方面做出了重要贡献，而且对后来研究生命政治学理论的思想家产生了重要的影响。或者说，他们都将福柯的生命政治学理论作为重新阐发与革新生命政治学理论的主要依据。然而，我们不能忽视福柯生命政治学理论的重要源头，即福柯在何种思想的启发下展开了对生命政治学理论的建构。如果说生命政治范式有着以权力逻辑为核心的批判新自由主义治理术的崭新视角，那么就不得不提及马克思主义以资本逻辑为核心的政治经济学批判模式，因为福柯在具体阐述生命政治学理论的过程中毅然将政治经济学纳入进来。换而言之，生命政治范式与政治经济学有着密切关系，这在福柯《生命政治的诞生》中有着明确论述。这就使我们不得不追问福柯与马克思的关系，或者说马克思是否对生命政治学理论产生了影响——虽然马克思并没有直接使用过生命政治术语。

因此，在探索生命政治概念起源的过程中，我们既要重视生命政治概念的直接使用语境，也不能忽视马克思在这方面的贡献。尤其是在奈格里那里，他的生命政治范式与马克思政治经济学批判的联盟更加证实了生命政治学理论与马克思有着千丝万缕的关系。从这种角度来看，想要细致地了解福柯创建生命政治学理论之前的生命政治起源问题，既需要回到生命政治范畴的原初语境，也需要回到马克思。

(一)生命政治概念的最初语境与内涵

关于生命政治概念的理论渊源与最初的使用语境，我们主要从以下两个角度展开论述。

第一，马克思视野中的生命政治问题。

福柯生命政治学理论的一个鲜明特征是权力关系与技术被广泛应用

于人口层面。这不是传统统计学、人口学、经济学或生态学意义上的人口，而是处于资本主义权力关系形式之中，并被视为资本主义社会治理实践政治核心的人口。简而言之，资本主义生命政治式的治理技艺以对人口的管控与操纵为认知对象。而这种将人口视为资本主义政治思考与行动核心的理解，在马克思思想发展史上并未缺席。其具体表现是，马克思与恩格斯都质疑过马尔萨斯的"人口论"①，并对其展开了激烈的批判。马克思在《〈政治经济学批判〉导言》中说："如果我，例如，抛开构成人口的阶级，人口就是一个抽象。如果我不知道这些阶级所依据的因素，如雇佣劳动、资本等等，阶级又是一句空话。而这些因素是以交换、分工、价格等等为前提的。比如资本，如果没有雇佣劳动、价值、货币、价格等等，它就什么也不是。因此，如果我从人口着手，那么，这就是关于整体的一个混沌的表象，并且通过更切近的规定我就会在分析中达到越来越简单的概念；从表象中的具体达到越来越稀薄的抽象，直到我达到一些最简单的规定。于是行程又得从那里回过头来，直到我最后又回到人口，但是这回人口已不是关于整体的一个混沌的表象，而是一个具有许多规定和关系的丰富的总体了。"②

很明显，马克思拒绝马尔萨斯将人口视为纯粹抽象概念的做法，拒绝从人口本身出发来理解人口概念，认为这种纯粹抽象完全忽视了人口处于资本主义生产关系之中，处于社会历史现实发展过程之中。这也就

---

① "人口若不受到抑制，便会以几何比率增加，而生活资料却仅仅以算术比率增加。懂得一点算术的人都知道，同后者相比，前者的力量多么巨大。"参见［英］马尔萨斯：《人口原理》，朱泱、胡企林、朱和中译，7 页，北京，商务印书馆，1992。

② 《马克思恩格斯选集》第 2 卷，18 页，北京，人民出版社，1995。

意味着马克思否定的是超历史性的纯粹抽象，认为对人口范畴的讨论不能置于人类社会历史发展之外，不能脱离具体性的、特定性的社会关系，而必须根植于现实的历史存在，立足于具体的经济现实与结构。这就是从抽象上升到具体的科学方法。如此，依据马克思的思维范式，人们必将探寻关于人口问题的整个资本主义社会经济背景以及走向阶级剥削与分析的道路，并最终指向对资本主义发展规律的揭露，而不会停留在对单纯人口问题的理解上。或者说，在马克思那里，人口问题服务于对社会生产方式的剖析。我们需要正确地审视两者之间的内在关系，不能将人口置于社会经济发展结构之外。

这种历史唯物主义思维方式必然区别于福柯对人口范畴的强调。在理论立场上，福柯有意避免此种经济范式的考量，转而寻求其他批判模式。例如，福柯曾明确表示他之所以高度重视权力问题，主要基于以下原因。首先，权力在西方既表露得很彻底又隐藏得很深，这种矛盾没有得到很好的揭露与解释。其次，"从 19 世纪以来，对社会的批判基本上是从其经济的本质出发的，经济有着决定的作用。这当然是一种'有效的'对政治的还原，但这种倾向同时也忽视了构成经济关系的基本的权力关系"。最后，人们普遍忽视国家机构之外的权力形式。[①] 福柯试图在权力关系与效应中搜寻批判资本主义秩序的方法。从某种程度上来说，他力求在现代性中重新激活马克思对人口问题的探讨，并使其脱离资本逻辑的解释框架，而重新置于现代资产阶级治理实践的生命政治范

---

① 包亚明主编：《权力的眼睛——福柯访谈录》，严锋译，43 页，上海，上海人民出版社，1997。

式之中。马克思以政治经济学批判为手段与方法，找到了资本主义生产关系下社会现实中的人的存在形式，福柯则运用生命政治批判，以权力关系为运作机制，深入资本主义社会生活的微观领域，分析现实的人的生存状态。两人有着共同的价值目标，即探索资本主义政体下人的生存问题。福柯在阐述生命政治思想的过程中受到了马克思对资本主义生产方式、生产关系、所有制等范畴批判的影响，这是肯定的，但是，他并不想重复马克思的主题，更愿意另辟蹊径，正如他也阐述了古典政治经济学与资产阶级的政治经济学，可是在具体内容、描述方式、关注焦点等方面与马克思的论述截然不同。

福柯与马克思的交集还鲜明地体现在对生命政治规训权力的看法上。马克思细致地分析了工人在工厂中的境况：工人需要从事低级的熟练劳动，日复一日地守在机器旁重复同样的动作，终身服侍机器；工人需要接受专门的操练与培训，从而形成技术性的劳动分工；工厂建立起制度与规范，创建一种"兵营式的纪律"；工人要遵守严苛的生活规定，如有违背会受到惩罚；工厂就是"温和的监狱"。[①] 这就是福柯所说的："在一个不太普遍的层次上，在生产机构、劳动分工和规训技术制定方面的技术性变化维持了一组十分紧密的关系。"[②]不过，从整体理论规划上来看，福柯更愿意与马克思保持相应的距离。这既体现在研究方法上，更体现在福柯个人意愿的选择上。"我经常会引用马克思的概念、句子和文章，但我觉得不一定非得要在页脚注明出处并附上毫不相干的

---

① 《马克思恩格斯全集》第 44 卷，481—492 页，北京，人民出版社，2001。

② ［法］米歇尔·福柯：《规训与惩罚（修订译本）》，刘北成、杨远婴译，247 页，北京，生活·读书·新知三联书店，2012。

评论。别人之所以那样做，是因为他们想被认为懂得马克思，揭示马克思深邃的思想并为在所谓的马克思主义杂志发表感到欣慰。我引用马克思，但我不说明，不加引号，并且因为别人无法辨别是否是马克思的文章，因此我被认为是不引用马克思的人。物理学家在研究物理时感到有必要引用牛顿或爱因斯坦吗?"①可见，福柯生命政治批判路径与马克思对资本主义阶级统治的政治经济学批判，两者之间不是对立关系，而是在宏大叙事的内在诉求以及方法论运用上展现出的不同的表现形式、不同的策略选择。当然，我们也要承认马克思对福柯生命政治学理论的影响。

如果说上述讨论意在证明马克思对生命政治学理论人口、监督、纪律等问题的影响的话，还有一种能够证明马克思与生命政治学理论关系的重要证据，即以奈格里为代表的工人自治主义者用马克思主义话语来阐释生命政治范式，并与马克思政治经济学批判方法论融合。这主要以马克思对机器与工人关系的重新诠释为前提，集中体现在对马克思从历史性的角度审视资本主义生产过程、生产资料在形式与内容上的变化，提出经济全球化背景下的结构性转变。虽然这是意大利马克思主义知识分子面对理论与实践上的革命失败而寻觅的出路，并且总体上对资本主义生产方式的实质理解存在偏颇，但是将生命政治范式植入马克思主义方法论，重新解读马克思政治经济学的实践维度，确实展现了马克思批判理论的革命精神。至于自治主义马克思主义者如何处理马克思主义话语中的生命政治范式问题，我们会在后面的叙述中具体展开。总而言

---

① ［英］莱姆克等：《马克思与福柯》，陈元等译，14页，上海，华东师范大学出版社，2007。

之，虽然马克思当时并没有详细地讨论现代性语境中的生命政治话题，而是将注意力集中在更加重要的对资本主义生产方式与社会发展规律的历史性探索上，但是马克思方法论研究的逻辑结构与考察形式确实在生命政治主题中发挥了重要作用。

第二，生命政治概念的最初语境。

从生命政治思想史角度来看，其初期发展包括两方面。其一，生命政治概念最初使用的语义环境与背景；其二，福柯在法兰西学院系列讲座及相关著作中对生命政治学理论的初步描绘。前者展现了生命政治概念运用的原始的基本原则与方式，表达了在地缘政治学与国家社会主义语境中的政治意蕴；后者则开启了论述生命政治思想的新时代，成为后续诸多理论家进行生命政治思想探讨的理论基础与逻辑支点。在这两方面中，生命政治概念的广泛性与含糊性，或许是其他理论家对其进行延伸与拓展的有力说明。

生命政治这一术语的一种英语表达为 bio-politics。从字面上来看，该术语由三部分组成，即前缀"bio"、连字符"-"以及"politics"。正是这种巧妙的组合，致使很多学者从"生命""-""政治"这三个角度来阐述"生命政治"。典型代表即托马斯·莱姆克与罗伯特·埃斯波西托，他们都倾向于从生命与政治之间的界限问题及该术语的结合角度切入，对生命政治概念进行剖析。不过，莱姆克的重点在于研究福柯的生命政治学理论，并没有建构一套完全属于自身的理论体系。相反，埃斯波西托在福柯生命政治思想的中止之处，揭示了福柯所隐含的问题。这是一种继承并试图超越的研究态度。从追溯生命政治概念之思想史的角度来看，正是他们研究生命政治学理论的哲学分析方式，使他们必然需要探索生命政治概念的最初语义内涵及发展趋势，这也使他们成为目前研究早期生命政治思想的相对完善的学者。

最先提出生命政治概念的是瑞典的鲁道夫·契伦，他在《政治学体系与基本问题》中写道："考虑到生命本身这种典型的张力……我产生了一种想法，即在生物学这门特定的学科之后，把类似于生物学的学科称作生命政治(biopolitics)。在不同社会集团的内战中，人们能非常清楚地意识到为了生存和成长的生命而斗争的残酷性。与此同时，人们也在这些集团内部觉察到了为了生存而展开的强有力的合作。"①契伦第一次使用了生命政治这个概念。显然，这不是福柯及之后的理论家所理解和使用的"生命政治"。契伦生命政治概念首创者的身份，在当时乃至现在都没有受到学术界的广泛关注，让他驰名的是西方政治地理学中最重要的流派地缘政治学的创建。契伦在很大程度上深受其师拉采尔国家有机体学说与生存空间思想的影响，地缘政治学就是他吸收拉采尔理论，进一步发挥与深化的结果。契伦把国家视为"超个体的生物……同个体一样真实，但在发展的过程中要比个体大得多，强得多"②。在契伦那里，"国家"不是一个政治概念或法律概念，而是从生物学与进化论角度出发的有生命力的有机体，跟人类或动物一样有诞生、成长、发展、消亡的生命历程。受生物法则支配的国家是以生物、环境因素为基础的生命

---

① Rudolf Kjelln, *Grundri zu einem System der Politik*, Leipzig: S. Hirzel Verlag, 1920, pp. 93-94，转引自 Thomas Lemke, *Biopolitics: An Advanced Introduction*, New York: New York University Press, 2011, p. 10。也可参见 Roberto Esposito, *Bios: Biopolitics and Philosophy*, Minneapolis: University of Minnesota Press, 2008, p. 17。

② Thomas Lemke, *Biopolitics: An Advanced Introduction*, New York: New York University Press, 2011, pp. 9-10.

体，如果不想随着时间的推移而停滞不前或萎靡消亡，就需要增强生命力量，通过强壮的"体魄"来维持自身的竞争力。

这种地缘政治学背景中的生命政治话语被赋予浓厚的生物学色彩，表达了国家阶级与种群之间的生存利益与斗争，而这种矛盾与斗争就是"生命本身的张力"。力量是国家最重要的参考要素，这也成为国家社会主义的理论支撑与统治指南。尤其是后来被希特勒任命为德国中央研究院院长的豪斯霍费尔（Karl Haushofer）大力宣传拉采尔与契伦等人的理论与观点，并使之与纳粹德国的侵略政策、意识形态密切结合，以便为纳粹德国制造理论依据，炮制合法性表象。

莱姆克强烈批判了这种以生物学与自然主义为基础的生命政治论断："这个基本假设是所有社会、法律、政治的纽带都依赖于一个活生生的整体，这个整体即真实的、永恒的、健康的和有价值的东西的具体体现。对'生命'的引用在这里既是一个神话的起点，又是一个规范的准则。而且，它规避了理性的基础或民主的决策。从这个角度来看，只有一种将自身引向生物法则并将其作为指导方针的政治，才可以算作合法的，才能与现实相符。"①这种自然主义式的生命政治隐含了理解后来的生命政治思想的线索。第一，生命政治概念的出现并不以政治制度或法则为依托，而是产生于生物学与进化论的语境之中。也就是说，生物学——而不是政治学、法学、历史学等学科——的思考模式成为理解生命政治话语的基点。生物学成为对政治或现实唯一的合法描述，生物学

---

①　Thomas Lemke, *Biopolitics: An Advanced Introduction*, New York: New York University Press, 2011, p. 10.

的概念与方法成为政治行为最好的解释工具。第二，生命政治学理论与纳粹主义战略思想和种族主义意识形态的紧密结合，是分析与建构生命政治学理论的典型倾向。无论是福柯还是阿甘本、埃斯波西托，他们都将国家社会主义的生命政治纳入其分析策略之中。

　　莱姆克除了分析以生命为政治基础的自然主义之外，还关注以生命为政治对象的政治主义。这种生命政治的政治主义主要包括生态生命政治与技术中心生命政治两种形式。生态生命政治意识到了人的生命过程所遭遇的生态危机。"现在，生命政治意味着旨在为全球环境危机找到解决方案的政策和监管措施。"①"在这种背景下，生命政治的概念获得了新的意义。它是发展政治和政治行动的新领域，旨在保护自然环境。"②此时的自然成为对人类物种的生存至关重要的东西。虽然也强调环境的重要性，但它并不同于环境决定论。在这个意义上，政治行为与制度沦为环境保护的手段，成为应对环境危机的实践。技术中心生命政治随着生物技术的发展指向了生物伦理学，二者相互交织。生命在两个方向上成为政治思考与行动的参考点。第一，由于人的生命与生存环境受到社会与经济结构的威胁，因而需要政治从生态学的角度采取保护措施，即政治的自然化。第二，由于生物科学的发现与技术创新，人越来越有能力操控生命的自然基础，不断改变传统的自然环境，致使自然环境与人工生命形式变得越来越难以区分，自然的概念越来越具有科学技术的烙印，从而变得更具政治化（自然的政治化），生命形式也越来越受

---

　　①　Thomas Lemke，*Biopolitics：An Advanced Introduction*，New York：New York University Press，2011，p. 23.

　　②　*Ibid.*，p. 23.

到生物技术、医学等科学知识的影响。①

综上所述，无论是自然主义还是政治主义，都倾向于把生命置于自然环境与社会环境之中，强调的都是生命与环境的单一维度，政治成为生命与环境的中介，政治与自然存在明显的二元对立。自然、生命、政治完全是彼此独立的领域，生物学分析的策略与方法贯穿其中，没有任何历史过程的描述。莱姆克批判了这种简单、机械的生命政治："生命政治不能简单地贴上对生命过程进行调节与管理的特定的政治活动或政治分支的标签。相反，生命政治的意义在于有能力使政治与生命、文化与自然、难以捉摸的与无争议的领域之间那种通常偶然与不确定的差异变得可见。"②

在福柯形成相对系统的生命政治学理论之前，除了莱姆克介绍的生命政治之外，埃斯波西托还补充了法国 20 世纪 60 年代兴起的与生命政治主题相关的新人道主义。"它不处在纳粹生物统治的划时代失败所深刻改变的历史框架之中"③，这种生命政治考虑的不再是自然问题，而是更加倾向于把历史、文化与人性考虑在内。正如莱姆克所言，"这些解释线索无法真正把握生命政治进程的本质维度"，因为"它们的概念都建立在稳固的等级制和生命与政治的外在关系上"④。因此，我们需要从历史的角度发现政治行动与实践对我们的生命的构筑。

---

① Thomas Lemke, *Biopolitics: An Advanced Introduction*, New York: New York University Press, 2011, pp. 27-28.

② *Ibid.*, p. 31.

③ *Ibid.*, p. 19.

④ *Ibid.*, pp. 3-4.

(二)微观权力——治理机制的生命政治话语

福柯并没有创造"生命政治"这一术语，但是，其著作、讲座、访谈中零散而又集中的讨论展现出一条相对系统且富有逻辑性、连续性的研究生命政治思想的线索。这使他在生命政治话语讨论中有着举足轻重的地位。从整体上来看，福柯生命政治学理论主要从以下方面开启了对生命与政治关系的另类解读模式。第一，生命政治思想涉及的领域具有广泛性，政治哲学、医学、法学、经济学等学科相互交织，尤其是医学与政治技术相互渗透，改变了传统政治哲学的理论语境。第二，福柯摆脱了前期对考古学与谱系学的迷恋，执着于从其擅长的权力关系理论角度出发解剖生命与政治的关系，努力追问权力机制发生了何种深刻的变化，权力技术装置如何运作于社会、运作于生命。第三，生命政治视角下对资本主义现实的批判依赖于具体的社会历史、社会现象。通过仔细观察"不正常"领域所发生的事件，人们可以揭示资本主义政治制度的邪恶本性。

对福柯生命政治思想展开追溯，我们会发现其中充斥着诸多模糊性、不确定性、反复性，这就是福柯的写作风格。福柯在一次访谈中曾谈道："我的想法从来都是不一样的。对我来说，我的书就是一种经历，一种体验……如果要写一本书来表达我在开始写作之前的想法，我可能没有勇气开始。我之所以要写一本书，仅仅是因为我不能确切地知道我所思考的问题。我想要思考得更多。"[1]正是这些模糊性与不稳定性揭示

---

[1]　Michel Foucault, *Power: Essential Works of Foucault 1954-84*, vol. 3, New York: New Press, 2001, pp. 239-240.

了福柯生命政治思想的多元性与丰富性。这是一种具有开放性与包容性的思考方式，为后续研究生命政治的思想家打开了一扇窗——让思想自由驰骋。

1. 生命政治的医学话语

1974 年 10 月，福柯在里约热内卢州立大学社会医学研究所做了三场论社会医学的讲座，题为《医学危机或反医学危机》、《社会医学的诞生》①、《现代技术纳入医院》②。虽然福柯对医学领域的研究并不像对权力理论那样广泛与细致，但这也是他生命政治学理论的重要组成部分。后来，医学领域甚至成为埃斯波西托等人的核心研究领域。在讲座《医学危机或反医学危机》中，福柯重点谈论了 18 世纪以来现代医学所经历的历史变化，并简明扼要地归纳了其特征：医学权威不再局限于知识权威，而是成为一种社会权威；医学干预领域不再局限疾病与病人意愿，而是更多地转向了环境因素，如对空气、水等的干涉，这意味着医学干预正在逐渐转变成一种社会干涉；集体医疗场所，如医院，成为治愈病人的场所，而不是对穷人的一种援助，这也就需要不断引入先进的医学技术知识与装备；医学管理体制不断革新，包括各种资料的收集与记录，以及运用统计学方法等进行整理。③

① Michel Foucault，*Power：Essential Works of Foucault 1954- 84*，vol. 3，New York：New Press，2001，p. 156.

② *Space，Knowledge and Power：Foucault and Geography*，edited by Jeremy W. Crampton and Stuart Elden，Ashgate Publishing Company，2007，pp. 141-151.

③ Michel Foucault，*The Crisis of Medicine or the Crisis of Antimedicine?*，translated by Edgar C. Knowlton，Jr，William J. King and Clare O'Farrell. *Foucault Studies*，No. 1，pp. 5-19，December 2004，p. 13.

医学不再是一门独立存在的学科，而是与政治、经济、社会、环境等方面紧密结合；医学领域也不再只关乎疾病的研究或者病人的治愈，而是在社会之中无限地拓展，开发出越来越多不确定的、未定义的医学化领域，进而成为政治斗争、政治权力技术的策略。"在目前的情况下，残忍的是，当想提到医学以外的领域时，我们会发现它已经被医学化了。当一个人想要反对医学的不足、缺点及有害影响时，需要用更完整、更精练、更广泛的医学知识来完成和实现。"①医学化无处不在。我们发现，医学健康问题非常符合生命政治的框架。虽然福柯在讲座中并没有提及"生命政治"这一术语，但是他描述了医学史发展问题，尤其是分析了医学治疗目标，从对个人清洁问题的关注转向个人及集体健康，最后直接将人体生物性生命问题纳入考量范围。这种转移鲜明地体现出人的生物性生命不再纯粹，变成了医学关注的核心和政治关注的焦点。这是一个十分恐怖的信号，意味着人的生命在现代社会中面临着危机。

福柯在《社会医学的诞生》中更加详细地展现了现代医学的危机，并且使用了"生命政治"这一术语。"社会对个体的控制不仅是通过意识或意识形态来完成的，而且可以在身体之中以及用身体来实现社会控制。对于资本主义社会而言，它就是生命政治，即生物性的身体、躯体、肉体最为重要。身体是生命政治的现实；医学是生命政治的策略。"②这就

①　Michel Foucault，*The Crisis of Medicine or the Crisis of Antimedicine?*，translated by Edgar C. Knowlton，Jr，William J. King and Clare O'Farrell. *Foucault Studies*，No. 1，pp. 5-19，December 2004，p. 14.

②　Michel Foucault，*Power：Essential Works of Foucault 1954-84*，vol. 3，New York：New Press，2001，p. 137.

是福柯生命政治思想着重于对个体和集体身体、生命的考察，将生命政治的背景置于资本主义社会与政治制度之中，以及关注医学泛化的主要原因。

为了更加清晰地表明"现代医学是一种以社会机体的技术为基础的社会医学"①，福柯根据不同国家的医学表现重现了这种转变。其一，出现在 18 世纪德国的国家医学。国家医学即"正式的医学知识的组织。医疗职业变得标准化，医生从属于一般的行政管理。最后，不同类型的医生被整合成产生一系列全新的受国家控制的医疗组织"②。简而言之，德国国家医学的对象是国家，在宏观层面上积极地积累和生产医学知识与实践。它关注的不是劳动力的问题而是可以形成国家，能够展现国家力量的个体问题。国家提出各种改善人口健康的政策，充当起"医学警察"。其二，以法国为代表的城市医学。法国的城市医学不是以国家结构为基础的，而是与城市的扩张相结合。它的主要目标是科学分析城市区域内的拥堵、无序和危险区域，保障水和空气的良好循环，最后规划好城市格局与水流的分布。③ 法国的城市医学与德国的国家医学有着明显的区别，后者注重医学知识与管理的科学化，而前者对城市空间与环境要素给予高度重视。其三，以英国为代表的劳动力医学。这种社会医学类型的对象是劳动力、工人或者穷人，因为穷人在 19 世纪慢慢表现出一种医学危险。一方面，他们威胁着上层阶级富人的生活与健康；另

---

① Michel Foucault, *Power: Essential Works of Foucault 1954-84*, vol. 3, New York: New Press, 2001, p. 136.

② *Ibid.*, p. 141.

③ *Ibid.*, pp. 142-151.

一方面，对于城市的发展来说，由于他们比较熟悉城市的基本功能并且是城市发展的主要力量，因此需要施以医疗控制。于是，"出现了三个既可以重叠又可以共存的医疗系统：专为最穷的人设计的福利医学；负责疫苗接种、传染病等一般性问题的行政医学；使那些负担得起的人受益的私人医学"①。

两年后，福柯再一次表达了对 18 世纪医学的深度思考。他不再强调现代医学是一种社会医学，而是认为现在进入了一个疾病分类政治学的时代。② 这个时代的医学强调的是整个人口的健康状态与身体素质，并且呈现出如下特征：儿童的优先地位和家庭的医学化，卫生的优先地位和医学作为社会控制的一个层面所履行的功能。③ 从内容方面来看，这与他在巴西的讲座区别不大，只是对某些细节性问题做了更加详细的阐述。福柯没有重提生命政治的问题，而是直接声称："人口的生物学特征成了与经济管理相关的因素，而且有必要在他们周围组织一种装置，这种装置不仅能够确保他们的服从性，而且能确保其效用的持续增长。"④也就是说，医学干预在人的生物性水平上运作，并且需要资本主义政治经济学装置的配合。这不再只是实现彻底的压抑性、

---

① Michel Foucault, *Power: Essential Works of Foucault 1954-84*, vol. 3, New York: New Press, 2001, pp. 155-156.

② 汪民安编：《什么是批判：福柯文选 Ⅱ》，146 页，北京，北京大学出版社，2016。

③ 同上书，153—168 页。

④ Michel Foucault, *Power /Knowledge*, *Selected Interviews and Other Writings 1972-1977*, edited by Colin Gordon, translated by Colin Gordon, Leo Marshall, John Mepham, and Kate Soper, New York: Pantheon Books, 1980, p. 172. 亦参见汪民安编：《什么是批判：福柯文选 Ⅱ》，153 页，北京，北京大学出版社，2016。

控制性的效果，而且需要关注他们带来的积极性。这种表达方式具有浓烈的生命政治思想色彩，此后，福柯开始有意识地讨论生命政治问题。

福柯在《现代技术纳入医院》的讲座中仔细考察了 18 世纪末医院开始被视为一种治疗工具而出现的情景，发现医院从此展开了一系列新的实践活动（调查医院、对医院进行系统观察与比较观察）。正是这些崭新的实践活动而不是医学研究理论充分表现出医院与现代技术的融合。福柯注意到，18 世纪前，医院是作为对穷人的援助机构（分离与排斥机构）运行于社会生活中的，它最初与其说是治病救人的机构，不如说是实施临终关怀的慈善机构，以便患者获得灵魂救赎。在这个时期，医学与医院是两个不同而又分离的领域，现代意义上的医院—医学概念尚未形成。18 世纪末，医院空间在目的与效果方面开始被医学化，随后规训权力技术的不断涌入使医院无论是在位置选择还是内部空间分配方面都被注入了广泛的医学化知识，与此同时，医生的权力地位也得到了强化。医生会系统性地记录病人的身体状况，使病人完全处在自己的监控之下。因此，在医院转型过程中，个体逐渐转变为医学知识与实践的干预对象，直至扩展到整个人口层面。

显然，福柯 1974 年引入生命政治这一术语，重点不在于传达生命政治思想，毕竟他在讲座中只提了一次。相比之下，此时的福柯更加关注医学问题。在对医学问题的探讨上，福柯并不想提出反医学或者抵抗的形式，而是要揭露与批判现代资本主义社会的阴险面。但是，生命政治出现在医学话语背景之中，这对于他之后相对系统地阐述生命政治思想非常重要。首先，纵观福柯的著作或讲座集，谈论医学问题的资料相对较多，把医学主题与生命政治结合起来的文献相对较少。此时，医学话语的建构成为生命政治思想重要的一环，尤其是福柯对医学的科学性与效应、医学领域的拓展以及种族主义政策的分析，为阿甘本与埃斯波西托的生命政治学理论提供了理论支撑。更重要的是，福柯打开了他们的逻辑视野。其次，医学与政治权力技术的结合使医学权威逐渐在国家、城市、人口中显出绝对的至高性，特别是对环境问题的考虑，使福柯的生命政治学理论延伸到都市空间、环境保护等领域。最后，医学主要关注的是个体或集体的健康与卫生状况，这种视角使医学对身体的关注不断微观化与细化，直至将目光直接转向人的纯粹的生物性存在，甚至人的基因组成。

对生命概念的不同理解引发了诸多关于生命政治学理论的讨论，这与福柯对医学的重视有很大关系。但是，福柯第一次对生命政治概念的表述与之后对它的阐发有很大的差异性。最为明显的就是，医学话语逐渐地处于次要地位，取而代之的是权力话语。生命政治学理论的政治色彩愈加鲜明，开始向传统政治哲学与社会政治理论发起挑战。

2. 现代权力逻辑的转变

福柯的生命政治思想的构建离不开对权力话语的论述，而且正是对权力——知识技术——的深入研究开启了生命政治学理论的大门。从一开始，福柯就强调摒弃传统政治哲学研究权力关系的司法—制度模式。该模式认为权力具有彻底的压抑性，运作于法律之中，关注法律主体、自由、所有权、国家、禁止、暴力等范畴，是"一种由法律理论家和君主制所描绘的权力—法律、权力—君权的形象"①。这种权力形式的典型代表就是古代国王的统治权，即王权或主权者的权力。它既具备法律价值，又体现出政治功能。例如，统治者为了彰显自身的权威，维护统治地位，往往采取暴力，以酷刑的方式告诫民众：违犯君权就是迈向死亡。统治者通过这种极其严苛的统治方式，不仅宣告了自身地位的至高无上，也让违反统治策略的人受到了最严厉的惩罚。更重要的是，这震慑了民众，迫使民众安分、老实地臣服于统治者的严密控制之下，从而维护了统治秩序，保障了政权的稳定性。

很显然，在这里，权力以赤裸裸的暴力形式大行其道，并以维护统治者的最高权威为最终目的。它的特点是君主权威拥有绝对的至上性，甚至拥有绝对的生杀特权，通过决定他人死活来彰显自身。"这种权力本质是一种控制权：控制事物、时间、身体，最终是生命本身。它在为了抑制生命而占有生命的特权中达到了顶点。"②福柯拒绝的正是这种具有特权性质的统治权的法律——政治理论的利维坦模式。福柯宣告要"砍去国王的脑袋"，重新诠释权力。需要注意的是，福柯并没有更多地批判统治权理论的局限性，而是直截了当地放弃了这种分析权力运作的模式。他认为："与其把对权力的研究指向统治权的法律建筑方面和国家机器方面以及伴随它的意识形态方面，不如把对权力的分析引向统治方面(不是统治权)、实际的操作者方面、奴役的形态方面、这种奴役的

---

① [法]米歇尔·福柯：《性经验史》，佘碧平译，59页，上海，上海人民出版社，2005。

② Michel Foucault, *The History of Sexuality*, *Volume I*: *An Introduction*, translated from the French by Robert Hurley, New York: Pantheon Books, 1978, p. 136.

局部系统的兼并和使用方面以及最终知识的装置方面。"①因此，福柯转向了历史性地分析权力关系的模式。这种操作有如下特点。首先，不再强调统治权威，不再注重直接残酷的压制与镇压等否定性关系，而是试图发现权力可能隐含的生产性要素以及肯定性的东西。其次，摆脱以法律为模型的权力分析，意味着要把权力从法律与法则的框架中分离出来，不再局限于宏观政治性的国家制度与机构，而是转向对技术、规范和管理的描述。最后，权力不是局限在政治、经济或生产领域的。权力没有中心，遍及社会各个领域。权力无处不在，是诸多力量关系的体现。这并不是说权力没有压制性或否定性的因素，只是分析路径的侧重点不一样。在面对权力策略时，我们必须承认权力辩证的存在结构。

福柯认为："西方世界从古典时代起经历了一次权力机制的深刻变化。'扣除'不再是权力的主要形式，而仅仅是激励、强化、控制、监督、优化和组织各种力量的众多因素之一。这种权力旨在生产各种力量，促使它们成长，理顺它们的秩序而不是阻碍它们，让它们顺从或者摧毁它们。"②这种管控生命的权力由两极构成，即针对个体身体的解剖政治学与针对人口的生命政治，前者对应的权力形式是规训权力，后者对应的权力形式是生命权力。简而言之，即"肉体—有机体—规训—制度系列与人口—生物学过程—监管机制—国家系列"③。

―――――――――――

① ［法］米歇尔·福柯：《必须保卫社会》，钱翰译，25 页，上海，上海人民出版社，2010。

② Michel Foucault, *The History of Sexuality*, *Volume* I：*An Introduction*, translated from the French by Robert Hurley, New York：Pantheon Books, 1978, p. 136.

③ Michel Foucault, *Society Must Be Defended*：*Lectures at the Collège de France*, *1975-1976*, translated by David Macey, New York：Picador, 2003, p. 250.

规训权力与生命权力的主要区别如下。

第一，从权力作用对象来看，规训权力针对的是个体的肉体。肉体卷入政治领域之中，被考虑的是肉体的效用性、生产性、可利用性及其具备的力量。"其目标不是增加人体的技能，也不是强化对人体的征服，而是要建立一种关系，要通过这种机制本身来使人体在变得更有用时也更顺从，或者因更顺从而变得更有用。"[①]也就是说，要尽可能地挖掘个体的身体素质，以便更好地使其发挥作用，而不是直接或间接地加以打压、排斥或消灭。生命权力主要考量的是作为类别、物种的人口的生命。生命进入历史，进入权力与知识技术，进入政治战略以及精打细算的领域之中[②]，主要目标是承担起繁荣发展的责任，不断地投资生命、扶植生命、维护生命、强化生命。

第二，从权力运作方式来看，规训权力技术学"包括一系列手段、技术、程序、应用层次、目标"[③]，具体体现为层级监视、规范化裁决和检查制度三种模式相互配合。相应的规则、标准、规范、制度、纪律塑造与规训着个体的肉体、意识、灵魂，从而使其适应规训社会的价值要求。（在这个方面，德勒兹认为，规训社会在时代的发展中遇到了危机，因为社会类型发生了根本性的转变，即从规训社会转向了控制社会。这种思考方式也被奈格里与哈特在帝国理论中做了进一步的发挥与

---

① ［法］米歇尔·福柯：《规训与惩罚（修订译本）》，刘北成、杨远婴译，156 页，北京，生活·读书·新知三联书店，2012。

② Michel Foucault, *The History of Sexuality*, *Volume I: An Introduction*, translated from the French by Robert Hurley, New York: Pantheon Books, 1978, pp. 141-142.

③ ［法］米歇尔·福柯：《规训与惩罚（修订译本）》，刘北成、杨远婴译，242 页，北京，生活·读书·新知三联书店，2012。

延伸。)生命权力完全不在细节的层面上考虑个人，而是通过总体机制"获得总体平衡化和有规律的状态；简单说就是对生命，对作为类别的人的生理过程承担责任，并在他们身上保证一种调节，而不是纪律"①。它对事件发生的可能性进行量化，只考虑人口生物学层面的总体平衡，只把握整体概率的发展方向，如出生率、死亡率、发病率、人口的繁殖等。

第三，从权力运作的领域来看，监控、操练、训练等具体的规训权力的方式需要依托物质性的封闭环境，如家庭、医院、学校、工厂、军队。这体现在福柯的全景敞视主义之中。例如，当某个城市发生瘟疫或者威胁全城安全的传染类疾病时，就需要对城市空间与区域进行隔离，形成封闭的、精致的、被割裂的空间。此时，任何人都有自己稳定的位置，任何细小的行为活动都会受到监视与记录。英国功利主义思想家边沁的圆形监狱就是其典型的建筑形象。生命权力运用人口统计学等方法论学科以及卫生防疫学、生命社会学、生命科学的知识，主要在国家层面上进行总体性调节与管控，以维护生理常数的稳定，消除威胁整体安全的因素。其中也包括国家层面以下的次国家制度，如社会保障制度与机构等。除此之外，它还要对自然环境与城市环境负责。

虽然这两种权力形式充满差异，但是，它们并不是一种正反题关系，而是既彼此独立又相互联结，在不同的层面上内在于权力机制之中。两者之间的连接点、中介点就是性机制。"一方面，性作为完全肉

---

① ［法］米歇尔·福柯：《必须保卫社会》，钱翰译，188 页，上海，上海人民出版社，2010。

体的行为，揭示了经常性监视形式的个人化惩戒控制……另一方面，通过生殖效果，性进入生物学过程并产生后果，这个生物学过程不再与个人的肉体有关，而与构成人口的这个复杂的要素和整体有关。性，正好处于肉体和人口的十字路口。"[①]性协调着规训权力与生命权力，不仅对身体进行各种力量的调节与规范，还体现了对人口的大规模统计评估。"性既是进入身体生命的手段，也是进入作为物种的生命的方式。"[②]规训权力与生命权力时代的到来并不意味着曾经占主导地位的主权权力已经在历史的舞台上消失了，后者只是逐渐隐匿在政治历史背景之中，效应被规训权力与生命权力取代。这并不代表主权权力永久性地消失了，它只是潜伏了起来。同样，随着生命权力的发展，规训权力遭遇了与主权权力相似的命运。这是一个生命权力急速发展的时代，也是生命权力在资本主义社会占据霸权地位的时代，也是生命政治熠熠生辉的时代。同样需要注意的是，当这些权力形式在社会中变得普遍之时，就会给社会的正常运转带来风险与灾难，纳粹德国的国家种族主义就是一个很好的例子。这也是现代社会生命政治的本质特征之一。

3. 一种独特的治理机制

在生命政治的时代，社会机体经历着从保护君主到保护社会的历史性转变，由此衍生出国家种族主义的政治体制。然而，这只是社会发展历史进程中生命政治学理论的一个基本维度，另一个基本维度则体现在

---

① ［法］米歇尔·福柯：《必须保卫社会》，钱翰译，192 页，上海，上海人民出版社，2010。

② Michel Foucault, *The History of Sexuality*, *Volume I : An Introduction*, translated from the French by Robert Hurley, New York：Pantheon Books, 1978, p. 146.

西方资本主义社会中。尤其是在英国的《贝弗里奇报告》之后，西欧社会掀起了建立社会保障制度的风潮，涌现了一批体现西欧社会时代精神的福利国家。这一浪潮致使自由主义思想不断蔓延，而这正是生命政治思想的又一本质特征。此时，福柯不再从权力形式的转变历程来揭示资本主义社会的发展，而是从国家政权管理机制方面来剖析权力技术的变更，即国家主权的组织经历了从统治形态到治理模式的转变。

国家统治权意味着臣民必须绝对无条件地服从君主的统治，这是遵循传统的法律—制度模式。治理机制则是通过考察人的生物性事实如何成为权力策略与技术的对象，走向资本主义体制的治理模式。福柯提出："'治理'一词应当在 16 世纪它曾有过的非常宽泛的意义上去理解。'治理'并不只是政治结构或国家的管理，它也表明个体或集体的行为可能被引导的方式——孩子的治理、灵魂的治理、共同体的治理、家庭的治理和病人的治理。它覆盖的不仅是政治或经济屈从的合法构成形式，它还包括行为模式，这行为模式或多或少地被构思和考量，目的就是仿照他人的可能行为。在这个意义上，治理是去对他人的行为可能性领域进行组织。"[①]因此，福柯开始追溯治理术的历史谱系学。他将这种引导人的行为的治理模式追溯到了基督教以前以及基督教时期东方的牧领权力。

根据福柯的描述，牧领权力早期有如下特点。第一，牧领权力并非运作于领土之上，而是施加在复杂的羊群身上。这反映在政治权力领域之中，国王、君主、主权者、首领、上帝等类型的政治或宗教形象扮演

---

① 汪民安编：《自我技术：福柯文选Ⅲ》，129 页，北京，北京大学出版社，2015。

着牧羊人的角色。这与君主权力关注的城邦领土相异，其对象不是土地而是羊群，即城邦中的个体或人口。权力技术的展现从领土转向了人，这是生命权力的最初显现。第二，羊群的聚集需要牧羊人的指导，牧羊人在放牧过程中承担着聚合羊群的任务。此外，这种牧领权力是一种仁慈的、看护型和照看型的权力，不是用威胁、恐吓、暴力的方式让羊群屈服于牧羊人。关怀羊群是牧羊人存在的价值，也是牧羊人的义务与责任。在这个过程中，他既要关照整个羊群，又不能忽略任何作为个体而存在的羊。第三，牧羊人需要寻求更好的土地、更充足的食物，让羊群得到更好的发展。他的目标是羊群得到拯救，而不是简单地活在这片土地上。羊群需要活得更好。到了基督教时期，牧领制度变得更加复杂，有了更加详细的规定。例如，牧羊人要记录每只羊的各种行为；羊群必须服从牧羊人的意志；牧羊人必须形成对每只羊的独特认知；每只羊都要以克己的方式存活于现世。

前基督教与基督教时期，从表面上看，是牧羊人为了整个羊群的发展而不辞辛苦，忙忙碌碌，将羊群放在第一位。但是，正是这种献身与关照让羊群缺失了自我。尤其是基督教的牧领权力对羊群的细节性约束与强制性规定，可能使羊群处于危险境地。福柯提醒，如果"将这两种游戏——城邦—公民游戏和牧人—羊群游戏——结合到我们所谓的现代国家中，结果它就真正变成了恶魔般的社会"①。

随着现代化阶段的到来，这种指向灵魂救赎、服从、真理，充满目

---

① 汪民安编：《什么是批判：福柯文选Ⅱ》，333 页，北京，北京大学出版社，2016。

的因和人类中心论的牧领权力逐渐被另一主题国家理性取代，而让国家理性在政治权力之中运作的机器是对外的外交—军事部署与对内的治安。这两套权力装置在力量场域之中操纵、分配、重建诸多力量关系，从而保护与维持国家的发展。对外的外交体现的是军事外交力量的目标筹划与特殊运用，旨在宏观层面上维持各国的平衡与均势，缓和冲突与矛盾，以便营造良好的战略环境与国际局势，避免霸权式国家在欧洲出现。对内的治安主要针对的是国内的发展状况，旨在维持国内的政治经济秩序，最大限度地增强国家的力量，确保国家的安全。

根据福柯的描述，治安主要包括如下内容。第一，掌握人口数量，尽可能让人口数量达到最大值，因为人口数量是国家力量保障的重要参考元素。但是，这绝不意味着放任人口增长，单纯追求人口数字的增加，而是必须分析与计算人口增长与财富、国土面积、资源之间的关系。第二，提供人口生存的生活必需品，比如保障粮食的量与质以及其他生存所需的消费品。第三，关注人口的健康问题。不能只让人口生存下来，还要保证人口免遭疾病的威胁，维持良好的健康状态。除了直接干预人口的身体之外，还要帮助人口消除那些现有的或潜在的影响身体健康的要素。第四，有了诸多健康人口之后，就要监督人口工作，保障人口找到适合自身的工作，从而发挥自身的最大潜力。这也是对国家力量的最好保证。第五，促进人口生产出来的产品的流通，建立保障流通的规章制度。

治安是从人口数量与质量的角度考察和保障国家力量，体现国家权威的一整套干预手段。这种治理模式几乎无限关照个体的细微之处。与牧领权力相比，治安的目标更加明确，直接把国家强弱锁定在人口要素上，倾向于塑造与改造人口素质。

国家理性的治理模式虽然把人口与政治经济学联系在一起，但并没有看到它们之间的本质联系。因此，国家的治理模式渐渐地超越了国家理性，试图通过政治经济学而不是法律实现自我限制，从而进入自由主义与新自由主义的治理阶段。福柯说道："一旦我们知道了称之为自由主义的治理体制是什么，我觉得我们就可以掌握什么是生命政治了。"①在福柯看来，自由主义既是一种将自由作为政治价值追求的意识形态，也是一种让市场发挥调节作用的经济理论，更是一种对人类行为与实践进行治理的模式。自由主义治理模式不是探寻如何更多地治理，而是想要回答如何不过度治理，如何做到有效治理，不再试图将国家的权力最大化。市场、效用与国家间的平衡问题构成了自由主义治理模式的基本特征。福柯认为，这种自由主义存在潜在的风险：个人会永久性地处于危险境况之中，即"危险地活着"；控制、约束等强制性手段无限扩展；更多的自由建立在更多的控制与干预的基础上。

第二次世界大战之后，出现了德国式和美国式的新自由主义。这种新自由主义制造了更加可怕的危机。它不是对国家干预的范围进行甄别，而是需要"弄明白如何以市场经济原则为模式来调控政治权力的总体运作。因此问题不是释放出空位子，而是根据一种治理的总体技艺带来、召唤、规划市场经济的各种形式原则"②。新自由主义不是对市场经济采取放任自由的态度，而是提高警惕地进行永久性干预，以及追问

① ［法］米歇尔·福柯：《生命政治的诞生》，莫伟民、赵伟译，19页，上海，上海人民出版社，2010。

② 同上书，116页。

如何干预，并以市场经济规律为参考点来评定和考量政府行为，市场则会不断延伸到更加宽泛的政治、社会、生活等领域。这种治理模式必须以市场经济原则为指导。

很显然，福柯想要在生命政治话语之中批判自由主义对人的治理。这种治理术对权力的行使不是在统治权的法律机制中，也不是在规训机制中展开的，而是体现在安全机制的建构中。法律机制以禁止与允许的二元划分为基础，制定法律条文，明确惩罚范围与类型，具有明显的强制性与约束性。规训机制更多是制定制约人的行为规范、准则、标准与模式。这有一种前置性效应，是对可能行为的预先假设。它对个体实行监督与看管，将一切都置于监控之下。安全机制在领域和方法上发生了相应的变化。首先，安全机制倾向于向四处扩展，没有中心性，乃至蔓延到社会各个领域与角落。它在乎的并不是每个单独个体的表现与状况，而是在整体层面上进行把控与调整，展现多元性与丰富性。其次，安全机制主要针对整体现象，将社会事件与现象置于概率问题之中，通过各种方法论学科计算出最适合的平均值或平均率。因此，只要事态在掌控范围之中，人们就不会刻意关注细节。以对饥荒与犯罪现象的处理为例，少数个体的饥荒只要不影响全局的发展，或局部地区的犯罪状况没有对整体安全造成威胁，即可任其自由发展。最后，安全机制并不是对任何事情都放任不管。如果某种现象偏离了应有的轨道，安全机制会采取相应的政治策略，有时会提供必要的条件予以支持，从而及时整顿和修正，防止危险的发生。

法律机制、规训机制与安全机制，正如主权权力、规训权力与生命权力一样，彼此之间并不是势不两立、相互竞争的，也不是时间上的依次更迭。三者既相互依赖又相互独立，既相互辩证又相互影响。"我们绝对不应该把这个问题理解为：规训社会代替了主权社会，治理社会随之又代替规训社会。绝非如此。实际上有一个统治权—规训—治理的三角，其首要目标是人口，其核心机制是安全配置。"①

福柯在自由主义框架中论述了生命政治思想之后，并没有展开详尽的阐释，这与他之前的课程计划背道而驰。此后，福柯没再提及生命政治的话题。为何如此？学术界有很多猜想。阿甘本认为："死亡使福柯没办法再进一步发展生命政治的概念以及开展关于它的研究。"②后期，福柯完全摆脱了对权力政治技术的讨论而转向对自我的治理，即自我的技术。为何要从权力技术转向自我技术？福柯解释道："我大概已经给予支配性的技术与权力的技术过多的强调了。现在我对如下几个问题的兴趣日益增长：自我与他者之间的互动关系问题，对个体进行支配的技术问题，以及个体如何对自我施加影响的历史，也就是所谓的自我技术问题。"③福柯认为，人类社会从宏观领域到微观领域，从政治领域到日常生活领域，都处在权力的监控与笼罩之下。如果要抵制、反抗这种权力技术与形式的压榨，我们就必须塑造出反抗权力的主体，而这种主体不是法律、政治上的主体，而是要诉诸个体自身的主体性，关注自我的合理性。这是对逃离权力控制的革命伦理主体的构想。

---

① ［法］米歇尔·福柯：《安全、领土与人口》，钱翰、陈晓径译，91 页，上海，上海人民出版社，2010。

② Giorgio Agamben, *Homo Sacer*: *The Sovereign Power and Bare Life*, translated by Daniel Heller-Roazen, edited by Werner Hamacher & David E. Wellbery, California: Stanford University Press, 1998, p. 4.

③ 汪民安编：《自我技术：福柯文选Ⅲ》，55 页，北京，北京大学出版社，2015。

福柯也含糊地表述过，抵抗存在于权力网络之中。我们无法说出准确的地点，也无法进行明确的表达，因为这些抵抗点分散在权力关系之中。福柯的论证逻辑就是权力技术存在两极：既然存在镇压、控制的一面，就必然存在其对立面，即反抗、抵制权力支配技术的一面。两者统一于权力技术。因此，"哪里有权力，哪里就有抵抗"①。这种抵抗力量会得到生命和身体的帮助，尤其是在生命权力的统治下。既然它瞄准的对象是个体与人口的生命，那么抵抗的可能性就必然存在于其中，因为"大家的目标是重新恢复作为人的基本需要和具体本质以及实现其潜能和全部可能性的生命"②。归根结底，对权力技术与关系的抵抗，需要回到对自我的治理。

纵观福柯对生命政治学理论的建构，其实会有一种凌乱、重复的感觉。他似乎在反复论证一个核心的主题，且从不同角度进行论证，以至于我们分不清楚什么才是福柯真正想要表达的。当然，部分原因是福柯出版的著作大多不是专著而是讲座记录，难免会有重复。从整体上看，福柯主要通过两种路径建构生命政治学理论。其一，权力形式的变化。从主权权力到规训权力再到生命权力的转变，意味着社会形态经历了统治权社会、规训社会、安全社会。其二，国家管理形式的改变，即从权力集中于统治的治理模式到权力撒播一切领域的治理模式。这两种路径虽然都建立在历史性的谱系学分析方法之上，但是，彼此并不是独立存在的。通过生命政治学理论的两种构建方式，福柯想要表达如下几点。

---

① ［法］米歇尔·福柯：《性经验史》，佘碧平译，62 页，上海，上海人民出版社，2005。

② 同上书，94 页。

首先，不是利用政治、经济方式批判资本主义政治制度与秩序，而是透过权力关系来解构资本主义的剥削与压迫本质，有意选择不同于他人的批判道路。虽然具有启发性并指明了批判的"方向"，但是这种批判从实践层面来看依旧只是一种认知方式，无法提供具体的革命指导纲领。其次，重新引入对生命的高度重视，甚至以生命为基点，将生命范畴与政治、经济、社会、医学等领域相结合，来审视当前资本主义环境中的人的生存状态与生活方式。这又回到了人类存在的本体论话题。对这种根本性主题的探讨，在时代变迁与社会发展过程中有着强劲的生命力。解释世界需要不同的声音，哪怕只是一种悲剧性的回响。最后，福柯对生命政治与生命权力的区分是混乱的、不清晰的，或许我们可以这样理解：生命权力是政体展现政治权威的一种权力形式；生命政治则是一种权力技术，一种知识系统，一门艺术。两者之间存在本质上的差异，但是思考的对象都是立足于个体或人口的生命问题。正是这种模糊而又有力的批判理论帮助其他理论家找到了突破口，从而使生命政治学理论不断得到丰富与延伸。

二、生命政治学理论的发展

20 世纪 70 年代，福柯在权力谱系结构中重提生命政治概念，宛如开启了西方激进政治哲学的一扇窗户。透过这扇窗，我们能看到众多引领生命政治时代的革命思潮与哲学理论，而最璀璨耀眼的是一批意大利思想家。当前意大利有关生命政治话语讨论的氛围，已经明确展现出在逻辑和理论上相互独立的审视福柯生命政治学理论的线索，如奈格里与埃斯波西托。奈格里立足于资本主义的时代发展，同时借鉴马克思、福柯、德勒兹等思想大师的经典理论，在赋予生命政治以"事件"特征的基础上分析生命政治劳动与资本之间的关系，建构起挑战资本主义主权政治的潜在的革命主体。这既深刻地批判了资本主义政治制度，又勾勒出了生命政治生产的内在性和创造性力量，描绘出另一种世界图景。埃斯波西托认为，很多理论家只是一定程度地展现了对福柯生命政治学理论的单向延伸，不足以全面把握生命与政治的关系，严重阻碍了生命政治学理论在现代语境中的发展。因此，埃斯波西托力图以免疫逻辑为核心，重构生命政治趋向死亡政治学与肯定性生命政治学理论的双重转向。这是一种对福柯生命政治学理论的免疫解读模式，更重要的是，这为看待现代世界纷繁复杂的政治社会现象，以及生命、政治、权力的关系，提供了新的思考与视角。

（一）资本主义全球扩张语境中的生命政治路径

奈格里在依托福柯生命政治概念、马克思资本与劳动的辩证关系理论的前提下，展开了对当今资本主义统治秩序、主权结构、劳动范式、阶级构成等要素的全新思考，而贯穿其中的便是生命政治学理论的逻辑话语。在这种具有颠覆性与革命性的生命政治学理论思想脉络中，奈格里建构了对抗资本主义社会结构与制度的生命政治语境。在奈格里看来，生命政治不再只是后现代政治发展过程中的辩证产物。生命政治既表达了权力对整个社会生产与生活领域的全面入侵，又蕴含生命本身对权力与资本的彻底反抗。生命政治生产霸权地位的确立预示了革命主体的出场，而这种另类主体模式将会带来全新的世界。必须注意的是，奈格里与哈特拒绝阿甘本的整个生命政治规划，认为阿甘本"只是在其极限处才能看到反抗，如权力的极权主义形式边缘，或是不可能性的边缘……使得生命政治变得毫无力量，并缺乏主体性……完全排除了自主与创造性行动的一切可能"。"阿甘本将生命政治置于神学—政治的讨论中，认为让生命权力产生裂痕的唯一可能就在于'失效'行为。这种空洞的拒绝让人想起海德格尔的泰然任之，完全不可能构建出另类权力。"①因此，奈格里与哈特从全新的角度出发，建立了与福柯、阿甘本、埃斯波西托等人相异的生命政治学理论。

1. 生命政治的"事件场域"

福柯认为，生命政治概念是历史与政治发展过程的阶段性产物。这是一种源于 18 世纪的政治技术与策略，主要目标是保持人口总体情况的平衡，主要特征是权力对生命的直接干预，并与规训人之肉体的解剖政治学相对立，而它们又同属于管控生命权力的两极。也就是说，"权力是在生命、人类、种族和大规模的人口现象的水平上自我定位和运作的"②。与福柯对生命权力与生命政治的暧昧表达不同，奈格里从权力的本体论角度出发，揭示了权力的双重特性，即压迫性权力与生产性权力，认为生命权力与生命政治都是有关生命的权力（前者显示的是权力对生命的掌控与操纵，即权力的消极层面；后者展现的是生命的内在性

---

① ［美］迈克尔·哈特、［意］安东尼奥·奈格里：《大同世界》，王行坤译，46—47页，北京，中国人民大学出版社，2015。

② ［法］米歇尔·福柯：《性经验史》，佘碧平译，89 页，上海，上海人民出版社，2005。

力量对这种消极压制性权力的强烈反抗，即权力的积极层面）。在奈格里看来，反抗就是主体生产的场所。不同于阿甘本对主体生命的全面剥夺，这种富有创造性、主动性和生产性的生命政治蕴含着强大的解放力量，但与此同时，它也"破坏了历史连续性，破坏了现存秩序"①。由此，奈格里认为，生命政治与生命权力的鲜明区别在于是否具有"事件"的特征。

　　"事件"概念是西方学术界热烈探讨的话题，如福柯的"话语事件"、德勒兹的"生成—事件"等。齐泽克也曾对事件有过明确界定："这是一个最为纯粹也最为细微的事件：某种震撼人心的东西，有些出格，一切发生在刹那间，打破了平常的事物秩序。某种似乎不太寻常的事情发生了，没有明确的原因，没有什么实在的东西可以作为其出现的基础。"②在齐泽克看来，"事件是超越了原因的后果"③，任何一种方式都难以达到对事件本身出现的解释。这种事件蕴含模糊性与暧昧性的观点正好与阿兰·巴迪欧的观点相反。巴迪欧认为，运用数学原理与集合论，可以清晰地揭示事件的本质特征。他以法国大革命为例，对事件进行了形象说明。在历史上，法国大革命被认为始于巴黎人民攻占巴士底狱，止于热月政变，即 1789 年 7 月至 1794 年 7 月发生在法国情势中的一系列历

---

① ［美］迈克尔·哈特、［意］安东尼奥·奈格里：《大同世界》，王行坤译，48 页，北京，中国人民大学出版社，2015。

② Slavoj Žižek, *Event：A Philosophical Journey Through a Concept*，Melville House，2014，p. 2.

③ *Ibid.*，p. 5.

史事实的集合，"一切东西形成了一个一"①，亦即作为事件的"法国大革命"。众所周知，1789 年到 1794 年，法国经历了诸多历史事实，如三级会议、《人权宣言》、吉伦特派、雅各宾派、热月党人等，"历史学家最终在'法国大革命'的事件中包含了那个时代作为痕迹和事实的一切"②。

在作为事件的法国大革命中，我们可以清楚地看到以下几点。首先，"除非与一个历史情势相关，否则就没有事件，即便历史情势并不必然产生事件"③。也就是说，事件的发生需要有一个历史情势，即产生于既定的场景之中，又外在于此场景。其次，裂缝问题至关重要。法国大革命推翻了统治法国一千多年的封建专制制度，动摇了欧洲大陆封建秩序的历史连续性，这就是被展现出来的连贯性与将会展现出的不连贯性之间的缝隙溢出。事件的发生脱离原有的历史进程，表现为不连续的存在物。最后，"唯有通过一种解释性介入才能宣称，事件是在情势中被展现出来的，作为一种非存在之存在在可见与不可见之间的降临。"④具有生产性力量的主体必须在忠诚于事件本身的前提下，对法国大革命进行回溯性解释。不是展现出单一历史事实或对诸多历史事实进行简单的罗列与堆积，而是介入对无限之多的命名。只有对其整体历史集合的命名才能体现出革命的意义，而其中主体的参与必不可少。简而

①　Alain Badiou, *Being and Event*, translated by Oliver Feltham, Continuum, 2005, p. 180.

②　*Ibid.*, p. 180.

③　*Ibid.*, p. 179.

④　*Ibid.*, p. 181.

言之，"我所意味的'事件'，是与身体的日常行为和特定情境的正常方式的决裂。你也可以说，我所命名的事件是情势规律的断裂。因此，就重要性而言，事件并不是内在于情势的可能性的实现或变化。一个事件是一种新的可能性的创造。事件不仅改变了现实，而且改变了可能性。事件不是处在简单的可能性层面上，而是处在可能的可能性层面上"。

不可否认，奈格里在构建生命政治的过程中，很大程度上借鉴并补充了巴迪欧对事件特征的描绘。他也发表过对事件问题的看法，提及了奥古斯托·皮诺切特在智利发动的军事政变。在这一事件发生之前，一批年轻的智利大学生受到福特基金会的赞助，在芝加哥大学接受训练与教导。美国试图让这群芝加哥小子学成后占据智利学术界的主导地位，改变拉美经济政策的方向，从而远离社会主义经济战略。但是，"芝加哥小子"并没有掌握制定经济政策的决定权，而是一直处于被排斥与边缘化的地位，直到 1973 年皮诺切特独裁政权登上政治舞台。皮诺切特启用了"芝加哥小子"的经济思想与政治路线，极大地促进了智利的经济与社会的发展。"芝加哥小子"虽然未曾预料到突如其来的军事政变，也没有为皮诺切特的政治与经济改革进行事前准备，但是在政变发生之后却能够快速为新政府提供适宜经济发展规律的理论支撑，推动新自由主义经济政策的顺利实施。

通过对巴迪欧以及奈格里所论"事件"的分析，我们发现，奈格里的生命政治反映在事件语境中有如下内容。第一，生命政治的事件必须发生在从现代到后现代性的政治转型中，而且当今资本主义的情势是生命政治事件的出场场所，它会颠覆一系列现存秩序，在主权范式、劳动组织、阶级力量等方面建立新的体系，从而摆脱旧的知识与认知模式。第二，生命政治的事件彰显的是资本主义社会发展过程中的断裂。这是人类历史进程中的一个豁口，一道裂缝，是对旧的主权范式与统治结构的否定与摧毁。第三，正是断裂之处存在着颠覆占统治地位的社会规范与政治制度的可能性。这是一种由内而生的抵抗力量，代表着另类世界的诞生。也就是说，"生命政治的事件可以将生命的生产转变为反抗、创生以及自由的行动"①，使一切坚固的东西都烟消云散，而这需要有主体来承担使命。第四，生命政治事件是一种随时将来临的实存。虽然"我们不知道事件何时才会到来。但这并不意味着我们应该在事件到来之前等待。相反，我们的政治任务是悖谬的：我们必须为事件做好准备，即便对其到来之日一无所知"②。总而言之，生命政治事件承载着突破现存历史事实的艰巨任务。

2. 生命政治生产的资本逻辑

在奈格里的著作中，有几个术语频繁出现，即非物质劳动、生命政治劳动、生命政治生产。它们建构起奈格里生命政治学理论的基石。这些术语具有明显的马克思主义色彩。奈格里曾在访谈中明确表达自己的思想立场："我的思想还在马克思传统里，没有背叛马克思，也没有补充他的理论。我只是继续分析马克思所分析的经济情况。"③"他所分析

---

① ［美］迈克尔·哈特、［意］安东尼奥·奈格里：《大同世界》，王行坤译，49 页，北京，中国人民大学出版社，2015。

② 《"我的思想还在马克思的传统里"——访意大利思想家安东尼奥·奈格里》，载《中国社会科学报》，2015-03-02（A05）。

③ 《"我的思想还在马克思的传统里"——访意大利思想家安东尼奥·奈格里》，载《中国社会科学报》，2015-03-02（A05）。

的世界不允许他这样做。"①无论是对劳动的高度重视，还是对政治主体的深刻解析，奈格里都在一定程度上遵循了马克思的思想核心及诸多分析方式。与此同时，超越马克思是奈格里的终极追求。从理论架构的实践维度来看，奈格里把马克思的政治经济学批判事业作为理论的切入点，通过着重探讨资本与劳动的变化关系来拓展对马克思主义传统理论的继承。

我们需要彻底了解奈格里是如何界定非物质劳动、生命政治劳动、生命政治生产的。

非物质劳动，从形式种属关系来看，主要包括服务劳动、智力劳动、情感劳动、关系劳动、语言劳动、护理劳动、认知劳动等；从生产的终端产品角度来看，它涉及服装、食物等各种物质产品、服务、知识、交流、符码、思想、心理情感、生命状态等。"这种劳动不仅生产物质产品，而且也生产各种关系，最终，生产社会生活。"②不可否认，奈格里在前期界定非物质劳动的范围时表现出很大的局限性，这也是他常被诟病之处。原因有二。其一，非物质劳动与马克思的劳动概念暧昧不清。其二，非物质劳动与奈格里之后广泛使用的生命政治劳动两者之间的区别让人难以捉摸。或许奈格里自己也没法给出清楚的解释，或许他是为了使非物质劳动概念更加饱满和丰富才开始大量使用生命政治劳动、生命政治生产这类表述的。他坚定地宣称："我们的主张是，生命

---

① Michael Hardt, Antonio Negri, "Adventures of the Multitude: Response of the Authors", *Rethinking Marxism*, 2001, 13(3-4): 237.

② ［意］安东尼奥·内格里：《超越帝国》，李琨、陆汉臻译，138 页，北京，北京大学出版社，2016。

政治生产在当下的经济中正在取代工业在过去一百年的霸权性地位。"①

生命政治劳动不仅生产物质性或非物质性产品，即客体，更重要的是，它生产生命关系和社会交流，从而生产主体本身。"生命政治生产的最终核心不是为主体生产客体——人们一般就是这样理解商品生产的，而是主体性自身的生产。这是我们的伦理和政治筹划的出发点。"②也就是说，生命政治劳动在经济全球化和信息化时代表现出在资本主义社会劳动中占据统治地位的姿态。虽然这种劳动组织形式在广度上还没有完全超越农业劳动与工业劳动，但星星之火却有燎原之势，生命政治劳动必将取得霸权性地位。而且，正如资本主义生产劳动生产自身的掘墓人，生命政治劳动也生产着反抗资本笼罩的主体。然而，生命政治劳动的这种乐观前景并不意味着资本正日益减少对劳动的统治，相反，在生命政治时代，资本统治的广度和深度达到了前所未有的水平。资本不仅控制着经济生产领域的生产与再生产，而且实现了对社会生活、人际关系、生命状态、思想意识等领域的全面渗透，资本主义的操持与控制已经超越原有的经济领域蔓延至整个社会领域。"剥削不止在生产的物质和技术层面上发生，而且在社会的生产主体的智力和生活维度上发生。"③

具体来说，资本的全面剥削主要体现在资本对劳动的形式吸纳与实

---

① ［美］迈克尔·哈特、［意］安东尼奥·奈格里：《大同世界》，王行坤译，221页，北京，中国人民大学出版社，2015。

② 同上书，4页。

③ ［意］安东尼奥·内格里：《超越帝国》，李琨、陆汉臻译，10页，北京，北京大学出版社，2016。

质吸纳的关系上。奈格里认为，在生命政治生产视域下，资本对劳动的形式吸纳与实质吸纳异于马克思的吸纳理论，而且在经济全球化背景下，形式吸纳与实质吸纳出现了可逆转的双重转向。马克思依据剩余价值生产的两种方式（绝对剩余价值与相对剩余价值），对资本与劳动的辩证关系进行了有效的区分，即资本对劳动的形式吸纳与实质吸纳。从生产关系角度来看，前者发生于资本主义生产方式确立的初期，表现为工人在形式上拥有自由，然而由于没有足够的物质生活和生产资料，工人必须依靠出卖自身的劳动力来维持基本的生活需求。此时，工人与资本家并没有固定的政治或社会从属关系，只存在脱胎于封建社会的纯粹的雇佣关系。在劳动的生产过程中，工人既受到资本家的看管与监督，也承受着资本的剥削与统治。但是，工人有能力选择受雇于哪个资本家，而且由于生产水平的限制，劳动者的生产技能与素质在很大程度上成为劳动效率与生产要素的决定力量。

这种资本对劳动的形式吸纳主要发生在简单协作时期的手工工场阶段。此时，劳动工具、生产过程的操作方式以及生产组织形式并没有发生改变，只是通过延长工作日来实现对绝对剩余价值的生产。随着资本主义生产水平的日益提高以及生产过程中机器和科学技术的大规模应用，资本主义生产方式实现了从工场手工业向机器大工业的过渡，资本对劳动的形式吸纳开始了向实质吸纳阶段的转变。这样的变化发生于资本主义生产相对成熟的时期，主要表现有二。其一，生产工具的革新，即机器实现了对手工工具的完全取代。其二，劳动组织形式的变革，即机器改变了劳动过程的物质条件，也改变了劳动者之间的协作方式。工人完全隶属于机器，完成资本对劳动的实质吸纳。这种吸纳方式不再追求绝对剩余价值的生产，而是通过不断改进生产技术，提高社会劳动生产率来实现相对剩余价值的生产。在奈格里看来，马克思对形式吸纳与实质吸纳的区分以及形式吸纳向实质吸纳的转变已经无法适应当代世界的全新秩序。"资本对社会（也就是社会劳动）的真正渗透，使对社会的每一个层面的剥削的矛盾变得普遍化。"①

马克思描述的是自由资本主义时代资本对劳动的形式吸纳向实质吸纳的过渡，奈格里则认为在资本主义的发展过程中，形式吸纳与实质吸纳之间不再仅仅单向地由形式吸纳转变成实质吸纳，而是表现为两者之间存在一种暧昧关系，即形式吸纳与实质吸纳的双重转向。第一，形式吸纳向实质吸纳的转变。首先，这种转变体现为资本对非资本主义生产过程和非资本主义环境的快速侵占。从资本吸纳的空间维度来看，随着生产社会化程度不断提高，资本追逐利润和无限扩展的本性得以强化，试图建立更大范围的资本主义生产体系。一方面，超民族国家机构、跨国公司与企业等以全球市场为导向，从事着全球性生产经营与交流活动。另一方面，资本剥削劳动的范围异常广泛，不再只限于经济生产领域，而是涉及社会、政治、文化等诸多领域。其次，这种转变体现为生命状态与形式的殖民化。由于劳动组织形式变成了生命政治劳动，资本对劳动者的渗透也就蔓延到社会生活、思想情感、智力语言等各个方面。"一方面，资本主义剥削关系正扩展到一切地方，不再局限于工厂，而倾向于占领社会生活的整个领域。另一方面，社会关系完全渗透于生

---

① ［意］安东尼奥·内格里：《超越帝国》，李琨、陆汉臻译，249 页，北京，北京大学出版社，2016。

产关系中，不可能再将社会生产和经济生产区分开……剥削也无法再被具体化和量化。"①此时资本对劳动的实质吸纳在广度和深度上已远远超越马克思的吸纳理论。第二，实质吸纳向形式吸纳的转变。"它不是要创造出资本的新'外部'，而是在资本主义世界中起到维持分化和等级制的作用。但是，这并不意味着回到过去。"②奈格里认为，新自由主义名义下的众多民族国家对非洲新一轮的争夺即实质吸纳向形式吸纳转变的鲜明体现。对全球环境资源、文化形态、智力创新、历史资源的殖民掠夺披上了合法的外衣，变得更加猖獗与放肆。"很明显，形式吸纳的旧有要素再度出现了。"③虽然，"实质吸纳和形式吸纳并存于全球化的资本主义世界"④，但是，生命政治生产可以创造出对抗资本笼罩的社会协作形式与组织交往能力，从而逐渐摆脱资本的约束与掌控。这意味着资本与生命政治生产日渐分离，而这一豁口的形成为解放主体的出现提供了契机。

3. 生命政治劳动的阶级构成

奈格里对形式吸纳与实质吸纳的分析，是为了在劳动与资本的关系之中寻找能够承担政治解放使命的革命主体。他并不像阿甘本那样消极地看待政治现实与个体生命的潜能，而是在理论与实践维度上积极塑造可以颠覆整个资本主义统治秩序、重构全新主权范式的力量。资本对劳

---

① ［美］麦克尔·哈特、［意］安东尼奥·奈格里：《帝国——全球化的政治秩序》，杨建国、范一亭译，205 页，南京，江苏人民出版社，2008。

② ［美］迈克尔·哈特、［意］安东尼奥·奈格里：《大同世界》，王行坤译，179 页，北京，中国人民大学出版社，2015。

③ 同上书，180 页。

④ 同上书，179 页。

动的深度剥削，对生命本身的渗透，在生命政治语境下会遭遇生命政治生产的强烈反抗，因为劳动者之间扁平化的网络式协作会逾越资本的界限，从资本的关系中退出，逐渐降低对资本的依赖。因此，"资本不会永远统治下去；并且在继续自己统治的时候，资本会创造出取代自己的生产方式和社会的前提"①。资本主义生产组织方式的依次更换以及劳动主体的变革，正是奈格里构建生命政治劳动之阶级构成的逻辑起点。

资本主义生产的演化过程大致经历了前泰勒制、泰勒制、福特制、后福特制等阶段。这是一个具体的历史发展过程，各个阶段的生产组织形式并不是突然消失或出现的，而是内存于前一种生产形式并渐渐脱颖而出，占据主导地位。同时，这也并不意味着前一种生产组织形式会被后一种生产形式完全取代，而是处于次要地位，并没有被彻底遗弃。随着机器的大规模应用，以简单分工协作和手工劳动为特征的手工工场逐渐失去了统治地位，工厂成为资本主义机器大生产的典型组织形式。为了追逐利润的最大化。推动资本主义经济的快速发展，资本主义生产模式与管理方法也要更加科学化。从技能要求与规定方面来看，泰勒制管理模式主要提供标准化、规范化的劳动方法，注重提高个人具体的工作效率，并对选定的工人进行技能培训。这一切都是为了实现资产阶级利益的最大化。工人遭受着隐秘而又残酷的剥削，沦为资本主义生产方式的工具。福特制生产管理最大的特点在于流水线化的生产作业。它把生产过程尽可能地简单化与程序化，从而实现规模化生产。后福特制对工

---

① ［美］迈克尔·哈特、［意］安东尼奥·奈格里：《大同世界》，王行坤译，232—233 页，北京，中国人民大学出版社，2015。

人的技术熟练程度提出了更高的要求，也更加注重团队合作而不是单个人的专门操作，工人在一定程度上具备了自主性。

正是工人生产组织形式的变化激发了奈格里对工人阶级主体性的探寻。奈格里认为，资本主义生产组织与管理模式的变革反映了资本主义生产方式下资本与劳动、工人与资本家的变化。奈格里细致地探讨了工人主体从专业工人到大众工人再到社会工人的转变历程。专业工人在生产过程中以分工为基础，被限制在某一特定的生产环节，并形成了专业技能的等级划分，即熟练工人与非熟练工人。工人之间并没有形成有效的阶级意识和政治认同感，基本处于分散、独立的游离状态。随着工人阶级先锋队以及部分知识分子群体活跃在与资产阶级的斗争中，新的阶级主体开始形成。"资本主义工厂—社会组织的所有方面被视为工人阶级斗争与资本主义发展的辩证产物（包括技术水平、工资形式、经济政策、国家形式）。该辩证产物积极活跃的核心力量就是大众工人。"①大众工人展现的是劳动与资本的辩证关系向资本与工人阶级关系的转变。"工人阶级之间的关系在资本主义的辩证发展中占据主导地位，并构成了独立的一极。"②大众工人是半熟练工人，统治地位也是短暂的，因为大众工人的斗争主要局限于工厂内部，依旧没有高度的组织与领导能力来引导工人阶级的科学斗争。但是，大众工人在一定程度上凸显了工人

①　Antonio Negri, "Archaeology and Project: The Mass Worker and the Social Worker", reproduced with permission of Red Notes, London. Forthcoming in T. -Negri's Revolution Retrieved-Writings on Marx, Keynes, Capitalist Crisis and New Social Subjects (1967-1983), Red Notes, Archive Vol. I, p. 45.

②　*Ibid.*, p. 45.

阶级的优势地位，增强了工人阶级之间的流动性。统一的阶级意识开始形成，反抗资本主义生产模式的实践力量不再是幻想。生产的社会化、信息化、自动化使社会工人取得了霸权地位。社会工人的最先预兆是大众工人。也就是说，社会工人是大众工人的高级形态，是一种高度社会化的劳动力："不仅消解了资本主义把社会劳动力作为商品、作为资本主义剥削控制的可变因素的可能性，而且否认了资本主义把必要劳动转变成工资，把剩余价值（绝对剩余价值或相对剩余价值）转变成利润的任何可能性。"[1]这种主体身份对应于资本对劳动的实质吸纳阶段，劳动的组织形式逐渐演变成非物质劳动、生命政治劳动，劳动者的实践活动不再局限于工作场所，而是蔓延至整个工作时间与休息时间。福柯曾经把整个资本主义社会比喻成"监狱"，而此时，整个社会披上了"社会工厂"的外衣。然而，当资本主义生产方式开始全球扩张时，资本主义政治经济秩序、主权范式、劳动组织形式、阶级的有机构成等面临重新洗牌，诸众成为这个时期最重要的主体，这也是奈格里的各历史时期主体身份分析所要达到的至高点。

诸众内含于资本主义的历史发展过程，经济全球化的时代背景、资本与劳动之间的分离、生命政治的生产方式、生命政治的事件特征等为诸众的出场提供了充足条件。"必须有一个政治主体抓住时机，在单调

---

① Antonio Negri, "Archaeology and Project: The Mass Worker and the Social Worker", reproduced with permission of Red Notes, London. Forthcoming in T. -Negri's Revolution Retrieved-Writings on Marx, Keynes, Capitalist Crisis and New Social Subjects (1967-1983), Red Notes, Archive Vol. I, p. 66.

性与线性时间的重复之间开启断裂的时刻。"①首先，从概念界定的角度
来看，诸众不同于"把人口组织成一个有界限的统一体"的"人民"这个概
念。相反，诸众代表的是一个无界限的"个体差异的多样性集合"②。它
同时也异于群众、个体集合、民族、工人阶级等概念，虽然具有工人阶
级的诸多特征。总之，诸众"是一个开放的、包容性的概念"③。它不是
要去对曾经的革命形象表达怀旧式的留念，而是在保留批判和反抗的斗
争精神的基础上，激发自身的革命性、生产性和创造性力量去抵御资本
和权力的压迫。其次，诸众是充满多样性集合的生命政治劳动的形象代
表，进行着生命政治的活动。生命政治劳动对生命形式和社会关系的生
产与再生产，不仅超越了资本主义生产组织方式的边界，而且其自主组
织生产协作的能力削减了诸众行为的无效自发性，提高了诸众在政治行
动领域的自为性。"它不再是一个被规制的形象，而是一个被控制的形
象；不再是一个简单的生产形象，也是一个再生产、交流、关系、生活
方式等等的形象。"④最后，诸众呈现的是一种建构性的革命潜能，是一
系列潜能的集合体，"一个一致拒绝资本主义统治和一致希望一个新世
界的主体性力量的集合体"⑤。在与生命权力和资本对劳动的形式吸纳
与实质吸纳抗衡中，诸众的内在性力量源于生命政治生产的力量，它通过

---

　　①　［美］迈克尔·哈特、［意］安东尼奥·奈格里：《大同世界》，王行坤译，131 页，
北京，中国人民大学出版社，2015。
　　②　许纪霖主编：《帝国、都市与现代性》，52 页，南京，江苏人民出版社，2005。
　　③　同上书，52 页。
　　④　［意］安东尼奥·内格里：《超越帝国》，李琨、陆汉臻译，7 页，北京，北京大
学出版社，2016。
　　⑤　同上书，210 页。

合作、智力交流等手段具备了抵御风险的能力。我们"不应该将诸众理解为一种存在，而应该理解为一种制造——或者说，一种并非固定或者静态的，而是不断得到改造，不断被丰富，由制造而得到构成的存在"①。诸众的不断丰富逐渐成为主体性自身的生产，最终，诸众的生产、抵抗、起义预示着一个另类世界的到来。

由此可见，奈格里在资本主义政治、经济、文化、社会领域中，塑造了承担新时代革命使命的主体形象。这种单纯预设性的建构性主体并没有为推翻资本主义统治提供坚定可靠的支撑。更确切地说，这是一种浮于表面的理论设想，无法在现实生活中付诸实践。诸众的革命潜能虽然被奈格里塞满各种富有奇异性、创造性的想法，但是，只要我们稍微前进一步，追问其如何组织、如何界定诸众的归属、采取哪种反抗形式，他就会变得哑口无言。

奈格里在吸收意大利自治主义马克思主义积极遥望未来的理论传统以及颠覆现有政治制度与司法机构的主体力量的基础上，以马克思提供的政治经济学批判路径为突破点，在宏观生命政治视域下重新建构生产方式、主权秩序、劳动范式、阶级构成等要素，展现出完全异质的另类世界。与其说奈格里继承与发展了福柯的生命政治概念，不如说奈格里只是借用福柯的生命政治概念来自由地舒展自身的革命理论。奈格里的理论演绎与逻辑构序确实存在漏洞与局限性，而且他本人也曾坦言，不知如何回应质疑。他试图做的就是努力解释那些事物，并提出合理性假

---

① ［美］迈克尔·哈特、［意］安东尼奥·奈格里：《大同世界》，王行坤译，137 页，北京，中国人民大学出版社，2015。

定。但是，不能否认，奈格里为当代西方激进政治哲学的发展做出了至关重要的贡献。我们必须得承认，这个时代从来都不缺乏对资本主义制度与资产阶级思想的革命性批判态度，但是，在提出另一种社会替代方案时，他们无一例外都会陷入乌托邦的境地。奈格里也没能逃离此种命运。不过，浓厚的空想主义色彩并没有削弱奈格里理论的张力，他的伦理—政治解放路线是对马克思主义理论传统的延伸，也凸显了对革命理论和实践层次的努力探寻。虽然奈格里没有为政治解放任务提供科学的行动指南，也无法对本身建构的理论逻辑及质疑给出合理的解释与说明，但至少为我们探讨革命理论问题，创造性地思考革命解放实践提供了与众不同的路径。

（二）免疫范式的肯定性生命政治构建

埃斯波西托，那不勒斯大学哲学教授，因生命政治学理论研究而闻名。埃斯波西托认为，在对生命与政治关系的思考上，福柯的生命政治思想蕴含着两种对立的发展趋势，即生产性的、积极性的、扩展性的与否定性的、悲剧性的、压缩性的生命政治理解方式（这种正反性质解释线索并没有得到福柯本人清晰的描述和肯定，但是却被意大利的许多学者接受）。"生命政治范畴没有透露自身之谜的解决方案就将自身折叠起来。"[1]因此，福柯的生命政治学理论需要得到进一步澄清与拓展。必须注意的是，埃斯波西托的政治旨趣和理论目标并不在于表达哪种路径正

---

① Roberto Esposito, *Bios*: *Biopolitics and Philosophy*, translated and with an introduction by Timothy Campbell, Minneapolis: The University of Minnesota Press, 2008, p. 32.

确地指向了当代政治哲学和社会现实生活，而是诉诸寻求某种范畴、某种术语，把这两种对立的路径连接起来，探索其中的奥秘。这便是不同于以上两种阐释路径的免疫范式的生命政治。

免疫范式的生命政治以一种更加生物化、医学化和政治化的态度审视生命与诸多范畴的关系，从而构建以免疫范畴为核心的生命与政治的分析路径，即展现死亡政治学与建构一种肯定性生命政治。不可否认，尤其是在经济全球化的今天，诸多政治关系、政治现象和哲学范畴需要我们为新时代的各种问题提供新的讨论视角和解读模式，埃斯波西托免疫范式的生命政治就是对生命与政治关系的一种新颖的考察。正如坎贝尔所言："埃斯波西托将注意力集中在 bios 如何变成一个司法范畴以及 nomos（法）如何变成一个生物学范畴上，因而并没有对阿甘本将例外状态解读为西方政治的一种困惑——纳粹的不断强化使例外状态变成常规——直接发起挑战。相反，他把免疫优先作为理解纳粹政治、社会、司法和医疗政策的终极视域。在这个意义上，埃斯波西托把例外状态纳入更全球化的解读现代的免疫装置之中。"①在与坎贝尔的访谈中，埃斯波西托也对阿甘本与奈格里这两位前辈建构生命政治思想的路径以及自身的理论建构之路表达了看法："阿甘本以强烈的去历史化方式强调生命政治现象的否定性乃至悲剧性基调，他的生命政治学理论是对海德格尔、施米特和本雅明等人思想的发展。奈格里不同，他强调生命政治动态中的生产性和扩张性元素，更准确地说，是它的生命力元素。奈格里

①　Roberto Esposito, *Bios: Biopolitics and Philosophy*, translated and with an introduction by Timothy Campbell, Minneapolis: The University of Minnesota Press, 2008, p. xxv.

的理论来源清晰显示出从斯宾诺莎、马克思到德勒兹的发展脉络……就我而言，我并不寻求在生命政治的语义两极中通过倒向一方来颠覆另一方，相反，我在解释这两条合理却对立的理论路线时，一直试图提供一个能够把这两条路线结合起来的、别样的阐释途径，以此推进争论中的术语发展。在这么做的时候，我既没有像阿甘本那样放弃历史维度，也没有像奈格里那样急于把哲学视角融化到历史学的视野中……我这种阐释学途径，这种别样的范式，就是所谓的免疫学。"①

1. 免疫—自身免疫的双重逻辑

埃斯波西托考察了"免疫"（immunitas）这一术语的原初维度，重点强调的是免疫范式的生物—医学学科特征与政治—法律制度的跨领域交叉。他认为这种跨领域混合特征使得免疫范式日益复杂与多元，期待这能够带来一场有关生命与政治的术语革命。从现代生物医学的语义路线来看，免疫主要参照的对象是疾病。拥有免疫特性就意味着生命体获得了抗感染性，不会遭受某种疾病的威胁，从而受到了保护。随着生物医学领域的重大发展，尤其是法国微生物学家巴斯德（Louis Pasteur）和德国细菌学家柯赫（Robert Koch）在细菌学、免疫学、病毒学等方面做出的杰出贡献，免疫范畴有了更深刻的知识和科学含义。在这一阶段，免疫不再是一种自发的被动状态，而是成为一种人工的自为状态。这也是一个从自然获得性免疫过渡到人工获得性免疫的阶段。此时，生命体在与病毒、细菌做斗争方面有了很大程度的主动权，既可以为了预防某种疾病而事先注射疫苗、进行接种，也可以在疾病产生的初期阶段采取相

---

① 汪民安、郭晓彦主编：《生产》第 7 辑，235 页，南京，江苏人民出版社，2011。

应的措施来遏制病毒，使其失去效应。简而言之，免疫在现代概念体系中保护着生命体的健康，维持着机体的生理平衡，并极力阻止微生物、寄生虫等病毒性生物的入侵，具有辨别"自己"和"非己"，以及排除他物的功能和特点。

在现代政治范畴下，免疫的生物医学释义，这种预防性免疫或自为获得性免疫，不再只是停留在生理学或者微生物学的学科领域中，而是被广泛应用到其他学科领域。令人恐惧的并不是免疫内涵被无限扩展与延伸，而是它成为一种政治统治的手段。它在法律、政治视域下被建构成一种保障机制，获得免疫之人可以处在法律之外，不受其约束和管制。免疫不再是一个纯粹的生物医学概念，它的运用目的和方式也不再局限于某个独立的学科。"免疫的语义学已经逐渐扩展到现代社会的整个领域，这意味着免疫机制不再是一种法律功能，而是法律成为免疫机制的一种功能。"①免疫不仅获得了不同学科与领域的通行权，而且有居于其首、反客为主的趋向。由此可见，免疫范式的日渐发展刷新了对生命与政治问题的讨论，并且变成了政治理论与实践的核心问题。

从免疫范畴的原初语境来看，免疫范式最先被应用于社会政治领域，随后才逐渐为生物医学领域所用，最后成为司法政治领域与生物医学领域交叉的核心范畴。埃斯波西托以免疫范式的跨学科跨领域特征及其内含的双重逻辑属性为批判武器，试图在生命政治情境之中，思考生命个体在现代社会政治、权力技术中的遭遇，展现出对现代政治核心范

---

① Roberto Esposito, *Immunitas, the Protection and Negation of Life*, translated by Zakiya Hanafi, Cambridge: Polity Press, 2011, p. 9.

畴与形式的解构与批判之路，从而实现对生命与政治关系的全新解释。但是，必须承认，埃斯波西托对免疫范式的运用与演绎，在很大程度上是对法国解构主义大师德里达自身免疫性理论逻辑的借用与延伸。

德里达在与博拉朵莉（Giovanna Borradori）就"9·11"事件进行的会谈中，以一种临床医学实践的语调展开了对恐怖主义的分析，而贯穿其中的分析逻辑便是自身免疫性。德里达把世界政体隐喻为人体免疫系统，该系统具有抵御病原体入侵的免疫功能，调节与保卫着人体有机体的完整性。但是，有机体又会产生自身免疫性。"在这个行为中，每一个活着的东西自身都以自杀的方式工作，破坏它自己的保护层，使它自身具有反抗它'自己的'免疫性的免疫性。"①因此，免疫范式具备双重属性：既是一种保护机体与防御异物的防卫系统，也存在损害自身机体组织的自杀式免疫缺陷。美国霸权主义政策就是自杀性的自身免疫性的典型表现。众所周知，美国在国际社会之中集经济、军事、文化、政治霸权于一身，有着非同一般的国际话语权。但是，其维护世界和平与稳定的虚假面具掩盖着诸多显性与隐性的威胁元素，这使它成为自身发展的掘墓人。这就是美国自身免疫缺陷的免疫应答。这种免疫范式隐喻的拓展，以生物学、医学话语为分析工具的模式，被埃斯波西托发挥到了极致。

埃斯波西托把免疫范式视为解释整个西方社会领域的关键性钥匙。他认为，这种范式运作以一种预设性逻辑为前提，即免疫机制对生命个

---

① ［美］博拉朵莉：《恐怖时代的哲学：与哈贝马斯和德里达对话》，王志宏译，100页，北京，华夏出版社，2005。

体的保持与挽救建立在预先判断的基础之上。"免疫范畴不是依据行动而呈现自身，而是依据反应——这不是一种作用力量，而是一种反馈，一种反作用力，阻止另一种力量的形成。这意味着免疫机制预先假定存在一种必须被遏制的疾病。"①例如，新生儿必须适时接种各种疫苗。婴儿一出生就需要接种乙肝疫苗，他才刚来到这个世界，可能还没来得及睁眼看见这个世界，就已经被预先假定的威胁因素俘虏了。接种疫苗并不是自愿选择的结果，而是被强制执行的政策，甚至成为孩子入学的必要条件。不难看出，免疫范式这种预设性逻辑的假定是为了保护生命个体免受即将到来的危险的伤害，而不是为了抵御过去已经发生或现在正在遭受的威胁。它指向的是还未发生或许不会发生的灾难性情况。也就是说，这是一种悲剧式的幻想，试图将灾难扼杀在想象之中。

虽然免疫范式的预设性逻辑旨在保护生命个体，但是这种逻辑运作方式本身就是矛盾的存在。这鲜明地体现在免疫逻辑保护生命与毁灭生命的双重属性之中，因为生命的保护总是与死亡有关，总是掩藏着破坏性元素，而这折射在日常生活中的最典型的形象就是"药"。对于药，古希腊时期的柏拉图倾向于把它界定为"毒药"。柏拉图认为，生命个体的寿命都是确定而有限的，必须遵守个体生命的自然规律，而不能通过药物人为打断其秩序，不然会使疾病变得更加严重。因此，柏拉图主张："只要病人还有时间，就要用养生法来消除疾病，而不要用药物去刺激一个不好惹的敌人。"②与把药完全解读为毒药相反，德里达在发表于

---

① Roberto Esposito, *Immunitas, the Protection and Negation of Life*, translated by Zakiya Hanafi, Cambridge: Polity Press, 2011, p. 7.

② 《柏拉图全集》第 3 卷，王晓朝译，342 页，北京，人民出版社，2002。

1968 年的《柏拉图的药》中，论述了药的双重属性，以此解构柏拉图的文字观。从"药"的希腊文 pharmakon 来看，它本身就蕴含良药与毒药的双重特性。虽然德里达承认药是辩证性的存在物，但是，他还是更倾向于主张："药是那种撕裂、进入的危险补充，它突破进入所有那些本不欢迎它的事物，撕毁、痛殴、填充和替代，从而被痕迹完成，也就是在不在场的行为中增加自身。"①药是外在之物，在抵达身体之时开始与身体的内在之物斗争。这种他者在试图与自我融合之时，适时地压抑了反抗自我的元素，而这种元素的存在成为身体的潜在威胁。即便药暂时地保卫了身体，治愈了身体，但是身体依旧是危险的存在。与德里达一样，埃斯波西托也认为"药是恶魔"，"但由于它必须受制于自己的逻辑，所以它也是除魔的工具"②。

埃斯波西托深刻意识到了自我免疫性的内爆，看到了药的否定性，但是，从总体上看，他并没有过度强调这种毁灭性的方面，而是在肯定毁灭性的基础上表达对免疫积极性与肯定性的期待。虽然免疫机制预设了共同体或生命个体已经或将要面临某种风险或疾病，但这也暗示了免疫成为一个界限，一个门槛，即对安全与危险、健康与疾病的区分，一定程度上要取决于免疫机制的识别，而这种识别有可能使免疫的双重逻辑变得不可再分，生命与死亡成为模糊的领域。最奇特的例子就是怀孕。"胎儿，以所有正常免疫标准为基础而被编码为'他者'，那么母体

① Jacques Derrida, *Dissemination*, translated, with an introduction and Additional Notes, by Barbara Johnson, University of Chicago Press；London：A Thlone Press，1981，p. 110.

② 汪民安、郭晓彦主编：《生产》第 9 辑，52 页，南京，江苏人民出版社，2014。

中的抗体如何能忍受胎儿?"①对于母体来说，胎儿是外来之物，但是母体却能与它和谐共处，直到它诞生。其中的奥妙正在于母体的免疫系统。它不会排斥作为同种异体移植物的胚胎，而是会保护它，促使其正常生长、发育，直至分娩。在这个过程中，母体的免疫系统会产生两种运作模式。"一方面直接指向控制胎儿，另一方面也控制自身。"②简单地说，母体会对胎儿移植物产生排斥，但与此同时，又会产生抑制排斥反应的免疫调节机制，从而实现作用力与反作用力之间的均衡。埃斯波西托并不是致力于母体与胎儿的免疫遗传学研究，这是生殖医学的任务，他关注的是承载父系特征的"异己"胎儿可以与母体共生的事实，而这一事实说明"差异与斗争并不一定是毁灭性的"③。

因此，从免疫逻辑的视角来看，"自我与他者之间没有什么是不相容的。在那里，内部与外部、特有与公共、免疫与共同体交织在一起"④。这种适应性免疫被广泛运用于生物医学领域，引发了对人类生命与技术关系的诸多讨论。美国著名跨学科学者哈拉维(Donna J. Haraway)发出了"我们就是赛博格"⑤的宣告，认为人类身体不再是纯粹生物学意义上的存在，而是成为一种技术化生命体，一种与机器共存的混合生物体。埃斯波西托并没有集中探讨身体与机器的免疫构成，也没有把免疫

---

① Roberto Esposito, *Immunitas, the Protection and Negation of Life*, translated by Zakiya Hanafi, Cambridge: Polity Press, 2011, p. 169.

② *Ibid.*, p. 170.

③ *Ibid.*, p. 171.

④ *Ibid.*, p. 171.

⑤ [美]唐娜·哈拉维:《类人猿、赛博格和女人——自然的重塑》，陈静、吴义诚译，206 页，郑州，河南大学出版社，2012。

系统看成高科技水平下的实践主体，而是把免疫逻辑特征转变成分析与解释人类生命与政治关系的核心方式，从而实现对死亡政治学与肯定性生命政治的理论建构。

2. 肯定性生命政治的未来指向

埃斯波西托试图开辟一条不同于阿甘本与奈格里的考察生命政治思想的道路，因而将研究旨趣定位在肯定性生命政治的研究之上，即探索一种"不再凌驾在生命之上而是有关生命"①的肯定性生命政治。聚焦于对生命的探讨，这是意大利研究生命政治思想的哲学家的共同点。对于埃斯波西托而言，必须深刻了解纳粹政权建立的生物学生命政治的本质。只有从那里出发，我们才能有效地捕捉到他所描述的肯定性生命政治的雏形。

首先，从整体上看，肯定性生命政治是对纳粹主义三种免疫装置的解构。埃斯波西托有关纳粹主义性质的讨论更接近于阿甘本，他们都认为纳粹政权是一种生命政治的极端体现，是一种把死亡最大化的死亡政治学。但是，埃斯波西托强调的是纳粹主义的医学政治目标——在生物医学的层面区分有价值的生命以及不值得活的生命，并致力于纳粹政权对免疫机制的具体操作的思索。他认为，纳粹政权在运作过程中的医学知识与政治技术的不断强化得益于三种免疫装置的相互配合、相互补充。

第一，生命的绝对规范化。在纳粹政权之中，生命与法完全重叠，

---

① Roberto Esposito, *Bios: Biopolitics and Philosophy*, translated and with an introduction by Timothy Campbell, Minneapolis: The University of Minnesota Press, 2008, p. 157.

即生命的司法化和法的生物学化彼此交融。一方面，纳粹政权依赖于生物医学方面的专业知识与技术，据此对生命个体进行司法审判，决定个体的生死。因此，生物医学知识不断强化着纳粹的政治统治。另一方面，纳粹政权为了维护统治，需要医学、生物学理论为其提供支撑，从而形成对生命机体进行裁决的新的法律规范，这就为生物医学实践提供了源源不断的生命对象。医学、生物学、法学的相互渗透，不仅使屠杀犹太人的刽子手——纳粹医生——合法化，也使纳粹政权在宣称生命的至高无上性时，让生命个体彻底屈从于纳粹政治的法律规范。第二，身体的双重封锁。这是纳粹生命政治的核心，即精神的生物学化和身体的精神化。纳粹政党在血统论的主导下，鼓吹日耳曼种族优越论，认为犹太人、吉卜赛人等属于劣等种族，会给德意志民族的发展带来灾难，是文明进程的破坏者，需要被不遗余力地驱逐或消灭。因此，"种族灭绝可以被定义为德国人民的精神需求"①。德国人民在纳粹政策的不断灌输下，逐渐认同纳粹所宣称的民族主义与爱国主义。他们所拥有的身体不再属于自我，而是属于更强大的德意志民族。他们的身体与精神完全沦为为纳粹政党服务的机器。第三，出生的预先压制。"不只是对生命的消除，还包括对生命起源的抑制。"②纳粹政党认为，基于对血统与种族的考虑，只有身心健康的人才具备生儿育女的资格，不然就是可耻的。20世纪30年代，纳粹政党将这种生育的种族政策纳入法律章程，

---

① Roberto Esposito, *Bios: Biopolitics and Philosophy*, translated and with an introduction by Timothy Campbell, Minneapolis: The University of Minnesota Press, 2008, p. 143.

② *Ibid.*, p. 143.

制定并颁布了《绝育法》，对有生理缺陷的生命个体强行绝育，并一直探寻更有效、更快速、更经济的绝育手段，以实现对生命有机体生育权的全面剥夺。

埃斯波西托对纳粹主义生命政治的解析，并不是要用这种历史事实来佐证免疫范式的运作，而是为了进一步推动免疫范式生命政治学理论的发展，解构纳粹的三种免疫装置，建构肯定性生命政治。他认为："肯定性生命政治具备推翻纳粹死亡政治的能力，从而能建立一种不再凌驾于生命之上而是有关生命的政治。"①从纳粹政权的死亡政治学角度来看，埃斯波西托的肯定性生命政治是对纳粹体制的彻底颠覆。死亡政治学是埃斯波西托建构自身政治理论的裂缝，是寻求生命政治突破的豁口。他不期待阿甘本式的弥赛亚事件的到来，也不寄希望于超越统治权力的伦理式的革命主体，而是以死亡政治学为基础，以摆脱纳粹政权死亡政治学的免疫装置为目标，试图激活纳粹政权有关肉体、规范、出生等元素的功能。其中，免疫范式的双重逻辑、生命的否定与肯定，是肯定性生命政治的有效运作机制。既然它的否定性层面在纳粹政权的指引下蕴含无穷的摧毁力量，可以给人类生活带来毁灭性的打击，那么，这同样意味着，它的对立面——肯定性层面——在现代生命政治语境下存在政治解放的可能，以至于不会走向末世论。但是，这种可能性依赖于对纳粹死亡政治学的深刻理解与积极探索，同时孕育着纳粹死亡政治学的政治转向。肯定性生命政治会在纳粹死亡政治学中生成，而充分发挥

---

① Roberto Esposito, *Bios: Biopolitics and Philosophy*, translated and with an introduction by Timothy Campbell, Minneapolis: The University of Minnesota Press, 2008, p. 11.

免疫逻辑的肯定性力量是肯定性生命政治的唯一选择。

其次，免疫范式构筑肯定性生命政治的发展模式。埃斯波西托认为，在经济全球化的时代背景中，对生命的优化、投资与保护转向了免疫机制。随着全球范围内文化、政治、经济、社会等方面交流的不断加强，免疫学逐渐蔓延到各个领域和生活的各个角落。这个时代对免疫的需要超越了过往任何一个时代。对免疫的迫切需求确实让我们在面对天花、霍乱、疟疾、瘟疫等传染性疾病时不至于束手无策。不可否认，在抗生素、疫苗的保护下，诸多个体摆脱了之前无法克服的病毒侵扰。此外，还有器官移植、神经修复、基因工程、细胞工程等众多新型生物技术手段被运用于医学、工业生产、环境保护等领域，在很大程度上改善了人类的物质生活和精神生活。这也是免疫机制富有活力和生命力的表现。

今天，生命体不存在不被某种免疫机制塑造和控制的瞬间，而各种免疫机制之所以能够如此快速有效地发挥作用，原因如下。其一，免疫机制本身有显而易见的成效。在消除疾病、保护生命个体安全、防御外来"病原菌"侵犯方面，免疫机制有着不可替代的作用。其二，免疫机制的本质在形式和内容上都有一定程度的补充和拓展。"免疫这门学科不仅具有医学意义，而且具有社会的、司法的和伦理的意义。"①免疫机制作用领域的广泛性、形式手段的多样性，也促进了它在不同学科领域的跨越式发展。其三，免疫机制已经迅速渗透到信息技术系统、国际金融政策调

---

① Roberto Esposito, *Terms of the Political*, *Community*, *Immunity*, *Biopolitics*, translated by Rhiannon Noel Welch, New York: Fordham University Press, 2013, p. 59.

控、政治军事策略指导等方面，顽强地对抗着各种"病毒因子"的侵袭。其四，免疫机制的疯狂扩散既是一种统治权力施展的方式，也是生命个体主动追求的结果。"从任何一个角度来看，今天，在这个世界上所发生的一切，从个体身体到社会身体，从技术身体到政治身体，在其相互作用之处，我们都可以发现免疫的问题。更重要的是，我们要使用一切必要的手段，不惜一切代价来阻止、抑制传染扩散的出现，并与之进行激烈的战斗。"①

免疫机制能够保障共同体的安全，但这并不意味着安全目标的实现仅限于对外来因素的绝对排斥和完全抵御，这只会导致保守主义。任何一种免疫机制的执行都不是直接铲除与自身对立的要素，也不是必须让否定因素与其保持所谓的安全距离，从而使彼此处于隔离状态，而是执行排除性的纳入或纳入性的排除机制。"就像给个体身体接种的医学实践那样，政治机构的免疫功能也与此类似；在内部导入部分同样的病原体，这样它就需要通过阻止、抑制自然的发展进行自我保护。"②纯粹地清除只会造成免疫机制失效。也就是说，免疫机制的启动是有条件的，只有通过辩证性的操作才会达到真正的免疫效果。在这种免疫过程中，共同体或生命个体本身也获得了进一步的发展，自身力量的增强又有利于对抗外在或内在的否定因素。免疫机制

---

① Roberto Esposito, *Terms of the Political*, *Community*, *Immunity*, *Biopolitics*, translated by Rhiannon Noel Welch, New York: Fordham University Press, 2013, p. 60.

② Roberto Esposito, *Bios: Biopolitics and Philosophy*, translated and with an introduction by Timothy Campbell, Minneapolis: The University of Minnesota Press, 2008, p. 46.

产生的积极性和生产性效果便是埃斯波西托建构肯定性生命政治的方向和内容。

最后，肯定性生命政治需要在免疫逻辑基础上展开对生命的重塑。埃斯波西托认为，在现代政治社会中，想要逃离生命政治固有的死亡政治学倾向，积极寻找生命政治的保护生命的免疫逻辑，就需要对生命重新进行哲学思考。他把法国著名生物学家、哲学家康吉莱姆（Georges Canguilhem)有关生命科学哲学的批判性反思作为肯定性生命政治的起点，认为康吉莱姆试图从不同的角度以不同的方式探讨生命概念，避免了传统生命哲学的局限性与狭隘性。从生命政治视域来看，康吉莱姆是对"免疫范畴的最大化解构，开启了一种与众不同的生命政治词汇"①，赋予生命一种创新意义的诉求。"假如说纳粹主义剥夺了生命的所有形式，使生命变成了一种赤裸的物质性存在，康吉莱姆则重新把所有的生命与其形式结合起来，组建生命的是那些独特而又不可重复的东西。"②

对生命哲学的研究并不是崭新的话题，它在德国的哲学背景中早已存在。埃斯波西托号召重新回到对生命起源的最深处，回到传统哲学的话语范畴之中，并不是要延续之前哲学家的思想，而是要在生命概念的范畴中寻找肯定性生命政治的可能性。例如，德勒兹对纯粹内在性生命

---

① Roberto Esposito, *Bios*: *Biopolitics and Philosophy*, translated and with an introduction by Timothy Campbell, Minneapolis: The University of Minnesota Press, 2008, p. 191.

② *Ibid.*, p. 189.

的探讨，"使规范成为生命的内在冲动"①，这也是对纳粹免疫装置生命绝对规范化的解构。

总而言之，埃斯波西托想要建构的肯定性生命政治并不是有着具体规划图的政治模式，而是一种未来政治哲学的指向。"生命政治的意义是一种否定的有关死亡的政治或一种肯定的有关生命的政治，这依赖于当代思想所追溯的模式。"②肯定性生命政治的实现需要免疫范式的积极运转，并重新对生命的内在性力量进行探索。

(三)生命政治效应机制的延伸与应用

福柯筹划的生命政治学理论受到很多理论家的抨击，他们认为这是一种"欺骗"，因为福柯选择了异于传统政治哲学论述自由、平等、国家制度、所有权等范式的司法—制度模式，尤其规避了批判资本主义社会政治制度与生产方式的经济关系、生产领域、资本剥削、政治霸权等主题的传统论述路径。福柯也曾明确表明，他想研究的不是权力，而是主体，因此，对权力关系与技术形式的研究不是服务于生命政治学理论而是服务于主体。那么，以权力话语为支撑的生命政治学理论很有可能面临着崩溃和塌陷的危险。甚至有人认为，既然福柯本人在后期放弃了对生命政治的研究，转向了其他领域，这是不是说明该理论本身存在很大问题，是不是说明他本人也意识到了在论述生命政治与生命权力时面临

---

① Roberto Esposito, *Bios: Biopolitics and Philosophy*, translated and with an introduction by Timothy Campbell, Minneapolis: The University of Minnesota Press, 2008, p. 194.

② *Ibid.*, p. 194.

的理论困境与逻辑瓶颈。

可以看出，这些批评者不是在否定福柯对权力、知识、主体思想的表达，而是对以此建构起来的生命政治学理论提出质疑。无论是批判、赞成还是中立，讨论这些其实没有任何意义，毕竟这只是一种理论表达。重要的是，要深入思考与辨析福柯开创的生命政治学理论在实践领域与理论领域能否带来新的价值与意义，能否为认识世界与改造世界提供可参考的启发性的、警醒性的或革命性的实践与理论工具。目前涌现了很多对生命政治学理论感兴趣的理论家，如哈拉维、维尔诺（Paolo Virno）、拉比诺（Paul Rainbow）、罗斯（Nikolas Rose）、斯蒂格勒（Bernard Stiegler）等，生命政治术语成为颇受欢迎的研究对象，但是，大多数理论家们都倾向于立足福柯所论及的生命政治主题而转向自身理论的构建，之前所谈及的奈格里、哈特与埃斯波西托即其典型代表。对于这一系列有关生命政治主题的讨论，我们需要用敏锐的眼光、清醒的头脑去辨识让人眼花缭乱的理论群而不是迷失在各种理论诱惑中。

从生命政治领域的无限拓展与渗透来看，福柯开创的生命政治学理论在理论与实践上都得到了广泛应用。福柯把"人的生物性生命"拉回现代性的讨论话语之中，引发了诸多理论家从不同的角度、不同的理论背景出发来描绘人以何种方式存在以及处于何种生存情境中。例如，坎贝尔与塞茨立足于当前世界各个领域的复杂状况——经济危机、人口爆炸、恐怖主义、环境污染、资源短缺、贫富差距、宗教冲突等，针对基本医疗、社会保障、堕胎权利、粮食供应、种族歧视等局部问题展开了激烈的讨论，认为生命政治思维发生了根本性的改变。生命政治研究不是一种纯粹的理论构想，而是一种对困境的表达，即我们正在遭遇的国际、国内危机困境。这就出现了"生命政治的转向"。"以福柯为灵感讨论生命与政治关系的研究不断扩散。这造成的直接后果便是一系列新词涌入该领域。除了生物伦理学、生物技术、生命权力、生物历史——以bio 开头的术语——早在生命政治转向之前就以这样或那样的方式存在之外，现在，学者尤其建议研究生物文化、生物媒体、生物合法性、生物艺术、生物资本、生物劳动、生物科学、生物恐惧、生物经济学、生物信息、生物价值、生物欲望、生物计算、生物神学、生物社会、生物中心论。"[1]

由此来看，在面临如此复杂的时代背景和社会现象时，我们不能把生命政治主题局限在政治、法律、医学、技术等基本领域，而是要将其拓展至人类学、地理学、数字媒体、艺术研究、文学、神学、建筑学、环境保护等领域。以建筑学为例，福柯在著作中论述过，"圆形监狱"是从建筑构造的角度来监视囚犯的行为举止，记录他们的日常生活表现的。这种建筑既节省了人力资本，又十分有效地达到了监视囚犯的效果。从福柯生命政治学理论轨迹来看，他认为生命政治干涉的领域，除了在整体层次上对人口要素进行调节以及为弱势群体建立社会救济机构与保障制度外，还应该考虑城市的自然环境和人文环境问题。但是，他基本没有从生命政治角度审视建筑学与城市规划、城市空间布展问题。第一个把生命政治与现代建筑结合起来考量的是瑞典的沃伦斯坦。他认为："在某种程度上，建筑的现代性是与对生命的控制和管理以及主体

---

① Timothy Campbell and Adam Sitze, *Biopolitics*: *A Reader*, Durham and London: Duke University Press, 2013, pp. 4-5.

的生产交织在一起的。这个特殊的场所就是医院。医院变成了一个'实验室'。这里测试新思想，然后再将其扩展到整个城市空间。"①18 世纪以前的医院更像是以一种救助穷人的形象出现的济贫机构，之后医院逐渐引入大量的医学知识与技术，随之而来的就是权力关系形式的渗透。沃伦斯坦在这里主要强调的是，现代医学管理病人的方式弥漫着福柯所说的规训权力的痕迹。他附上了现代医院建筑发展的图片来展现医院的布局与设计如何使病人付出最少的代价而得到最好的治疗。

生命政治概念也被神学研究挪用。神学家肯尼斯·高森（Kenneth Cauthen）提出了基督教生命政治。他是在生态问题背景下讨论生命政治的。他认为，世界正在慢慢趋向于一种行星式社会，这种社会的形成需要那些能够确定我们的优先性，塑造我们的政治的权力联盟，促使理念和价值观发生深刻转变的要素。这就要求我们既要意识到人类存在其中的自然环境的重要性，也要深刻领悟到地球在维持生命能力方面存在生物极限的重要性。高森的基督教生命政治在于发展"以生命为中心的宗教伦理观点以及在以科学为基础的科技时代寻求享受。这种生态模式需要对现实进行有机的理解，也就是将人类理解为一种生物精神的统一，其生命在宇宙的自然之中，也在人类历史的范围内"。这就需要培育"教堂里潜在的梦想家与实干家新的意识，他们可以提供我们需要的愿景和价值观，从而推动一场旨在追求生态学意义上的正义和愉悦的最佳世界共同体的运动。在那里，人类不仅仅是生存，而且可以被激发起肉体和

---

① Sven-Olov Wallenstein, *Biopolitics and the Emergence of Modern Architecture*, New York：New York Princeton Architectural, 2009, p. 31.

精神愉悦的新冒险"。这就是在神学语境之中思考人类的生物性生命以及与科学技术的关系。

随着各领域、各学科频繁使用生命政治术语，它已经变成一个流行词，甚至变成一种时尚趋势。虽然我们需要承认它在政治、教育、法律甚至农业等方面的延伸，但是，以生命政治形式来解释和描述一切，这种简单、草率、鲁莽的经验主义式运用不仅会造成生命政治的滥用，也会在很大程度上削弱生命政治学理论本身具有的批判效力与公信力，从而流于形式化的表达，缺乏实质性内容。这是特别危险而又没有意义的举动。因此，必须基于历史进程的方法以及文化、社会背景的内在发展矛盾来使用生命政治所阐发的思想内核。

哲学、社会政治理论领域所展现的生命政治更倾向于探讨身体与生命在权力技术、知识形式结构中的遭遇，政治思考与行动的模式、方法及运作如何不同于其他政治形式等问题。根据莱姆克的观点，这是福柯生命政治继承与发展的一种趋向，以布达佩斯学派的阿格妮丝·赫勒（Agens Heller）与费伦茨·费赫尔（Ferenc Feher）的身体政治学（Body Politics）、社会学家安东尼·吉登斯（Anthony Giddens）的生活政治（Life Politics）与医学人类学家迪迪埃·法桑（Didier Fassin）的生物合法性（Biolegitimacy）为主要代表。随着 20 世纪 90 年代人类基因组计划的到来，以及生命科学、生命技术与生命医学的快速发展与渗透，这种对生物性生命维度的探究更加直接地指向了生命本身的构成要素。从生命本身出发图绘生命的制造、塑造与增强，是对这个充满希望、期待、不安与恐惧的基因组学时代的最好回应。这是一种思考生命政治的新方式。"身体越来越不被视为一种有机基质，而是被视为一种既可以被解读又可以被重写的分子软件。"①这标志着分子生命政治时代的到来，以英国社会学家和社会理论家罗斯为代表。

分子生命政治在现代技术条件下具有以下特征。

第一，生命不再处于完整的有机体或实体概念之中，也不再在政治—法律权威模式中分析生命与权力、生命与政治的复杂关系。如果说这是一种强调生命的政治过程的话，那么分子生命政治视域中的生命是在生命本身构成要素的分子层面上解析生命、管理生命、操纵生命、重组生命。这体现了生命过程的技术干涉，因此，"生命在分子层面上变得可见、可理解、可预测和可操控"②是分子生命政治的基本特征。也就是说，生命与政治在分子层面发生接触。这是一个全新的干预领域，也是一个更加微观的观察视角。它超越了个体和人口的层面，不再局限于自然生命的秩序与规则，区别于规训个体身体的政治解剖学与调整人口的生命政治学。或者说，这种分子生命政治的思维样式成为它们的补充形式。

第二，生命的最优化技术。诸种技术，如医学技术、健康技术、治疗技术的介入不只是为了消除疾病，治愈病变，而且要密切关注个体的身体与心理健康。在这种话语背景下，分子生命政治颠覆了疾病与健康的二元对立。更重要的是，它不只是致力于影响生命健康的显性因素，而且要注意那些隐藏在身体组织、器官、细胞、血液中的隐性因素。它

---

① Thomas Lemke, *Biopolitics: An Advanced Introduction*, New York: New York University Press, 2011, p. 77.

② Nikolas Rose, *The Politics of Life Itself, Biomedicine, Power, and Subjectivity in the Twenty-First Century*, Princeton: Princeton University Press, 2007, p. 150.

不只是要去解决生命健康中已经出现的病症或不尽如人意的生命功能，而且要对可能出现在人的身体中的病症因素进行预测与评估，提前做好各种有效的预防性准备。此外，为了实现生命的最优化，技术介入甚至可以改善人的情感、性格、欲望、认知等。这种最优化的实现不只涉及个体自身、家族遗传，还受到市场和消费文化的影响，如整容、整形手术、变性手术等。身体早已不再是有生命特征的自然之物，而是成为医学技术可以任意对其进行切割与替换之物。在这个过程中，伦理道德、政治法则遭遇到前所未有的挑战。

第三，主体化的推进。不仅政府机构、医疗团体、健康与卫生知识、营养与养生学会潜在地引导人们重视自身的生命过程、生命质量、健康水平，个体自身也会积极改善自身的身体状况与生理因素。人们"拒绝继续当'患者'，拒绝被动地接受医疗专业知识。他们变成了主动选择和运用医学、生命科学、药物和'非传统型医学'的消费者，以便最大限度地提高和增强自身的生命力"[1]。自我管理、自我维护生命力与潜能成为一种生活方式。人们高度重视生命活力和质量的主体化行为，将个体自身的肉体囚禁在生物医学与技术的圈套之中。这种自我技术不仅是对死亡与疾病的恐惧，更是权威、技术压榨人的行为与意识的新型方式。

第四，生命本身的专家。医疗权威不再仅仅局限于医生，而是拓展到更加宽泛的行业与领域，如心理咨询师、语言治疗师、职业规划师、

---

① Nikolas Rose, *The Politics of Life Itself, Biomedicine, Power, and Subjectivity in the Twenty-First Century*, Princeton: Princeton University Press, 2007, p. 23.

健身指导专家等。他们的职责与任务也越过了疾病与治疗的界限，不仅要完成医护人员最基本的治疗与看护任务，还要在管理和组织生活方面发挥重要作用。要让自身变得更好，无论是在身体方面、精神方面抑或情感方面、家庭方面，都有拥有专业知识的身体专家的切入、指导与关心。这种健康权威无时无刻不在蔓延与涌现。相继而来的是评价和裁定这些身体专家行为活动的生物伦理学知识，从而为他们的医学服务与行为建议的合法性与正当性提供理论支撑。

第五，生物经济学，即生命力的资本化。生命力的增强与改善注定要与市场经济关系发生直接联系，尤其是各种身体专家的出现让这种联系变得更加广泛与普遍。在分子层面上开展的基因诊断、康复等技术，需要投入大量人、财、物进行实验研究与临床测试，这就涉及生物技术公司、遗传技术公司、制药公司等经济企业。前期的大量投入必然要求成果的回报，为此，它们会不断追逐经济利润，提高股份价值，积累研究资金。在基因组学时代，生命与健康成为全社会想要实现的目标，健康、生命、经济、资本、利润相互渗透，相互依赖。"生命力已经被分解为一系列不同的、不相关的物体，它们能够被固化、冷藏、堆积、储存、积累，可以跨越时间、跨越空间、跨越器官和物种、跨越不同的环境和企业进行交换和交易，服务于生物经济目标。"[①]生命力被置于经济关系与技术关系之中，并且延伸到生命存在的基质之中。生命本身成为可以被改造、重组、选择、决定、价值判断的领域，生命本身的丰富性

———————

① Nikolas Rose, *The Politics of Life Itself*, *Biomedicine*, *Power*, *and Subjectivity in the Twenty-First Century*, Princeton: Princeton University Press, 2007, p. 38.

与多样性既是生物科学技术发展的对象，又是资本主义经济干涉与剥削的目标。生命再也不是自然过程的有机产物，而是技术过程的人造物。

与坎贝尔和塞茨认为生命政治是一种困境的表达相异，罗斯认为，生命政治透露的是一种具体策略和主张。"这些策略涉及一些争议问题，即关于人的生命力、发病率和死亡率是否应该被看成问题的争论，关于干预的程度和形式的争论，关于可取的、合法的、有效的知识、权威机制和干预实践的争论。"①这种生命政治的运作逻辑不是以死亡为驱动力的，而是以生命力的增强为唯一目的。这不是强调政治上的主权权力、生命权力对个体生命或人口质量进行的介入与统治，也不是讨论传统政治哲学的范畴与解放政治的问题，而是对基因组学、生物科学技术与医学知识在现代生命领域的真实描述。在这个主张优化生命质量的时代，我们常常会听到器官移植、基因工程、克隆技术、遗传技术、生殖技术的话题，这已不是传统政治、法律、伦理话语可以解决的问题。为了更好地面对新型科学知识技术的出现，我们需要演绎生命政治思想的不同理论道路。我们既需要阿波罗式的思维方式，也需要狄俄尼索斯式的精神。这是适应时代要求与社会发展的表现，同时也基于对社会现实变化的敏锐把握。

罗斯认为，生命权力概念是对具体社会现实层面的展现，主要涉及"关于活人的生命特征话语，以及一系列被认为有能力表达这种真理的权威结构……既可以特指那些突现的生物社会团体的人口，有时又特指

---

① Nikolas Rose, *The Politics of Life Itself, Biomedicine, Power, and Subjectivity in the Twenty-First Century*, Princeton: Princeton University Press, 2007, p. 54.

种族、族裔、性别或宗教等范畴。主体化模式……在个体或集体的生命和健康的名义下自己改变自己"①。很明显，罗斯对生命政治与生命权力的界定与福柯、奈格里、哈特、埃斯波西托等人的论点相异。在很大程度上，他对批判资本主义政治制度、绘制未来社会的美好蓝图、塑造革命政治主体并不感兴趣，更多是以此种论述角度为切入点分析基因组学时代生命所经历的高度复杂性与风险性。

罗斯认为，这种分子生命政治区别于哈拉维的"赛博格"，也不同于后人类学现象。哈拉维在生物学思维方式之中阐述了自己的赛博格理论，即生命体不再是纯粹的自然有机物，而是机器与生物体的混合，如代替肢体功能的人造肢体、植入人体内部的心脏起搏器和人造骨骼等。又比如，素有"未来生命定义者"之称的美国物理学家迈克斯·泰格马克（Max Tegmark）在人工智能时代背景中重构了人的"生命"范畴，认为生命"是一个能保持自身复杂性并能进行复制的过程。复制的对象并不是由原子组成的物质，而是能阐明原子是如何排列的信息……换句话说，我们可以将生命看作一种自我复制的信息处理系统，它的信息软件既决定了它的行为，又决定了其硬件的蓝图"②。生命在智能机器与科技进步中脱离了生物物种的范围，演变成技术话语圈的信息处理系统。

迈克斯·泰格马克又根据生命设计自身的能力、复杂程度，将生命发展划分为三个阶段。生命1.0，以原核微生物细菌为代表的简单生物阶段，其硬件与软件（物理结构与行为）都无法重新设计，一切皆由具有

---

① 汪民安、郭晓彦主编：《生产》第7辑，79页，南京，江苏人民出版社，2011。

② ［美］迈克斯·泰格马克：《生命3.0》，汪婕舒译，31—32页，杭州，浙江教育出版社，2018。

储藏遗传信息功能的 DNA 决定，行为方式固定。生命形态要发生改变，需依赖生物进化的演变过程。生命 2.0，以人类为代表的文化阶段，其硬件由生物进化演变而来，可以通过后期生长发生改变，软件则可以进行自我设计，通过学习获得知识、能力、技能等，从而改变行为模式，优化"算法"。生命 3.0，以人工智能发展为代表的科技阶段，其硬件和软件获得双重"升级"，自身就是命运的主人，完全摆脱了进化的束缚，生命彻底苏醒。[①] 这打破了人与机器的传统边界，人的生物性特征逐渐被科学技术占领，似乎传达出这样的观点："人是近期的发明。并且正接近其终点……人将被抹去，如同大海边沙地上的一张脸。"[②]这种人工智能、科学技术革命主导的后人类学，更倾向于表达人的生物性特征正在逐渐减弱，人与机器、有机物与无机物、自然与文化之间的区分开始变得模糊。

罗斯拒绝将自身的分子生命政治纳入后人类学领域之中，因为"新的分子增强技术并不试图让身体与机械设备混合成形，而是在有机层面上改变它，从内部重构生命力。在此过程中，人不是生物性减少，而是更具生物性"[③]。在分子层面进行的生物医学技术干预的治疗，使得生命力的增强完全依赖于医学技术手段与方法，扰乱了生命本身具有的系统性规律。因此，生命本身的可能性与活力受到外界因素的镇压，生命

---

① ［美］迈克斯·泰格马克：《生命 3.0》，汪婕舒译，31—38 页，杭州，浙江教育出版社，2018。

② ［法］米歇尔·福柯：《词与物：人文科学考古学》，莫伟民译，506 页，上海，上海三联书店，2002。

③ Nikolas Rose, *The Politics of Life Itself，Biomedicine，Power，and Subjectivity in the Twenty-First Century*，Princeton：Princeton University Press，2007，p. 20.

不再丰盈与充满激情，而是变得干瘪又单调。

总体而言，生命政治话语体系已蔓延至诸多学科领域，也正逐渐远离福柯设定的治理和操控生命的原初权力政治语境。生命政治话语体系的广泛延伸和深入拓展，在一定程度上说明它自身并没有既定的研究对象。虽然大多数生命政治学理论家都试图将研究视角锁定在生命与政治权力、政治技术、政治策略，生命与生物医学、生物技术、生物资本等方面，但也都在努力突破实体性的生命范畴，建构具有包容性、开放性与多元性的生命内涵。这确实能够为西方现代政治哲学批判模式提供新的视角，注入新的活力，摆脱古典政治哲学范式，而且以生命范畴为核心向外辐射的趋势也丰富了批判理论的内容。但正是生命政治学理论讨论内容的无限延伸，致使从政治领域深刻探讨生命存在形式的问题受到巨大挑战，而且已经呈现出脱离政治语境的去政治化倾向，也染上了生物学、医学、遗传学中的还原论色彩。

简单来说，福柯探讨生命政治思想的最初意图是希望通过研究个体身体和整体人口被纳入政治理性计算所面临的问题，来揭露资本主义政治治理技艺的狡诈面貌，展现资本主义统治下的新型政治思考方式，从而找到生命个体应然的生存美学。但是，就目前的发展形势来看，生命政治学理论似乎是要摒弃自身浓烈的政治色彩而走向单纯的生物学、技术学等领域，试图在生命政治学理论的名义下将生命与政治最初的融合简化为纯粹字面意义上的生物性的政治。例如，随着基因组时代和后基因组时代的到来，在生物工程技术的主导下，生命政治学理论越来越旨在阐发一种关注人类健康、生殖、行为、遗传、基因构成等要素的意识形态策略。这也就意味着将生物性、技术性思维方式置于首要地位的趋势逐渐显现，并试图霸占整个理论内核，结果便是以生命与政治关系的生物与伦理维度取代其历史与政治维度。不能否认的是，福柯以来的生命政治思想很大程度上是以人类个体的生物性生命为出发点，来考量其在社会政治领域以何种方式存在的问题的。但是，这并不是说，只要关注生命个体存在问题，生命个体展现的生物学、医学、政治学的关系问题就都必须归属于生命政治领域。

　　一种理论能够成为解释世界变化发展的武器，并不是由它庞杂的内容与对象决定的。要想保持理论的活力与生机，至少要做到既能够继承先前理论的本质特征与基本内容，又具有与时俱进而不附庸风雅的理论品质。显然，福柯开创的生命政治学理论面临着被包罗万象、面面俱到的领域摧残的风险。但是，"并非政府对传染病、性异常、卫生习惯或其主体的表现方式的所有调控都是生命政治的；否则，生命政治将会与人类历史一样广泛"①。除此之外，生命政治学理论的发展也面临被解构的危险。例如，韩裔德国学者韩炳哲认为，生命政治时代已经结束，取而代之的是数字精神政治。随着数字时代的来临，尤其是大数据、云计算、物联网等高端信息化技术的广泛运用，韩炳哲认为，在此种背景下，福柯的生命政治思想正在发生转换，生命政治将会被精神政治取代。"生态（命）政治意义上的监控仅包括外部因素，如出生率、死亡率或健康状况。它不能进入或干涉居民的心理。就连边沁设想的圆形监狱里的老大哥都只是监视着沉默无语的囚犯的外部表现。对于老大哥来

---

　　① Sergei Prozorov and Simona Rentea, *The Routledge Handbook of Biopolitics*, Routledge, 2017, p. 329.

说，犯人的思想是不得而知的。如今，另一种范式转换正在形成，即数字的全景监狱。这不是生态（命）政治意义上的纪律社会，而是精神政治意义上的透明社会。而取代生物（命）权力的就是精神权力（Psycho-macht）。精神政治（Psychopolitik）可以借助数字监视读懂并且控制人们的思想。数字监视取代了老大哥不可靠的、无效率的、隔岸观火的目光。数字监视之所以高效，是因为它是非远景的（aperspek-tivisch）。生态（命）政治不能细腻地审阅人们的精神，但是精神权力却可以干涉人们的精神动态。"①因此，韩炳哲认为，福柯生命政治思维模式在数字时代必须发生转换，研究视角必须从外部转向内部，从规训肉体转向管控整个人类思想，从物理性的全景监狱转向无死角的数字全景监狱，从遵守严苛规范的纪律社会转向肉体与精神双重敞开的透明社会。

一般而言，福柯生命政治思想最显著的特征是试图阐明人类个体的生物性生命进入历史，进入国家治理技艺之中，其存在遇到了问题。从这个角度来看，福柯确实没有把太多的精力集中到个体精神、心理、灵魂、情绪等内部要素上，但是这并不意味着他完全忽视了对这些因素的思考，而是希望厘清资本主义政治秩序之下生物性生命的遭遇问题，从而阐明资本主义政治权力技术对人类个体或人口的外在与内在的双重治理与管控。亦或者说，韩炳哲对福柯生命政治思想的误解可能是由两者政治旨趣、目标设定、历史条件与社会背景的差异引起的。值得肯定的是，韩炳哲把福柯生命政治延伸为数字精神政治（digitale Psychopoli-

①　[德]韩炳哲：《在群中：数字媒体时代的大众心理学》，程巍译，108页，北京，中信出版社，2019。

tik），在很大程度上宣告了数字资本主义时代下数据分析、数据挖掘、云计算对集体潜意识与意识的深入监控。不言而喻，这是一种更加彻底、更加完善、更具效力的治理模式。所以，韩炳哲直言："精神权力要比生态（命）权力更加有效率，因为前者从内心出发对人们施加监视、控制和影响。通过侵入大众的潜意识思维逻辑，数字的精神政治强行影响人们的社会行为。数字的监视社会拥有进入集体潜意识的通道，以此干涉大众的社会行为，并且由此发展出极权主义特征。它将我们引渡给精神政治的程序设计和控制。生态（命）政治的时代随之终结。我们如今正迈向数字精神政治的新时代。"①

数字精神政治时代的到来确实为我们提供了另一种思考人的存在形式以及人与人之间关系的框架与方向，但是我们的存在与行为模式是否只能被动地、消极地接受数字权力、数据权力的控制，这是可讨论的。整体来看，生命政治学理论能否保持福柯以来的解释与批判效力，超越现代西方激进批判理论中的传统政治路径？或许我们只能拭目以待。

①　［德］韩炳哲：《在群中：数字媒体时代的大众心理学》，程巍译，111 页，北京，中信出版社，2019。

第二章

阿甘本生命政治学理论建构的
生命概念及主权逻辑

　　阿甘本，意大利一个满腹经纶、学识渊博的思想家，前期主要潜心于语言、文学、美学等学科的研究，后期将研究重心转向生命、政治、法律、主权等领域。20 世纪 90 年代开始，他开启了以"神圣人"为名的一系列创作。神圣人系列著作的相继出版，让他在当代欧陆激进哲学与批判理论中占据重要位置。对于神圣人研究计划，阿甘本说："贾科梅蒂（Alberto Giacometti）说了一些我确实喜欢的话：你永远不会完成一幅画，除非你放弃它。他的画没有完结；它们的潜能永远不会枯竭。我想这对神圣人计划来说是同样的道理，它可能会被放弃但是永远不会完结。"如此看来，阿甘本试图保持神圣人计划的潜在性与生命力，哪怕有一天他不再出版系列专著，也希望该计划的潜力会以一种不在场的方式继续发挥作用。必须承认，有时候理论确实需要通过自身不足来展现活力与生机，过多的理论补充与塑造或许适得其反。

目前来看，阿甘本是享誉盛名的激进左翼思想家的代表。他的思想与理论之所以能够快速占领各大学术思潮，引起诸多学者与大众的强烈共鸣，流行于欧美，其中最主要的原因在于他所讨论的很多问题正是当今西方现代社会面临的最直接、最紧迫的问题，如反恐战争、人权问题、人口流动、生存环境、资源短缺等。尤其是在布什执政期间，阿甘本对主权权威、赤裸生命、例外状态等范畴的重新思考，直击西方政治问题（战争、大规模杀伤性、种族灭绝、大屠杀、恐怖主义和灾难）隐藏的狡诈阴谋。从理论角度来看，阿甘本的理论足迹跨越众多领域与学科，如美学、形而上学、政治学、文献学、语言学、宗教、伦理学等。他并不想构建一种宏大叙事的思想体系，很难被归于某一个思想流派。

阿甘本提供了思考政治范畴的概念框架，这种创新性也是不可否认的。阿甘本对西方现代政治思想与生命的重新探讨，让他成为欧陆哲学界享誉盛名的政治批判理论家。这在很大程度上也要归功于他对福柯生命政治学理论的继承与发展。福柯认为，生命政治时代的到来成为"现代性的门槛"事件，人的生物性生命在政治技术与权力策略中遭遇到前所未有的计算与鉴定。阿甘本拒绝福柯式的生命政治学理论的历史研究，把生命政治的起源置于古代思想体系之中，并综合福柯式的谱系学与考古学方法，重新勾勒生命政治学理论框架，以实现对福柯的"修正与完成"。

宏观来看，阿甘本主要是从以下方面着手进行这项任务的。第一，将生命政治话语重新置于司法政治模式之下，颠覆福柯生命权力与主权权力学说（福柯认为生命政治的出现与主权权力存在一种断裂），揭露主权权力与生命权力的共生关系以及主权权力的空前拓展。第二，在福柯生物性生命进入历史，进入国家政治权力计算的前提下继续前进，描绘赤裸生命与主权政治的图景（生物性生命存在与政治生活分离，但是在西方现代生命政治现象中，更倾向于以一种纳入性排除的方式存在于国家权力模式之中。因此，主权逻辑下的生命便呈现出主体与客体的双重倾向，这也是西方政治从根本上说是生命政治的最显著的原因）。第三，生命政治的空间范式不再是工厂、监狱、学校、军队等物理性机构，而是集中营。

生命政治学理论的建构明显呈现出两种对立的解读方式，典型代表即奈格里与埃斯波西托。奈格里作为自治主义马克思主义代表人物，试图在生命政治学理论中重新图绘主权逻辑并塑造革命政治主体。埃斯波西托则在自身免疫范畴下，拒绝阿甘本描述生命政治现象的否定性语调，旨在构筑一种解放的生命政治哲学的可能性，即一种肯定性的生命政治。他们都倾向于从政治与生命的关系中寻找生产性或积极性的生命政治解读方式。阿甘本却试图在自己的政治思想脉络中展现西方政治正在经历的"前所未有的生命政治灾难"。他并没有将理论出路锁定在生物性生命所内含的积极力量之中，也不寄希望于政治解放主体，而是诉诸弥赛亚事件的到来。他对资本主义社会现象的解释透露出革命性与批判性的面孔，对反抗逻辑的部署却难逃乌托邦式的幻想。

阿甘本对生命政治学理论的具体建构在方法论上有鲜明的特征，即会把诸如神圣人、赤裸生命、例外状态等现实的历史现象作为理论范式，目的在于"建构一个更加宽泛的历史问题域，从而使其变得可理解"①。这种方法"具有考古学特征，它处理的现象会在时间跨度中展开，因此要求一种对文献的专注，一种只能遵循历史语言学规律的历时分析"②。阿甘本的这种范式方法，最直接的效应就是既表现出了这些范式的历史语境与发展痕迹，又能让读者快速抓住自身理论分析的主题与思路。这种方法在阿甘本生命政治学理论的首要体现，与其他大多数生命政治学理论家的出发点一样，即也将其锚定在生命概念的基础上。不同的是，阿甘本着重审视主体生命如何被纳入政治策略之中，如何将政治主体的生命演变为赤裸生命，并将生命政治学理论脉络的逻辑布展锁定在对生命概念的二元区分上。这成为阿甘本诊断当前西方政治思想的支点，由此他展开了对诸多生命范畴的构筑之路。

一、生命概念的原初分隔性结构

早期阿甘本把注意力主要放在了宗教、艺术、文学、美学等领域，对动荡的现实社会环境和单纯的政治革命兴趣不大。但有一个视角是他一直关注且从未放弃的，那就是语言。阿甘本写过很多关于语言的论著，这足以说明他对语言的重视。他似乎试图把语言的问题转换成生命

---

① Giorgio Agamben, *The Signature of All Things: On Method*, translated by Luca D'lsanto with Kevin Attell, New York: Zoe Books, 2009, p. 9.

② *Ibid.*, pp. 31-32.

的问题，但是，目前还没有足够的证据可以说明这一点。不可否认的是，他很直白地阐释过语言与生命的问题。在《幼年与历史：经验的毁灭》中，阿甘本明确地表达了自己想要描述的语言："实验的唯一内容是存在着语言：我们不能通过文化中的主导模式将此呈现为某种语言，它也不是一代人传给另一代人的诸多名字和规则的某种状态或继承物，而是一种不能预设的非潜能。人们一直寄居于此，并且可以在这里说话、运动与呼吸。"①随后，他对维特根斯坦的语言实验进行追问："假如在世界的存在中，对惊奇的最恰当的表达是语言的存在，那么语言存在的正确表达又是什么呢？"②阿甘本斩钉截铁地说："对这个问题唯一可能的答案就是：人的生命即精神气质、道德方式。"③语言与生命就这样初次邂逅，不过遗憾的是，阿甘本并没有对两者的关系进行更加详细的阐释，而是主要转向了后者，对生命问题展开了激烈的讨论。

（一）生命的不可界定性

阿甘本认为："生命这个概念根本不能被界定。""我们的文化不可能界定生命，也正是因为如此，生命必须不停地进行关联与区分。"④例如，生命可以被划分为"具有政治特征的生命（bios），所有动物都共有的自然生命（zoē），植物性的生命，社会生命，等等"。亚里士多德在对

---

① Giorgio Agamben, *Infancy and History: Essays on the Destruction of Experience*, translated by Liz Heron, London and New York: UK Verso Press, 1993, p. 9.

② *Ibid.*, p. 9.

③ *Ibid.*, pp. 9-10.

④ Giorgio Agamben, *The Open: Man and Animal*, translated by Kevin Attell, California: Stanford University Press, 2004, p. 13.

灵魂进行概述时，认为灵魂即生命的形式。他在《论灵魂》中说道："我们再回到研究的出发点，把生命作为有灵魂的东西和无灵魂的东西的区别所在。生命这个词可以在多种意义上述说，只要以下任何条件存在，我们就可以说一事物有生命，如理智、感觉、位置上的运动和静止，或者摄取营养的运动以及生成与灭亡等等。"①在古希腊语中，"灵魂"一词意为具有呼吸与生命。"希腊语中的灵魂现在通常被解释为呼吸—灵魂。它之所以被认为是呼吸—灵魂，是因为灵魂意味着'我呼吸'……因为嘴是通往身体内部的自然通道，因此一切'灵魂'都应该被很好地视为气态性质的无实体，尽管是可见的。"②呼吸、气息是生命体生命的显著特征，是生理的自然本性。灵魂与生命具有相同的要素，彼此渗透，相互联结。

　　根据生命存在的方式，亚里士多德区分了三种灵魂。第一种，营养灵魂，即植物灵魂。这是最基本的、最普遍的灵魂，是一切生物所共享的灵魂，体现生物体吸收营养、生长与繁殖的功能，纯粹以"活着"的方式存在，涉及生物体最基本的生理方面。第二种，感觉灵魂，即动物灵魂。这是动物与植物的界限。植物没有感觉，只能是"活着"；而动物有感觉，如触觉、味觉、视觉、嗅觉、听觉等，还具有情感、欲望、期待等。这是植物所没有的，是动物如其所是的根本机能。第三种，理性灵魂，即精神灵魂。这是人与动物区分的标志。人具有推理、思考、认知、思维等能力，从而与外部世界发生互动，认识世界。灵魂的三种区

---

①　《亚里士多德全集》第 3 卷，33 页，北京，中国人民大学出版社，1992。

②　R. B. Onians, *The Origins of European Thought：About the Body, the Mind, the Soul, the World, Time and Fate*, New York：Cambridge University Press，1988，p. 93.

分也是生命的具体表现，虽然亚里士多德具体界定了灵魂是什么，但是他并没有谈及生命是什么，只是做了如下论述："让生命个体建构成一系列功能性能力与对立的等级表达。"①亚里士多德的这种区分方式促使阿甘本思考人之区分在实践上与政治上的奥秘。亚里士多德把营养灵魂预设为所有生命形式的前提，使其与感觉灵魂、理性灵魂相隔离的做法，激发了阿甘本对生命做进一步的细分与切割。

福柯在阐述其生命政治学理论的过程中，也没有明确表达生命是什么，更多是指出当前考虑的对象是生命（个体层面上的生命或人口层面上的生命），而且这种指涉不是司法政治意义上的而是生物学意义上的，力求表达生命与权力、技术、知识、策略等的积极性关系。因此，福柯对生命的界定是模糊的。与其说这是一种界定的尝试，还不如说是"关联与区分"的现实表现。

福柯对生命概念的分析与识别呈现出前后差异。其一，福柯追随法国生理学家比夏（Xavier Bichat）的步伐，在抽象意义上考虑生命体存在的一般模式："生命是抗拒死亡的各种功能的综合。"②比夏在传统的生机论视域下区分了动物性生命与组织性生命，这两种生命体存在模式都包含两种"功能命令"。动物性生命"是由从外部感官器官到大脑以及大脑到运动与声音的代理建构的"，体现了"与外部世界的诸多关系。它的存在与其他事物的存在交织在一起，会根据恐惧与欲望来选择避免还是

---

① Giorgio Agamben, *The Open: Man and Animal*, translated by Kevin Attell, California: Stanford University Press, 2004, p. 14.

② Xavier Bichat, *Physiological Researches on Life and Death*, translated from the French by Tobias Watkins, printed by Smith & Maxwell, Philadelphia, 1809, p. 1.

靠近这些事物"。组织性生命则涉及"吸收以及滋养动物的那些物质的分解过程"。"它仅仅存在于自身之中，与周围的环境没有多大关系。它会重复一些无意识的功能，如吸收、循环、流通、排泄、分泌等。"①当然，福柯的界定与比夏这种生理学层面的界定是有很大区别的。虽然在《临床医学的诞生》中引用了大量比夏的著作，但福柯笔下的生命有一种不确定性，存在着动态结构，而不只是一种生命力的表达。

其二，福柯追随老师康吉莱姆的生命与规范概念，其生命政治学理论在很大程度上深受康吉莱姆生命科学思想的影响。康吉莱姆认为："生命是一种规范性的活动。"②生命的规范性并不是静止的，而是具有不确定性与不稳定性，并且包含动态的双极性，既能积极地、主动地生产创造性的活动，改变周围的环境以及生命的标准，又会被动性地、消极性地承受环境带来的威胁与危险要素。前者表现的是自我创造的运动，打破陈旧的规范，建立崭新的规范；后者表现的是倾向于自我保护、自我平衡的守护运动。简而言之，生命并不是物体，并不是实体概念，而是一种极性化的活动。生命本身具有动态性。其实，康吉莱姆也受到了比夏的影响。例如，比夏认为，生命规律具有可变性与不规则性，生命在有机规律中会表现出异常、偏差的变化。康吉莱姆则在比夏认识论的基础上探讨了病理学概念中的差错概念。康吉莱姆也看到："是生命本身，而不是医学判断，使生物学上的正常成为一个价值概念，

---

①　Xavier Bichat, *Physiological Researches on Life and Death*, translated from the French by Tobias Watkins, printed by Smith & Maxwell, Philadelphia, 1809, pp. 2-7.

②　Georges Canguilhem, *On the Normal and the Pathological*, translated by Carolyn R. Fawcett, 1978, D. Reidel Publishing Company, p. 70.

而不是一个现实统计概念。"①显然，康吉莱姆拒绝依据某种标准、规则或平均常数去识别生命本身的特殊性。普遍化的策略忽略了个体自身的差异，忽视了外在环境因素可能带来的影响，因此，绝对标准化的、量化的、机械化的统计数据是不可取的，不能成为正常与病态的判断标准。正是这种生命的规范性特征以及康吉莱姆"否定性的价值"层面的探讨，使福柯在社会、政治等领域开拓了另一种研究风格与路线，而这在福柯生命政治学理论中的体现即征服生命与生命抵抗策略：虽然权力装置渗透到了整个话语系统，但是生命依然具有创造力。

阿甘本认为，福柯并没有对生命概念进行清晰的界定。在福柯那里，这是一种缺失性的存在。德勒兹同样如此。他们的生命材料的价值性与含混性，需要我们对"生命"这一术语进行谱系学探究，"证明'生命'不是一个医学的和科学的概念，而是一个哲学的、政治的和神学的概念"②。

在政治与生命的关系问题上，如果说福柯侧重于从权力逻辑出发来架构生命政治学理论，奈格里与哈特主要基于"帝国"主权与非物质劳动范畴，埃斯波西托面对的是免疫范式的话，那么阿甘本则直接以生命范式来支撑整个生命政治学理论框架。阿甘本将理论核心聚集于生命概念，除了受研究风格与思想背景影响之外，还有以下原因。第一，生命政治学理论内核的需要。这是最基本的，因为生命政治学理论主要探究

①　Georges Canguilhem, *On the Normal and the Pathological*, translated by Carolyn R. Fawcett, 1978, D. Reidel Publishing Company, p. 73.

②　Giorgio Agamben, *Potentialities：Collected Essays in Philosophy*, California：Stanford University Press, 1999, p. 239.

的就是生命在现代政治部署之下的存在方式与发展变化。生命政治学理论的奠基者福柯就是从人的生物性存在在现代政治中遇到问题、受到质疑这一决定性事实出发，来探寻一种不同于古典政治哲学逻辑的批判思路的。这是生命政治学理论建构的基本原则与前提。第二，阿甘本认为福柯、德勒兹等前辈，在生命问题上有所保留与遗漏，而之前某些思想流派传达的生命思想与理念又不足以让他在政治哲学领域获得满意的认识。这驱使他寻求对生命进行另一种解读。第三，阿甘本的理论旨趣在于在资本主义社会的复杂情况中揭露人的生存状态是以何种方式存在的，因而对生命进行生物学或生理学区分显然是不够的，也是没有意义的。这一点与奈格里相异。奈格里在讨论过程中注重对生产性维度的把握，这基于他对福柯生产性维度缺失的认知。奈格里认为，关于生命的讨论也必须建基于生产性维度。阿甘本不关注生命在政治结构中的物质性构成，而是关注人的生命基质的现实存在境况。因此，阿甘本将视角转向了生命的 bios-zoē 结构，尝试探析它们在古希腊以来直至现代政治传统中的决定性作用。

(二)生命词源学与语义学的古典建构模式

在出版著作《神圣人：至高权力与赤裸生命》之前，阿甘本写了《生命形式》("Form-of-Life")一文。这篇文章已初现阿甘本成名作的基本观点和思想构架，或者说该文是《神圣人：至高权力与赤裸生命》的雏形。阿甘本在《生命形式》中以对古希腊"生命"一词双重维度的解读展开论述，在《神圣人：至高权力与赤裸生命》的导论中也是如此。后者对"生命"一词进行了更加细致的追溯。不得不说，阿甘本非常擅长术语的词源学研究，这可能要归因于他在瓦堡研究所（Warburg Institute）接受的古典学和文献学熏陶。阿甘本认为，始于古希腊语的"生命"一词在语义与词形上存在两种表达："zoē 指一切有生命之物共有的一种简单的活着的事实（诸如动物、人、神），bios 则意指一个个体或群体的独特生存形式或生存方式。"①zoē 是人或动物所共享的生命这一事实，即能够吸收外界或自身内部的物质和能量的转变而展开一系列过程，包括出生、成长、死亡的生命现象，也包括繁殖后代。这就是生物学意义上的纯粹生命，也可表达为"活着"（to be alive），即一般意义上的生命。bios 不同，它与周围的政治和环境有很大关系，指向一种生命经验或生活方式，倾向于个体或群体的政治性或法律性的存在方式，意味着"……的生活"（the life of）。

阿甘本之所以会谈论此问题，是因为亚里士多德的政治学思想给予了他非常大的启发。

其一，"人是一种天生的政治动物"。亚里士多德在《政治学》中强调："城邦出于自然的演化，而人在本性上是一种政治动物。"②在亚里士多德的意义上，并不是具有纯粹自然生命的人就能被称为人，就是"政治动物"。政治动物是指"凡得参加司法事务和治权机构的人"③，这就把妇女、儿童、老人、奴隶、外邦人等排除在外了。或者说，政治动

---

① Giorgio Agamben，*Homo Sacer：The Sovereign Power and Bare Life*，California：Stanford University Press，1998，p. 1.

② Aristoteles，*Politics*，translated by Benjiamin Jowett，Batoche Books，Kitchener，1999，p. 5.

③ *Ibid.*，p. 52.

物必须享有居住权、诉讼法权，享有法律保护，于既定年龄范围内在统治机构任职，管理政治事务，具有审判职能，能参与公民大会，未被剥夺城籍、驱离城邦等。这是复杂而又严苛的规定，但只有这样才是全称公民①，才是政治动物。

其二，前政治行为的家庭（oikos）与城邦（polis）的有效区分。在亚里士多德看来，人的政治性的获得有如下演变过程，这也是城邦的实现过程：男女结合而繁衍出的自然生命建构的是社会基本形式——家庭（oikos，承担着维持生计之需），这是人类第一个自然共同体，而后，为了更好地适应生活，诸多家庭组合而成村庄，最后形成社会最佳境界——城邦。因此，家庭与城邦有着明显的差异性，简单的生命生物性事实也完全异质于生命政治性事实。但是，亚里士多德认为："早期的社会组织形式是一个自然发生的过程，城邦也同样如此，因为城邦是它们最后的归宿。"②人为了生存，为了更加优良的生活，必须从家庭趋向于城邦，因为城邦彰显着正义、礼法，是至善的最高阶段。亚里士多德说道："城邦不仅为生活而存在，实在应该为优良的生活而存在；假如它的目的只是为了生活（生存），那么，奴隶也可能组成奴隶的城邦，野兽活着也可以有野兽的城邦，然而在我们现在所知道的世界中，实际上并没有这类城邦，奴隶和野兽既不具备自由意志，也就不会组织那种旨在真正幸福的团体。"③阿伦特持有类似的观点："它是'优良的'在于它

---

① "全称公民"说，可参见亚里士多德对公民的界定。

② Aristoteles, *Politics*, translated by Benjiamin Jowett, Batoche Books, Kitchener, 1999, p. 5.

③ ［古希腊］亚里士多德：《政治学》，吴寿彭译，140页，北京，商务印书馆，2016。

通过掌控纯粹的生命必然性，通过从劳动和工作中摆脱出来，以及通过克服所有生命动物对生存的内在欲求，而不再受制于生物性的生命过程。"①需要注意的是，起先，家庭与城邦有着明确的阈值，纯粹的自然生命与城邦的政治生命也有着严格的区分，但是，家庭领域会被逐渐纳入城邦领域，家庭的必然性会渐渐失去意义。这也就意味着纯粹的自然生命会被政治生命的优先性占领。

其三，生命本身与优良生活的分隔。亚里士多德认为："就我们各个个人说来以及就社会全体说来，主要的目的就在于谋取优良的生活，但人类仅仅为了求得生存，就已有合群而组成并维持政治团体的必要了；世间的苦难如果不太重，生存的实际也许早已包含了一些良好的因素。这是一个明显的现象，许多人忍受着无量忧虑，总不肯舍弃自己的生存，以此为证，可知人世虽单纯地为生存而生存，其中也未必完全没有幸福的日子和天然的乐趣。"②亚里士多德认为，优良生活是人的最终追求，而人类的合群是必然的，这是由于纯粹生命的生物性必要。这种纯粹生命的事实与其他生物共享，区别于城邦的优良生活即政治生活。城邦中生活的生命个体是一种特殊的生命形式，那种对纯粹生物性生命的维持被排除在城邦领域之外。也就是说，人的自然生命终究会被纳入城邦的政治生活之中，城邦的政治性注定要把自然生命转变成政治生命。经由中介与吸纳，赋予人政治性成为政治的目的之一。但是，亚里

---

① Hannah Arendt, *The Human Condition*, Chicago: University of Chicago Press, 1998, p. 37.

② [古希腊]亚里士多德：《政治学》，吴寿彭译，133—134 页，北京，商务印书馆，2016。

士多德并非完全否认城邦之外的生活，因为纯粹生命的存在也具有美好与乐趣。很显然，亚里士多德在这里看到了纯粹活着的生命本身与优良生活的区分。人不能仅仅停留在生物必要性的阶段，而要趋向于活得更好，生活得更幸福。这就必然需要追求优良的城邦生活，摆脱家庭中那种单纯活着的状态。

阿甘本就是在这种情形下构建出 bios-zoē 概念之间的区分的。bios 指向的是趋向公共生活的城邦（polis）领域，而 polis 为 policy 提供了词根，因此，bios 也就指向了政治机构。zoē 指向的是私人领域的家庭（oikos），而 oikos 有家庭与个人的意涵，且家务管理又涉及致富方法，因此成为经济（economy）的词根。从词义的概念起源来看，它们异于现代意义上的生物学（biology）与动物学（zoology）。总而言之，亚里士多德的这种区分成为阿甘本生命政治学理论建构的逻辑基点与预设前提。阿甘本希望通过 bios-zoē 概念区分，来审视它们在当代西方政治语境中的变化。阿甘本认为，古希腊时期 zoē 与 bios 之间清晰而又严格的区分会随着政治环境和社会的变迁发生改变。它们之间的界限越来越模糊，越来越随意，以至于"生物性事实本身直接就是政治性的，而政治性事实本身直接就是生物性的"①。因此，bios-zoē 之间的不可区分性、无差异性是第一个变化特征。阿甘本还注意到了第二个变化特征，即 zoē 会在现代政治中变成类似于赤裸生命的东西，不再被排除在政治生活领域之外，而是会通过这种排除被政治重新捕获，从而被政治化。阿

———————

① Giorgio Agamben, *Homo Sacer*：*The Sovereign Power and Bare Life*，California：Stanford University Press，1998，p. 148.

甘本遵循这一线索，得出了这样的结论："在古代政体中，同样的赤裸生命在政治上是中性的，并作为受造的生命从属于上帝。而且在古典世界，它（至少表面上）作为 zoē 是明确区别于政治性的生命（bios）的，但现在却完全进入国家结构，甚而成为国家的合法性和主权的世俗基础。"①

zoē 与 bios 的关系及其自身，是阿甘本视域下生命政治关注的焦点之一，也是权力和统治作用的场址与核心。由此，福柯生命政治思想中"现代性门槛"的事件被取代了。"zoē 进入城邦领域——赤裸生命本身的政治化——构成了现代性的决定性事件，并标志着政治—哲学古典思想范畴的激进转变。"②阿甘本的生命政治学理论试图在福柯中止之处继续前进，这突出表现在对生命概念的分子化萃取。阿甘本从亚里士多德的政治思想之中寻找生命政治学理论的根基，发现生命政治学理论可能的起源，在这一点上，他与德里达观点一致。德里达也认为："在亚里士多德那里，存在今天所谓的'动物政治'或'生命政治'的思考……当然，这并不意味着亚里士多德已经预见了、思考了、理解了、分析了当今政治动物或生命政治的所有形象；如果这样想的话，肯定是荒谬的。但是就政治动物或生命政治的结构来说，它的确是由亚里士多德提出的。它已经在那里了，辩论已经在那里展开了。"③

---

① Giorgio Agamben，*Homo Sacer：The Sovereign Power and Bare Life*，California：Stanford University Press，1998，p. 127.

② *Ibid.*，p. 4.

③ Jacques Derrida，*The Beast and the Sovereign*，Vol. I，trans. Geoffrey Bennington，Chicago：Chicago University Press，2009，p. 349.

(三)对生命 bios-zoē 结构模型的批判性分析

阿甘本对 bios-zoē 概念模型的建构基于对亚里士多德与阿伦特思想的分析，或者说，是在福柯生命政治思想的框架下对阿伦特式亚里士多德分析的延续。吸收前辈的思想精华与理论内涵，确实可以在很大程度上推进自身理论研究的发展，从而创造出超越前人的理论成果。但是，这必须建立在对前人理论思想深刻认识与理解的基础上，并能够在更广阔的视域下分析理论成果所面对的现代性问题。在 bios-zoē 结构分析之中，虽然熟知诸多学科内容与研究方法，尤其擅长运用历史文献学与档案学资料，可阿甘本的表现却有些令人失望。阿甘本试图以历史哲学的方法解释自身的理论与范畴，而对历史研究方法有所保留，这无疑体现出一种去历史化或超历史性思维。bios-zoē 结构模型对阿甘本生命政治学理论的阐发至关重要，但也存在很大的问题，因此招致了诸多理论家的批判。我们可以从以下几个方面，来具体了解 bios-zoē 结构模型的缺陷与不足。

从 bios-zoē 概念的多元性与广义性来看，谈及 bios-zoē 结构区分时，我们不得不提及那位来自匈牙利的古典文献学家，希腊神话现代研究的创始人之一卡尔·克瑞尼（Karl Kerényi）。20 世纪 70 年代，他在代表作《狄俄尼索斯：不可摧毁的生命的原生形象》（Dionysos：Archetypal Image of Indestructible Life）中，就对 bios-zoē 概念进行了细致分析。需要指出的是，阿甘本很少引用克瑞尼的著作，其他讨论生命政治话语的学者也很少提及克瑞尼。克瑞尼的著作很大程度上被局限在宗教研究领域。克瑞尼对 βios(bios)与 ζωη(zoē)的区分与阿甘本截然不同。克瑞尼 20 世纪 60 年代就开始关注古希腊生命问题，70 年代初期取得了可观的研究成果。遗憾的是，不久克瑞尼就去世了。

对于克瑞尼来说，zoē 表达一种"无穷的生命，无限的生命"①。"对于诸神来说，维持这种持久状态是很容易的；因此，他们的生命也被描述为 zoē 的概念。"②bios 表达"特殊性的生命"。"bios 也归属于动物，当它们的生存模式与植物区分开来时，希腊人认为只存在自然植物（希腊人只把植物归属于自然界）——除非要描述一种生活方式。"③克瑞尼认为，zoē 是一种无穷的生命，要维持这种无穷、永恒的状态对于诸神来说是轻而易举的事情。酒神狄俄尼索斯即 zoē 的鲜明代表，是一种不可摧毁的生命原型。既然 zoē 具有这种无穷性，那么就不会具有消逝、磨灭、泯灭的内涵，因此，一般意义上的死亡不会发生在 zoē 的层面上，而是发生在 bios 那里，与它对立的是 thanatos，即永恒的死亡，或生命存在之前的无机体状态。总之，zoē 是不可被具体描述、概括的，也没有具体的轮廓。人们更多在一种抽象意义上来理解这种无限的生命 zoē。bios 与此相反，它是个体生命的内容，如个人传记所记载的内容。这类似于阿伦特对 bios 的描述："人特有的生命的主要特征是，它的出现和消失构成了世界性事件，它本身也总是充满各种事件。这些事件最终可以被讲述为故事，或写成自传。正是这种生命，即 bios，区别于纯粹的生命 zoē，亚里士多德说它'似乎是某种实践'。"④在克瑞尼那里，bios

---

① Karl Kerényi, *Dionysos：Archetypal Image of Indestructible Life*，Princeton：Princeton University Press，1976，p. xxxvi.

② *Ibid.*，p. xxxiii.

③ *Ibid.*，p. xxxii.

④ Hannah Arendt, *The Human Condition*，Chicago：University of Chicago Press，1998，p. 97.

既是人个体生命内容的体现，也是动物与植物相区分的标志，而且是一种有限的生命，因而指向死亡领域，指向物质领域。从这一角度来看，zoē 更倾向于指向属灵领域，灵魂不朽就是在 zoē 的层面上表达的。

很显然，克瑞尼与阿甘本在对 bios-zoē 概念的区分上有着共同立场。在具体内容方面，两人则既有共同之处又有相异之处。在对文献学进行细致考究方面，克瑞尼付出的努力显然是胜过阿甘本的。虽然阿甘本在多个场合表述了生命概念的两种希腊语之分，但是并没有进行有说服力的证明。bios-zoē 概念的希腊语区分是否如阿甘本所描述的那样，是有待证实的。bios-zoē 概念在不同的文化与社会背景下，可能会传达出不同的内涵。例如，基督教传统也有很多对 zoē 类型生命的描述，它通常也被表达为一种无限的、不可摧毁的、神圣的、非受造的生命。正因为 bios-zoē 概念在古希腊文化或其他传统文化背景下表现出不同的语义内涵，所以阿甘本对 bios-zoē 概念进行的简单区分常常受到其他学者的批判与攻击。在这里，必须承认的是，阿甘本对 bios-zoē 概念的区分异常简单且模糊。它们所表现出来的意义与内容忽略了它们本身的丰富性、广泛性以及与其他事物的本质联系。也就是说，阿甘本的 bios-zoē 概念没有得到历史性的重构，这种去历史化或超历史的描述不足以成为他整个生命政治学理论的逻辑支点。

由于它们的不准确性与模糊性，阿甘本在使用 bios-zoē 结构的过程中也表现出随意与武断，这在很大程度上成为他所构建的生命政治学理论的薄弱环节，饱受批评。例如，德里达虽然认可生命政治学理论结构可以定位到亚里士多德，但是对阿甘本的 bios-zoē 结构提出了严厉批评："我不相信 bios 和 zoē 之间的区分是可靠而有效的工具。阿甘本的语言足够尖锐，但这不是我要关注的，我需要足够深入这个所谓的创始事件。在这里，对于一个或多或少有能力的语言学家来说，遗忘的范畴是充分相关的，他能够看到 bios 和 zoē 的区别，以至于在今天重新唤醒政治，使其脱离遗忘或沉睡。更重要的是，语言学家必须不断认识到，许多世纪前，亚里士多德不仅是在谈论政治动物（zoon ＋ politikon，我们马上就会看到这是非常低的门槛）。有时我会想起早些时候与上帝有关的例子，其中 zoē 指的是一种有质量的生命，而不是赤裸生命。"①而且，在古希腊语法家那里，bios-zoē 概念表现出众多含义。例如，"bios 是一种 zoē 似的时间，bios 是 zoē 的一部分"，"bios 适合于理性动物，也就是说只适合于人类；zoē 适合于人类以及没有理性的动物"②。即便是在亚里士多德那里，bios 也没有统一又稳定的含义，并不特指人类的政治实践，有时候也指涉植物或其他水生生物等。

　　从 bios-zoē 概念的解释方式来看，阿甘本是根据古希腊人的语言习惯来确认 bios-zoē 概念的具体内容的。阿甘本并没有引用有说服力的文献资料加以佐证，而是根据自身的预设对 bios-zoē 概念进行界定，完全忽视了古希腊人特定的文化背景、传统风俗与语言符号系统。这在可靠性与可信度上是很容易受到质疑的，虽然阿甘本以古典哲学、古代语法方面的学识著称。在这点上，劳伦特·迪布勒伊（Laurent Dubreuil）提出了批评意见，认为："阿甘本文献学提出了学科规程，但最主要是为

① Jacques Derrida, *The Beast and the Sovereign*, Vol. I, trans. Geoffrey Bennington, Chicago: Chicago University Press, 2009, pp. 326-327.

② Laurent Dubreuil, "Leaving Politics: Bios, Zoē, Life", translated by Clarissa C. Eagle with the author, *Diacritics*, Volume 36, Number 2, Summer 2006, p. 85.

那些不具备验证手段的读者而设的——更重要的是，所引文本以相当含糊其词的方式被评论，文本的选择也相当不适宜，语法规则也模糊难解。总而言之，阿甘本的文献学提前削弱了辩论的可能性。一切都变得无可争辩，人类科学的必要对话和相互矛盾的运动停止了。"①虽然阿甘本 bios-zoē 概念内容的确定以亚里士多德、阿伦特、福柯等人的文献与思想资料为基础，但是，注明引用出处或者提供其他权威性的讨论和文本证据是很有必要的。

也有学者对阿甘本式的亚里士多德分析提出质疑。例如，詹姆斯·戈登·芬雷森（James Gordon Finlayson）从四个方面提出相反的观点。第一，zoē 与 bios 并不意味着阿甘本对它们的界定，因为一般的希腊语中并不存在他所宣称的那种差异。第二，亚里士多德在《政治学》中对其所谓的不同的"生命"——"生命本身"或"纯粹生命"——与优良生活的比照，并不等同于阿甘本的赤裸生命和政治之间的差异，也不能充分捕获希腊名词 zoē 与 bios 在意义上的差异。第三，亚里士多德并没有把人定义为政治动物，也没有清晰地把人的动物性与他的社会性或政治生活方式分离开来。第四，阿甘本所假设的围绕赤裸生命与政治之间的对立与排除类型，很可能并没有标示出古希腊的政治生活。亚里士多德的《政治学》显然不能证明这就是事实。②芬雷森对阿甘本的批判在一定程度上是值得我们注意的，尤其是面对某些学者引用阿甘本相关思想时的草

---

①　Laurent Dubreuil, "Leaving Politics: Bios, Zoē, Life", translated by Clarissa C. Eagle with the author, *Diacritics*, Volume 36, Number 2, Summer 2006, p. 88.

②　James Gordon Finlayson, "'Bare Life and Politics in Agamben's Reading of Aristotle", *The Review of Politics*, 2010, 72: 97-126.

率姿态，这种声音会提醒我们警惕阿甘本的思想陷阱。

阿甘本对 bios-zoē 概念在界定上与使用上的不严谨是不言自明的，他也顺理成章地把福柯那种具有浓烈历史性的生物性生命概念转变成了抽象的、非历史的 zoē 范畴。然而，他在这种二元区分的基础上建构自己的生命政治学理论的方法是可取的。他将希腊人的语言区分作为起点，虽然遗漏了对 bios-zoē 概念广泛内涵的历史说明，但不可否认的是，还是为 zoē 沦为赤裸生命找到了最初的理论根据与思想支撑。

(四)神圣人的隐喻及含混性

在亚里士多德那里，家庭与城邦、私人领域与公共领域、家庭生活与政治生活有着明确的区分与界限，是彼此独立、截然不同的实体。然而，"因为现代的这种发展，公共领域与私人领域、城邦领域与家庭领域，以及最后与公共世界有关的活动和那些与维持生命有关的活动之间的决定性区分，遇到了异乎寻常的困难……它们之间的分界线完全模糊了"[1]。阿甘本继续着阿伦特的探讨，在面对现代政治与民主制度时，认为古希腊政治中那种追求优良生活的政治活动转变为"从一开始就将自身表现为对生命(zoē)的辩护与解放"[2]。因此，阿甘本对 bios-zoē 概念的区分，最主要的目的就是描述 bios 与 zoē 的现代转变：bios 与 zoē

---

[1] Hannah Arendt，*The Human Condition*，Chicago：University of Chicago Press，1998，p. 28.

[2] Giorgio Agamben，*Homo Sacer：The Sovereign Power and Bare Life*，California：Stanford University Press，1998，p. 9.

不仅逐渐成为"不可削减的无差异地带"①，而且会在不断分离之中生产出更多的 zoē，即 zoē 成为两者相互剥离的产物。这也就意味着，为了萃取 zoē，原初的 bios 式生命会不断被压缩和削减，bios 与 zoē 的现代处境成为现代政治领域最主要的事件。

　　bios 与 zoē 分离而产生的结果为"赤裸生命"（意大利语 nuda vita），赤裸生命的生产即西方政治之根源所在。与奈格里和埃斯波西托对 bios 概念的强调不同，阿甘本试图以 zoē 来阐述生命政治学理论逻辑。具体表现为，阿甘本认为，zoē 式纯粹生命的重要性随着西方政治的日渐发展超越了 bios 式政治生命，成为政治目标的直接对象，成为权力技术、策略作用的主要客体。或者说，本身具有 bios 式政治生命的个体或群体，被完全剥夺了 bios 的特性而蜕变为一种赤裸生命，一种"生物学意义的生命——它是赤裸生命的世俗化形式"②。简单来说，"赤裸生命就是神圣人的生命，这些人可以被杀死，但不能用于祭祀"③。为了使赤裸生命的形象具体化，阿甘本引述了古罗马范畴的神圣人概念来加以描述。

　　我们可以从词源学角度来比较 homo 与 sacer 概念。"罗马法上有三个关于人的概念，homo、caput、persona。homo 指生物学意义上的人，不一定是权利义务的主体。例如，奴隶也属于自然人（homo），但是，

---

① Giorgio Agamben, *Homo Sacer*: *The Sovereign Power and Bare Life*, California: Stanford University Press, 1998, p. 9.

② Giorgio Agamben, *Means Without End*, *Notes on Politics*, translated by Vincenzo Binetti and Cesare Casarino, Minneapolis: the University of Minnesota Press, 2000, p. 8.

③ Giorgio Agamben, *Homo Sacer*: *The Sovereign Power and Bare Life*, California: Stanford University Press, 1998, p. 18.

他们原则上不能作为权利义务的主体，而只能作为自由人的权利的客体。caput 的原意是指头颅或书籍的一章……能被转借指代权利义务主体，表示法律上的人格。persona 则表示某种身份……指权利义务主体的各种身份，如一个人可以具有家长、官吏、监护人等不同的身份。"①由此可见，homo 在古罗马法中有着清晰的界定。因此，主导 homo sacer 范畴内涵的不是 homo 而是 sacer，sacer 成为理解 homo sacer 的关键。20 世纪 90 年代初期，阿甘本在谈论语言与死亡的关系时解释了 sacer 的双重语义。"拉丁语 sacer 既意味着肮脏的、可耻的，也意味着令人敬畏的、献祭给众神的；法律与违反法律者都是神圣的（sacred）。"②前者意味着该人的不纯洁性或者说"被诅咒的人"，后者则是纯洁的、神圣的人。它存在纯洁与不纯洁的语境区分，这两层相互对立的意蕴内含于 sacer 之中。简而言之，"神圣人不仅指示被排除在世俗领域之外的受尊敬的对象，而且同样适用于被认为不可触摸的、被诅咒的或被污染的人或物"③。阿甘本正是抓住 sacer 的双重含义开启了政治理论的另类解读。但是，必须指出的是，虽然宗教总是能为政治研究提供背景资料，然而，阿甘本侧重于 sacer 的政治意义而不是宗教意义，因此 homo sacer 首先表现为源于古罗马法律体系中的司法范畴而不是宗教范畴。

---

① 周枏：《罗马法原论》上，106 页，北京，商务印书馆，2001。

② Giorgio Agamben, *Language and Death*: *The Place of Negativity*, translated by Karen E. Pinkus with Michael Hardt, Minneapolis: University of Minnesota Press, 1991, p. 105.

③ Alex Murray and Jessica Whyte, *The Agamben Dictionary*, Edinburgh: Edinburgh University Press Ltd., 2011, p. 171.

对于神圣人的具体轮廓，阿甘本借用了费斯图斯的描述："神圣人是由于犯罪而被人民审判的人。这个人是不被允许用来献祭的，实际上，最早的保民法就有记载，如果民众根据公民表决杀死了所谓的神圣人，并不会被当作犯了杀人罪。这就是为什么习惯上把坏人或不纯洁的人称为神圣人。"①神圣人是古罗马时期赤裸生命的最初形象。从这段描述中，我们可以发现神圣人的基本特征。第一，从个体自身属性角度来看，成为神圣人是由于个体犯了严重的罪行，受到惩罚。这些犯罪触及罗马社会的基本关系，其存在对共同体来说是一种巨大的威胁。因而，神圣人的形成是维护罗马社会和平与稳定的需要。第二，从生存模式角度来看，神圣人是纯粹 zoē 式的生命存在形式，是一种特殊暴力形式的对象，处在生命随时走向死亡的状态之中，即象征着生命与死亡的界限范畴，而且遭受其他共同体成员的蔑视，有着既处于共同体之外又处于共同体之中的悖论式身份。第三，从个体价值角度来看，神圣人不具有任何宗教价值和司法价值，也不必承担任何责任与义务，遭受着人间法和神法的双重排除。因为其谋杀是不需要接受惩罚的，因而他也就失去了在政治法律中不被杀的权利，即政治保护的权利；又因为他不能成为献祭的牺牲品，也就超越了神法领域，与众神对立。这就是神圣人的双重排除，一种彻底的、完全的排除。第四，从政治身份角度来看，神圣人的政治身份并不是与生俱来的，即不是诞生性的，而是获得性与构建性的，他的公民身份、权利与资格的丧失具有不可逆性。

① Giorgio Agamben，*Homo Sacer：The Sovereign Power and Bare Life*，California：Stanford University Press，1998，p. 71.

神圣人特性有点类似于吉拉尔(René Girard)基于人类学、古希腊神话而提出的"替罪羊"机制。替罪羊也是一种矛盾性的存在，既被视为使共同体遭遇灾难与危害的扰乱者，又被视为共同体和平与和谐的创建者。当替罪羊或神圣受害者出现时，世俗领域与神圣领域也会彼此分离。对于阿甘本来说，他需要的是神圣人的司法政治解释，不是求助于替罪羊而是求助于赤裸生命。在阿甘本那里，赤裸生命与神圣人可以相互注解。正是神圣人的基本特征为赤裸生命在现代西方政治现象中的构型打开了研究视野。不过，阿甘本并没有将研究重点放在神圣人的词源学上，即在概念维度上探索赤裸生命的奥秘，而是着重于神圣人的物质维度。虽然神圣人、赤裸生命遭受着严厉的双重排除，但这绝不意味着他们是没有物质内容的实体。

赤裸生命这一术语是阿甘本生命政治学理论最直接的指示对象。很显然，这与福柯对个体身体、人口、出生率、死亡率、社会保险与保障制度、环境等方面的关注截然不同。赤裸生命这个概念不是取自福柯，而是来自本雅明。阿甘本寻觅到了本雅明《暴力批判》中暴力与法律的载体，即赤裸生命。这种生命类型既不是政治性的 bios，也不是自然性的 zoē。"最初的政治元素不是纯粹的自然生命，而是暴露在死亡面前的生命(赤裸生命或神圣生命)。"[1]因此，赤裸生命描述的是生命存在的状态。"他每时每刻都暴露在绝对的死亡威胁之下，他与驱逐他的权力保持一种持续不断的关系。"[2]赤裸生命与死亡如影随形，他的生命以死亡

---

[1]　Giorgio Agamben, *Homo Sacer*: *The Sovereign Power and Bare Life*, California: Stanford University Press, 1998, p. 88.

[2]　*Ibid.*, p. 183.

的方式存在，并与政治权力若即若离。

赤裸生命是 bios-zoē 结构模型通过两个阶段的完成而产生的。首先，使生命遭遇孤独的分离或剥离，致使 bios 与 zoē 成为独立的实体。其次，将 zoē 重新纳入 bios 领域之中，实现赤裸生命的生产。简单来说，赤裸生命并不指涉那种天真的、纯粹的生物学意义上的自然生命，而是这种自然生命在政治主权领域内被赋予独特的生存状态，但又与动物性有着密不可分的关系，尤其是共享那种不可表达性。这种不可表达性对于人的存在来说会产生致命的危害。一旦失去"语言"功能，人也将会失去存活于世的机会。例如，亚里士多德认为："独有人类具备言语的机能。声音可以表白悲欢，一般动物都具有发声的机能，它们凭借这种机能可将各自的哀乐相互传达。至于一事物的是否有利或有害，以及事物的是否合乎正义或不正义，这就得凭借言语来为之说明。人类所不同于其他动物的特性就在于他对善恶和是否合乎正义及其他类似观念的辨认［这些都由言语为之相互传达］。"[1]人与动物的根本性区别在于，人可以拥有语言，并以此来传达善恶，判断正邪。

对于赤裸生命而言，虽然具备作为人的生理结构，但"他失去了其他人据以将他视为同类看待的身份"[2]。他始终沉默地、安静地、被动地面对这个嘈杂的世界，而这种失声带来的直接后果就是面临死亡的威胁。在阿甘本看来，语言与死亡之间有着内在的联系。这种观点显然是

---

[1]　［古希腊］亚里士多德：《政治学》，吴寿彭译，8 页，北京，商务印书馆，2016。

[2]　Hannah Arendt, *The Origins of Totalitarianism*, New York：Harcourt Brace Jovanovich, 1966, p. 300.

对海德格尔语言思想的绝对化与激进化。"终有一死者是那些能够经验死亡本身的人。动物做不到这一点。而动物也不能说话。死亡与语言之间的本质关系闪现出来，但还是未经思索的。"①赤裸生命在西方政治历史之中传达出"无声"的存在信号，这就是赤裸生命走向死亡的标记。阿甘本以"狼人"的例子来揭示这种特殊的个体。狼人既不是人也不是动物，而是处于人与动物、自然与文化之间。用阿甘本的话来说，赤裸生命总是栖居在"门槛"中。赤裸生命的这种"门槛"身份很难在学理上进行明确的伦理性或政治性的划分，因为他被剥夺了生命形式。我们只能从否定性角度，从被动能力方面构成对他的认知。

其实，赤裸生命概念在阿甘本这里是比较混乱的。他经常把赤裸生命、神圣人、神圣生命等同，也明确表达过这不是一种自然生命或纯粹生命。这也是诸多学者对他的诟病之处。阿甘本对赤裸生命进行非历史性的抽象描述，试图抹除时代之间的历史性差异，这也遭到了一些学者的激烈批判。

阿甘本之所以提出赤裸生命的范畴，是因为他看到了亚里士多德政治思想中自然生命与政治生活、家庭与城邦的区分与断裂。这给予了他细致探讨生命范畴的灵感，从而赋予赤裸生命范畴新的政治内容与意义，即赤裸生命不是没有物质内容与语义内涵的实体，虽然他被剥夺了其他共同体成员具有的政治身份与权利，但是他也具有其他共同体成员不具有的特性——比任何生命都更政治性。他没有彻底切

---

① [德]海德格尔：《在通向语言的途中》，孙周兴译，211—212页，北京，商务印书馆，2004。

断与政治共同体的联系，他的生命状态是整个共同体存在的基础，"因此，定义神圣人之状态的不是假设他所具有的神圣性的原初含混性，而是他被带入的双重排除的特征，并且发现自身暴露在暴力之中"[①]。

阿甘本拒绝对神圣人做宗教意义上的解释，只强调神圣人的悖论特征，即遭受神法与人间法的双重排除，以及暴露于死亡的存在的可能性条件。他想要指出的是，这种死亡的创造发生在"无差异门槛"地带，主权就是这个地带的决定者。赤裸生命暴露于死亡的暴力。不是他被谋杀的暴力，也不是阻止他献祭的暴力，而是他的双重排除的遭遇导致了"无差异门槛"的产生。这是主权所标识的领域。"主权领域是这样一个领域，在那里，杀戮是被允许的，不存在杀人罪，而且不能颂扬祭祀，神圣生命——可以被杀死但不能被祭祀的生命——便是已经被主权领域捕获的生命。"[②]在那里，赤裸生命的生产随之而来，赤裸生命成为最初的政治元素。这样一来，阿甘本就进入了自身生命政治学理论的初级阶段——探讨法律、主权、生命的特殊关系。

二、生命政治实践部署的统治之域——主权

阿甘本通过 bios-zoē 结构模型的决定性区分，发现了自古希腊以来

---

① Giorgio Agamben，*Homo Sacer：The Sovereign Power and Bare Life*，California：Stanford University Press，1998，p. 82.

② *Ibid.*，p. 83.

西方政治传统中 bios-zoē 的鲜明对立与分裂。然而，这种决定性区分在西方现代政治中发生了关键性的转变。bios-zoē 结构的分离与聚合表现出另一种政治话语系统，并成为解释现代西方政治的新型方式。阿甘本聚焦于 bios-zoē 结构的现代性特征，找到了古罗马法律体系中的神圣人这一司法形象。这只是一个空洞的能指形象，在古罗马司法制度中，代表着一种破坏社会秩序与稳定的惩罚手段，在现代政治中则被具体化为赤裸生命。这种赤裸生命范畴进而物质化为不同的实体形象，实现了从概念模型向物质实体的转变与拓展。

阿甘本生命政治学理论的建构基点，显然不是满足于对赤裸生命范畴的重新演绎与丰富，而是依赖于对赤裸生命范畴的深度解剖，发现西方现代政治现象中的隐秘因素。这条隐秘线索就在于主权领域的政治活动创建了 bios 与 zoē、自然生命与政治存在、法律与生命的"无差异门槛"地带。这意味着取消了传统政治哲学中已有的明确的界限范畴，开启了对这种混沌、模糊、无差异的新领域的研究。"无差异门槛"地带成为阿甘本生命政治思想的发生场域，这也是主权机制运作的领域。简而言之，即生产出更多的神圣人。因此，神圣人在古罗马司法体系中的特殊性与现代主权范式下建构的神圣人逻辑之间的实质性关系，是阿甘本生命政治学理论重新思考生命与政治关系的必要基础。

主权范畴是政治理论家，如卢梭、霍布斯、德里达、福柯、阿伦特等论述的政治理论的基本主题，也是阿甘本生命政治学理论对福柯发起的首要挑战。福柯主动选择避免传统主权——司法政治原则，而阿甘本则在继续坚持这种分析的原则下审视生命概念，即主权逻辑对生命范畴的新型塑造，来表达主权权力模式与生命政治权力模式之间的复杂关系。

（一）主权范畴的生命政治转化与帝国主权的构建

自 16 世纪中期以来，主权范畴成为政治哲学理论的基本主题。关于主权问题理论制定与司法实践的讨论不计其数，参与者有博丹（Jean Bodin）、卢梭、霍布斯、奥斯汀（John Austin）、孟德斯鸠、施米特等。"主权是共和国的一种绝对而又永恒的权力……用来称呼那些完全控制国家/城邦的人……即命令的最高权力。现在，我们必须对主权进行界定，因为法学家或政治哲学家并没有对它进行界定，尽管它在共和国的论述中非常重要，是最需要被解释的对象。"[1]这是主权理论鼻祖、现代国家理论之父博丹对主权概念的最早定义，即一种绝对的、永恒的、不可分割的权力。在古典政治理论中，它通常被界定为最高的法律权威。在这里，我们不是要讨论政治主权理论中的"政治统治的实质是什么？（任何一种制度下）谁来统治？"[2]等问题，也不是探讨主权权力是否可分割或者合法性、民族国家主权、国际法关系等问题，而是在生命政治学理论视角下剖析主权权力与生命的关系问题，以福柯的去主权中心理论和奈格里与哈特的全球化帝国主权为代表，比较分析阿甘本在传统的政

---

① Jean Bodin, *On Sovereignty: Four Chapters from the Six Books of the Common-wealth*, translated by Julian H. Franklin, Cambridge: Cambridge University Press, 1992, p. 1.

② ［英］戴维·米勒、韦农·波格丹诺：《布莱克维尔政治学百科全书》，726 页，北京，中国政法大学出版社，1992。

治——司法主权系统——话语中与生命政治权力模式的媾和。

从权力关系策略的角度来看，福柯由以西方主权传统为根基的古希腊政治的"城邦—公民游戏"转向以西方牧领权力为基础的犹太—基督教"牧羊人—羊群游戏"。这两种权力关系"游戏"是福柯统治与治理技术的基石，也是主权权力模式与生命政治权力模式的雏形。福柯生命政治学理论以此为线索重新思考权力机制的演变过程与实质内涵，发现现代政治理论经历了从主权权力向生命权力发展的态势，考察了诸多非主权的权力模式。从整体上来看，福柯对主权问题兴趣不大，也从来没有对主权概念进行过具体的界定与定义。他对于主权概念的分析主要基于与其他权力概念的对比，如规训权力、生命权力、安全权力、治理术等。因此，福柯并没有专门探讨主权问题，而是在对权力与知识的分析过程中谈及了主权、王权、统治权、君主政体、国王的问题，这主要集中于他整个学术生涯的中期与晚期。

福柯在权力机制研究路线的选择上抛弃了始于欧洲中世纪统治权的法律—政治理论，因为统治权理论建构了三种循环：第一，"从主体到臣民"的循环，即自然赋予既定权力与能力的主体变成了政治主体；第二，"权力统一体和复杂多样的权力"的循环，从权力统一体(一般采用君主或国家的形象)中派生出权力不同的形式、面貌、机制和制度；第三，"合法性和法律"的循环，根据合法性建构主权权力与法律。[1] 福柯显然批判这三种循环，因为他的政治理论旨趣在于关注统治问题而不是主权问题，这使得

---

① ［法］米歇尔·福柯：《必须保卫社会》，钱翰译，31—32页，上海，上海人民出版社，2010。

他从统治权理论的臣民、权力统一体和法律要素转向对权力中的主体建构，权力的多样性、丰富性，以及镇压、统治、奴役的研究。

为了批判早期现代规范化政治理论，福柯对欧洲中世纪和"旧制度"时期的主权进行了历史分析。对主权权力的追溯是为了更好地展现生命权力发展的新颖性。福柯认为，自欧洲中世纪以来，主权权力具有以下基本特征：是一种否定性的、消极性的权力模式，作用于法律主体，以领土与法律的颁布为基础，并且以暴力为主要特征，以"统治权活的实体"国王为核心，展现君主利剑的宏大部署。在这种典型的主权权力结构中，福柯坚持"砍掉国王的头颅"，即主张弑君，颠覆传统主权逻辑，从而挖掘现代权力机制的深刻变化，以便转向生命权力时代的话语。

总而言之，福柯对主权范畴的探讨是其研究生命政治权力模式的参照物，他在与主权权力的对比之中发现了多种多样的权力机制，指出了主权权力模式在西方现代政治传统中的更迭（直至主权权力隐退于历史舞台），使主权权力与生命权力以及后期对治理术问题的讨论保持着一定距离，颠覆了主权的绝对至高性与永恒性。在福柯那里，生命权力与主权权力相互对立，但不是绝对的，他甚至把种族清洗与大屠杀视为现代生命政治作用的结果而不是古老的主权权力的生杀权的复活。福柯之所以会放弃主权与法的理论，最主要的原因在于他本人的理论兴趣。他感兴趣的并不是政治理论在现代性中的变化，而是权力机制与权力技术的转变，权力在现代性中以何种方式运作对于他来说至关重要。福柯承认这种主权权力与生命权力有着一定的相关性，但就其本质而言，两者存在很大的差异性，甚至前者在后者的发展过程中逐渐退出了权力的话语体系。阿甘本逆转了福柯的逻辑思路，即古老的统治权虽然与生命权力有一定的差异性，但是两者在本质上具有统一性和一致性，前者甚至成为后者的核心。也就是说，现代的生命权力涵盖着统治权的主导因素，展现着统治权的权威，贯彻着统治权的权力关系和权力运作模式。

如果说福柯注重于阐释主权权力与现代其他权力形式之间的差异，以及主权权力向生命权力形式过渡的话，那么奈格里和哈特在主权范畴问题上更具野心，试图在全球秩序层面解构现有的统治秩序，建构一种与现代帝国主义秩序相异的后现代帝国秩序。在后现代思想之中，奈格里与哈特通过对三种危机的考量来追踪主权范畴。第一，以福柯为代表的主权概念的生命政治转化。必须重新定义政府形象，把对主权行为的考虑从生产法律或规则的语境中转变到生产规范或系统的语境中，即使命令形式从法律/规则转向规范/系统。这意味着整个法律结构不能再坚持依据法律或法律过程的政府的具体规则，而是具体的规范或单个系统被部署在治理过程之中，规范的有效性在一定程度上假定了其合法性。第二，以卢曼（Niklas Luhmann）与其追随者为代表的对法律碎片化、规范形象危机、法律结构的功能过程的分析。也就是通过参照社会立宪主义而放弃规范碎片化的可能性，引入自创生系统理论，重新分析法律与社会的关系。第三，遭遇国际法理论与实践挑战。这使主权范畴日渐削弱。面对经济全球化以及复杂的国际关系，联合国法律专家深刻地修正了主权概念，以应对该背景下的政治、经济、文化危机。①

奈格里与哈特从这三个层面讨论"摆脱主权崇拜"的必要性。从更具

---

① Hent Kalmo and Quentin Skinner, *Sovereignty in Fragments：The Past，Present and Future of a Contested Concept*，New York：Cambridge University Press，2011，pp. 205-207.

体的角度来看，他们通过对当前以民族国家主权为基础的世界政治秩序的质疑来揭开论述序幕，认为世界政治秩序构造正不知不觉地发生着变化。他们猛烈批判了霍布斯式和洛克式的国家主权观念，认为随着世界市场的逐渐形成和日益扩大，以及全球资本在世界范围内的广泛流通和急剧扩张，经济和交流的全球化已经成为必然的历史过程，成为一种不可逆转的客观趋势。"伴随全球市场和生产的全球流水线的形成，全球化的秩序、一种新的规则的逻辑和结构，简单地说，一种新的主权形式正在出现。"[①]奈格里与哈特认为，这是一种在经济全球化语境中产生的全新的统治秩序，也是一种可以在全球层面上有效地支配与主宰一切的主权形式。他们将其称为"帝国"，即一种有别于欧洲大国、美国、日本所推行的建立在民族国家主权基础上的帝国主义的全新政治秩序、逻辑结构和政治主体，一种离散的、网状的统治形式。简单说来，处在经济全球化背景中的世界正在形成一种新的世界政治秩序，帝国主义的统治逻辑面临着衰落甚至崩溃。

奈格里与哈特进一步阐述了帝国与现代帝国主义的区别。第一，帝国是去中心、去领土化的机器。但是，他们解释称，并不是说民族国家主权不再重要，而是说民族国家主权不是帝国的基础。第二，帝国主权有着强劲的包容性、纳入性与开放性，是一种具有网状形态的网络权力，使得内外之别不再清晰。这并不是说，世界上不再存在等级与隶属关系，不再存在贫富之分。第三，帝国虽然存在诸多矛盾与冲突，但都内

---

① ［美］麦克尔·哈特、［意］安东尼奥·奈格里：《帝国——全球化的政治秩序》，杨建国、范一亭译，序言，1页，南京，江苏人民出版社，2008。

在于网络权力之中，有着和平的景象。第四，作为维持全球资本与保证全球秩序的主权形式，帝国并不是已经存在的客观现实，而是奈格里与哈特基于马克思的历史趋势的分析方法对世界政治秩序所做的说明与解析。

在当今全球政治秩序下，既然政治经济内在结构会发生质的转变，权力建构可以生成全新的统治模式，这表明人类社会历史进入又一崭新的发展阶段，即面对从现代向后现代、帝国主义向帝国的转换。在后现代社会形态以及帝国主权统治的语境中，探寻帝国统治机器如何运转是无法逃避的问题。这就需要探究帝国机器内部的物质状况。"我们的分析现在也必须深入到那个物质性层面，在那里探察统治范式的物质转型。我们需要找出生产社会现实的各种力量与途径，同时我们也要确定驱动这一生产的主体。"①因此，奈格里与哈特将注意力集中到了搜寻帝国机器的生产力基础上，仔细研究了在这种经济转型过程中劳动组织形式、生产方式等的改变。这种思维逻辑即奈格里与哈特的帝国"双头鹰"——生命政治控制机器所建构的司法结构与宪定权和经济全球化的生产性、创造性主体。② 两者相互攻击，相互啄咬。

奈格里与哈特倾向于把传统主权权力置于后现代思想、生命政治学理论之中，从而颠覆传统主权范畴，超越现代性，建构新的主权范式。这与福柯描述的主权权力向生命权力的转变相异，也与阿甘本保留统治权的分析方式大相径庭，但是奈格里与哈特和阿甘本都着眼于主权范畴，试图在主权范畴领域开辟生命政治讨论的路径。

---

① ［美］麦克尔·哈特、［意］安东尼奥·奈格里：《帝国——全球化的政治秩序》，杨建国、范一亭译，23页，南京，江苏人民出版社，2008。

② 同上书，64页。

（二）主权逻辑的复归与转变

福柯批判权力系统的司法—政治模式，选择通过生命政治权力模式分析资本主义社会制度与现象，奈格里与哈特则是在资本主义全球化层面上直接否定民族—国家主权，将马克思主义元素与后结构主义、后现代主义理念相结合，转向对帝国主权的论述。很显然，阿甘本并没有兴趣立足于现代资本主义经济制度的全球化框架来剖析资本主义民族—国家主权关系，但是，他跟奈格里与哈特类似，都坚持主权本身的重要性。在这一点上，他们相异于福柯的主权权力衰退原则。

从总体上看，阿甘本走上了一条完全异质于自治主义马克思主义者奈格里与哈特的主权道路。他重拾被福柯摒弃的统治权与法的理论，坚持把主权权力模式与生命政治权力模式相结合。他并没有遵循福柯或阿伦特将两者相分离的做法，发现当从本体论角度来审视主权逻辑与生命政治的原初关系时，福柯与阿伦特的分析方式存在很大的缺陷：福柯未曾涉及生命政治的典型场所，即集中营和 20 世纪大型极权主义国家结构（这其实是阿甘本对福柯的误读，因为福柯在 20 世纪 70 年代法兰西学院讲座中讨论过国家社会主义与斯大林主义以及生命政治与主权权力的关系）；阿伦特忽略了把生物性生命进入政治领域与其极权主义分析相结合，以至于缺乏一种生命政治视角。[1] 因此，阿甘本没有谈传统主权范畴中主权权力是否可分、是否可转让，或者公民权利、自由与正义、人民主权、君主绝对主权等问题，也没有诉诸契约论或财产权探寻

---

[1]　Giorgio Agamben, *Homo Sacer: The Sovereign Power and Bare Life*, California: Stanford University Press, 1998, p. 4.

主权起源问题，而是在生命政治学理论视域中讨论主权范畴的性质与发展，即统治权与生命权力的关系。

博丹对主权做了最初的界定。在博丹那里，主权是不受法律（人类法）约束的，因为法律体现的是主权者的意志。受制于自然法则和上帝的神法需要对上帝负责，它是绝对的、永恒的、不可转让的最高权力。显然，这是从权力效力角度来界定主权理论的。虽然博丹对主权进行了明确的界定，但是在具体分析与解释过程中表现出强烈的时代局限性与混乱性。不过可以看出，主权最初就表现出压制、禁止、暴力的消极特征。

在传统的政治权力话语中，权力总是以负面形象出现的，它的运作总是隶属于压抑语境。从主权悖论角度来看，典型代表之一就是卢梭的主权在民理论。卢梭在社会契约思想中表达了主权悖论，即每个社会成员为了政治共同体的利益与福祉而缔结契约，其中体现公共意志而不是个人意志的权力——主权——不属于任何特定个人，只能属于所有人。社会契约解决的根本问题是"创建一种能以全部共同的力量来维持和保障每个结合者的人身和财产的结合形式，使每一个在这种结合形式下与全体相联合的人所服从的只不过是他本人，而且同以往一样的自由"①。但是，"社会公约也使政治体对自己的成员拥有一种绝对的支配的权力"②。在卢梭那里，最高立法机构只能是全体人民。也就是说，主权者既是立法者又是遵守法律之人，但他将法律制定的任务交给了智慧的

---

① ［法］卢梭：《社会契约论》，李平沤译，18—19页，北京，商务印书馆，2011。
② 同上书，34页。

立法者，一个"非凡的人物"。因此，这种悖论式的人民主权论只是一种乌托邦的构想，缺乏付诸实际的基础条件，从而会走向反面，最终变成至高无上的绝对权力。这有点类似于霍布斯的主权在君理论，虽然卢梭对霍布斯持批判态度。

卢梭的主权者既是立法者又是执行者，他想通过智慧的立法者来解决这种矛盾。这种立法者神话显然只是一种对主权表层现象的认识，对它的深刻认识则可参见阿甘本。阿甘本也发现了主权领域中的悖论现象，他受惠于这些契约理论家的最重要的一点，即对主权绝对权力的完美继承与激进发展，尤其是对霍布斯思想的继承。与福柯相异，阿甘本的政治旨趣在于将生命权力置于绝对的统治权的原始结构中，以此来分析现代政治事件与现象所隐秘的统治权事实。

单维度的古老的统治权不仅统摄一切，具有无限的权威，而且随时展示着凌驾在生与死之上的权力，这也就意味着统治者对民众的思想、意识、生命、财产等方面的完全掌控。专制与独裁猖獗横行，民众步履维艰，苦不堪言。更为残酷的是，即便忠诚地服从君主的统治，人们也会面临死亡的威胁，因为其生命和权利没有有效法则的保驾护航，君主使人死或使人活的权力贯穿其纯粹生命的始终。从根本上看，这种绝对的权威源于古罗马法律体系中的家长权（家父权）。家长权在家庭关系中至高无上，可以对家庭范围内的一切财产与所属成员行使管辖权与支配权。家长权意味着能够主宰家庭关系中的一切人和物，拥有生杀权、弃子权、出卖权、移交罪犯权。从本质上看，家长权其实就是对家庭成员的独裁统治。

阿甘本以这种传统主权的权力模式为根基，专注于挖掘传统司法政治制度中可供利用的因素，放弃了福柯那种单维度的强调优化、管理、培植个体或整体人口的生命权力概念，选择在统治权的主权暴力逻辑下说明主权权力和生命权力之间的关系，认为它们并没有按照福柯的解说来发展，而是紧密结合，逐渐变得不可再分，即与其说生命权力与主权权力相异，不如说它们在本质上有很大的相似性。这种主权权力逻辑又与古老的统治权拥有生杀予夺权的展现相区分。它不是用暴力、血腥的迫害与镇压来实现权力范式运作的部署的，而是通过在生命权力模式中植入主权权力因素来实现赤裸生命的不断生产。或者说，主权权力与生命权力在最初的起源中就有着不可磨灭的关联。因此，阿甘本主权理论首先表现为生命权力或者说生命政治与主权权力或统治权之间的紧密关系，而不是继续坚持合法性或法的构成等传统的追问方式，也不是在社会契约论中探寻主权在君还是在民的统治权问题。这也就提出了重新界定统治权的要求。

从宏观角度来看，福柯把权力机制运作分成两大类型，即统治与治理。他据此思考当下资本主义政治的操作，认为两者之间虽然不是一种前后相继的关系，但至少存在一种转变、过渡，或者说两者之间有着明显的区别与界限。阿甘本则融合了统治与治理这两大权力机制，使其变成不可区分的"无差异门槛"地带。令人更加讶异的是，阿甘本认为这两大要素有其原始的结构渊源。也就是说，古老的统治权中的生杀大权，对民众生命与死亡的控制权，这种绝对暴力因子并没有退出历史舞台，并没有被安放在历史博物馆，相反，而是继续隐藏在权力机制之中，甚至会被重新激活，恢复主宰地位。简而言之，对于阿甘本来说，他并不是要在福柯研究的基础上单纯地继续福柯还没来得及讨论的问题，而是在全新的思想角度探究福柯隐藏的问题域，即统治权或统治问题并没有被治理取代，两者在相互渗透的前提下让个体或群体生命更加直接地、政治地、暴力地面对权力机制。因此，阿甘本意味深长地说道："既不是简单的自然生命，也不是社会生活，而是赤裸生命或神圣生命的界槛，由于它总是在场，因而通常是主权运作的前提。"[1]

主权运作以对赤裸生命的绝对占有与剥夺为基础，而不是保卫法律上的权利义务主体。这就是阿甘本主权理论的重要特征。"赤裸生命被纳入政治领域之中，建构了原始的——可能是隐蔽的——主权权力的核心。"[2]赤裸生命的生产是主权权力的原始活动，赤裸生命是主权权力模式与生命政治权力模式相结合的产物，赤裸生命或神圣人建构了主权逻辑。"通过把生物性的生命作为重点算计对象，现代国家实质上显露出把权力同赤裸生命连接到一起的秘密纽带，从而再次肯定了现代权力与最古老的国家秘密之间的紧密关系。"[3]主权权力结合生命权力的终极目的就是通过不断制造 bios-zoē 的分离而生产第三种生命类型——赤裸生命。主权权力的运作并不是想要保留 bios 与 zoē 之间的区分，而是指向两者之间的无差异，不断地提取赤裸生命的因素。

值得注意的是，主权逻辑对赤裸生命的生产遵循的是一种预设前提，这就意味着赤裸生命并不是生命权力在提高、增强、丰富生命的过程中产生的副产品，而是本就以生产赤裸生命为目标，而且试图通过不

---

① Giorgio Agamben, *Homo Sacer：The Sovereign Power and Bare Life*, California：Stanford University Press, 1998, p. 106.

② *Ibid.*, p. 6.

③ *Ibid..*

断生产赤裸生命来强化主权的霸权逻辑。在此，我们可以将阿甘本生命政治学理论的逻辑秩序表达为神圣性（sacer）—神圣人（赤裸生命、神圣生命）—主权逻辑。正是以这种方式，主权权力不断建立无差异领域，不断把生命变成赤裸生命和神圣人。可见，资本主义民主政治只不过是以扶植、优化生命为幌子，行削弱、剥夺生命之实。

在这里，我们可以看到，阿甘本对民主政治是没有信心的。他想要表达的是一种现代生命政治的绝望立场，因而总是试图挖掘政治实践背后的"不在场之物"，揭露阴暗、险恶的民主骗局，如人权问题。阿甘本是众多批判人权观念的思想家之一［其他如阿伦特、巴里巴尔（Etienne Balibar）、朗西埃、齐泽克等］，认为人权只属于那些没有权利之人，如赤裸生命。在这点上，朗西埃持有类似的观点："人权变成了没有权利之人的权利，那些被驱逐出家园、土地以及面临种族屠杀威胁的人群的权利。"①当然，他们都继承了阿伦特的人权思想。

在阿甘本看来，赤裸生命是现代政治的主体，也是权利宣言的产物，因为"权利宣言代表了自然生命刻写入民族国家的司法—政治秩序中的那个原始形象……现在，同样的赤裸生命完全进入了国家结构，甚至成为国家的正当性和主权的世俗基础"②。主权权力从一开始就将赤裸生命而不是法律意义上的生命纳入统治范围，两者相互依存，相互支撑。古典政治之中自然生命与政治生活的区分与断裂，在现代性中逐渐

① Jacques Ranciere，"Who is the Subject of Human Rights?"，*The South Atlantic Quarterly*，2004，103(2/3)：297-310.

② Giorgio Agamben，*Homo Sacer：The Sovereign Power and Bare Life*，California：Stanford University Press，1998，p. 127.

趋向愈合，然而，这是通过将自然的、生理性的生命置于主权国家的政治策略之中实现的。对生命的保护即一种政治手段，赤裸生命成为主权权力的载体，成为主权权力的基本原则。

阿甘本列举了"卢旺达儿童"的例子，解释说正因为他们处于一种没有任何公民身份与权利的状态中，才会受到人道主义组织的保护。人权的秘密就在于它使赤裸生命成为权利的载体，使"古代政权中（在那里，出生仅仅标志着一个主体的出现）分隔的出生原则与主权原则，现在无可挽回地被统一在'主权主体'的身体中"①。这就为纳粹主义与法西斯主义提供了解释论据，这也是阿甘本选择将生命政治场所定位于纳粹集中营的原因之一。因为在那里，出生与民族变得异常重要。"归根结底，法西斯主义与纳粹主义都是对人与公民关系的重新界定。只有把它们置于民族主权与权利宣言所开创的生命政治语境中，才能变得完全被理解。"②总而言之，阿甘本使主权范畴回到了民族国家的政治法律话语之中，通过对主权权力与赤裸生命关系的描述，揭露了生命政治权力模式与主权权力的隐秘关系。

三、主权逻辑运作的三种模式

阿甘本颠覆了福柯对开始于 18 世纪的生命权力的假设，重新审视

---

① Giorgio Agamben，*Homo Sacer：The Sovereign Power and Bare Life*，California：Stanford University Press，1998，p. 128.

② *Ibid*.，p. 130.

主权逻辑与生命权力的关系。在阿甘本看来，主权逻辑在现代性中不但没有被遗弃，甚至得到了强化，只不过转而以更加隐秘的方式在权力与生命之间发挥作用。令人惊恐的不是发现主权逻辑依旧在展现暴力与死亡权力的负面价值，而是它已转变为一种隐匿式的捕获生命的逻辑，一种生产赤裸生命的逻辑。它以保护生命、爱护生命为幌子，向大众隐藏着实质的目的。赤裸生命是主权权力活动的结果，与主权权力存在历史性的关联，而不是现代性发展到一定程度的产物。主权权力的目的不是使赤裸生命变成古希腊 bios 与 zoē 似的抽象概念，而是使其成为政治策略、政治技术、政治目标的直接参照。"随着国家日渐参与'生命政治'，这种逻辑会更深入地融入世界，更深入地渗透到人类生命的深处。"①主权逻辑可能成为一种霸权形式，蔓延于人类生活的各方面。

福柯想要追问的是权力技术是以何种方式运作的，阿甘本则并没有将精力集中于对权力技术机制的深入探讨上，而是追问主权权力逻辑以何种形式实现其目标，即神圣人—主权—赤裸生命的过程。阿甘本主要以主权逻辑运作的三种模式来说明这个问题，即主权禁止结构、纳入—排除机制、构建例外状态。阿甘本以这种方式展开对资本主义民主的批判，虽然或多或少存有缺陷，但其中展现的深刻洞察力与清晰的批判逻辑还是值得称赞的。

(一)主权禁止结构

在阿甘本论述生命政治学理论的过程中，禁止或弃置虽然也是非常

---

① *Giorgio Agamben*：*Sovereignty and Life*，edited by Matthew Calarco and Steven DeCaroli，California：Stanford University Press，2007，p. 26.

重要的概念，但是，在很多研究阿甘本生命政治学理论的思想家那里，它们仍相对边缘（相较于神圣人、主权、赤裸生命、例外状态等概念）。事实上，在阿甘本生命政治学理论中，禁止逻辑是其他范畴的基本结构要素，是有效理解它们的基础性概念。禁止概念也和阿甘本的其他很多概念一样，并不是原创概念（生命政治—福柯，赤裸生命—本雅明，例外状态—施米特等），而是源于南希（南希则受惠于海德格尔）。

　　1981 年，南希根据词源学分析了"弃置"的语义内涵。abandonment（弃置）包含 bandon（权力、管辖权）的语义场，"bandon 指的是一种命令，一种指示，一种法令，一种许可，以及能自由支配这些东西的权力"[①]。bandon 又与英语单词 ban[源于原始的日耳曼语 bannan（宣告、命令、禁止），既指被排除在共同体之外，又指主权者的命令和徽章[②]]有关，两者皆源自拉丁语 bannun（公告）。"在这种语境中，禁止应该被理解为主权者的一般公告，而不是特定的禁止，因此，弃置被交付给了主权禁止，同样地，人总是为法律所抛弃。"[③]在南希那里，人与法律之间的弃置关系不是简单的人处于法律的控制之下或人摆脱了法律的约束，而是显现出双重含义：被弃置之人既是被驱逐之人、被抛弃之人、被禁止之人，与此同时，也总是处于一种禁止、弃置的约束之中，因

---

　　①　Jean-Luc Nancy, *The Birth to Presence*, translated by Brian Holmes and others, edited by Werner Hamacher and David E. Wellbery, California: Stanford University Press, 1994, pp. 43-44.

　　②　Giorgio Agamben, *Homo Sacer: The Sovereign Power and Bare Life*, California: Stanford University Press, 1998, p. 28.

　　③　*The Nancy Dictionary*, edited by Peter Gratton and Marie-Eve Morin, Edinburgh: Edinburgh University Press Ltd. , 2015, p. 15.

此，表现出弃置的矛盾情绪。南希具体地解释道："弃置并没有建构一张传票，使自身出现在这个或那个法庭。这是一种强制性的、绝对的依法出现，一种依据法律本身及其总体性的出现。"①用阿甘本的话来说，就是没有什么处于法律之外。

这种依据法律而行事的弃置是一种"空洞的"存在。它没有具体实质性的法律内容，也没有成文的法律文件，以法律的名义即可产生法律的效应。比如，卡夫卡小说中的人物约瑟夫·K，在一个晴朗的早晨醒来后被莫名其妙地逮捕了。没有人知道他到底犯了什么罪，触犯了什么法律条例，也不知道谁在控告他，甚至连逮捕他的监察人员也对逮捕K的原因一无所知。K直到死去也没有弄明白，这到底是怎么回事。在法律面前，K一直处于一种禁止状态之中。虽然他起先认为这一切是荒诞的，不久就能恢复正常生活，摆脱这种莫名其妙的审判与法律的压制，但最后还是在这种荒诞中死去了，因为法律无处不在。"被驱逐之人被移交给绝对的法律，因此，他被完全抛弃在司法权限之外。弃置的法律要求法律通过撤销而被实施。弃置的法律是另一种建构法律的法律。"②简而言之，被弃置之人、被禁止之人既完全地暴露在法律之中，又被彻底地排除在法律之外，他与法律之间构成一种悖论关系。

在这方面，阿甘本吸收了南希被弃置的存在的矛盾内涵，但是并没有停留于此。阿甘本认为，我们必须超越南希所表达的弃置概念，因为

---

① Jean-Luc Nancy, *The Birth to Presence*, translated by Brian Holmes and others, edited by Werner Hamacher and David E. Wellbery, California: Stanford University Press, 1994, p. 44.

② *Ibid.*, p. 44.

这个概念只不过是对主权本体论结构的重复。因此，他将这种纯粹的被弃置的存在的矛盾性情绪延伸到独属于他的"不可区分的、难以辨别的、无差异的门槛地带"。阿甘本论述道："事实上，被禁止的人并不是简单地被置于法律之外，对法律无动于衷，而是被法律弃置。也就是说，他被暴露在生命与法律、外部与内部都无法区分的门槛地带，而且要遭受这种门槛地带的威胁。"①

阿甘本以此为基础，转向了对主权禁止的论述，将其与神圣人、赤裸生命联系在一起，在主权范畴中实现"法律指涉生命，并且通过悬置生命而将生命纳入法律之中"②。阿甘本坚定地认为："原初的司法—政治关系即禁止。它不仅是关于主权形式结构的论题，而且具有实质性的特征，因为禁止所捆系的正是赤裸生命与主权权力。"③禁止关系，即主权的原初结构，反映的是原初的司法—政治关系，这也是主权权力模式的基本结构，而主权者又是这种悖论结构的直接体现者。在阿甘本那里，重要的不是南希被弃置的存在，而是以此建构的主权悖论事实："主权者既在司法秩序之外，同时又在司法秩序之内。"④主权者可以在例外状态下自由地、不受限制地违反现有的法律条文与规定，即主权统治者处于司法秩序之外；但是，为了维护社会本身的稳定，主权者这种行为又被统治当局认为是合法的。因此，主权者本身被赋予了法律角

---

① Giorgio Agamben, *Homo Sacer: The Sovereign Power and Bare Life*, California: Stanford University Press, 1998, p. 28.

② *Ibid.*, p. 28.

③ *Ibid.*, p. 109.

④ *Ibid.*, p. 15.

色，即主权者的悖论身份可以被表达为合法的"非法"、"非法的"合法。这就是阿甘本所热衷的主权悖论问题。

很显然，南希以被弃置的存在通过排除在法律之外而屈从于法律的方式描述被弃置之人，阿甘本则以主权悖论逻辑展现了主权者的境况，又描述了主权者与神圣人的隐秘关系，因为宣告谁是神圣人是主权者的基本权力之一。如果说禁止关系是主权逻辑运作过程中的一种原初性的政治关系的话，那么主权逻辑运作的纳入—排除机制以及例外状态则是一种建构性的政治关系。为了使人的生物性生命更深入地被纳入政治权力策略之中，它需要主权运作机制广泛、深入的合作与团结。

(二)纳入—排除机制

阿甘本使用了纳入—排除机制来描述通过弃置生命而将生命维持在禁止状态之中的状况。对于阿甘本而言，生命政治学理论最初就是以bios 对 zoē 的纳入—排除为条件的。在古希腊城邦中，政治从一开始就将生命纳入其中，被排除在城邦之外的自然生命(zoē)虽然无法参与城邦政治生活(bios)，但却是城邦政治存在的前提条件。因而，从另一种立场来看，在形式上，它确实反映的是自然生命与政治存在的断裂与中止。事实上，自然生命以一种排除的形式被纳入政治存在之中。比如，在亚里士多德那里，负责家务、生产、劳动、生殖等的妇女与奴隶被排除在男人参与的政治生活之外，但是，他们又是城邦政治生活不可或缺的一部分。家庭与城邦、公共领域与私人领域并不是绝对不可相接的。因此，阿甘本说："城邦中的生命(zoē)被纳入性地排除，似乎在政治中，生命自身必须转变成优良的生活。在政治中，必须被政治化的东西永远是赤裸生命。在西方政治中，赤裸生命有着特殊存在的特权，即通过排除赤裸生命而建立人之城邦。"①

随后，阿甘本又将主权权力运作的纳入—排除机制，反映在对神圣人形象的分析之中。神圣人遭遇到政治共同体的排斥，处于神法与人法的双重排除中，但是，神圣人身份是以审判形式获得的，因而又处于司法秩序之内。对赤裸生命的纳入—排除，首先来自费斯图斯对神圣人形象的分析。需要指出的是，对于这种纳入—排除机制的具体描述，是以神圣人形象开始的，并以这个形象来体现法律指涉生命是通过排除这个生命而进行的。神圣人这个形象没有实质性的特定指涉，只是一个表征西方政治原始基质的概念框架与形象轮廓。阿甘本也列举了神圣人的几种典型形象，如古日耳曼法的"失和者"（被排除在共同体之外，被剥夺了法律身份，任何人都可以杀死他们而不犯杀人罪）与中世纪的强盗（被城邦禁止之人，被捕后会被处死，必须被认为是已死的）。他们并不完全与城邦或法律无关，而是处于人与动物、自然与约法、纳入与排除的门槛地带。②

当然，这种纳入—排除的拓扑关系不局限于罗马法中的神圣人形象，阿甘本将之广泛运用于生命政治学理论，尤其是对赤裸生命的论述。赤裸生命在阿甘本生命政治学理论中是一个强有力的隐喻。在阿甘本的视角下，赤裸生命等同于政治身份、地位、权利的消失。一切现有的法律对于它而言都是无效的，似乎它"先于"法律而存在，不需要经过

---

① Giorgio Agamben, *Homo Sacer: The Sovereign Power and Bare Life*, California: Stanford University Press, 1998, p. 7.

② *Ibid.*, pp. 104-105.

法律的中介作用即可被剥夺生命。但是，这并不意味着赤裸生命是浮萍式的存在，完全处于与司法—政治话语绝缘的关系之中。事实上，它彻底被暴露在主权禁止与暴力中，法的界限、范围与效应被无限拓展与延伸，直至与生命无可区分。简而言之，主权权力利用法律既可以将赤裸生命纳入统治范围，又可以将其驱逐出共同体。阿甘本就这样凭借传统的主权逻辑与形式演绎不同的解释路径——主权逻辑与赤裸生命在一种纳入—排除机制中维持着彼此的关系。

这种纳入—排除机制也体现在埃斯波西托免疫范式的双重功效之中。免疫的实施包含相互对立的元素，它既可以产生保护生命的效果，也能导致生命的毁灭。在生物医学话语中，免疫范式的运作在一定程度上决定着生命个体的命运，而这同样可以拓展至政治法律领域。就免疫对生命的否定逻辑而言，"这种否定不是采取暴力征服的形式，即权力从外部凌驾于生命之上，而是一种内在的二律背反模式，即生命通过权力保存自身。由此我们可以说，免疫是生命保护的一种否定形式。它挽救、保证并保持有机体，无论是个体的还是集体的。但是，它又不是直接的、迅速的"[1]。也就是说，生命的保护与否定内存于免疫机制之中，并不是相互分离的模式。这类似于现代社会为生命机体植入的各种抵抗疾病、病毒、细菌的疫苗。当人们积极接种之时，目的是保护生命有机体，可是在接种过程之中，我们也植入了一定剂量的被生命否定的元素。这种否定生命的元素经过加工处理，致命性水平处于可控范围之

---

① Roberto Esposito, *Bios: Biopolitics and Philosophy*, Minneapolis: The University of Minnesota Press, 2008, p. 46.

内，能刺激生命个体产生抵抗病毒的抗体，提高免疫能力，最终实现对生命个体的保护。我们不难发现，免疫不是通过直接迅速的手段消除病魔的，而是采取一种迂回战术：不是与病毒进行正面对抗，而是使其慢慢成为生命的一部分，逐渐发挥作用。"这种辩证形象是一种排除性的纳入或者一种通过纳入的排除。身体要战胜一种有毒的东西，不是通过把它驱逐出有机体，而是以某种方法使它构成身体的一部分。"①排除性的纳入机制是免疫范式尤为重要的运作方式。

　　埃斯波西托这种免疫范式的纳入—排除机制受惠于德里达的自我免疫机制，尤其是"9·11"事件之后，他以此对现代政治进行反思。例如，美国在全世界宣称竭力反对"恐怖主义"，要不惜一切代价摧毁恐怖组织，但自身却又是事实上的"流氓"国家，因为其政权内部培养了很多威胁世界和平与稳定的恐怖主义因素。这使得自由主义与极权主义变得难以区分。由此来看，这种纳入—排除机制成为一种分析政治形式与社会现实的理论工具。如果说埃斯波西托与德里达侧重于将纳入—排除机制单纯地视为一种西方政治权力渗透的方式，而这种机制随即成为他们批判西方政治历史的工具的话，阿甘本则更进一步地描绘了西方政治的隐匿事实，即这种纳入—排除机制不仅是一种分析工具与权力统治的表现，还揭露了纳入—排除机制最隐秘的悖论——主权者与神圣人彼此之间相对于法律的悖论关系。这类似于最强大的统治者与最弱小的绝望者的身份。"在秩序的两个极端界限，主权者和神圣人代表了两个对称形

---

　　① Roberto Esposito, *Immunitas, the Protection and Negation of Life*, translated by Zakiya Hanafi, Cambridge: Polity Press, 2011, p. 8.

象，拥有着相同的结构并且相互关联：主权者是这样一个人，对他而言，所有人都是潜在的神圣人；而对于神圣人来说，所有人都以主权者的方式行动。通过把自己同时排除在人法和神法之外，同时排除在约法与自然之外，主权者和神圣人在这个行动中合为一体。"①

阿甘本认为，主权者与神圣人在这种类似的身份中实现了完美的互换或重叠，从而使各自形象从单一的身份向最广泛的普遍化转换。其蕴含的危险就是每一个人都是脆弱的、无助的，都有沦为神圣人的危险，即任何人都是潜在的神圣人。然而，任何人又都有将其他人宣告为神圣人的能力，因为任何人都是潜在的主权者。主权者与神圣人的这种关系正是阿甘本想要揭露的本质。即便是所谓的民主政体，它们两者之间的关系亦是如此。为了更加清楚地展现这种悖论，阿甘本对纳入—排除机制的分析转向了例外结构与例外关系。在阿甘本看来，"例外是一种排除类型……例外最大的特征是，从规则内部被排除出去的东西并不因为被排除而与规则绝对无关。相反，作为例外被排除的个例，仍旧以规则之悬置的形式保持着自身与规则的关系"②。从本质上看，例外体现的是一种纳入—排除机制。由此，阿甘本转向了对主权权力逻辑运作的第三种形式的描述。

（三）构建例外状态

一般而言，例外状态从属于法律秩序，受到法律秩序的约束，只能在紧急时刻部分地或完全地悬置现存法律秩序。阿甘本在施米特和本雅

---

① Giorgio Agamben，*Homo Sacer：The Sovereign Power and Bare Life*，California：Stanford University Press，1998，p. 84.

② *Ibid.*，pp. 17-18.

明(本雅明借用了施米特的主权概念与例外状态概念)有关例外状态之讨论的基础上，试图重构主权逻辑下的例外状态理论。需要指出的是，施米特与本雅明都没有提出所谓的例外状态理论，这是阿甘本对施米特主权理论与本雅明弥赛亚学说创新性的继承与发展。阿甘本使"例外状态"这一术语成为自身生命政治学理论建构的重要组成部分，并将其广泛运用在政治秩序、主权理论、赤裸生命、神圣人以及集中营的讨论之中。

阿甘本对例外状态范畴进行了重新界定，认为它起源于对"法的悬置"，而不是起源于罗马独裁统治。它根植于法国大革命的民主革命传统，在第一次世界大战期间占据统治地位。从 20 世纪中期开始，例外状态成为治理的典范形式。在阿甘本那里，例外状态不仅是一种司法机制(例外状态不是一种法律状态，而是一种无法空间)，也是主权捕获生命的最初手段，从而界定了主权结构。构建例外状态成为主权逻辑运作的机制之一。

阿甘本例外状态理论最显著的特征就是成为西方政治的治理范式(福柯从权力技术类型的转变角度跳跃到自由主义或新自由主义的治理术，阿甘本从主权逻辑转换到例外状态的治理范式)。阿甘本认为，这种治理范式会造成法与无法、法与生命关系的无可区分；对法进行永久性悬置；例外状态变成规则，规则变成例外状态，规则的设置与应用变得不可区分，等等，而最终的结果就是带来一场摧毁法律秩序与规则的灾难。阿甘本例外状态理论的"根本任务不只是厘清它是否具有法的本质，而是界定它与法之关系的意义、场所和样态"[1]。对此，我们可以

---

① ［意］吉奥乔·阿甘本：《例外状态》，薛熙平译，81 页，西安，西北大学出版社，2015。

从以下三个方面来理解阿甘本例外状态理论的典型特征。

第一，例外状态从暂时性向永久性转变，最终成为西方政治最主要的治理范式。在这个方面，阿甘本受惠于本雅明。本雅明在《历史哲学论纲》的第八个论题中写道："被压迫者的传统教导我们，我们生活其中的所谓紧急状态并非什么例外，而是一种常规。我们必须得出一个同这一观察一致的历史概念。这样我们就会清楚地认识到，我们的任务是生产出一种真正的例外状态，从而改善我们在反法西斯斗争中的地位。"①根据本雅明的观点，所有阶级社会都处在一种例外状态或紧急状态之中，这也就意味着所有阶级社会的统治者无一幸免，都会受到灾难或危机的威胁。即便我们现在处于所谓自由、民主、博爱、平等的"美好"世界，这也并不意味着它所呈现的当下就是最现实、最本真的事实，因为人类文明的发展历程正告诫我们，我们生活其中的例外状态不是一种罕见的例外，而是一种永久性的常规，一种永恒在场的法则，并具有显著的消极性。阿甘本追随本雅明，说道："紧急状态已经在我们文化传统的每一个部分，从政治到哲学，从生态学到文学中变成了法则。今天，在每个地方，在欧洲和亚洲，在工业化国家和发展中国家，我们皆生活在永远处在例外状态的禁止的传统中。所有权力，不管是民主的还是极权主义的，传统的还是革命的，都已处在合法化的危机中，那作为系统之隐秘基础的例外状态已经显露无遗。"②

---

① Walther Benjamin, *Illuminations*, trans. by Harry Zone, New York: Schocken Books, 1968, p. 257.

② Giorgio Agamben, *Potentialities*, *Collected Essays in Philosophy*, California: Stanford University Press, 1999, p. 99.

　　阿甘本例外状态理论的首要性就是例外状态或紧急状态在资本主义政治中趋向于常规，它不是一种暂时性的行为，而是有可能成为永久性的存在。"今天，例外状态或紧急状态已经成为一种治理的范式。最初被理解为某种不寻常和某种例外的例外状态，本来只应该在有限的时间内有效，而历史的转变却使之成为治理的常态。"①现有法律—政治秩序遭遇到前所未有的挑战，这也意味着："法律—政治体系会将自身转变为杀人机器。"②在紧急状态中或危急时刻，对法的暂时悬置转变成一种持久的例外状态。在"无法空间"中，这种持久的例外状态可以逐渐剥夺个体的公民身份，从而将全民变为神圣人、赤裸生命，因为主权者可以通过宣告例外状态将人区分为赤裸生命或被认可的政治生命。这就是西方政治的吊诡之处。比如，布什政府在"9·11"事件之后所采取的相关政策，都在彰显例外权力的不断延伸。除了例外状态的时间结构——从暂时性向治理范式转变，资本主义西方政治试图"创造出一种恒常性的紧急状态，便成为当代国家的重要实践之一，包括所谓的民主国家"③。

　　阿甘本最终将例外状态结构性质的永恒性置于在对集中营的讨论中。在现代西方政治中，确实有很多在例外状态下才有的政治主张演变成法律条文，这是一个危险的信号。本雅明的例外状态与其思考的弥赛亚革命有着很大的相关性，而且本雅明认为"神圣暴力"，即革命性的暴力，处于法律之外。他试图在法律之外构建弥赛亚革命。在这点上，阿

---

　　①　汪民安、郭晓彦主编：《生产》第 7 辑，51 页，南京，江苏人民出版社，2011。

　　②　［意］吉奥乔·阿甘本：《例外状态》，薛熙平译，137 页，西安，西北大学出版社，2015。

　　③　同上书，6 页。

甘本是持反对意见的。必须承认，本雅明的弥赛亚思想对阿甘本的理论发展和建构产生了重大影响，但是，就阿甘本关于集中营和统治主权的讨论来看，例外状态下的主权逻辑才是阿甘本生命政治思考的重点，所以施米特在《政治的神学：主权学说四论》中对例外状态、主权、常规、政治、国家等问题的阐述，表现出对阿甘本更直接、更显而易见的影响，并具有重要的启发性。

第二，主权者的决断与例外。《政治的神学：主权学说四论》开篇就毫不遮掩地提出："主权者即决断例外状态者。"①也就是说，一般情况下，主权者的决定会受到法律秩序的约束，例外状态只有在国家面临敌人的武力威胁或国家最危急的时刻（如战争、不可抗拒的自然灾难、革命等）才会被主权者启用。现有法律秩序被暂时悬置。在法律悬置过程中，主权者表现出决断例外状态的能力（如戒严法、戒严状态、紧急命令、紧急权力）。主权者决定了司法程序与司法保护、法律形式、权利，决定了法律适用于何处、是否适用，展现出无限权力，越出了一般法律与规则。主权者不仅拥有绝对的统治权威，而且能合法地、正当地使整个法律秩序失去效应。此时，法律退居于主权者的决断之后，不再以持续在场的方式存在，而是被主权者中断。

阿甘本承认主权者的这一法定权力，但是，他认为，施米特过度简化了主权问题。阿甘本反对把主权者单纯地理解为在政治秩序中被赋予权力者，认为主权决断应该指向原初的政治秩序与结构，指向赤裸生命

---

① Carl Schmitt, *Political Theology: Four Chapters on the Concept of Sovereignty*, translated by George Schwab, Cambridge, Massachusetts, and London, England: the Massachusetts Institute of Technology Press, 1985, p. 1.

的生产。因为司法秩序的悬置，例外状态建构了一种法律真空地带，或者说一种无法领域。法律不再适用，主权者"拥有悬置法律之有效性的法定权力"①。主权能展现最原始的主权暴力，从而将生命纳入自身统治领域之内，实现对赤裸生命的生产。主权者对例外状态的宣告，并不意味着现有法律完全被废止，主权者的悖论身份使它又绝对地存在于司法秩序之中。因此，主权者本身位于法则之外，而又合法地寄居在法律之中，决定着例外的生产。

　　但是，主权例外的真正目的不是创建法律秩序的悬置，而是建构无差异领域。这个无差异领域不仅要造成法的内部与外部的不可区分，还要模糊所有传统政治哲学的区分，使相对的范畴变得不可识别（如法与规则、法与生命、法与暴力、战争与和平、敌人与朋友等）。主权例外成为约法与自然、权利与事实不可区分的领域，它以悬置的形式假设了现有法律秩序的无法状态。"在这个意义上，主权例外是根本性的场所。在那里，并不是将自身局限在仅仅区分内部与外部，而是追踪两者之间的一个门槛（例外状态）。在这个门槛的基础上，外部与内部、正常情况与混乱状况进入复杂的拓扑关系之中，而正是这些拓扑关系使得司法秩序之有效性成为可能。"②也就是说，例外状态是一种界限概念，一种空间范式，一种情况，"不是特别法（如战争法）；相对地，只要它意味着法秩序自身的悬置，它就界定了法秩序的门槛或是界限概念"③。这就

---

①　Giorgio Agamben，*Homo Sacer*：*The Sovereign Power and Bare Life*，California：Stanford University Press，1998，p. 15.

②　*Ibid.*，p. 19.

③　［意］吉奥乔·阿甘本：《例外状态》，薛熙平译，8 页，西安，西北大学出版社，2015。

导致了无法空间的产生。

本雅明与施米特都承认这个无法空间的存在，前者认为我们必须毫不犹豫地摆脱无法空间的约束，后者则试图与无法空间保持关系；前者表达了主权者的犹豫不决，认为巴洛克式的君主在例外状态中很难做出正确决策，"虽然他如此高高凌驾于臣民与国家之上，他的地位却被包含在创造世界之中。他是造物的主人，但他仍然是造物"①，后者则把主权者视为世俗化的上帝，一种超越性存在。阿甘本更倾向于在施米特主权理论的基础上揭露主权逻辑的原始活动，指向赤裸生命的生产，表达资本主义社会主权逻辑的运作趋向。

第三，例外是一种排除形式。例外的产生并不会导致当前政治制度与秩序的混乱，也不会造成民众精神或生活上的惶恐不安、不知所措。相反，在紧急状态中或戒严令被宣告时，这种例外状态只是为了更好地维护当前的政治秩序，保障国家主权的正常运转与民众生活的有序进行。但是，例外状态确实是以排除当前法律秩序为前提的。施米特确信："例外比常规案例更有趣。常规不能证明什么，例外则证明一切。例外不仅确认常规，而且证实它本身的存在，这种存在只会源于例外。"②相较于本雅明承认常规的优越性，施米特更倾向于例外的优先性。施米特无法接受例外状态与常规的混合，认为当例外变成常规时，

① ［德］瓦尔特·本雅明：《德意志悲苦剧的起源》，李双志、苏伟译，109 页，北京，北京师范大学出版社，2013。

② Carl Schmitt, *Political Theology*: *Four Chapters on the Concept of Sovereignty*, translated by George Schwab, Cambridge, Massachusetts, and London, England: the Massachusetts Institute of Technology Press, 1985, p. 15.

就无法再发挥作用。而且，"常规代表的是一种普通的法律规定，它永远无法包含一种完全的例外"①。

　　阿甘本与本雅明和施米特观点相异，认为例外是一种排除形式。"在这里，外部的一切，不仅通过禁令或幽禁的方式被纳入，而且通过悬置司法秩序之有效性的方式被纳入。例外并没有将自己从规则中扣除掉；相反，规则通过如下方式首先使自己被构建为一项规则：悬置自身，让例外产生，并保持自己与例外的关系。"②例外状态处于法律体系之外，被已建构的统治规则排除，但是，法律体系又展现出一种把排除在外的东西（例外状态）纳入其内的潜能。法律秩序虽然暂时不再适用于例外，但是，它以这种退却的方式保持着与例外的联系。因此，例外是一种排除性形式，隶属于纳入—排除机制。主权决断展现的就是例外与法之间的纳入—排除关系，主权决断（悬置法律）与主权禁止（纳入—排除）建构了例外状态的时空结构。

　　例外展现的排除—纳入关系深刻地反映在现代西方民主国家中，它们正在不断制造例外的无法空间，尤其是它们所谓的安全政策将公民与非公民置入无差异领域，使他们在那里接受"例外"的审判。这是为了自身的安全而使他人处于不安全之中。阿甘本以实际行动表达自身的抗议，拒绝担任纽约大学客座教授，因为他拒绝在入境美国时做指纹录入。

---

　　①　Carl Schmitt, *Political Theology: Four Chapters on the Concept of Sovereignty*, translated by George Schwab, Cambridge, Massachusetts, and London, England: the Massachusetts Institute of Technology Press, 1985, p. 6.

　　②　Giorgio Agamben, *Homo Sacer: The Sovereign Power and Bare Life*, California: Stanford University Press, 1998, p. 18.

| 阿甘本生命政治权力结构

阿甘本在追随本雅明与施米特的基础上，重新绘制了被福柯摒弃的司法—政治话语系统中的主权权力运作逻辑。主权范畴的重新出现既标志着福柯想要砍掉的"国王的头颅"依旧存在，又预示着这种暗含禁止、法律元素的否定性权力的广泛延伸与深度强化，即司法—政治系统不再局限于压抑、控制、禁忌的语境中，而是转变成一种杀人机制。与福柯想要在生命政治学理论中描述权力技术类型的变化不同，阿甘本试图展现生命政治学理论中的所有宏观构架，包括诸种权力结构、关系、运作方式、效应、解放等。这是一种表面上看起来追求具体性、完整性、全面性的宏大叙事的表达方式，类似于奈格里与哈特在马克思主义基础上勾勒的生命政治学理论框架，同时又根植于

对赤裸生命、例外状态、潜能、共同体、生命形式、集中营等范畴的微
观表达。

　　阿甘本对现代西方政治与权力结构的批判并不以摧毁诸种异常的政
治现象与事实为目标，而是直接针对西方政治传统本身。在他看来，西
方政治传统的内在结构蕴含着毁灭性的灾难元素，将会导致整个现代西
方政治重蹈 20 世纪极权主义、纳粹主义国家政治的覆辙，从而使人类
社会走向集中营。如果说福柯拒斥那种"你必须不这样"的绝对主权权
力，即一种否定性的、消极性的司法权力概念的话，那么阿甘本则将这
种权力逻辑发挥到巅峰；如果说福柯生命政治学理论批判的是新自由主
义对人口治理的现实，即一种资产阶级政治思想对人口的控制与管理的
话，那么阿甘本批判的矛盾并不指向某一具体的政治思想流派或政治制
度，而是要推翻整个西方政治传统结构；如果说福柯生命政治学理论想
要"解蔽"主体在权力与知识中的遭遇的话，那么阿甘本则是想要建构赤
裸生命式的政治主体。阿甘本的生命政治学理论不再局限于福柯对监
狱、性、人口、治理术等范畴的谱系学研究，而是以实现对福柯生命政
治学理论的修正与完成为目标。这首先表现在对生命与权力范畴的不同
理解中。相比于那些迷恋肯定性生命政治学理论的学者而言，阿甘本更
倾向于展现生命政治学理论脉络的死亡政治学倾向。

　　在之前的讨论中，我们已经详细地了解到阿甘本将主权逻辑再度拉
回生命政治学理论讨论域，接下来便是通过致力于对权力与生命范畴的
重新揭示，展现一种另类的有关生命哲学的讨论。在这个方面做出杰出
贡献的还有奈格里与哈特、埃斯波西托、维尔诺、拉比诺等人，他们立
足于自身的理论研究兴趣表达了对生命、权力、政治范畴的不同理解。

不过，正如罗斯所言："不是提倡一种新的生命哲学，而是探讨在生命本身的政治的参与者中，他们拥护的思考与行动方式所体现的生命哲学。"①阿甘本的思考与行动体现出对主权权力、赤裸生命、例外状态等范畴的建构。为了更加清晰地理解阿甘本把生命权力视为原始的主权权力结构，我们需要在更广阔的哲学理论视野下展现权力逻辑的布展，从而批判性地审视阿甘本生命政治权力结构的合法性问题。

一、生命政治权力结构根本性特征的双重维度

生命政治权力结构要面对的根本性问题是权力与生命或政治与生命的关系。与其说它们的关系是权力或政治对生命的压抑或权力外在于生命，不如说两者相互渗透，不再局限于某种单维度的关系中。在权力理论讨论中，有两种典型的权力分析方案，即司法—制度权力模式与生命政治权力模式。它们在阿甘本那里有着隐秘的统一性。阿甘本并不像福柯那样，认为两者相互分离，而是倾向于以司法—制度权力模式为基础描述生命政治权力模式，这也区别于其他研究生命政治学理论的学者。之所以会造成对福柯开创的生命政治学理论的不同理解，产生死亡政治学或肯定性生命政治这两种趋向，除了福柯在阐述其生命政治学理论过程中所展现的模糊性与含混性之外，最重要的原因在于对司法—制度权

---

① Nikolas Rose, *The Politics of Life Itself: Biomedicine, Power and Subjectivity in the Twenty-First Century*, Princeton: Princeton University Press, 2007, p. 49.

力模式与生命政治权力模式两者关系的不同理解，而这又根植于对权力关系或权力性质的不同看法，即权力在面对生命的过程中展现的二元性（权力的消极技术与积极技术，兼具压抑功能与生产功能），这对生命政治学理论家的研究指向产生了重要的影响。

(一)权力与生命的双重技术

权力(power)，从词源学角度来看，对应于两个有区别的拉丁语：potentia(能力、潜能、力量、能量)与 potentas(权力、权能)。法语中是 puissance 与 pouvoir，意大利语中是 potenza 与 potere，德语中是 vermögen 与 macht。前者通常与潜能意涵产生共鸣，也指涉大规模的力量和优势概念；后者则意味着结构性、核心性的能力的权威，通常表达为国家之类的制度装置①(强制性权力)。而在英语中，power 已表达了拉丁语、法语与意大利语中的双重内涵，具有"权力、政权"与"能力、力量"这两种含义，而没有单一的术语与之对应。[奈格里与哈特在处理这个问题时将 potentas 视为 Power(大写的权力)，将 potentia 视为 power(小写的权力)。"一般而言，Power 指的是集中性的、调节性的、超越性的控制力量，而 power 表示的是地方性的、直接性的、事实上的构成力量。我们从一开始就必须清楚地认识到，这一区别不仅仅指具有不同资源和潜力的主体的不同能力；更确切地说，这标志着两种根本不同

---

① Giorgio Agamben, *Means Without End*, *Notes on Politics*, translated by Vincenzo Binetti and Cesare Casarino, Minneapolis: the University of Minnesota Press, 2000, p. 143.

的权威和组织形式。"①正如基西克所言："'权力'要么代表着一个集中式的或制度化实体的体现（拉丁文的 potestas），要么代表着大量奇特生物所共享的广泛弥漫而又不太确定的生存效力（拉丁文的 potentia）。凌驾在生命之上的权力指的是作用于赤裸生命的权力，而生命的力量表征的是夹裹在生命形式中的潜能。假如说前者即我们通常所说的'当局统治者'，那么后者即我们所说的'生成的权力'或'即将来临的权力'。"②总而言之，我们需要从双重角度来看待权力与生命的关系，以及权力结构所散发的力量关系问题。

福柯在论述权力问题时就已意识到这个问题，即在面对权力结构时，不能只停留在对权力压迫性、镇压性的分析阶段，而忽略其生产性、积极性、丰富性。如果单纯地坚持前者的分析思路，那么就无法全面理解权力结构的性质，因为只有从权力的生产性、肯定性特征出发，才能把握权力的对立面，从而实现对权力结构的完整分析。

为此，福柯提出了权力分析方法论的注意事项。第一，"不应该关注处于中心位置的受调节的、合法性的权力形式，不应该关注驱使它们运作的普遍机制，以及由此带来的持续效应。相反，应该关注权力的极限，它的最终目的地，权力的毛细管道，也就是说，应该关注更加区域

---

① Antonio Negri, *The Savage Anomaly: The Power of Spinoza's Metaphysics and Politics*, translated by Michael Hardt, Minnesota: University of Minnesota Press, 1991, p. xiii.

② David Kishik, *The Power of Life: Agamben and the Coming Politics*(To Imagine a Form of Life, Ⅱ), California: Stanford University Press, 2012, p. 101.

性和局部性的权力形式与机构"①。在权力分析过程中，要注意权力运作的丰富性与广泛性，而不是集中于某一核心的权力机制，也就是需要关注那些处于边缘位置的物质形态与物质现象，如工厂、车间、军队或奴隶种植园，那里都体现着从属关系，呈现着自身的权力程序与技术。第二，"要研究权力的外在形象，权力与对象、目标、运用领域的直接关系"②。比如，中世纪，西方政治社会以王权、统治权为核心建构其法律思想，君主掌控着权力的合法性，以国王的独裁、专制统治与至高无上的绝对权力为表现形式，统治权或王权与个体之间展现的是一种征服与服从、支配与从属的权力类型。这种王权或统治权涉及的只是君主或国王的唯一意志，忽视了从臣民角度看待权力问题，即构成统治权的组成部分所发挥的重要作用。第三，"权力是通过网状的组织运作和实施的"③。不应该把权力局限在某一特定个体或群体手中，而应让其处于权力关系、权力状态之中，因为权力分散在各个角落，以一种网络形式自由循环，在任何地方都能发生效应，而绝不只是有权力之人与无权力之人的搏斗。第四，"分析权力的不断升级要从无限小的机制开始。这些机制都有自己的历史、自己的轨道、自己的技术和战略，我们要看这些权力机制如何被更一般化的机制和普遍化的统治形式不断投资、殖民化、利用、打乱、转变、取代、扩展等"④。简而言之，要关注具体

---

① Michel Foucault, *Power/Knowledge: Selected Interviews and Other Writings 1972-1977*, edited by Colin Gordon, translated by Colin Gordon, Leo Marshall, John Mepham, Kate Soper, New York: Pantheon Books, 1980, p. 96.

② *Ibid.*, p. 97.

③ *Ibid.*, p. 98.

④ *Ibid.*, p. 99.

性的、历史性的分析权力形式的发展过程与变化，以及与其相关的程序、技术和现象，尤其是要注意权力形式在不同阶段的实质性差异。第五，"权力的主要机制有可能伴随着意识形态的生产"①，即有关知识的生成、积累与传播。

在遵循这些权力分析方法论的基础上，福柯开始了对权力结构与形式的探究，反对权力的压抑假说（压抑自然、压抑本能、压抑阶级、压抑个人）。② 在社会学家、精神分析学家、心理学家那里，权力通常被表达为禁止、禁忌、法律、统治等范畴。福柯认为，对权力的分析要超越传统的权力法律话语，不应该把权力简化为或局限于国家机器或司法机制，主张避开对统治权、国家机器、意识形态等有限领域的研究而转向对权力技术、战术、战略的研究。因此，福柯以权力形式的历史发展过程矛盾为基础，描述了权力形式从"征服性""规范化""创构性"的过渡，即"从一种驱逐、排斥、放逐、使边缘化和镇压的权力技术，过渡到一种总之是积极的权力，一种进行制造的权力，一种观察的权力，一种获取知识的权力和从其自身的效果出发自我增殖的权力"③。这主要发生在前现代、早期资本主义与现代自由主义三个阶段，通常对应福柯权力模型的"三角环"——主权权力、规训权力、生命权力。

征服性的权力类型"作用于直接的日常生活，这种日常生活使个体

---

① Michel Foucault, *Power/Knowledge: Selected Interviews and Other Writings 1972-1977*, edited by Colin Gordon, translated by Colin Gordon, Leo Marshall, John Mepham, Kate Soper, New York: Pantheon Books, 1980, p. 102.

② *Ibid.*, p. 90.

③ ［法］米歇尔·福柯：《不正常的人》，钱翰译，36 页，上海，上海人民出版社，2010。

归于某类，标示其个性，使他与其个性连接在一起，将一种他必须承认而且别人必须承认他身上存在的真理法则强加于他。这是一种使个体成为主体的权力形式……一种使之隶属、从属的权力形式"①。这种以"征服性"为主要特征的权力类型以主权权力与规训权力为主要代表。

主权权力展现的是使人死或使人活的权力，体现在主权者与臣民的关系结构之中。在那里，主权者以绝对至高无上的权力矗立在权力巅峰，而作为臣民的个体永久性地处于生死之间，处于主权者意志偏好之中。因而，个体以"死亡状态"面对着自身的生命，其存在演变为毫无生气与活力的"数字"。比如，封建专制制度下的君主对权力的运用是无限制的、无条件的，而且在很大程度上依赖于司法机构的发展来确保自身权力应用的合法性，以一种完全充分的"征服性"姿态来维持统治。

规训权力被广泛地运用于资产阶级统治早期，鲜明地体现在军队与学校的纪律规定中。相较于主权权力，这里暗含着主权法律向规范的转变。这种权力机制力求全面控制社会中的人与物，甚至最细微的元素，表现为一种个体化的权力技术，将个体置于无限的监控之下，对个体的行为、举动、姿态、能力、气质、表现等进行严格的规定与矫正，力求通过科学数据的计算与传统经验规则的制定，将其置于有用且有效的适当位置上。因此，这种权力技术渗透着一种"权力政治经济学"，追求效率与效益，试图最大限度降低成本，从而实现对个体身体的全面掌控。很显然，此时的资产阶级统治不再将个体生命置于死亡的界限之中，而

---

　　① ［美］L. 德赖弗斯、保罗·拉比诺：《超越结构主义与解释学》，张建超、张静译，276 页，北京，光明日报出版社，1992。

是让其变成最有用的工具，以便创造更多的经济价值或社会价值。与那种过度苛捐杂税、抢夺物品、获取暴利的权力相反，这种权力模式表面上更具"人道主义"精神，因而是一种不完全充分的"征服性"权力类型，抑或"规范化"权力模式。它"不是镇压的而是生产性的……进行制造的机制，进行创造的机制，进行生产的机制……不是属于上层建筑的权力，而是纳入力量的游戏、分配、动力学、战略和效力的权力……不是保守的权力，而是创造性的权力，这种权力自身就持有变化和革新的原则"①。

第三种权力类型，即以"创构性"为代表的生命权力：权力既不作用于法律上的主体，也不直接针对个体而是人口。这是一种具体性、物质性的权力逻辑，不再以符号或抽象权威为标志，而是直接作用于整个人类层面，以确保生命的安全与健康。这种权力类型表现为横向拓展（蔓延于人口生命的各个领域，既涉及人口本身的生物过程或规律，即出生率、死亡率、发病率、生命图式、寿命预期等生物性生命本身的质量方面，也涉及生命健康的保险与保障，人口城市环境的公共卫生、空间布局等）与纵向深入（既指向扶植、增强、优化生命数量与质量——利用各种学科知识，如统计学、经济学、行政管理、政治战略等，又指向生命体的生产机制，试图在强化生命力量的前提下不断生产物品、财富，生产更安全和更健康的社会环境）。生命权力不再以征服性为主要特征，取而代之的是提高人口质量、对生命负责的创构性和生产性的权力

---

① ［法］米歇尔·福柯：《不正常的人》，钱翰译，39—40页，上海，上海人民出版社，2010。

形式。

福柯完成了对权力二元性的建构，以权力图式来揭示现代资产阶级政治秩序与知识体系的剥削与压榨。福柯对权力关系的分析深刻地体现着权力形式的历史变化，但是，这并不意味着这些权力形式在变更过程中会慢慢消失，而是某种权力形式在某个特定历史阶段占据主导作用。在福柯那里，权力体现的是一种力量关系，而不是一种国家装置；是一种以复数形式存在的力量关系，而不是一种统一的、稳固的单一实体的力量关系；不只有传统法律范畴中的特征，还具有生产性与积极性。"如果权力所做的一切只是去观察、刺探、侦查、禁止和惩罚，那么摧毁权力无疑是一件轻而易举的事情；但是权力同时还在煽动、挑拨和生产，它不仅是眼睛和耳朵，还促使人们言说和行动。"①这标志着与传统思考权力模式方式的彻底背离。

福柯生命政治学理论的两个核心主题是权力与生命。显而易见，福柯对权力关系的展现是清晰的，对其历史的研究也是相当充分的，虽然他一直否认自己研究的主题不是权力。当然不能把福柯的生命政治学理论简单地理解为权力形式的变革，不能忽视他对生命范畴的分析。福柯对生命范畴主题的讨论，并不像对权力关系的讨论那样充分、丰富与直接，而是在权力机制中捕获生命，铭写生命。

这主要表现在以下方面。第一，福柯除了将"畸形人"、"需要改造的个人"、"手淫的儿童"、麻风病人、精神病人等"不正常人"或"边缘

① 汪民安编：《声名狼藉者的生活：福柯文选Ⅰ》，315—316 页，北京，北京大学出版社，2015。

人"纳入研究视角之外，还很重视档案所记录的生命个体，即 17 世纪和 18 世纪的医院与巴士底监狱保存的囚禁者档案。这是福柯关于生命探讨的重要视角，与卑微生命的邂逅促使他探求这些生命所蕴含的力量。福柯提醒说："人们在这里看到的不是言语描绘的肖像汇编，相反，看到的是圈套、武器、哭喊、姿势、态度、诡计和阴谋。对这些来说，词就是工具。真实的生命就在这些简短的句子中'演出'……他们的自由，他们的不幸，通常还有他们的死亡，总之，他们的命运都被决定了，至少被部分地决定了。这些话语确实影响了他们的生活；事实上，这些生命在句子里冒险，并迷失其中。"①这些无名者的生命，这些微不足道的生命，以"沉默的"在场方式，在档案记录的寥寥话语之中与权力相遇，使人窥到其悲伤与卑贱。这是权力对普通生命、底层生命的实际控制。

第二，20 世纪 70 年代涌现出生命政治学理论的生命视角，从总体性的角度，以生物学思维模式思考生命范畴，审视生命在政治问题中的遭遇。福柯在生命政治学理论中，主要展现的是人的生物性生命被纳入知识体系和权力技术之中，成为权力关系的对象。个体或人口的生物存在成为一种生物概念或生物事实。这不再是君主式的主权意志凌驾于个体生命之上，而是使用一种积极的方式，最大限度地强化、提高、扶植、控制生命，使生命达到最优状态，或许可以称之为"生命的政治经济学"。它以实现生命潜能的彻底发挥为目的，在微观个体层面与宏观

---

① Michel Foucault, *Power: Essential Works of Foucault 1954-84*, vol. 3, edited by James D. Faubion, New York: the New Press, 2001, p. 160.

人口层面，使用不同的政治技术与策略承担生命的政治管理与人口治理。福柯强调的是，现代人的政治活动逐渐将自身的生命转变为一种生物，一种自然的存在，一种知识的对象，一种政治干预的目标。这是一种处于政治实践与权力技术中的生命，而不是本体论意义上的生命。纳粹主义与法西斯主义即保护生命本身的最好说明。生命政治学理论视角下的生命范畴强调生命在面对生物学、现代医学、统计学、行为科学等学科的知识时，如何在客观科学技术操作下成为标准化、规范化的生物实体。虽然试图刺激生命潜能与力量的激发，然而，这并不是生命本源力量的再现，而是一种权力关系、权力技术层面上的生命表现。因此，生命依旧被囚禁在权力话语体系之中，仍然只是权力装置的载体与工具。

第三，20 世纪 80 年代，福柯从政治学向伦理学转变——对自我的关照和关于自我技术中的生命的讨论。自我技术即"使个体能够通过自身的方法或者他人的帮助，对自身的身体、灵魂、思想、行为以及存在方式进行一系列操控，从而实现自我的转变，以求获得某种幸福、纯洁、智慧、完美，或不朽的状态"①。这是福柯治理术支配他人的技术之外的另一组成部分，它必须在政治生活之外讨论，展现的是个体在自身与外力相结合的前提下改变自我与自我的关系，改造个体的身份。简而言之，即自我关注、自我改造、自我升华（福柯之所以会转向对自我技术的研究，最主要的原因在于弥补自身在探讨个人具体行为与伦理学领域问题中的不足）。

---

① Michel Foucault, *Ethics*: *Subjectivity and Truth*, *the Essential Works of Foucault 1954-84*, vol. 1, edited by Paul Rabinow, translated by Robert Hurley and others, New York: the New Press, 1997, p. 225.

在这种自我技术之下，生命不再局限于"不正常人"或"边缘群体"与他者的二元区分，也不再将自身约束在政治权力技术与策略中，而是过渡到对自我的研究上。在这个创造主体性历史过程的研究中，生命问题演变为一种探讨自我、他者、世界关系的问题，一种追求生存美学的bios问题，从而使自我实现真正的自由。这种对欲望、快乐、幸福、美的追求，是对一种高尚的精神思想境界、生活气质、生活态度与方式的追求。这是要把生活变成艺术品，而不是被肤浅的、低俗的、短暂的享乐主义吞噬。因此，福柯对自我技术中的生命问题的探讨，更倾向于一种"生活技艺"、生活智慧的追求。福柯虽然对古希腊罗马时期、基督教时期等关注自我的方式进行了详细讨论，但是并没有为现代生活中的自我技术的具体实践与操作提供有效的解决方案，只是为关怀自我与他人指明了前进的方向。对于真正的自由与幸福的实现，福柯并没有被他的权力网络关系打倒，虽然权力在社会中无处不在，但福柯并没有对自我生活失去信心，并且最终回归到自我寻求突破现实的可能性。

福柯的这种研究态度、理论旨趣、研究取向，极大地刺激了奈格里、哈特、埃斯波西托、阿甘本等学者，成为引导他们构建自身理论路径的根本前提。最重要的就是生命权力类型的二元性。这种生命权力类型在生物学标准参照下提高生命、保障生命的目标，也会带来毁灭性的结果，因为它会造成生命价值的区分。生命权力创造并主导了生命之间的差异与划分，在生物学、优生学等逻辑牵引下，造成某些生命的存在以某些不值得存在的生命的死亡为前提。这就是生命权力模式将会带来的灾难性逻辑。因此，在福柯看来，生命权力模型演变出相互对立而又相互融合的权力效应：生命本身蕴含的力量（Power of Life）与全面统摄生命的权力(Power over Life)。

(二)生命本身蕴含的力量

经过上述分析，我们已经知道，福柯生命政治学理论蕴含着相互对立而又相互渗透的力量关系。正是此种生命政治学理论基调，致使由福柯生命政治学理论衍生出的其他生命政治学理论路径走向差异化与多元化发展的道路，而造成诸种标新立异的理论态势的最主要的原因在于对权力与生命范畴以及两者关系的不同演绎。在福柯对权力二元性战略以及生命转向自我的理论追求中，最重要的即对贯穿于其中的 bios 范畴的讨论。对 bios 范畴的理解是决定生命政治学理论归宿的核心元素，也成为其他生命政治学理论家的理论旨趣与政治诉求所蕴含的重要价值标准。在福柯那里，bios 范畴与他后期转向伦理关怀、自我技术、生活艺术有着密切关系。

在 1981 年 1 月 14 日的法兰西学院讲座中，福柯详细论述了古希腊 bios 范畴，将其与三种生活艺术元素联系起来。第一，mathēsis(学习、学识)。它表示的是与他人的关系，意味着生活艺术是可以学习的，但不能以自己的方式或手段来学习，必须有师生关系式的传承。也就是说，在这种生活艺术之中，个体从属于他人的教导而获得渴望的体验模式。mathēsis 这种生活艺术面对的是与他人的教学关系。第二，meletē(沉思、深思、反思)。它表示的是与真理的关系。生活艺术不仅需要学习，而且要深入内心，周期性地反思周围发生的事情，回忆那些被教导的格言或者掌握的知识，必须让这些已获得的知识发挥作用，成为我们自身的思想。这就是通过永久性的反思建构与真理的关系。第三，askēsis(修习，作为修身训练的苦行)。它表示的是与自我之间的关系，需要一套完整的、严格的锻炼，需要一系列练习。这是一种测验或检查工作，以便发现个体是否进步了、在哪里进步了，通过一系列测试来判断他们是否真的达到了他们所追求的本体论地位，受到了他们的目标的影响。①

古希腊人只用了一个词 bios，就相当准确地描述了指导自身行为的艺术。福柯从动词形式角度对 bios 的内涵进行了阐述。在表示"活着"这个词语时，古希腊人使用了两个动词，zēn 与 bioūn。zēn 意味着"拥有一种活着的性质，活着的品质。动物活着，即在 zēn 的意义上。bioūn，它的意思指度过人的一生，与今生的生活方式有关，与引导它、指导它的方式有关。在这种方式中，它可以被描述为快乐的或不快乐的"②。这就是 zoē(作为有机体性质的生命)与 bios(作为技艺对象的存在)之间的区分。③ 前者表示单纯的活着的事实，是自然赋予的、天生具有的；后者意味着一种复杂的生活(很显然，阿甘本的 zoē-bios 结构模型也借鉴自福柯)。

福柯明确地阐述道："当希腊人说起 bios 的时候，当他们说起必须是技艺(tekhnē)对象的 bios(生活)时，当然，他们不是在谈论该术语的生物学意义的'生命'。"④福柯进一步说道："bios 可以表示某种好的或

---

① Michel Foucault，*Subjectivity and Truth*，*Lecture at the College De France 1980-1981*，edited by Frédéric Gros，translated by Graham Burchell，Palgrave Macmillan，2017，pp. 32-33.

② *Ibid.*，p. 34.

③ Michel Foucault，*The Hermeneutics of the Subject*，*Lecture at the College De France 1981-1982*，edited by Frédéric Gros，translated by Graham Burchell，Palgrave Macmillan，2005，p. 489.

④ Michel Foucault，*Subjectivity and Truth*，*Lecture at the College De France 1980-1981*，edited by Frédéric Gros，translated by Graham Burchell，Palgrave Macmillan，2017，p. 251.

坏的东西，然而，因为生命是活生生的存在，所以引导的生命，是自然所赋予的，是天生的。bios 是一种有质量的生活，有自身机遇、必要性的生活，而且这种生活能够构建、塑造、决定自身。bios 就是发生在我们身上的事情，但是要从我们对发生在我们身上的事情加以审视的角度来看。这是一种存在的过程，但是鉴于这个事实，即这个过程与用这个或那个方式管理它、改变它、指导它的可能性有着不可分割的联系，bios 与改变某人生活的可能性有关，即根据生活艺术的原则，与用一种理性的方式改变它的可能性相关。所有这些艺术，所有这些技艺，被希腊人与他们之后的拉丁人大力发展。这些生活艺术与 bios 有关，也对被归入一种可能的技术、深思熟虑而又理性的转变之下的生活部分产生了影响。"①bios 表达了与简单生存相异的生活方式。它不是普遍的、一般的生活方式，而是与自我技术、生活技艺相关的生活方式，蕴含了与自我、真理、他人相关的一系列实践与技艺活动。在这些生活技艺中，可以实施以改变、塑造、决定、指导生命为目标的诸种技艺。

在福柯看来，最重要的不是像阿甘本那样专注于 bios 与 zoē 之间的本质区分，也不是将 bios 还原为动物生命 zoē，而是在自我技术、自我实践中构建 bios 与真理、他人、世界、自我之间的关系，从而使自我的灵魂、思想臻于完善，最终能够体验自身意志追求与期待的自由。因此，在这里，bios 更倾向于表示一种生命技艺、一种自我技术层面上的伦理塑造，从而改变个体生命的体验并不断更新自我，以获得符合自身

① Michel Foucault, *Subjectivity and Truth*, *Lecture at the College De France 1980-1981*, edited by Frédéric Gros, translated by Graham Burchell, Palgrave Macmillan, 2017，p. 34.

的存在方式。简而言之，这是一种在伦理、政治生活中的自我铸造，一种治理自我的艺术。

bios 范畴的丰富性、复杂性、多元性也决定了理解它的困难性。福柯也承认，要全面地、清晰地、完整地理解希腊人的 bios 范畴是非常困难的。这主要基于以下两个原因：第一，基督教关于今世生命与来世生命的分裂，导致了古希腊 bios 概念整体性与内在性意义的遗失；第二，根据职业与地位进行的社会分工在某种程度上抹去了古希腊 bios 概念的意义。① 虽然如此，福柯借助于赫拉克利德斯·彭提乌斯（Heraclides Ponticus）提到的三种生活方式，即古希腊思想中三种传统的、主要的生活方式来理解希腊语 bios。其一，为了荣耀而在游戏之中竞争的奴隶所代表的政治生活；其二，在市场中进行交易所代表的渴望赚钱的财富生活；其三，享受公开演示、追求真理的哲学生活。政治性的、牟利性的、哲学性的生活方式，界定了生命并不是由职业性质，或者个人想要做、试图追求的以及欲望的心理决定的。② 福柯认为，这些生活方式确定了 bios 的内涵，希腊人的 bios 体现在这三种生活方式之中。在那里，福柯发现了希腊语 bios 范畴中的主体性问题："bios 就是希腊人的主体性。"③

当然，古希腊并没有与现代相匹配的主体性概念。希腊语中的 bios 式主体性具有以下特征。第一，它不能从超越、绝对和共同的目标角度

---

① Michel Foucault, *Subjectivity and Truth*, *Lecture at the College De France 1980-1981*, edited by Frédéric Gros, translated by Graham Burchell, Palgrave Macmillan, 2017, pp. 251-252.

② *Ibid.*, p. 252.

③ *Ibid.*, p. 253.

来思考，而是从依据每个人自身设定的目标角度来思考。第二，有别于西方与基督教的主体性，希腊语 bios 不是参照转换的可能性或禁令而被界定的，而是通过连续的有关自我的工作得以界定的。第三，在走向绝对目标和转换运动的过程中，希腊语 bios 不是通过与必须被发现的隐藏的真实性之间的关系被界定的，它被定义为一种方法，更确切地说，是在存在的形式中，为了也许可以实现也许不能实现的目标而进行的无限的或有限的研究。希腊语 bios 展现的是一种生命的技术，实际上就是主体性或主体化的构成程序。① 这是与基督教和现代相异的主体性。

从整体上看，福柯对希腊语 bios 概念的界定没有停留在追溯词源学的考古学方式之中，也不是将其锁定在权力、知识塑造主体、构建主体的模式之中，而是将其纳入关注自身、关怀自我的生活技术之中，即一种伦理的、道德的主体构建过程中。这是福柯生命政治学理论最终的理论朝向。"转向自身"，即将自身铸造为真正的主体。福柯生存美学视角下的 bios 范畴与其一系列具体程序与目标的生存技艺有着密切的关系，而且最终指向主体性或主体化的建构过程。

这就是福柯对 bios 范畴的论述。虽然希腊语 bios 只是福柯生存美学伦理政治中微弱的组成部分，但是，我们由此可以发现，福柯描述了现代人被囚禁于权力、知识技术与策略束缚中的历史现实，也展现了寻求走向真正自由与生存的期待。他将这种期待诉诸"关怀自身"的诸种生存技艺，诸种生存原则的追求与遵循，即在自身之中发现走向自由的无限力量，在

① Michel Foucault, *Subjectivity and Truth*, *Lecture at the College De France 1980-1981*, edited by Frédéric Gros, translated by Graham Burchell, Palgrave Macmillan, 2017, p. 254.

bios 不同种类的生存技艺中走出现代沉重的枷锁。这也就是"生命力量"之所在，是生命本身蕴含的力量的典型体现。福柯这种乐观、积极的理论旨趣深刻地影响了埃斯波西托 bios 生命政治学理论的建构。埃斯波西托是福柯生命政治学理论中的 bios 范畴讨论最典型、最直接的受益者。

埃斯波西托认为，在免疫范式之下，对死亡、威胁、异己元素的恐惧与治疗，作用的直接对象是生命。这是 bios 式的生命而不是 zoē 式的生命。"虽然 bios 式生命已经成为政治利益与被干涉的对象，但是当所开启的一系列中介过程过滤到某个点时，它们就会变成直接的关系。从那时起，作为政治行动框架的人类生命就会变成中心——它会变成治理的事务，正如政治变成对生命的治理。"①此时，"加诸"生命的政治会变成"事关"生命的政治。这就是埃斯波西托对未来哲学发展方向的展望，即试图构建一种权力保存肯定性生命政治。这是对"纳粹死亡政治学的颠倒"②。以能够产生积极性与生产性效果的生命逻辑为根基，生命成为该政治形式的"主体"，生命政治从对生命的免疫转变成对死亡的免疫，并从预设性逻辑转向了对内在性逻辑建构的计划。这种生命内在性视角解构了对政治的认识：政治既能产生压抑、控制生命的否定性效果，也能在很大程度上致力于对生命的扶植与滋养，促进生命个体走向肯定性方面。这是一个把生命当成核心的政治问题，而不再是政治凌驾在生命之上的问题。

---

① Roberto Esposito, *Persons and Things : From the Body's Point of View*, translated by Zakiya Hanafi, Polity Press，2015，p. 141.

② Roberto Esposito, *Bios : Biopolitics and Philosophy*，Minneapolis：The University of Minnesota Press，2008，p. 194.

　　埃斯波西托并没有描绘出肯定性生命政治的具体形象，而是展现出一些提示性线索。例如，需要密切关注斯宾诺莎、西蒙东（Gilbert Simondon）、康吉莱姆、德勒兹等哲学家的思想，因为他们的理论隐藏着对生命、个体化、规范、内在性概念的详细探究，而这些是建构肯定性生命政治的基础元素。总而言之，"不要去增添已经建构的（到目前为止，欠缺的）凌驾在生命之上的现代政治范畴，相反，要在这种现代政治中铭刻一种生命的创造力量，重新思考其在政治领域中的复杂性与连接性"①。此即"一种生命化的政治"。

　　为了使这种肯定性生命政治更具形象化，埃斯波西托借用了狄更斯小说中的一个人物形象赖德胡德。赖德胡德是一个唯利是图的无赖，一个十恶不赦的恶棍，经常干谋财害命的勾当。但是，在赖德胡德被汽船撞得落水之后，人们似乎都忘记了他是个狠毒、阴险、狡诈的家伙，而是竭尽所能地拯救他。"对所有这些人说来，他一向是一个躲避、怀疑和厌恶的对象；然而，他身上的生命的火花现在却奇特地和他本人分离了，他们对于这点儿火花深深感到兴趣。"②在生死之间求活的生命激发了众人的兴趣，使众人全神贯注地凝视着他，全心全意地伺候着他，真诚热切地为他操心。这不是因为他将要死去而是希望他活过来，希望他摆脱死亡的威胁而走向新的生命。因此，对生命的期待能够免除一切身份、符号，使生命成为唯一的理由。

────────────

①　Roberto Esposito，*Bios：Biopolitics and Philosophy*，Minneapolis：The University of Minnesota Press，2008，p.157.

②　［英］狄更斯：《我们共同的朋友》下，智量译，39页，上海，上海译文出版社，1986。

简而言之，肯定性生命政治就是力图使生命最大限度地发挥创造力与潜能。福柯与埃斯波西托有着共享的理念，即正如基西克所言："如果仅仅把生命视为活着的生物事实的话（古希腊语的 zoē），生命不可能具有力量。只有我们一开始就把生命视为有政治资格的生活方式（古希腊语的 bios），生命才可能具备力量。"①

奈格里与哈特在这方面的贡献也不容忽视。虽然他们与埃斯波西托和福柯在构筑肯定性生命政治的具体内容与思想策略方面有很大的差异性，但也是全面理解权力与生命双重技术的重要组成部分。在论述自治主义马克思主义式的肯定性生命政治的过程中，奈格里与哈特并没有直接探讨 bios 范畴在其理论建构以及思想策略中的具体作用，而是将其核心内涵贯穿于整个生命政治学理论的讨论中。比如，他们对福柯未明确界定生命政治与生命权力之间的关系做出延伸（生命政治与生命权力的关系具有双重性），认为："一方面，生命政治可以转变为一种 biopotere 式的生命权力，即一种统治生命的制度；另一方面，生命政治可以转变为一种 biopotenza 式的生命权力，即制宪权力的潜能。换句话说，在生命政治被视为 biopotenza 式的生命权力时，正是 bios 创造了力量；在生命政治被视为 biopotere 式的生命权力时，正是权力创造了 bios。换而言之，它们交替地实现，要么决定生命要么取消生命，将自身视为反对生命的权力。"②奈格里与哈特在其肯定

---

① David Kishik, *The Power of Life: Agamben and the Coming Politics*(To Imagine a Form of Life，Ⅱ), California: Stanford University Press, 2012, p. 101.

② Cesare Casarino, Antonio Negri, "It's a Powerful Life: A Conversation on Contemporary Philosophy", *Cultural Critique*, 2004, 57(1): 167.

性生命政治的建构过程中，至关重要的政治立场是注重权力双层面向，即对 potenza 与 potere 概念的演绎，尤其是对 potenza 概念的强调。它是"作为潜能的虚拟概念，是可能的潜在的概念"，"试图重新激活政治阶级概念的理性核心"①。这也是他们建构未来政治共同体潜能的基石。

相对于福柯对权力与生命双重关系的阐述，奈格里与哈特更倾向于追溯至斯宾诺莎权力政治学。他们立足于斯宾诺莎的政治思想，对权力的双重性问题进行了解剖式分析，认为："斯宾诺莎不仅为我们提供了对权力（Power，即 potestas）的批判，也为我们提供了对力量（power，即 potentia）的理论建构。斯宾诺莎的力量（power）概念不仅仅是抵抗星丛或个体层面的力量或潜能，还是基于坚实的形而上学的真实的组织动态。斯宾诺莎的力量总是在集体维度上起作用，倾向于构筑民主社会权威……为我们提供了自由创造社会的构成力量。"②斯宾诺莎政治哲学思想对于奈格里与哈特而言至关重要，他们将其置于政治学与本体论之差异中，使其成为自己构筑自治主义马克思主义思想的根基，使其为勾勒未来共产主义社会的基本框架提供了可参照的思想逻辑与方向。（哈特坦言："在这里，我们可以看到他描述的未来的趋势。"③）

---

① Cesare Casarino, Antonio Negri, "It's a Powerful Life: A Conversation on Contemporary Philosophy", *Cultural Critique*, 2004, 57(1): 160.

② Antonio Negri, *The Savage Anomaly: The Power of Spinoza's Metaphysics and Politics*, translated by Michael Hardt, Minneapolis: University of Minnesota Press, 1991, p. xii.

③ *Ibid.*, p. xvi.

事实上，无论是福柯还是埃斯波西托、奈格里与哈特，他们都明显体现着斯宾诺莎的二元论。尤其是埃斯波西托与奈格里和哈特，将自身理论建基于这种权力与生命的二元论，或者说只有通过对 bios 范畴的深入探索，才能发现生命本身所蕴含的力量，而这才是走出资本主义逻辑束缚的选择。

在对 bios 范畴的理解上，阿甘本与他们表现出显著的差异。阿甘本从 bios 范畴本身的意义差异出发，试图勾勒出西方政治走向死亡政治学的发展趋势；埃斯波西托等人将理论落脚点置于 bios 式哲学追求上，以突破死亡政治学的囚禁为目标。bios 概念无疑成为生命政治学理论至关重要的内核。如果说以埃斯波西托、奈格里与哈特为代表的肯定性生命政治展现的是福柯生命政治学理论对生命本身力量的探索的话，那么阿甘本生命政治学理论则是全面统摄生命的权力的爆发，试图展现的是权力对生命内容的全面占有与掌控。

(三)全面统摄生命的权力

在全面统摄生命的权力路线中，阿甘本是典型代表。这依旧遵循着福柯生命政治学理论的路线。阿甘本之前心高气傲地承诺，要努力实现对福柯生命政治学理论的修正与完成。随后，他意识到了福柯生命政治学理论的理论力量以及福柯在这方面做出的重大贡献。阿甘本还特意提醒读者一定要注意他与福柯思想的异同，也明确表示追求原创性的主张，绝不挪用那些不属于他的思想或研究道路。更重要的是，阿甘本觉得："要有一种考古学的警觉性，即必须回到某些仍然晦涩难懂、未被主题化的地方，追溯其轨迹。只有那种没有隐瞒自身的不可言说之物的思想——不断地拿起它，详细地叙述它——最终才能声称拥有原创性。"①

从阿甘本整个文本来看，如果说他距实现"完成"福柯生命政治学理论的目标尚存一段距离的话，那么，他对福柯"发展性"的"完成"是可观的。阿甘本追求原创性、追求对不可言说之物的解蔽在当代西方激进左翼政治哲学思想界可谓熠熠生辉、灿烂夺目。就核心主题的比较而言，阿甘本生命政治学理论在权力与生命主题上与福柯的理论截然不同，呈现出异于福柯生命政治学理论的道路探索，抑或是对福柯生命政治学理论彻底的激进化、极端化。

我们试图从权力与生命这两个主题出发，阐发阿甘本在这两个方面与福柯的异同。这并不是说，在生命政治学理论中，权力与生命是彼此分离、孤立的实体，相反，它们之间存在力量关系的决斗。至于全面统摄生命的权力与生命本身蕴含的力量的关系，正如基西克所言："我们所谓的全面统摄生命的权力真的只是生命力量的伪装，生命的力量真的只是生命之间的力量关系。严格来说，单个个体的生命本质上既不屈从于权力也不占有权力。"②虽然阿甘本在权力与生命问题上果断地选择了权力对生命的无情压榨与剥削，但是，他也试图激发生命形式的力量，这是他逃离死亡政治学的希望之所在。

从权力角度来看，福柯试图做如下展现。首先，西方现代政治社会

---

① Giorgio Agamben, *The Signature of All Things : On Method*, translated by Luca D'Isanlo with Kevin Attell, New York: Zone Books, 2009, p. 8.

② David Kishik, *The Power of Life : Agamben and the Coming Politics* (To Imagine a Form of Life, Ⅱ), California: Stanford University Press, 2012, p. 106.

中并不存在类似于封建社会中的集中在国王或君主身上的权力，即有且只有一个至高无上的权力意志，而是存在诸多统治、支配与征服形式的权力类型，如学校、工厂、军队、医院、孤儿院、精神病院、监狱中具有特殊性又相对自主的权力模式。现代资产阶级社会正是由这些区域性的、异质的、不同的权力模式构成的，由此形成了一种"权力群岛"，即权力以复数的形式存在，不存在某种单一的、稳定的权力形式。其次，相较于宏观的、大型的国家机构，这些区域性的或局部性的微小型权力形式体现的是一种微观权力物理学，它不应该被理解为原初性、核心性的权力类型的结果或衍生物。这种特殊性的、区域性的权力形式先于国家产生，而不是相反，它们在社会中以一种并置、协作的关系运作。再次，这些区域性的、具体性的权力类型绝不是以禁止、阻止、法律或者说"你必须不这样"的方式发挥作用的，相反，它们最初的、最基本的、永久性的作用是以一种生产者的身份出现，即能力、效率或物品的生产者。比如，马克思对军队和工厂中的纪律的宏观分析显示，它们力求确保每个个体的角色与功能，以便获得更好的效率和生产力。最后，这些具体性的、区域性的权力形式，从本质上看是一种权力技术，是不断发展、完善、创造的权力技术，是有自身特性与历史的权力技术。①

　　在权力研究问题上，阿甘本并没有跟随福柯的理论思路，依旧是从统治权与法的领域着手，开辟了一条与传统的历史—政治话语相异的路径。简单来说，阿甘本的理论操作形式是，统治权的运转模式以纳入性

①　*Space*，*Knowledge and Power*：*Foucault and Geography*，edited by Jeremy W. Crampton and Stuart Elden，Ashgate Publishing Company，2007，pp. 156-158.

的排除方式，通过例外状态的设计，使法律被悬置，最终实现对生命的全面占有，而由此造就的生命个体反过来会促进这架统治权机器的运作。为了更加直观地展现自身的思想轮廓，阿甘本将研究对象直接对位于集中营与极权主义政体，认为它们便是现代社会最具体的呈现。对于阿甘本而言，生命权力是一种彻底的死亡权力，充满暴力性。在这方面，阿甘本与奈格里和哈特不同，后者并不认为生命权力正在十分迫切地转化成死亡权力，虽然承认这种权力形式正在积极地吸纳社会生活、社会关系，人们的整个生命以及社会中的一切都处于权力的笼罩下。由此看来，在面对资本主义政治社会与现实时，阿甘本力图将生命权力展现为传统主权权力的伪装，即一种完全掌控生命的权力，一种凌驾于生命之上的权力，一种通过不断创造使生命与其形式相分离的权力。

从生命角度来看，在福柯那里，生命权力真正开始承担起生命的责任，致使生命被牢牢系缚在该权力话语体制之中。然而，生命无须指向死亡，而是获得被管理、调试的机会。在福柯的生命政治情境中，生命并没有遭受残酷的隔离、排斥与否定，而是得到了很大程度的丰富、提高与完善。不过，福柯对生命的关注只是简单地进行属性区分，并没有概括出生命最本质的内容，也没有详细界定生命个体所蕴含的积极或消极因素。虽然强调了权力技术对生命的作用，可是福柯并没有详尽地介绍生命对权力技术的反应，最终只是转向了对自我关怀的伦理研究。阿甘本对福柯的生命概念进行追溯，认为生命属性有着 zoē 与 bios、自然生命与政治存在的严格区分，进而提出赤裸生命的概念，从纯粹生物学的角度来凝视生命在现代社会中的表现。阿甘本关心的不是生命的活力与繁荣，而是认为生命在权力的包围下逐渐变得不再有价值，从而演变出神圣人的历史命运。

在这一点上，阿甘本对生命的探讨聚焦于生命被不断镇压、抑制从而呈现出消极、退化、堕落的态势，将生命权力的压抑性质、消极属性表现在对赤裸生命的无望上。阿甘本依据 bios-zoē 结构模型，描述了不同类型与性质的赤裸生命：（1）全世界的穷人以及"整个第三世界人口"；（2）集中营中的囚犯，尤其是用于纳粹活体实验的囚犯；（3）彻底丧失了医学上的生命功能（意识、行动、感觉、本能、反应），只能靠生命维持技术、生命支持系统存活的脑死亡者、植物人或深度昏迷者，如一直依靠人工呼吸和营养维持生命的凯伦·昆兰（在阿甘本那里，凯伦·昆兰是西方现代生命政治运作的范例，其生死随着医学与法律的变化变得摇摆不定）；（4）用于科学研究与实验室实验的"实验性生命"；（5）居无定所的难民或无国籍者；（6）第三帝国元首等。① 在阿甘本所列出的赤裸生命清单中，似乎现代社会中的任何人都体现着赤裸生命的形象，要么是现实存在的赤裸生命，要么是潜在的赤裸生命。总之，所有人无疑都是神圣人。对于这种任性随意的主观决断，阿甘本自己也承认"显得极端，如果不是武断的话"②。

如果先撇开阿甘本赤裸生命"例子"的合法性问题，我们会发现，阿甘本的政治思想有个奇妙的特征，即他的生命政治学理论论述，或者说他对当前西方政治现实的诊断，很大程度上依赖于传统的政治思想线索，或者需要追溯至古希腊思想中寻找理论依据与支撑。也就是说，阿

---

① Giorgio Agamben, *Homo Sacer: The Sovereign Power and Bare Life*, translated by Daniel Heller-Roazen, California: Stanford University Press, 1998, pp. 180-188.

② *Ibid.*, p. 186.

甘本通过古今对照的方式展开对西方政治社会的分析与批判。这种完全以传统思想为根基的分析方式很难让人信服，必然会被诟病与批判，让人觉得这只是在"虚张声势"，从而大大削弱理论效力与批判深度。阿甘本将所有生命个体都简化为赤裸生命，还原为纯粹生物性事实的这种"极度夸张"的做法，是在全面彻底地否定生命本身所蕴含的力量，高度宣扬权力对生命无限制的、不可界定的压制。这就意味着他极力拒绝将身体视为生产性、积极性的场所，拒绝使生物性生命成为反对主权暴力逻辑的抵抗力量，只是试图全力以赴地对资本主义现实制度与秩序展开激进描述和强烈抨击。

如果说福柯生命政治学理论致力于对自由主义治理人口的统治模式进行批判性分析，而对如何走出现代资本主义生命政治困境态度含糊的话，那么阿甘本的生命政治只专注于对西方政治原初结构的揭露、批驳与否定。如果说埃斯波西托执迷于肯定性生命政治的生命逻辑与力量的话，那么阿甘本试图把生命政治学理论重新描述为一种死亡政治学，而且这也完全异质于自治主义马克思主义者奈格里与哈特。奈格里与哈特认为，虽然生命不得已必然承受权力的践踏，但是，正是权力的压榨孕育了革命的希望和解放的可能。他们以一种乐观的心态面对无法逃避的权力的掌控，勾勒出自己的生命逻辑，也演绎出权力的反抗主体。他们旨在寻找生命权力的积极力量，把死亡逻辑转变为生命逻辑，这与阿甘本悲观、绝望的解释现代社会政治的话语基调完全相反。

阿甘本生命政治学理论呈现的是让人窒息、看似失去希望的政治分析，但是，这并不意味着他完全是以一种悲观主义、厌世主义的立场对待未来政治发展趋势的。相反，阿甘本表达了未来政治需要超越赤裸生命、走出神圣人形象塑造的意愿，并一直致力于对这种未来哲学的探讨。马克·梅佐尔(Mark Mazower)评论阿甘本称，他"对历史变化并不感兴趣，他感兴趣的是他所看到的那些更深层次的意义与潜在性，即那些可以从历史事件中间接得到的解释。他主要关心的是找到能让我们走向救赎的线索，是从堕落的世界中找到一条通往新政治的道路"[①]。

二、生命政治的极端走向：纳粹主义的死亡政治学

当权力的压迫性统治模式抵达生命本质最深处时，生命会遭遇前所未有的灾难。生命变得不堪一击，权力随即取得压倒性的胜利，这就是纳粹主义或者说法西斯主义的生命政治学。由契伦开启的生命政治学，一开始就弥漫着国家有机体主义的生命政治思想。更重要的是，一大批纳粹首领受惠于契伦、拉采尔等人，这就注定了生命政治会走向纳粹主义的死亡政治学。纳粹主义是 20 世纪 30 年代的政治思潮，是切实发生的历史事件，是我们全面理解生命政治学理论的至关重要的参照点，也是生命政治学理论发展的可能性结果。重提纳粹主义、法西斯主义或种族主义政体，并不是为了阐述这种极端政治现象的发展过程，而是为了在生命政治学理论视角下，批判性地分析与思考其内在性的结构与张力，以及固有的基本格局与根本性的发展态势。虽然，作为历史事件，

---

① Mark Mazower, "Foucault, Agamben: Theory and the Nazi", *Boundary* 2, 2008, 35(1): 27.

它们已成为过去式，但是，这并不意味着它们永久性地消失了，这种"不在场的在场"仍在以各种隐秘的方式展现着自身的出场。

我们必须坚持马克思主义的历史唯物主义方法论，从纳粹主义政体的历史发展出发，将其置于具体的历史情境与矛盾中，展开对纳粹主义、法西斯主义、种族主义等极权主义意识形态的历史建构，明确其现实发展趋向。将极权主义政体置于生命政治学理论视域中，意味着摒弃法兰克福学派所代表的对法西斯主义意识形态的政治经济学分析以及文化意识形态分析模式，而转向立足于极权主义政体自身的政治经济制度、社会心理共识、文化根基等，剖析这种极端的意识形态思潮如何使个体的生物存在与政治存在"变成问题"，如何以"生"的逻辑使"死"的数值达到最大值，并且解蔽它们在现代政治社会中的存在方式与基本形式。在这里，重要的是，既要明白旨在提高生命质量与素质的生命政治学理论如何走向纳粹主义的死亡政治学，又要通晓纳粹主义死亡政治学的逻辑结构与系统架构。

(一)种族斗争的反历史话语转变

阿甘本曾认为福柯虽然建构了生命政治学理论，但是并没有在极权主义思潮与生命政治两种时空语境中投入精力。其实，无论是福柯还是埃斯波西托、阿甘本，他们都在生命政治学理论视域中展开了对种族主义或纳粹主义政体的深刻分析。福柯生命政治学理论在阐述全面统摄生命的权力的合法性问题时，主要将其置于两种对立的情境中。其一，是新自由主义治理术。这是以人口的幸福与自由为主要导向的治理模式。其二，是以毁灭性、破坏性逻辑为主要导向的纳粹主义生命政治学。它试图竭尽所能地保护特权种族的安全，最终却使自身走向死亡。这两种典型的国家统治模式是生命政治的一体两面：一种具有生产性，另一种则将消极性发挥至极致。福柯将生命权力描述为一种使人活和使人死的权力类型，而纳粹主义将其转变为使人死或使人活的二元选择。这也意味着生命权力与纳粹主义死亡政治学合二为一。

生命权力与纳粹主义死亡政治学的合并在阿甘本那里达到巅峰。他以这样的立场与态度分析西方政治社会，埃斯波西托则拒绝这种否定性基调，试图解构纳粹主义死亡政治学的免疫装置。因此，在当前对生命政治或生命权力的讨论过程中，纳粹主义政权是理解生命政治学理论的有效入口。纳粹政治研究也是福柯 20 世纪 70 年代密切关注的对象。虽然福柯没有对纳粹政治进行全面系统的探讨，也没有使它单独成为研究对象，更没有援引阿伦特的极权主义思想，但是，他呼吁给予纳粹政体一定的研究空间。为此，福柯主要从两个方面推进其研究：其一，种族斗争的反历史话语转变为国家种族主义的过程；其二，国家种族主义、种族斗争、种族战争与生命政治的联合，即生命政治中的种族主义。

在福柯那里，种族斗争的反历史话语转变为国家种族主义话语主要体现在以下阶段。在中世纪传统中，历史话语一般扮演着双重角色：讲述统治权的历史，即关于国王、掌权者、君主、胜利和荣耀的历史，以及记录典范与功勋而使人屈服的仪式的历史。这两种历史话语旨在巩固统治权威，强化权力效应，都是围绕统治权展开的。① 16、17 世纪，历

---

① ［法］米歇尔·福柯：《必须保卫社会》，钱翰译，49 页，上海，上海人民出版社，2010。

史话语发生了转变，"不再是统治权话语，甚至不再是单一种族话语，而是多种族的、种族冲突的，通过民族和法律来进行种族冲突的话语"①。这也就是说，颂扬君主、欢呼胜利的历史崩塌了，人们不再以庆祝、纪念、请愿的形式巩固统治者的权力，取而代之的是看到奴役、暴力、失败、征服的统治权历史话语的对立面，即迈向种族斗争的反历史话语。种族斗争反历史话语不再是关于欢庆、光辉、统一的历史，而是对"社会和人进行二元的理解：一边是一部分人，另一边是另一部分人，不公正的和公正的，主人和服从者，富人和穷人，掌权者和靠双手吃饭的人，土地的侵占者和在他们面前害怕发抖的人，专制君主和呻吟的百姓，掌握现时法律的人和属于未来幸福之乡的人"②。种族斗争趋向于二元区分，并以建构二元对立与二元分裂为实施策略。这表现的是社会中两个群体的历史—政治区分，也是霍布斯虚构的"一切人反对一切人的战争"的现实展现。

19、20 世纪种族斗争话语的形式、目标又发生了巨大改变，反历史话语分裂为两种趋势，即阶级斗争的革命话语与生物学—医学视角下的国家种族主义话语。社会阶级斗争的革命话语虽然把阶级敌人视为生物性的威胁，即从生物学角度确定阶级敌人，但由于它试图通过制定卫生政策来确保社会的稳定，这其实最终也是一种国家种族主义话语。种族主义话语不再以战争的主题进行，不再事关侵略、争夺、征服、战

---

① ［法］米歇尔·福柯：《必须保卫社会》，钱翰译，51 页，上海，上海人民出版社，2010。

② 同上书，54 页。

斗，而是开始进行生物学、进化论、物种健康意义上的种族主义斗争。[①] 这种种族主义不是一般的种族主义，而是国家种族主义，或者说生物性种族主义。它的主要特征在于："国家不是一个种族反对另一个种族的工具，而是，应该是种族完整性、优越性和纯洁性的保护者。种族纯洁性的观念，以及所有它同时附带的一元主义的、国家的和生物学的内容，这一切将取代种族斗争的观念。"[②]因此，从统治权的历史政治话语转向种族斗争的反历史话语走向国家种族主义话语。

福柯完成了生命政治学理论走向纳粹主义生命政治学的前期分析任务。在这种国家种族主义话语中，"统治权的光辉和力量现在不由魔力——法律仪式来保证，而由医学——规范化技术来保证。以法律转向规范，法学转向生物学为代价；以种族的复数转向种族的单数为代价；以解放计划转变为纯洁性的考虑为代价"[③]。种族主义斗争是为了保护种族的生存、安全与纯洁性，即在最大程度上维护种族的完整性与优越性。这是以生物学思维逻辑为导向进行的政治运动，它不再以杀戮、暴力、流血的战争冲突来维持统治的稳定性与统一性，而是诉诸生物学、优生学、进化论的理论，以纯粹保护生命的存在与安全为首要目标。

然而，令人震惊的是，在这种保护生命的前提下，人们制造了更大规模、更大程度的杀戮。福柯认为，最主要的原因不是种族主义意识形态的心理要素、精神状态或制度模式，而是种族主义（如纳粹主义）在生

---

① ［法］米歇尔·福柯：《必须保卫社会》，钱翰译，59 页，上海，上海人民出版社，2010。

② 同上书，59 页。

③ 同上书，60 页。

命权力关系形式的操纵下进入国家机制，并与生命政治合谋。实质上即生命政治与主权者杀戮的权力相媾和，形成了种族主义生命政治或纳粹主义生命政治。当国家种族主义将生物学逻辑重新植入种族战争、种族斗争的古老话语中时，"使人死"的方式以新的面貌被呈现出来。此时，生命政治也在种族主义中转变为死亡政治学。

(二)生命政治中的种族主义

生命政治中的种族主义就是生命政治的死亡政治学。这是一种不同于领土主权掌握的生死权的死亡政治学，而是一种"使人活"或"使人生存"的死亡政治学，描述的是死亡逻辑如何在生命逻辑中占据优势地位，如何成为最重要的权力运作目标。福柯在现代权力形式转变的逻辑下追溯生命政治的死亡政治学如何发生，把种族主义的杀戮权力植入保护生命的生命政治政体中，阿甘本则直接将生命政治与死亡政治学统一起来。这是阿甘本基于对原初主权结构的判断而产生的立场，而且他将纳粹主义政体抑或奥斯维辛视为存在的实验场所，并将其延伸至整个现代社会。必须承认，阿甘本对生命政治与种族主义的处理受到了福柯的决定性影响，虽然两者表现出明显的差异性。

在西方社会，生命政治权力技术与主权的"综合"是纳粹主义、种族主义走向死亡政治学的关键。在这方面，福柯主要从性机制与生命权力角度阐发了种族主义的毁灭性危险。性机制作为管控生命权力形式的中心目标，虽然能增加生命力量，繁衍生命，但与种族主义密切相关，使得种族主义表现为"一种动态的种族主义，一种扩张的种族主义"①。当从血缘及种族的纯洁性、完整性来考虑有机体的生命力时，必然会带来大规模的屠杀。生命权力试图保持社会内部平衡，以优化、滋养生命为目标，但是，过度的生命权力会使这种旨在延长生命、制造生命、规避风险的政治权力带来杀戮，这似乎是一种主权权力的"复活"。"使人死"的权利战胜了"使人活"的权利，"战争不再以保卫君主的名义发动，而是为了所有人的生存。整个人口以生命必要性的名义煽动彼此之间大规模的残杀：屠杀变得至关重要"②。由此可见，无论是对性机制的分析，还是说明生命权力复活了主权权力，它们都指向同一个结果，那就是杀戮，而且是合法的杀戮，也是"间接性的谋杀"。这主要基于种族主义与生命权力本身的性质与配合。

种族主义"最终在权力承担生命责任的领域引入断裂的手段，是应当活的人和应当死的人之间的断裂"③。在种族之间依据生理区别、性质差异、优劣等级等，建构"必须活"和"必须死"的明显界限，不断制造新的分裂与区分，是种族主义的首要功能。在依照战争关系的前提下，种族主义与生命权力的相互配合使这种关系发挥了重大作用。"如果你要生存，其他人就必须死掉……低等生命越趋向消失，不正常的个人越被清除，相对于人类退化者越少，我(不是作为个人而是作为类)就生活得

---

① Michel Foucault, *The History of Sexuality*, Volume I: *An Introduction*, translated from the French by Robert Hurley, New York: Pantheon Books, 1978, p. 125.

② *Ibid.*, p. 137.

③ [法]米歇尔·福柯：《必须保卫社会》，钱翰译，194页，上海，上海人民出版社，2010。

越好，我将更强壮，我将精力充沛，我将能够繁衍。他人的死亡，不仅仅是我个人安全意义上的生命；他人的死亡，劣等种族、低等种族（或退化、变态种族）的死亡，将使整体生命更加健康；更加健康更加纯粹。"①

　　在种族之间创造异于军事、战争或政治的生物学关系，将人口的生物学特征建构为决定生死的参照标准，不是将压迫性的、镇压性的、否定性的权力形式行使在种族之上，而是为了保障和改善某些种族的生命质量，消灭、抹除其他种族或存在危险因子的其他种族，这是种族主义的第二个重要功能。正是生命权力与种族主义机制的完美配合，才使杀戮变得合法与合理。生命权力的出现使得种族主义可以进入国家机制，并且可以在以生命权力为运转模式的现代社会中自行发展。在由生命权力建构的现代社会中，对政治敌人的战争逐渐呈现出黯然隐退的趋势，从生物学角度出发展现出的种族危险日趋重要。种族主义的话语体系与生命权力有着十分亲近的关系，两者并不是此消彼长、势不两立的关系。种族主义在生命权力模式之中占有着重要地位，两者相互融合，相互促进。更重要的是，正是种族主义话语的存在才保障了生命权力使人死的权力的运行。

　　就生命权力与种族主义问题，福柯曾明确表示："现代种族主义的特殊性以及成为它的特殊性的东西，与思想、意识形态、权力的谎言没有联系了，而是与权力的技术，与权力的工艺有联系。"②人口的生物性存在处于风险之中，"假如说屠杀确实是现代诸多权力形式的梦想，这

---

　　① ［法］米歇尔·福柯：《必须保卫社会》，钱翰译，195 页，上海，上海人民出版社，2010。

　　② 同上书，197 页。

不是因为古老的杀人的权利的回归，而是因为权力被置于生命、物种、种族和大规模的人口现象的层面上，并且权力也是在它们之间运作的"①。因此，国家种族主义是一种生物学意义上的种族主义。它把政治话语简化为生物学术语，把历史演变过程归结为进化史，把统治权的死亡的权利发挥至极致，利用优生学、遗传医学、法律理论等观念，将整个人口的生命暴露在死亡面前。这不是通过管控生命的权力某一极实现的，而是源于主权权力、规训权力与生命权力的相互配合、相互衔接、相互巩固。因此，对于纳粹主义，福柯说道："惩戒权力；生命权力：它涉及、伸展到了纳粹社会的每个角落（承担了生物学的、繁殖的、遗传的责任；也承担了疾病、事故的责任）。没有哪个社会比纳粹建立的或至少是计划的社会更有纪律、更有保障。对完全属于生物学过程的偶然进行控制是制度的直接目标。"②这三种典型的权力形态在纳粹社会中被普遍化、绝对化了。

生命政治中的种族主义，除了对制造差异、区分与分裂，对种族主义与生命权力的兼容感兴趣之外，另一个重要的兴趣则在于权力效应的疯狂蔓延与拓展。"杀人的权力，生与死的权力不仅仅赋予国家，而且给了一系列的个人，给了相当数量的人（如冲锋队、党卫队等等）。甚至至少，在纳粹国家中，所有人对他的邻人都有生与死的权利，不管是否

---

① Michel Foucault, *The History of Sexuality*, Volume I: *An Introduction*, translated from the French by Robert Hurley, New York: Pantheon Books, 1978, p. 137.

② ［法］米歇尔·福柯：《必须保卫社会》，钱翰译，197页，上海，上海人民出版社，2010。

通过举报行动，它实际上会消灭或使人消灭你身边的人。"①权力不再集中于某个个体或国家手中，而是所有人都掌握着生死大权，所有人都以一种主权者的身份存在。然而，所有人在培养生命、扶植生命的目标中，在确保自身种族的生存与健康中，又都处于普遍的死亡威胁中。纳粹主义是统治权权利与生命权力达到巅峰的典型代表。

福柯并不认为种族主义就是资本主义社会的本质，它只是当前权力形式的集中表现。他的政治意图并不在于借用种族主义的极端事件对资本主义政治制度和经济秩序进行激烈的抨击与批判，他更倾向于对权力关系进行具体细致的分析与研究，从而展现这种权力关系所隐藏的积极性与否定性，以及那些"不在场"的否定性。由此，我们可以看出，福柯在描述生命政治学理论的过程中，只是单纯地讲述了生命政治学理论的不同走向，他对纳粹主义等的解释，更大程度上是为了揭示生命权力机制在不同历史语境与背景中的转变。他的重点不在于强调用生命权力的关系模型界定极权主义的性质，而在于揭露生命权力功能与结构的可变性，在于突出生命政治种族主义的权力技术问题。或者说，福柯对极权主义的分析只是权力机制运作分析阶段的小插曲，只是现代生命政治发展的一种极端后果。然而，在大批生命政治学理论家那里，这成为诠释生命政治学理论或政治研究的核心问题。

阿甘本的生命政治学理论把对种族主义，尤其是纳粹政权的国家种族主义的分析推向了巅峰。阿甘本不是把纳粹主义视为一种历史现象，

---

① ［法］米歇尔·福柯：《必须保卫社会》，钱翰译，197页，上海，上海人民出版社，2010。

而是看作一种政治哲学问题。在方法论上，他把纳粹主义这种历史实例视为一种范式，力图延伸整体的可理解性以及建构新的问题式语境。正是在"发展性"原则的指导下，阿甘本追寻福柯的文本，探索进一步思考的可能性。他认为，完全没有必要重复福柯的生命政治学理论已完成的研究，自然也不必重复福柯对纳粹主义的分析。与福柯把纳粹主义视为生命政治极端发展的结果不同，阿甘本认为纳粹主义的死亡政治学是现代西方社会的核心命题，并试图将纳粹种族主义的意识形态推广至整个社会，认为它是现代资本主义社会生命政治的范式，甚至是未来社会发展的形态，以此警告大家警惕生命政治灾难。阿甘本对福柯生命政治学理论与纳粹主义关系的进一步发展主要表现如下。

首先，从整体上看，在阿甘本那里，以强化生命为前提的生命政治与以消灭其他种族为目的的死亡政治学合二为一，生命权力也与拥有生杀大权的主权权力相互兼容。用阿甘本的话说，即两种相互区别的范畴开始进入"无差异领域"，变得不可区分。纳粹主义政体的独裁与专制，正是"使人活"的生命权力的绝对化与"使人死"的主权权力的普遍化的体现，生命政治即死亡政治学。阿甘本不再坚持福柯分析生命政治时的双重立场，也不再把死亡政治学局限于极权主义政体或意识形态中，而是以此看待整个资本主义社会，认为资产阶级民主社会践行的就是蓄谋已久的死亡政治学。实质上，这是阿甘本对福柯生命政治学理论与种族主义的普遍化与彻底化。

其次，福柯的权力研究考察的核心问题是权力关系、权力技术或机制如何运作的问题。面对生命政治如何走向死亡政治学的问题，福柯将"使人活"的生命权力与种族主义这一特定历史现象相结合，论述了施加在生命个体身上的死亡权力。阿甘本则看到了福柯"使人活"的生命权力给生物性生命造成的分裂与停顿，进一步扩大了这种分裂与停顿。这不再是简单的种族性质与能力的优劣区分，而是人与动物、人与非人之间的区分。阿甘本"种族主义的生命政治，可以说超越了种族，跨入了一道不再有可能确立停顿的门槛。在那里，人民和人口之间的连字符被打断了，我们则见证了某种绝对的生命政治实体的出现。对于这个生命政治实体，我们既不能给它指派任何特殊的承载者或主体，也不能用另一种停顿来划分"①。而且，这不再只是生命权力本身在实际运用过程中发生的变化，而是在主权者、主权者权力泛化与滥用的前提下，不断制造常规性的例外状态，不断使生命还原为赤裸生命。这不仅使生物性生命成为问题，也使政治性生命成为问题。

最后，如果说福柯在处理生命政治与纳粹主义问题时强调主权权力与生命权力相互融合、相互转化，并仍以两者的差异性为前提的话，那么，阿甘本则是在探索主权权力的生杀权力与生命权力的同源性、同构性，以及生命个体的"生存"是如何"成问题"的。"使人活"转变为"使人生存"。"使人生存"成为继古老的领土国家主权的"使人死、使人活"的主权权力与"使人活、使人死"的关怀生命的生命权力之后的第三种权力行使方式。在"使人生存"的权力运作过程中，所有生命个体的生命都处于一种生死的门槛边界，而这又是可移动的、可变换的、灵活的门槛边界。这就意味着生命个体的生命不再是固定的，而是易变的。这种不确

---

① Giorgio Agamben, *Remnants of Auschwitz: The Witness and the Archive*, New York: Zone Books, 1999, p. 85.

定性、不稳定性加剧了生命的死亡危险。总而言之，"不再是生命或死亡的生产，而是不定的，事实上无限的生存的生产……这是动物生命与有机体生命、人与非人、有意识的生命与植物性的生命所保持的功能相互分隔的问题，直到通过复兴技术抵达这个门槛地带。从本质上看，这是一种可移动的门槛，类似于地缘政治学的边界，会根据科学与政治技术的进步而移动。生命权力最高的野心就是在人类身体中生产活着的存在与言说的存在、生命（zoē）与生活（bios）、非人与幸存的人的绝对分离"①。

可以说，纳粹主义政体是阿甘本生命政治学理论诊断资本主义社会现实的场所，对纳粹主义政体的解剖成为解开资本主义现代社会政治制度之谜的钥匙。在阿甘本看来，纳粹主义的死亡政治学深刻反映在现代西方社会的各种政治冲突中，尤其体现在"9·11"事件之后，以美国为首的霸权主义国家进行的一系列以"反恐"为口号的政治干预策略中。以保护人口的稳定性与安全性为名义，在人口与个体层面强制实施大规模的安全措施，甚至执迷于对危险的妄想采取严格的措施。这表示，在生命政治原则的引导下，不再针对威胁国家安全与统治的敌对人口发动战争，而是针对那些手无寸铁的平民百姓，具有"嫌疑"的敏感分子。例如，美国法律规定可以无限期拘留未经审批的"恐怖分子"嫌疑人，逮捕"罪前"嫌疑人，允许司法部长"拘留"任何涉嫌从事危害"美国国家安全"的外国人。这是美国政府以全球人口为参照物，在"美国人口"与"威胁

---

① Giorgio Agamben, *Remnants of Auschwitz：The Witness and the Archive*, New York：Zone Books，1999，pp. 155-156.

美国人口"之间做出的国家种族主义区分。这种威胁既可以是政治的、经济的，也可以是文化的。

随着"汽油弹"以不同的名义被随意使用，这个追求民主、幸福、自由的时代却比以往任何时代制造的恐怖、危险、死亡都要多。生命高于一切的价值宣告只是隐藏种族屠杀的外衣，因为生命政治正在以死亡政治学的身份蔓延至全球，生命政治社会充满了对死亡的无尽恐慌。生命政治领域再也无法与杀戮的权力相分离，直至所有生命个体丧失法律、政治、伦理上的身份，被简化为纯粹的赤裸生命。

(三)生命政治中的主权"复辟"活动

生命政治中生命与死亡的二元对立关系，从霍布斯式的主权杀戮的权力("使人死")转变为保护人口、生命的权力("使人活")，然而，生命权力技术在"使人活"的过程中建构了生物领域诸多生命形式的停顿，使其屈从于某种规范的生物准则，从而判定生命是否值得存活下去。这促进了种族主义逻辑与生命政治创生逻辑的兼容，促进了生命逻辑回归死亡逻辑的转变，促进了福柯"主权—规训—治理"的权力结构模型被治理领域中的主权复辟取代，导致形成一种与肯定性生命政治对立的纳粹主义的生命政治，即种族灭绝的死亡政治学。

如果说福柯生命政治只是表达了一种产生死亡政治学的潜在性与可能性的话，那么，阿甘本强烈地拒绝从肯定性生命政治逻辑角度出发，而是直接把生命政治体的死亡政治学视为现代政治的核心基质。在阿甘本看来，纳粹主义的死亡政治学，尤其是纳粹德国的死亡政治学政体是政治现代性的巅峰体现，也是生命政治逻辑的完成。在阿甘本那里，现代生命政治的二元对立话语转化为一元话语，取消了埃斯波西托式的肯定性生命政治走向。与福柯相比，阿甘本以集中分析纳粹主义政体为目标，试图通过细致的解释展现生命政治在现代性中的灾难性。他在主权例外、禁止与统治、bios 与 zoē 结构区分等理论框架下，深入透彻地剖析了纳粹德国生命政治中主权复辟活动的两个阶段。

第一，赤裸生命的不断生产。在生命政治的死亡政治学趋势中，除了福柯之外，阿伦特是对阿甘本产生根本性影响的另一位学者。阿甘本曾在写给阿伦特的信中表达了对她的感激，认为阿伦特的著作给予了他"决定性的体验"。这鲜明体现在阿甘本对阿伦特极权主义思想的继承与发展上，尤其是阿甘本对阿伦特政治思想中的现代人简化为"劳动动物"，人类生命还原为物种存在的逻辑思路的拓展。阿伦特将现代政治诊断为取消个体的多样性，剥夺个体的公民权利、政治权利、法律人格、道德人格，迫使人类个体转变为人类动物，促使人类生命等同于物种生命。虽然并没有像福柯那样开启一种生命政治学理论的论述，但值得注意的是，阿伦特确实展示了生命政治的死亡政治学性质。这种政治诊断反映在阿甘本那里，是主权权力不断制造赤裸生命。

阿甘本认为，纳粹主义政体的基本性质即"不放过任何生理性生命的细致入微的规制(甚至不放过消化功能，它被着魔似的加以法典化与宣扬)。这根源于这一事实：纯粹以赤裸生命为基础的人类生命的正常的、集体的(因此也是政治的)组织"①。阿甘本对纳粹主义的分析认为，

① Giorgio Agamben, *Homo Sacer: The Sovereign Power and Bare Life*, translated by Daniel Heller-Roazen, California: Stanford University Press, 1998, p. 135.

纳粹集中营中的囚员没有任何权利，被剥夺了各种政治身份，只剩下与动物无差别的生命。他们逐渐变成行尸走肉般的存在，走向毒气室、焚尸炉，最终沦为一种纯粹生物学意义上的赤裸生命。如果说福柯是要在表达生命政治学理论走向种族主义过程中，是要在权力技术发生变化的情况下阐明种族主义出现的原因的话，阿甘本则是在阿伦特关注人权、难民、无国籍者的基础上，阐释纳粹德国如何致使生命个体失去公民身份、基本权利，甚至个体尊严，直至沦为没有任何权利的赤裸生命。

在个体生命演变为赤裸生命的过程中，阿甘本探索了"出生—民族"的政治、司法意义，随即过渡到对人与公民关系的重新界定，因为 20 世纪初发生了两个重要现象：难民与无国籍者在欧洲大量增加，以及欧洲许多国家（法国、比利时、法西斯政权、奥地利）制定了剥夺国籍与公民权利的司法制度。① 阿甘本将纳粹德国时期犹太人公民身份的剥夺过程视为赤裸生命诞生的典型例子。

纳粹德国反对犹太人的政策主要表现在以下阶段。第一，颁布一系列法律，旨在剥夺犹太人的权利。纳粹禁止犹太人从事法官、律师、教师等公共服务领域的相关职业，禁止犹太人进入文化与娱乐领域，限制犹太人企业的发展，禁止犹太人进入新闻界等。在此阶段，反犹政策主要以颁布相关法律的形式进行，使犹太人面临经济、政治、社会生活等方面的阻碍，从而实现合法化地歧视犹太人。第二，《纽伦堡法案》完全剥夺了犹太人的公民身份，使其丧失公民应有的一切权利与法律保护。

---

① Giorgio Agamben, *Homo Sacer*: *The Sovereign Power and Bare Life*, translated by Daniel Heller-Roazen, California: Stanford University Press, 1998，p. 132.

纳粹还强迫性驱使犹太人移民，随之演变为将犹太人驱逐出境，制造惨绝人寰的"水晶之夜"。在此阶段，纳粹德国开始试图全面消除犹太人，迫使他们丧失政治、经济、文化、伦理等权益，受到纳粹政权的全面统治与控制，直至被剥夺作为物种的人的资格。第三，"最终灭绝方案"提出全面地、系统化地实施犹太人的种族灭绝计划，剥夺犹太人的一切资格，将其送入灭绝营。① 从出生—民族转变为最终解决，体现的正是新的民族身份的产生，即赤裸生命身份的获得。

阿甘本通过描述纳粹德国时期犹太人的公民身份被民族国家或主权者剥夺的过程，既展现了主权权力在治理时代的再度回归(不是福柯所言的主权与治理的分离，主权逐渐式微)，又揭露了公民个体国民资格如何一步步走向堕落。阿甘本显然不是为了单纯描述纳粹历史事件，而是为了辛辣地讽刺现代社会政治中类似的做法，如无限期羁押未经审讯的"嫌疑人"，无限期延长反恐战争状态。现代赤裸生命的形象在主权与法律制度的对立下变得随处可见。主权权力在现代政治社会中肆意妄为与膨胀，炮制各种虚伪的例外状态，并不断被普遍化，催生出合法化的赤裸生命形象。面对这样的情形，巴特勒发出了让人绝望的哀叹："我们似乎还没有成为人类。现在看来，'成为人类'这一前景似乎已更加彻底地陷入危险之中，如果不是暂时的话，那可能将无限期地受到阻

---

① Giorgio Agamben, *Homo Sacer*: *The Sovereign Power and Bare Life*, translated by Daniel Heller-Roazen, California: Stanford University Press, 1998, p. 132. 或参见[美]克劳斯·费舍尔：《纳粹德国：一部新的历史》，佘江涛译，494—509 页，南京，江苏人民出版社，2005。

挠。"①简而言之，通过对纳粹主义卑劣行径与权力无限扩张的分析，阿甘本试图指出它正如幽灵般笼罩着整个西方现代政治社会。

第二，主权、法律与医学进入"无差异门槛"地带。纳粹德国在种族政策中除了疯狂屠杀其他种族来确保日耳曼种族的所谓纯洁性之外，还在所谓医学领域制定和实行了关于人口和种族的法案。在纳粹政权中，医生不再秉持救死扶伤的希波克拉底誓言，而是不遗余力地协助纳粹分子推行种族卫生政策。例如，盲目崇拜及大力推行优生学，制造众多惨绝人寰的灾难：在活人身上进行人体实验、细菌试验；对犹太人、吉卜赛人和斯拉夫人，即他们所谓的劣等种族实行"最后解决"；不断缩小还具有劳动能力的战俘的生存空间……虽然各种纳粹措施的执行引发了大量死亡，但是，纳粹医生并不觉得他们有罪，他们的思想理念就是认为这些人不值得存活下来，消灭他们跟清除病毒、细菌别无二致。

尤其是 20 世纪 30 年代，纳粹政权颁布了《绝育法》。这意味着"过去，仅在某些情形下主权才能从生命形式中强行提取赤裸生命，而现今，对赤裸生命的同一种提取通过伪装为科学的各类有关身体、疾病和健康的表述，通过一劳永逸地将生命领域与个人想象结合在一起的'医学化'而日常地大规模地进行着"②。《绝育法》这种建立在种族优生学基

---

① Judith Butler, *Precarious Life: The Powers of Mourning and Violence*, New York: Verso, 2004, p. 100.

② Giorgio Agamben, *Means Without End*, *Notes on Politics*, translated by Vincenzo Binetti and Cesare Casarino, Minneapolis: the University of Minnesota Press, 2000, p. 8.

础上的政策，披着科学的外衣在纳粹德国广泛传播，有几十万人口被强制性绝育。绝育绝不仅仅针对患有遗传性疾病、精神性疾病、天生生理病变的人，还涉及众多无辜的个体，如穷人。

在这些所谓种族健康措施实施的过程中，纳粹医生具有至高无上的政治权力，掌握着判断集中营囚员生死的绝对的政治标准。在这里，法官和医生共同享有司法审判权，共同拥有至高的决断权，裁决着众多生命个体的命运。他们成为主权权力运作的实际操纵者。"国家社会主义的第三帝国标志着医学和政治的整合——这是现代生命政治的基本特征之一——开始呈现出最终的形式。这意味着对纯粹生命的最高决定开始脱离严格的政治动机和领域而被转移到更为模糊的地带，在这里，医生和君主似乎互换了角色。"①医学和政治、权力彼此交融，变得难以区分。政治权力的强力渗透使医学逐渐屈服，这种无限的权力想要在医学领域蔓延，并最终取得最高的统治权——不是以专制、独裁的形式来实现，而是以合科学、合法的态势昭告天下。

更为恐怖的是，权力的隐形渗透绝不仅仅停留在某个单一的领域，它的扩张无界限，无限制，不可估约。最终，"最高统治者不仅与法官，而且也与医生、科学家、专家以及牧师结成一种更为紧密的共生关系"②。这将不可避免地产生比极权主义政权，比集中营更暴力、更罪恶、更残忍的权力本质。这种权力本质不再纯粹地表现为暴力压制的特征，而是更具迷惑性、蛊惑性。它可以产生一种"医学—科学的意识形

① Giorgio Agamben, *Homo Sacer: The Sovereign Power and Bare Life*, translated by Daniel Heller-Roazen, California: Stanford University Press, 1998, p. 143.

② *Ibid.*, p. 122.

态功能（通常是无形的，但又是决定性的）"，更重要的是，"为了政治控制，这种伪科学概念正在被越来越多地使用"①。

对于纳粹政权的权力统治与生命压抑，埃斯波西托也有过出色的论述，不过，他给出了不同的解释。与阿甘本努力探寻个体生命如何变成赤裸生命相反，埃斯波西托诉诸免疫范式的预设性逻辑，而不是拥有生杀权力的主权逻辑，认为正是这种逻辑结构本质决定了纳粹分子要不惜一切代价制造大规模的死亡。纳粹政权认为，只有彻底消灭一切对立因素，才能维护自身共同体的安全与健康。对于纳粹分子这种极端的预防性保护需求，埃斯波西托以免疫医学与政治的相互融合来加以分析。埃斯波西托将这种极端的对自我生命的免疫保护归纳为三种免疫装置（生命的绝对规范化、身体的双重封锁、对出生的预先压制）的运作，也正是这三种免疫装置建构了生命政治转向死亡政治学的策略。在这里，埃斯波西托认为，出现的不是阿甘本意义上的主权者对生命的无情剥夺，或者个体的政治性生命完全丧失公民权利和政治身份而沦为赤裸生命，而是整个生命，甚至是还来不及形成的生命的彻底沦丧。主权者为了保持所谓的种族的纯洁性和旺盛的生命力，要从源头上根除生命。以死亡、灭绝为基础的纳粹生命政治以及免疫范式统领的生命保护和褫夺的悖论逻辑，使生命政治转变成一种死亡政治学。

埃斯波西托承认生命政治死亡政治学的属性，承认生命政治内含的全面掌控生命的权力以及生命本身蕴含的力量，即生命政治的矛盾

①　Giorgio Agamben, *Means Without End*, *Notes on Politics*, translated by Vincenzo Binetti and Cesare Casarino, Minneapolis: the University of Minnesota Press, 2000, p. 8.

困境。然而，他的政治旨趣不是以免疫范式重新阐述生命政治的悖论，而是努力走出免疫政治勾勒的死亡政治学框架。因此，埃斯波西托虽然也强调纳粹权力的至高性，但是，他更倾向于诉诸一种解放的政治哲学，一种有关生命的政治哲学，即力图打开一种反免疫政治的空间，而不是专注于生命权力或主权权力与纳粹主义死亡政治学的合谋。

反免疫政治的空间开启，首先依赖于对纳粹主义三种免疫装置的解构，即对生命、身体与出生的死亡政治规则的颠覆。埃斯波西托通过采纳梅洛-庞蒂的肉体概念（身体的双重封锁），借鉴西蒙东的出生范畴（对出生的预先压制），重新思考规范与生命的关系（生命的绝对规范化），对应性地展现了颠覆纳粹主义三种免疫装置的方式。在他看来，这就是逃离死亡政治学的有效方式。埃斯波西托对免疫逻辑的双重性深信不疑，坚信死亡政治学中潜存着解放的肯定性生命政治，自身免疫性逻辑的爆发会为这种解放政治的到来提供最好的动力，从而完全消解否定性逻辑，带来"纯人"的生命曙光。正如希特勒最后不是以投降的方式，而是选择通过自杀终结自己的生命一样，这种死亡不仅是他者的死亡，同时也是自我的死亡，因为"当免疫系统如此强烈，以至于会调转枪口袭击自身，袭击它应该保护的机制时，它就会毁掉这种机制"①，一种新的政治就会到来。

---

① Roberto Esposito, *Terms of the Political*, *Community*, *Immunity*, *Biopolitics*, translated by Rhiannon Noel Welch, New York: Fordham University Press, 2013, p. 62.

三、现代生命政治实践的空间架构

生命政治学理论遵循的基本事实是，在西方现代社会，作为物种存在的人类抑或是生物性生命已然变成政治技术与策略的对象。基于此种共识，生命政治学理论家对生命如何以及为什么会成为政治权力技术与形式的对象，生命凭借何种手段与方式逃离政治权力技术的追捕以及诉诸何种政治空间与领域，生命个体如何存在于治理空间、如何面对资本主义的全球扩张等问题，展开了富于多样性与差异性的论述。这些也成为当前讨论生命政治与生命权力理论的热点主题。

福柯引领的生命政治学理论在权力技术与关系形式运作的问题上已经被广泛讨论，除此之外，生命政治实践应用的领域与场所也是至关重要的问题域。当面临生命政治领域中的空间架构问题时，有三种典型的生命政治实践场所。其一，以福柯为代表的对规训机构（工厂、学校、军队、医院、监狱等）与制度关系的论述，在"排斥麻风病"模式向"容纳鼠疫"模式区域分隔与权力技术转变的基础上，着重于对个体身体的行为、举动、姿态等微观层面的分析。这是前生命政治实践的关键场所，随后会转向对城市规划、组织与管理的生命政治权力空间的部署。其二，以奈格里与哈特为代表的对大都市的生命政治城市的论述。这既不是对都市地理学中的人口与城市环境的集中探讨，也不是对各大经济区域的基础设施、资本投资、能源网络等城市问题的密切关注，很显然，也不能简单地将其纳入传统的空间理论或城市理论。在奈格里与哈特看来，大都市是类似于工业时代工厂角色的社会政治变动的场址，是创造"共同性"的空间，是生命政治生产的典型场所。其三，以阿甘本为代表的对集中营的政治组织结构与性质的论述。这是阿甘本在死亡政治学的框架下对西方现代政治的诊断与界定，以探寻区别于工厂、监狱的集中营何以成为现代西方政治的范式，以及生命个体在此种空间架构的挟持下将走向何处。

这三种典型的生命政治实践应用场所是生命政治学理论在实践层面的物理空间的架构。它们既是重新思考生命与政治、权力、技术、资本等问题的基础领域，也是剖析资本主义社会政治经济结构、社会文化生活、社会生态环境与生命政治空间形式关系的经典案例。只有将生命政治置于更广阔的理论与实践视野，我们才能更好地理解生命政治学理论的发展方向与潜在的生命力。

(一)"监禁"场所向城市规划的转变

福柯虽然论述了生命政治学理论中的种族斗争话语、种族主义、国家种族主义、种族战争的主题，但是，他并没有把法西斯主义、纳粹主义或极权主义视为现代生命政治的典型场所，更没有在生命政治视野中探讨有关奥斯维辛集中营的问题。福柯更倾向于从权力关系角度把握法西斯主义等，并将其政体形式视为"权力病理形式"，因为"尽管它们具有历史独特性，但却并不是原创性的。它们使用并延伸了在大多数社会中已经存在的机制"①。从这个角度来看，福柯很明确自身研究种族主义或国家种族主义话语的政治意图并不在于从生命政治学理论角度出发

---

① Michel Foucault, *Power: Essential Works of Michel Foucault 1954-1985*, edited by James D. Faubion, translated by Robert Hurley and Others, New York: The New Press, 2000, p. 328.

看待生命政治发展的极端后果，而是坚持一直以来对权力关系与技术问题的研究，因而又回到了对权力关系理论的思考中。阿甘本则认为把生命政治与极权主义联系起来是"合理的期待"①。

至于福柯为何没有深入探讨集中营的问题，除了本人执着于权力技术与权力关系之外，他在一次访谈中给出过正面回应："我从来不认为一个权力机制足以描述一个社会。集中营？它们被认为是英国的发明；但是，这并不意味着认可下述见解，即英国是一个极权主义国家。如果欧洲历史上有一个国家不是极权主义国家，那无疑是英国——但是，英国发明了集中营，这是极权主义政权的主要工具之一。这是一个权力技术转换的例子。但我从来没有说过，也不倾向于认为，民主和极权主义国家的集中营的存在表明这些国家没有区别。"②因此，在福柯这里，并不是集中营界定了极权主义国家。集中营不足以支撑整个极权主义政体，它只是极权主义政体运作的工具之一，是一种现代发展的产物。福柯只是描述了特定历史时期的极权主义问题，并没有将极权主义思想延伸到民主政体之中的意图，因为福柯认为它们两者依旧存在明显的差异性，不能混为一谈。福柯并不觉得集中营是理解现代性的有效方式。很显然，这与阿甘本沉迷于通过集中营、大屠杀、极权主义政体来理解现代西方政治完全相反。

---

① Giorgio Agamben, *Homo Sacer: Sovereign Power and Bare Life*, translated by Daniel Heller-Roazen, California: Stanford University Press, 1998, p. 119.

② Michel Foucault, *Power: Essential Works of Michel Foucault 1954-1985*, edited by James D. Faubion. translated by Robert Hurley and Others, New York: The New Press, 2000, p. 293.

　　那么，福柯认为哪种生命政治制度或实践才是可靠的，站得住脚的呢？如果不是以集中营为核心，他又是从何种角度来审查现代生命政治运用的典型场所的呢？这些疑问可被归纳为福柯如何思考空间问题。根据勒薇尔的简述，她认为福柯关于空间问题的讨论主要可划分为三大类型：第一类，对关押的思考，如对疯人院、医院、监狱进行分析，同时发展了对知识空间组织的思考；第二类，违反和反抗的空间；第三类，对城市空间及其组织，对移民现象或殖民进行探索。也就是说，福柯试图进一步从政治和社会学角度把人的移动问题和生产主题（或者生产的榨取），以及人口管理的主题联系起来。① 纵观福柯的学术生涯，空间问题确实不是他的核心研究范畴，他只在少数场合论述了空间问题（但是他承认自己一直以来都在关注空间）。在这里，我们关注的也不是福柯纯粹的空间理论，而是福柯在论述生命政治场所过程中的空间架构问题，即生命政治的政治空间问题。这主要体现在以下两个方面。

　　第一，从"排斥麻风病"模式向"容纳鼠疫"模式转变的权力技术与区域分隔结构来看，这个阶段主要强调权力空间与城市成为监禁"不正常人"的场所，这是生命政治实践布展的前期铺垫。中世纪流行一种传染病，即麻风病。麻风病人不但得不到亲人、朋友、邻人的帮助与照顾，而且还面临法律的驱逐，不能居住在城内，片刻的停留也是不允许的。他们遭遇到无情的驱逐、拒绝，完全被排除在政治共同体之外。由此可见，麻风病人身上体现出一种"排斥的行为、抛弃的行为、'边缘化'的

---

　　① ［法］朱迪特·勒薇尔：《福柯思想辞典》，潘培庆译，49—50页，重庆，重庆大学出版社，2015。

行为"①，人们试图以驱逐、排斥、彻底否定病原体的方式达到净化共同体的目的。中世纪结束之后，这种慢性传染性疾病逐渐在西方世界消失。"麻风病消失了，麻风病人也几乎从人们的记忆中消失了。但是这些结构却保留了下来。两三个世纪之后，往往在同样的地方，人们将会使用惊人相似的排斥方法。贫苦流民、罪犯和'精神错乱者'将接替麻风病人的角色。"②这种"排斥麻风病"模式也被广泛应用于政治领域。18世纪，"排斥麻风病"模式开始被"容纳鼠疫"模式取代。鼠疫是一种烈性传染病，然而鼠疫病人不再遭遇共同体的驱逐与排斥，相反，他们可以生活在城市之中，但面临着隔离与分区管理。

福柯在这两种模式的转变过程中看到了两者的实质性差异。从权力机制角度来看，"排斥麻风病"模式展现的是一种排除机制，虽然随后也相应地建立了麻风病医院、救济机构。再从城市组织角度来看，城市以彻底清除、混乱划分、制造边缘化、切断类别联系的方式来维持共同体。"容纳鼠疫"模式展现的是权力的容纳机制。城市进入检疫隔离状态，产生了诸多不同的封闭的分区空间，整体类别面临着持续、细微的登记、监视与观察。福柯将这种变化归因为"权力的积极技术的发明"。"对麻风病的反应是消极的；这是一种拒绝、排斥等的反应。对鼠疫的反应是一种积极的反应：这是一种容纳、观察的反应，从观察和知识的积累出发的形成知识和增加权力效果的反应。我们从一种驱逐、排斥、

---

①　[法]米歇尔·福柯：《不正常的人》，钱翰译，33页，上海，上海人民出版社，2010。

②　[法]米歇尔·福柯：《疯癫与文明（修订译本）》，刘北成、杨远婴译，9页，北京，生活·读书·新知三联书店，2012。

放逐、使边缘化和镇压的权力技术，过渡到一种总之是积极的权力，一种进行制造的权力，一种进行观察的权力，一种获取知识的权力和从其自身的效果出发自我增殖的权力。"①在这个转变过程中，除了看到权力技术从消极走向积极之外，我们还应当关注城市功能的变化：从彻底排斥走向了依据标准与规范制造健康的个体。②此后，不但这种积极的权力技术被广泛运用，这种封闭性、区域性、分隔性、界限性的监视场所也被普遍建造起来。

从这个意义上看，在福柯那里，城市首先表现为一种"监禁"某种人群的场所，一种特殊的"禁闭"区域。在特殊的城市内部中，福柯虽然没有详细地论述集中营问题，也没有把集中营视为现代生命政治的范式，但是，他对军营的时空部署应该在很大程度上刺激了阿甘本关于集中营的构想。"军营——几乎可以随心所欲地建造和改造的临时性人造城市"，"军营是一个借助把一切变得明显可见来行使权力的范本。在很长一段时间里，这种军营模式至少是它的基本原则——层级监视的空间

---

① ［法］米歇尔·福柯：《不正常的人》，钱翰译，36 页，上海，上海人民出版社，2010。

② 用阿甘本的话来描述，即"福柯试图界定与治理术相关的这种城市空间的某些基本特征。福柯认为，迄今为止相互区别的麻风病与鼠疫存在融合。"排斥麻风病"模式基于排除，而麻风病人必须待在城市之外。在此模式中，纯粹的城市使陌生人置身其外。这是大禁闭：关闭且排除。"容纳鼠疫"模式产生了另一种范式：容纳在遭遇鼠疫的时候，把鼠疫的受害者移到城市之外是不可能的。在这种情况下，出现了某种监视、控制和表达城市空间的模式。这些空间被分为多个区域，每个区域的每条街几乎都被迫自治并被置于监督官的监控之下：没有人能出门，房子每天都要被检查，每个居民都要受到管制，如那里有多少人，他们死了没有，等等。这是一种由监督官、医生和士兵监视的城市领土的分区治理。麻风病人为某种排除装置所拒斥，鼠疫的受害者则被一种产生区分和个体化效用的权力装置的复杂网络包围、监视、管制和治理着"。

'筑巢'——体现在城市发展中，体现在工人阶级居住区、医院、收容所、监狱和学校的建设中。这是一种'嵌入'原则。军营是十分可耻的监视技巧的一种运用，正如暗室是伟大的光学的一种运用。由此就出现了一个很大的问题：一个建筑物不再仅仅是为了被人观赏（如宫殿的浮华）或是为了观看外部的空间（如堡垒的设计），而是为了便于对内进行清晰而细致的控制——使建筑物里的人一举一动都彰明较著。用更一般的语言说，一个建筑物应该能改造人：对居住者发生作用，有助于控制他们的行为，便于对他们恰当地发挥权力的影响，有助于了解他们，改变他们"①。

简而言之，军营既是与外部分离、隔绝的封闭领域，又是必须在内部进行分隔和区域划分的完美的、人造的、典型的规训机构。它试图在建筑学设计、空间布局与光学知识的相互参照下，实现对居于其内的个体的观察与控制，即以自身的不可见性，力求所有一切的可见性。根据描述，它反映的是建筑形式的空间安排与分配问题，而不是不同组织之间或不同区域之间的相互联结或相互隔离的问题。用吉登斯的话来说，这是一种纪律权力的时空安排②，而这种规训机构最典型的代表即边沁的"圆形监狱"。在这个阶段，不同类别与性质的规训机构（医院、学校、精神病院、工厂、监狱、修道院、收容所等）通过纪律空间的生产而采取同样的空间布局模式，其中也反映了知识和权力的休戚与共。这种关

---

① ［法］米歇尔·福柯：《规训与惩罚（修订译本）》，刘北成、杨远婴译，194—195页，北京，生活·读书·新知三联书店，2012。

② ［英］安东尼·吉登斯：《社会的构成：结构化理论大纲》，李康、李猛译，253—261页，北京，生活·读书·新知三联书店，1998。

乎建筑设计、空间布局、权力实践的规训机构，本身也蕴含各种细节性的操控、监视，又以建构鲜明的可见性与界限为主要目标，最终旨在"生产"出符合要求、规范、准则的个体。从整体上来看，根据福柯的观点，此时的生命政治空间主要以规训机构的物理布局为主，即体现为通过使一切变得可见而掌控一切的"监禁"场所。

第二，城市规划与环境问题。规训机构试图谋取所有的可见性与控制性，而这一切又是通过建筑设计模式实现的。这也就意味着，建筑表征着福柯的权力与知识关系。正如坦索特（Georges Teyssot）所言："如果有必要的话，建筑可以被视为一种'文本'，但是（因为与之相关的实践具有多重性质）它所包含的知识不能被简化为该领域的一般认识论。"①建筑、机构设计、空间布局能够在一定程度上反映话语形式、权力与知识实践关系，而空间与知识、权力确实是福柯关注的重点之一。因此，建筑、城市规划等问题不能只局限于应用学科与具体实践，而应该从政治、经济、文化的发展过程思考它的具体机制以及运作过程。福柯认为："18 世纪末，建筑开始被牵涉到人口、健康和市镇（都市）问题中去。"②建筑与人口、健康、城市问题的关联，意味着生命政治语境的到来。福柯在论述生命政治空间的过程中，将规训机构延伸到更加广阔的领域与空间，这鲜明地体现在生命政治干预方面的拓展上。

---

① Georges Teyssot，"Heterotopias and the History of Spaces"，*History/Theory/Criticism*，1980（a＋u）：92.

② 包亚明主编：《权力的眼睛——福柯访谈录》，151 页，上海，上海人民出版社，1997。

福柯主要谈论了生命政治干预的三个方面。首先，维持人口整体层面的总体平衡与稳定，比如利用人口统计学等来控制死亡率、出生率、发病率、再生产比率、人口寿命与繁殖等一系列总体过程。其次，调节普遍性与偶然性。例如，建立针对老年人、残疾人等在能力或活动领域之外的人的救济机构，依附于教会的更加敏锐的机构，以及保险、个人和集团储蓄、社会保障等更加合理的机构。最后，对人类的联系、生存环境、自然环境与人工环境负责，即注重城市环境问题，如城市规划与布局。①

福柯认为，生命政治学理论最核心的问题是现代社会中人的生物性生命在面对政治时与知识、权力技术、权力关系的问题。生命政治干预涉及的三个方面基本也关乎人的生存与生命问题。因此，福柯在论述的过程中以第一个方面为主，对第二个和第三个方面谈得相对较少，尤其是对城市规划与环境问题说得不多。很多地理学者会把第三个方面设想为福柯对地理学的思考或者对城市地理学的关注。在一次访谈中，福柯对游走在地理学边缘予以直接回应，承认自己经常会涉及一些地理学领域的术语（地缘政治、群岛、景观、领土、领地等），也执迷于使用关于空间的隐喻（位置、位移、迁移、地点、场地等）。他认为这些类似于地理学的观念并不是纯粹的地理学观念，也许还是经济学—法学、司法—政治、历史—地质学概念，或某种财政、行政、军事、绘画及某种战略性的观念。福柯既对某种术语必然属于地理学范畴提出质疑，又认为自

①　[法]米歇尔·福柯：《必须保卫社会》，钱翰译，187 页，上海，上海人民出版社，2010。

己用的这些术语或许只是与地理学有着相似的来源。福柯称自己确实着迷于空间比喻，但是不是为了描述空间、探索空间，而是为了寻找更根本性的东西，希望从空间化的描述导向对权力效果的分析，即寻觅权力与知识之间的关系（如治理术模式的主要对象从安全领土转向安全人口）。① 因此，与其说福柯关注的是地理学问题，不如说这是他对权力地理学做出的贡献。

根据福柯的观点，城市规划与环境卫生问题并不是单一的社会环境问题，而是伴随着生命政治治理人口的艺术发生的生命政治领域问题，或者说是生命政治治理人口现象必不可少的组成部分。福柯说道："从18世纪起，所有将政治学当成人之统治艺术的讨论，都加入了一篇或一系列论城市规划、公共社会、卫生以及私人建筑的章节。"②如何规划城市与如何促进生命发展与运动相互贯穿、相互促进、相互提升，生命的安全与健康与城市规划相互依赖。

那么，福柯是如何阐述其城市发展观的呢？这主要表现在两个方面：一方面是对18世纪医学空间化（医院结构）的论述，即以法国为代表的城市医学（探索医院的凝视如何制度化以及城市卫生环境问题），另一方面是在权力运作过程中思索城市空间问题，如污水处理系统、城市污染与拥堵问题、空气流畅程度等，即在最大程度上实现对城市与人口的治理。"福柯专注于空间作为权力运作的主要面相，他并不像关心着

---

① 包亚明主编：《权力的眼睛——福柯访谈录》，严锋译，199—213页，上海，上海人民出版社，1997。

② 夏铸九：《空间的文化形式与社会理论读本》，212页，台北，明文书局，1988。

城市及其如何运作般分心于建筑物本身。"①但是，遗憾的是，他主要集中论述了建筑的纪律或规训功能，而对更大社会环境中的城市规划问题只提供了一些具有启发性的思考。在这方面，奈格里与哈特延续了福柯的生命政治学理论对城市的关注，在其基础上继续前进。

(二)生命政治生产的场所：都市

生命政治语境一直都伴随着对空间问题的探讨。福柯作为生命政治学理论的创建者，也致力于摸索生命政治的空间范畴，虽然他没有对此展开详细具体的论述，只是提出些具有启示性、激励性的想法与线索。福柯关注的重点问题是权力运作问题，或者说是城市权力运作的问题，即城市空间与权力问题，然而，这归根结底是对装置空间的讨论。无论是各种规训机构，抑或圆形监狱、健康城市，我们都能将之归于福柯的装置②范畴。福柯更多把城市空间的治理转向了人口安全、健康、卫生方面的论述，并没有对城市本身的组织结构或政治性质提出具体的见解。这个主题在奈格里与哈特这里得到了进一步深化，他们直接把都市界定为生命政治生产的场所。

---

① 夏铸九：《空间的文化形式与社会理论读本》，206 页，台北，明文书局，1988。

② 装置(dispositif、apparatus)是福柯核心术语。关于此范畴，可参考以下文献：Gilles Deleuze, "What is a Dispositif ?", *Michel Foucault：Philosopher*, trans. by Timothy J. Armstrong, New York：Routledge, 1992；Giorgio Agamben, *What Is an Apparatus? and Other Essays*, trans. by David Kishik and Stefan Pedatella, Stanford：Stanford University Press, 2009；Roberto Esposito, "The Dispositif of the Person", trans. by Timothy Campbell, *Law, Culture and the Humanities*, 2012, 8：17-30；"Dispositif：Apparatus", in Paul Rabinow, *Anthropos Today. Reflections on Modern Equipment*, Princeton, NJ：Princeton University Press, 2003.

阿甘本也讨论过都市问题，他使用"都市"一词"指定新的城市结构——与福柯所界定的古代政权的领土权力（主权权力）向现代生命权力（本质上是治理性的）转变过程中同时出现的新的城市结构"。阿甘本对都市的理解建基于福柯的权力装置思想。这是从主权权力转变为生命权力，"排斥麻风病"模式转变为"容纳鼠疫"模式中诞生的新型城市结构。

首先，它使个体与技术的关系得到拓展。不再是某种单维度的技术或个体发挥作用，而是"存在一种双重捕获：一方面是疾病/健康、疯狂/正常等简单的二元对立；另一方面是一系列复杂技术与装置的分化处理。这些技术与装置不但使个体主体化，并且控制了主体"。其次，它意味着界限与边界的消失。"明确地界定边界、围墙、空间的不可能性……不再是某种简单的二元划分，而是一系列复杂的、表达性的、个体化的过程和技术。"最后，最重要的是，它呈现的是对人与物的治理，而不是都市词源学所展现的暴力与殖民因素。这也就意味着："当权力变成对活着的人与事物的治理时，都市是一种取代城市的装置或装置群。"很显然，阿甘本对都市的理解实质上与福柯没有太大的差异，不过他强调了都市空间中的主体化过程以及与都市装置的对抗。由于篇幅的原因，阿甘本并没有继续展开论述，而且他的政治旨趣与理论兴趣并不在此。

奈格里与哈特不同，他们的理论逻辑与思想构架建基于对都市问题的探讨，这是他们建构肯定性生命政治的重要体现，也是他们自治主义马克思主义的重要理论基调。因此，对城市性质与城市生产力的探讨成为他们的核心研究领域。在奈格里与哈特看来："城市本身就是生产的来源：有组织的、有人居住的、横贯的领土已成为一种生产要素，就像曾经在土地上工作一样。大都市的居民日渐成为世界的真正中心。"①他们肯定城市在社会发展过程中的意义与作用，并试图最大可能地激发城市本身蕴含的诸种生产潜能。他们将城市置于资本主义全球扩张的背景中，在后现代语境中重新思考资本、劳动、工人、工厂、价值、差异、共同性、普遍智能、民主、共产主义等要素。这既是一种全新的环境，被置于具有生命政治色彩的空间，描述着"生命政治的结构"，也是资本主义积累、剥削、征服、压迫的场址，以及人与人之间进行交流、沟通、生产的场所。

总之，在奈格里与哈特那里，"城市就是后现代社会积累的工厂，是非物质价值定制的实验室，是生命政治的环境：劳动权力的活动与对它的排斥在这里相互对抗。我们生活在一个变化的时期，城市依然是人、文化和生产相互交往、发生关系的地方。另一方面，城市又以全新的方式出现——或者被嵌入围绕着全球化的生产能量而组织起来的全球交流和剥削的网络，或者处于贫民窟中的社会主体和无产阶级被迫进入国际范围的具有灵活性和移动性的剥削之中"②。将矛盾与对抗、斗争与解放、压迫与反抗置于同一语境中，这是奈格里与哈特惯常的思路。他们既批判性地分析对象，又试图从批判中找出相应的解决方案，即便仍只是解释性和描述性的。

在城市问题上，奈格里与哈特关注的显然不是对城市人口的治理与

①　Antonio Negri, *Goodbye Mr. Socialism*, New York: Seven Stories Press, 2006, p. 35.

②　［意］安东尼奥·内格里：《超越帝国》，李琨、陆汉臻译，162 页，北京，北京大学出版社，2016。

控制，也不是在权力装置群中探索权力运作问题，而是要在这一充满矛盾情绪的场址中发现走出压迫、剥削的方式，寻找革命性主体、生产性主体出场的场所。都市是奈格里与哈特肯定性生命政治的重要生产场所，是他们从理论上与实践上突破福柯（圆形监狱）与阿甘本（集中营）的重要组织空间。

奈格里与哈特对都市的核心定位是"大都市之于诸众，正如工厂之于产业工人"①。这意味着，马克思时代资本主义生产方式下的工厂性质与制度在面对资本、信息、技术全球化的新境遇时，发生了翻天覆地的改变。工厂、产业工人陆续被都市与诸众取代，丧失了马克思所指出的其在资本主义时代的作用与意义。奈格里与哈特描述了都市在经济全球化背景中具备的三种特殊性质。

第一，"大都市是生命政治生产的场所"。这主要是因为"它是共同性的空间，是人们共同生活、共享资源、相互交往以及交换商品和观念的空间"②。这种共同性结构内在于都市之中，尤其是"人工共同性"③使都市成为至关重要的生命政治生产的场所。这也就是说，以共同性为基础而建构的大都市一方面为生命政治生产提供取用对象，另一方面其创造物又会反作用于都市。生产与都市相互促进，相互支持，从而构建出

①　［美］迈克尔·哈特、［意］安东尼奥·奈格里：《大同世界》，王行坤译，194页，北京，中国人民大学出版社，2015。

②　同上书，194页。

③　共同性是奈格里与哈特肯定性生命政治的重要范畴。他们将共同性分为自然共同性与人工共同性，前者主要指物质世界的共同财富，即土地、矿物、水、天然气等自然要素；后者主要指无形的社会交往网络生产的结果，如语言、图像、知识、感受、符码、习惯、实践、信息等。

区别于机器大工业时期的生产环境与条件。

更为重要的是，都市中的生命政治生产活动不再依赖于资本主义生产方式与协作方式，而是能够开展脱离资本、具有自主性的生产。这种生产不仅不再局限于工厂，蔓延至整个都市空间，而且不再局限于单纯的经济生产，延伸至整个都市生产活动，甚至包括生命活动的生产。在这里，都市更倾向于体现为一种生产场所，准确地说是共同性生产的场所。那么这也就意味着，这种资本主义的剥削方式不再是资本对劳动的剩余价值剥削、死劳动对活劳动的占有、物对人的颠覆性控制，而是转变为对共同性的剥削，对非物质劳动的剥削，抑或是对生命政治劳动的剥削，对情感、感受、社会交往、语言创新、信息流动等的剥削。与马克思主要强调资本主义生产方式压榨、剥削工人阶级不同，奈格里与哈特认为，重要的不是专注于描述资本主义全球化时代诸种剥削方式与压榨手段，而是在这种新型的政治空间中发现反抗与抵制的潜在力量。这就促使奈格里与哈特将精力主要集中于如何摆脱这种新型的剥削方式，如何在压制性因素中发现反抗的因子，从而逃离生命政治生产的否定性方面。这也就注定了奈格里与哈特会不断强调都市在生产共同性方面的重要作用。

第二，都市向偶然的相遇开放。都市既是"相遇的场所，也是组织和政治的场所"①。在这里，都市主要指涉人与人之间的社会交往与关系。由于这种交流突破了地域性与区域性的限制，是在更广阔的全球范

①　[美]迈克尔·哈特、[意]安东尼奥·奈格里：《大同世界》，王行坤译，198 页，北京，中国人民大学出版社，2015。

围内进行的交往与协作，因而会产生更丰富的复杂性与奇异性。不同或相同文化、语言、性别、种族、知识背景、成长环境的人的相遇，既能生产出共同性的消极形式，也能创造出共同性的积极形式，而共同性与相遇的相互依存、相互依赖又能够有效促进都市生产潜能的发挥，消除都市本身的消极因素。

奈格里与哈特认为，要促进愉快的相遇，使不愉快的、不适宜的相遇机会降低到最低程度，需要从这几个方面着手："首先，这就要求对异性的开放，并且与他人确立关系的能力，从而生成愉快的相遇，并创造出有着更强能力的社会机体。其次，或许更为重要的是，要求我们学会从冲突性和毁灭性的关系中脱离，并消灭由此产生的危险的社会机体。最后，既然如此多的自发相遇都并非令人愉快，大都市的政治学就要求我们弄清楚，如何尽可能多地将冲突性相遇转化为愉快的、生产性的相遇。"①简而言之，为了创造更多的愉快的相遇，我们既要在思想意识上明确这种诉求的急迫性，还要努力从实践层面为愉快相遇的诞生创造条件，提升共同性与他者有效相遇的机会。由此可见，奈格里与哈特在生命政治生产视角下，不仅赋予都市政治功能，还赋予其经济功能。他们最根本的目的是促使都市不断生产出积极的共同性，不断造就愉快的相遇，从而为诸众的出场提供政治与经济基础，因为新的共同性生产与革命主体性的激发在很大程度上依赖于都市空间这种无形的机体。

---

① ［美］迈克尔·哈特、［意］安东尼奥·奈格里：《大同世界》，王行坤译，198—199页，北京，中国人民大学出版社，2015。

　　第三，都市也意味着暴力和对抗。奈格里与哈特试图从大都市(me-tropolis)的词源学角度探索大都市原初的暴力与对抗内涵。不过，奈格里与哈特只是简单地论述了古希腊语中的大都市概念。在这个方面，我们可以从阿甘本那里获得对大都市词源学相对详细的分析。"在古希腊语中，都市意味着母亲城，并涉及城邦与殖民地之间的关系。奇怪的是，一个离开城邦去建立某个殖民地的城邦居民被称为'en apoikia'：远离家乡和城邦的人。就与殖民地的关系而言，这一状态也就具备了母亲城的特征，即都市。正如你们知道的那样，'都市'一词的这个意义依然通行，今天它可以表示家乡的都市领土与殖民地之间的关系。"

　　从词源学角度来看，都市具有母亲城特征，表达的是母亲城对殖民地的统治与控制，涉及的是母亲城与殖民地的关系，因而它们之间具有严格的等级制。这也就意味着，都市从一开始就渗透着暴力与统治的因素。这种都市性质，就像阿甘本所言，依旧存在于当前社会，而且正如奈格里与哈特所说，这种暴力在现代都市中得到了更加完整的暴露。奈格里与哈特描述了大都市的病态现象：森严的等级制和社会分化对都市共同性的腐蚀，种族主义，穷人与富人之间的隔离以及诸种排斥和臣服结构对都市有益相遇的阻碍，蔓延于整个都市的诸种社会控制装置以及悄无声息的经济统治压迫。都市一度成为充满等级与剥削、暴力与磨难、恐惧与痛苦的场所。①

　　都市最重要的身份就是承担各种政治、经济、文化等方面相遇的场

---

① ［美］迈克尔·哈特、［意］安东尼奥·奈格里：《大同世界》，王行坤译，200—201页，北京，中国人民大学出版社，2015。

所，是一个创造各种可能性的空间，而不是绝对中立地矗立于资本主义生产方式的发展过程中。奈格里与哈特既强调都市对非物质劳动生产、生命政治生产所创造的环境与条件，也重视都市可能带来的危险与迫害。这意味着机遇存在于危机之中，都市是机遇与危机并存的地方。

它是走向毁灭，还是迈向新生，在奈格里与哈特看来，取决于居住其内的居民的政治身份，即是否成为诸众。诸众"是一个一致拒绝资本主义统治和一致希望一个新世界的主体性力量的集合体"①。这一主体的形成是都市希望的寄托。毫无疑问，都市也是诸众对抗与造反的场所，大都市的各种典型暴动与造反即为证明。为了消除盲目的、冲动的暴动与造反，又需要诸众组织起来，避免自我毁灭。根据奈格里与哈特的观点，在当今资本主义的剥削与统治下，诸众是反抗、颠覆其统治与剥削的最重要的政治主体，是建构未来共同体的革命力量。都市即诸众展现自身潜能、采取革命行动的场所，它最主要的政治使命是组织"造反的普遍化，交往和协作网络的发展，以及奇异性之间共同性和相遇的强化"②。

对于奈格里与哈特的肯定性生命政治而言，都市既是创建生命政治劳动财富的场所，也是诸众发挥革命潜能的空间。都市的双重功能是奈格里与哈特逻辑思路的基点，因而，他们竭力把都市视为生命政治空间的典型场所，并深信不疑地宣称："大都市在一夜之间就可以被完全点

---

① ［意］安东尼奥•内格里：《超越帝国》，李琨、陆汉臻译，210 页，北京，北京大学出版社，2016。

② ［美］迈克尔•哈特、［意］安东尼奥•奈格里：《大同世界》，王行坤译，202 页，北京，中国人民大学出版社，2015。

燃，而大火却很难扑灭。"①

（三）生命政治的典范：集中营

奈格里与哈特认为："我们现在到了这样的时刻：改变城市成了我们首要的必需，是我们生存的条件……必须拿出解构和逃离的创造性策略，将自发的、发散的寻求自我稳定的行为集合起来……在城市里，运用丰富的社会合作的网络成为进行政治斗争的唯一决定。"②奈格里与哈特把赌注全部压在了都市上，这意味着现在既有革命的无形空间，又有革命所需的诸种物质和精神条件。更重要的是，都市还是诸众赖以生存的场所。似乎只要具备这些革命的基本元素，胜利就终究归属于诸众，人们终究会迎来自治共同体。这是他们整个理论诉求的最终归宿。他们急切地"想认识广岛和奥斯维辛之后的世界"，以及"新的帝国战争之中的世界"，因为他们"发现了一种主体可能性；一种不能无视其存在的事件，一个被揭露出来的现实感"③。他们认为，即便在经济全球化背景中，我们正遭遇着资本主义生产模式的全方位包围，遭遇着帝国与生命政治生产的腐化，但是诸众本身蕴含的生产性的、创造性的力量能够让我们绝地反击，迎来胜利的曙光。

这种看似完善的逻辑思路与政治诉求并没有引起阿甘本的重视。正

---

① ［美］迈克尔·哈特、［意］安东尼奥·奈格里：《大同世界》，王行坤译，164 页，北京，中国人民大学出版社，2015。

② ［意］安东尼奥·内格里：《超越帝国》，李琨、陆汉臻译，168 页，北京，北京大学出版社，2016。

③ 同上书，202 页。

如奈格里本人所言，虽然他们与阿甘本是多年老友，而且经常一起探讨政治问题，但很多时候他们都是从不同角度出发的。很显然，阿甘本对奈格里与哈特的这种肯定性生命政治倾向不以为然，而是更倾向于走向界限去探讨某种政治现象。因此，阿甘本将生命政治的典范场所理解为集中营而不是都市或都市装置。

阿甘本沉溺于将集中营视为现代生命政治的基本范式，部分原因在于福柯没有将集中营纳入生命政治学理论的范围中，没有关注阿伦特在极权主义思想方面做出的杰出贡献。阿甘本要做的就是使集中营这种历史现象得到更广泛的扩充，重构纳粹主义的死亡政治学，即促使集中营成为现代西方政治仲裁、评判的标准。在这个方面，如果说福柯对纳粹主义与种族主义的分析为阿甘本的生命政治走向死亡政治学打开了新思路与新局面，那么阿伦特的极权主义思想则为阿甘本的纳粹主义死亡政治学提供了最直接的理论资源。

20 世纪 50 年代，汉娜·阿伦特出版了《极权主义的起源》。该书对反犹主义、帝国主义和极权主义的透彻分析与解剖，揭示了资产阶级政治体制隐秘的制度缺陷和诸多社会问题，也为人们理解西方现代文明社会的法西斯主义、种族主义和极权主义提供了钥匙。在阿伦特看来，极权主义是一种反文明、反社会、反制度的统治策略。这种统治策略是前所未有的极端统治模式，而正是这样一种统治方式在四处蔓延，并有席卷整个西方文明之势。阿伦特把极权主义统治模式锁定在纳粹德国的极权主义特质上，抓住了极权主义统治的典范场所——集中营。

"集中营不仅意味着灭绝人类和使人堕落，而且为恐怖的灭绝实验所服务。在科学控制的条件下，自发行为本身不仅是人类行为的表现，也是人类个性被转变成一种单一的事物，甚至被转变成一种动物都不曾具有的东西的表达。"①这也就是说，踏入集中营意味着走上了一条泯灭人性的死亡之路。在这里，人不再享有道德、尊严、人格的属性，不再具有差异性、多元性和复数性，而是成为单一的原子存在，被直接还原为纯粹的动物，甚至是连动物都不如的更加低级的存在。此外，集中营作为极权主义政权的实验室，弥漫着浓烈的极权主义色彩和永不停歇的恐怖气息。在这里，极权主义者实行的是全面统治，"力求规划人类的无限多元性和差异性，仿佛人性只是单一的个体。这种全面统治是可能的，只要每个人能被还原为一种永远不会改变的反应特性，以至于每一种反应都可以随机交换"②。极权主义者"试图通过精英组织的意识形态灌输和集中营的绝对恐怖"③，实现这种全面统治。他们奉行的基本信念便是"一切皆有可能"④。可想而知，集中营中的全面统治是多么阴沉与恐怖。

阿伦特极权主义理论的建构起源对阿甘本并没有多大的吸引力，他更感兴趣的是阿伦特对极权主义政权统治形式的剖析方式以及对集中营和组织结构等多种要素的思考。这不仅启发了阿甘本对 20 世纪大型极权主义国家恐怖事件的热切关注，而且刺激着他对集中营里的人的存在状态和行为方式的揣摩与考量，最重要的是，驱使着他在福柯建构的生命政治学理论视角下重新分析极权主义政体。

---

① Hannah Arendt, *The Origins of Totalitarianism*, San Diego, New York, London: Harcourt Brace Jovanovich, Publishers, 1973, p. 438.

② *Ibid.*, p. 438.

③ *Ibid.*, p. 438.

④ *Ibid.*, p. 437.

阿甘本把思考的视角定位在 20 世纪的集中营和大型极权主义国家的结构之中。这并不是因为他对以往的灰暗历史颇感兴趣，而是因为他在现实生活中深切地感受到："当代西方基本的生命政治范式不是城邦而是集中营。"①集中营的法律结构、极权主义特质，集中体现了权力对政治制度的挑战，对赤裸生命的渗透，对现有法律的悬置，对例外状态的征用。在这里，一个个政治共同体遭受到前所未有的排除，一个个赤裸生命处于绝对的生命政治空间之中，主权权力与生命权力的交叉达到了亘古未见的高度。由此，阿甘本认为，对集中营的彻底解剖能让我们更接近现代生命政治的本质。他以纳粹德国为例，通过对其政治价值、组织结构、法律制度等方面的分析，解释纳粹主义死亡政治学对赤裸生命个体的生产与简化过程。

20 世纪三四十年代，实行国家社会主义的纳粹德国为了维护统治地位，镇压异己，开始执行种族优生学政策，在各地大规模修建安置由于政治因素、精神状态或宗教信仰等原因而受到制裁之人的营地，如集中营、拘留营、劳动营、灭绝营等。其中，最惨无人道的是迫不及待地执行种族灭绝计划。纳粹宣称北欧日耳曼人高于其他种族，是一切高级人类的创造者，而犹太人、吉卜赛人、斯拉夫人、塞尔维亚人等是劣等人种，他们的存在不仅没有价值，而且会严重威胁到日耳曼人的生命，因此需要对后者进行大规模清洗，来保证德国种族的纯洁性。由此，以国家的名义进行的种族隔离、种族歧视、种族灭绝取得了"合法"地位。

---

① Giorgio Agamben, *Homo Sacer: The Sovereign Power and Bare Life*, California: Stanford University Press, 1998, p. 181.

数以百万的个体就这样被推入毒气室，葬入焚尸炉。这些生命个体被完全剥夺了公民身份，不再享有原有国家的居住权利，没有了控告、申诉的权利，也不再受到宪法、法律的保护。他们没有任何政治权利和法律地位，更不用说参与公共生活，甚至连自身的生活也完全被侵占。他们能被随意杀死，无须经过任何法律程序。也就是说，已经沦为赤裸生命的他们要么立即被处死，要么苟且地活着，而活着也只是意味着对死亡的等待。他们不仅要遭受党卫队、牢头的凶残监管，还得承受繁重持久的体力劳动和长期的营养不良。饥饿、疾病、寒冷接踵而来，精神的折磨、意志的摧残使他们渐渐失去了战斗的意志，无可避免地沦为赤裸生命，沦为随时会走向死亡的喘息之物。迈入集中营意味着要么直接走向死亡，要么间接走向死亡，即逐渐沦为赤裸生命。

这鲜明地证明，在纳粹政权中，生与死的权力得到了极致扩散。谁有权力，谁就能掌控他人的生死。所有人都必须直面死亡，这是纳粹政权的最终解决方案。权力穿透在集中营囚员之间，生命不再是可贵的存在。阿甘本感叹道："犹太人不是在一种疯狂的、规模巨大的大屠杀中被灭绝的，而是如希特勒所宣称的那样'被当作虱子，也就是被当作赤裸生命被灭绝的'。这种灭绝产生的维度既不是宗教的也不是法律的，而是一种生命政治。"[1]虽然有《凡尔赛条约》的牵制，但是，纳粹德国根本无视其存在，甚至用更加血腥的方式表达对该条约的不屑。集中营里没有审判，没有控诉，权力就是最高的法官。在这里，政治已经变成完

---

[1]　Giorgio Agamben，*Homo Sacer*：*The Sovereign Power and Bare Life*，California：Stanford University Press，1998，p. 114.

全的生命政治。"一种前所未有的使人活的生命权力的绝对化与使人死的主权权力的绝对普遍化交织在一起，生命政治与死亡政治变得一致起来。"①这也是现代生命政治的主要特征，而"现代生命政治的新颖之处在于，生物性事实本身直接就是政治性的，政治性事实本身直接就是生物性的"②。生物性生命被彻底纳入政治性之中，二者关系变得越来越模糊，生命也变得越来越失去存在的意义，只能任由权力支配。

集中营在这里是作为一种现代主权权力而再现的，它与生命权力媾交，区别于传统主权权力，造成的结果是：迈入集中营的每个政治共同体都不再有任何保障，统治者肆意行使着无限制的统治权，并凭借例外状态或戒严法悬置法律，从而使生命不断被还原为赤裸生命，被恣意排除、纳入、剥夺、消除。"集中营里的囚员被剥夺了所有政治地位，被完全简化为赤裸生命。集中营也是迄今为止已实现的最绝对的生命政治空间。在这个空间中，权力面对的只是纯粹的生命，没有任何调和的中介。集中营是政治空间的典范，在那里，政治已然是生命政治，神圣人与公民相互混淆。"③

不过，必须指出，阿甘本对集中营及权力的分析，不是为了单纯指出纳粹德国的残暴、民众的苦难，而是为了更好地对现代资本主义政治制度和社会秩序进行诊断，揭露资本主义政治体制的秘密和丑恶。在经

---

① Giorgio Agamben，*Remnants of Auschwitz：The Witness and the Archive*，New York：Zone Books，1999，p. 83.

② Giorgio Agamben，*Homo Sacer：The Sovereign Power and Bare Life*，California：Stanford University Press，1998，p. 148.

③ *Ibid.*，p. 171.

济全球化背景之下，社会获得空前的发展。虽然政治权力已经不需要以战争作为借口来启用例外状态，但是，诸多打着"反恐"旗号，尤其是在后"9·11"时代进行的霸权主义正不断激活着例外状态的合法性。"今天，例外状态或紧急状态已经成为一种治理的范式。最初被理解为某种不寻常和某种例外的例外状态，本来只应该在有限的时间内有效，历史的转变却使之成为治理的常态。"①在主权权力的主导之下，例外状态最大限度地展现着自身的政治扩展本性。当例外成为政治、社会、生活的常态，彼此交融时，我们所有人都会无法摆脱变成赤裸生命的命运。正如阿甘本的断言："今天如果不再存在任何清晰的赤裸生命形象，这是因为我们所有人都已经在无形中变成了神圣人。"②

在阿甘本看来，这种让人毛骨悚然的断言并不是危言耸听，而是现代西方政治社会打着的各种安全、健康、和平、稳定旗号的遮羞布被撕下后显露出的真实面目。阿甘本不是像福柯一样把资本主义社会类比为"监狱群岛"，也不是像奈格里与哈特一样把政治希望寄托于都市的解放、诸众的崛起。他对集中营的分析是为了描述西方政治社会正在上演以及即将上演的纳粹主义政治与西方民主制度的合并，从而把整个西方社会类比于"集中营群岛"。集中营的生命政治地位不再依赖于对物理空间与建筑设计的强调，阿甘本考虑更多的是集中营的政治组织结构以及迫使个体身份丧失的合法性的建立，尤其是确保例外状态在集中营中的有效运行。集中营的本质就是例外状态与司法常规相混淆，本身就是例

---

① 汪民安、郭晓彦主编：《生产》第 7 辑，51 页，南京，江苏人民出版社，2011。

② Giorgio Agamben，*Homo Sacer：The Sovereign Power and Bare Life*，California：Stanford University Press，1998，p. 115.

外状态成为常规的展现场所，是处于正常秩序之外、危险状态之内的永久性的例外空间。

　　根据阿甘本的观点，集中营是被主权、例外、赤裸生命等术语架构的绝对的生命政治空间。"社会科学、社会学、城市研究以及建筑学正试图用这些模型来构想和组织世界各国城市的公共空间，但是，它们都没有清楚地意识到，处于其核心的正是赤裸生命（即使它已被改变，看上去明显更具人性）。"①阿甘本批判的正是当前西方政治社会走向这种绝对生命政治空间的趋势以及集中营相似模式的运用。

---

　　① Giorgio Agamben, *Homo Sacer: The Sovereign Power and Bare Life*, California: Stanford University Press, 1998, pp. 181-182.

第四章 ┃ 阿甘本生命形式与潜能的
反抗图景

　　阿甘本对生命政治进行图绘，试图通过赋予主权、例外状态、法律、赤裸生命等生命政治范畴以新的意义来颠覆传统政治范畴，展现对全球新秩序的回应，而这些范畴正是资本主义民主制度最有力的意识形态武器。为了揭露现代资本主义社会面临的窘境，阿甘本借用了卡夫卡的短篇小说《地洞》中动物的隐喻。为了抵御假想的危险，为了维持自身的稳定与安全，小说中不知名的动物时时刻刻都处于一种惶恐不安、危机四伏的状态中。它绞尽脑汁地修缮地洞，建造迷惑敌人的暗道，不断地完善、检验储藏粮食的城郭，谨小慎微地考虑着各种极端状况，因为如果"没有得出可靠的结论，我就没有足够的理由在这方面感到安全，即使从墙上掉下的一粒砂子，不弄清它的去向我也不能放心"①。就这样，它一直疑神疑鬼，担心着其他动物会闯进地洞然后摧毁一切，始终无法获得内心的满足与宁静，即便它比以前更加安全了。这种强烈的危机感与不安全感笼罩着这个动物，而它以保卫自身安全为名打造的地洞实际上却成为"没有出路的陷阱"②。

阿甘本认为，这个寓言故事讽喻的正是现代资本主义社会。"这难道不是西方民族—国家政治空间所发生的事情吗？这些国家努力建造的家园——祖国——最后证明对那些不得不居于其内的'人民'而言，仅仅只是致命的陷阱。"③西方民主社会为了追求所谓的自由、民主、法治、人权，不仅使自身陷入危机之中，而且时刻保持着对"敌对人员"的焦虑与恐惧。他们需要不断寻求与保障自身的安全感，这也就使得全球秩序处于一种"战争"状态抑或霍布斯所说的自然状态。阿甘本尖锐批判的正是这种现代国家运行模式。他要揭示现代社会中人的存在形式，这就引发了他对生命的重新思考。

为了在现代性中重构生命范畴，阿甘本依托于福柯对生命政治学理论的基本论述，追溯了西方现代政治传统对生命范畴的界定，在对生命范畴谱系学追踪的前提下思考人在西方现代社会中的存在状态与生存可能。在具体探索生命的过程中，阿甘本在亚里士多德、福柯、阿伦特等人的启发下，开启了从政治技术、生物医学等角度对生命范畴的审视，

---

① 《卡夫卡全集》第1卷，489页，石家庄，河北教育出版社，1996。

② Giorgio Agamben, *Mean Without End：Notes on Politics*, translated by Vincenzo Binetti and Cesare Casarino, Minneapolis：University of Minnesota Press，2000，p. 140.

③ *Ibid.*，p. 140.

发现人的生物性生命在被不断政治化，同时又被不断重新置于生物学语境下，即人需要面对生命的政治化与政治的生物化的双重过程。这也是人的生物性生命与政治性生命相互分离的过程，最终使丰盈饱满的生命简化为赤裸生命，变得一无所有。在主权权力与赤裸生命的相互关系中，阿甘本认为，人不仅会失去诸种政治身份、法律权利，也会丧失道德、人格、尊严与价值。享有政治资格的人民会逐渐演变为统计学意义上的人口，最终走向希特勒意义上的"无人区"。这是现代社会中人的最终归宿，也是西方现代政治的基本逻辑。

不过，虽然着重强调了在生命政治学理论逻辑中主权权力与例外状态结构的至上性与超越性，但是阿甘本并没有对重新改造现存社会现实失去希望。相反，他从资本主义残酷剥削与压榨的逻辑结构中努力寻找走出毁灭、绝望的线索，努力表达对未来共产主义社会的构想。

一、生命形式：生命与形式的不可分离

阿甘本生命政治学理论表达了对世界政治再次遭遇奥斯维辛的担忧。他认为，要躲过这场世界性的浩劫，不能求助于某种占主导地位的意识形态，如上帝、耶稣、救世主，也不能诉诸某种具有革命潜能的伦理主体或主权逻辑的彻底变更，抑或坐等资本主义生产方式的解体与崩溃。阿甘本的救赎计划既具有浓烈的宗教色彩，又具有政治本体论的意蕴；既表达了对弥赛亚事件的期待①，又设想了一种"即将来临的共同体"，抑或"即将来临的政治"。阿甘本认为，无论是弥赛亚事件还是即将到来的共同体，它们归根结底还是要回归主权基本活动，思考躲避生命政治装置的控制，即思考一种生命与其形式不相分离的生命形式（form-of-life）。正是生命与其形式的紧密相连，致使主权逻辑无法再生产出赤裸生命，无法再迫使自然生命与政治生命、bios 与 zoē 分离。这是主权例外对控制、监视、捕获生命的批判。

因此，"不以主权逻辑为基础的未来政治必须使用这种生命概念，即不是基于自然生命与政治生命、bios 与 zoē 的司法分离，也不是从赤裸生命中涌现出来的生命，而是必须使这种分离变得不可能。这就是生命形式（form-of-life）。在那里，生命的神圣性是被阻止的……不是要在共同体中建立司法包容性，其结果无一例外是排斥的和暴力的……取而代之的是使神圣和亵渎的区分变得无效，不起作用，以至于神圣不再被用于排斥机制"②。这是阿甘本意义上的对生命的亵渎。神圣与亵渎之间的界限不再发挥作用，一切区分变得失效，不再存在差异、多样性、个性的输出。与此同时，这也是阿甘本对幸福生活之追求的体现。

---

① 对于阿甘本这种等待弥赛亚降临的政治解放态度，奈格里持明确的批判态度："我们在一个重要的十字路口等候着阿甘本：最后让他说说受苦、活着、死亡、复活的主体是谁，这场解放斗争的胜利者是谁，神学—政治的主体在哪里（如果它还在那里）。还有希望的空间：以斯宾诺莎式的方式更新神学政治。阿甘本可以做到这一点。"

② *The Agamben Dictionary*, edited by Alex Murray and Jessica Whyte, Edinburgh: Edinburgh University Press, 2011, p.172.

（一）生命形式结构体的语义内涵

"生活形式"（form of life）是欧陆哲学与科学哲学的传统技术术语，经常被 20 世纪分析哲学大师维特根斯坦使用。它的语义内涵不同于 20 世纪初反实证主义社会思潮的齐美尔的"生活风格"。生活风格概念常被运用于文化哲学、精神、心理学。维特根斯坦与阿甘本在哲学兴趣与研究方向上存在很大差异（维特根斯坦哲学主要关注逻辑学与语言哲学问题，而阿甘本对传统政治哲学、美学、宗教、伦理学、本体论问题感兴趣），但是维特根斯坦在阿甘本的哲学道路上，尤其在阿甘本神圣人计划的后期阶段发挥了重要作用。阿甘本的核心术语"生命形式"在很大程度上就受到了维特根斯坦的启发。除此之外，维特根斯坦后期对遵循规则、"使用"的重要性的强调，也对阿甘本在圣方济各会的隐修制度与生活方式中讨论反"有"的"使用"的生命形式产生了不可忽视的影响。维特根斯坦对于生活形式概念并没有进行详细的界定，与其说他试图明确定义其概念，还不如说他更强调概念的使用过程。

对于维特根斯坦的生活形式，我们需要明确两个基本点。第一，生活形式概念在维特根斯坦的哲学研究过程中并不是一个高频词汇，而且德语 lebensform、lebensformen、form des lebens（生活形式）中的 leben 具有双重意义，这有点类似于阿甘本对 bios 与 zoē 的区分。leben 既可以表示"生命"，亦可指"生活"。对于 leben 这两个相异的内涵，维特根斯坦并没有进行考古学式的界定，因此，仅将其理解为中文语境中的"生活"是有缺陷的，应该在"生活"与"生命"这两层意义上加以把握。第二，维特根斯坦不主张对概念进行定义，强调应该在具体实践过程、使用背景中把握其本质性特征。对于生活形式，他将其置于语言分析过程中。生活形式概念在维特根斯坦著作中的出现寥寥可数，却在很多场合下被应用于语言之中。语言是理解维特根斯坦生活形式概念的基础，也是理解它的最重要的方式。维特根斯坦认为："想象一种语言就意味着想象一种生活形式（a form of life）。"①"语言的述说是一种活动，或是一种生活形式的一个部分。"②这是维特根斯坦对语言和生活形式关系的直接描述。维特根斯坦对语言的考察集中于语言与生命之关系、语言对世界的展现。这并不是一种抽象的、静态的、形而上学式的语言分析，而是一种日常社会生活实践过程中的语言游戏问题，即人在语言游戏中如何表现主体性、如何对语言做出相应的反应，人的诸种情感、行为如何与语言游戏交织在一起。语言不再只是纯粹的交流的工具，也可以是对人类实践活动、生活形式的表达与描述。语言需要脱离对词、命题、句子、意义、本质的固守，转向在不同语境、背景、环境中的运用。

费尔曼（Ferdinand Fellmann）认为，维特根斯坦的生活形式指的就是"使用"。它"说明了通过运用和习惯稳定下来的内部的行为和态度方式。这里没有产生出形式，也没有预给形式，而是在发展的过程中形成的。通过形式得到了私人情感的多变性并为这种多变性增加了一种内心的、可以设想的态度行为方式"③。换而言之，语言在使用过程中可以呈现出多变性。在必须遵守游戏规则的前提下，这种多变性与规则可以衍生出另一种或多种意义，这就是生活形式的演变过程，既可以促使某

---

① ［奥］维特根斯坦：《哲学研究》，李步楼译，17 页，北京，商务印书馆，2000。

② 同上书，17 页。

③ ［德］费迪南·费尔曼：《生命哲学》，李健鸣译，194 页，北京，华夏出版社，2000。

种行为方式得到保留，又可以在陈旧的行为方式中创造全新的行为方式。因此，生活形式预示着诸种可能性。维特根斯坦的生活形式虽然存在诸多解读，但是，最明显的是，他在论述过程中将生活形式与语言游戏交织在一起，在语言游戏中探寻生活的内容与生命的意义。阿甘本也是如此。对语言与生命问题的关注贯穿阿甘本的思想历程。这正如基西克对维特根斯坦的创新性解读："语言与生命也具有选择性的亲和力……或者，如果你喜欢的话，可以称其为语言生活（Lingua sive Vita）。"①

基西克出版了两本设想生命形式的专著，分别以维特根斯坦的生活形式与阿甘本的生命形式为研究对象。他旨在描绘维特根斯坦如何从语言哲学问题转向生命问题，使维特根斯坦的生活形式不再只局限于逻辑学与语言分析哲学领域而能够在更宽泛的视野下得到全新的诠释。如果说基西克对维特根斯坦生活形式的强调主要是为了发现生命与语言之间的有效关系的话，那么，他对阿甘本生命形式的分析则是要将其纳入政治哲学的问题域中，从而展现设想生命形式的另一种方式。因此，无论是他对维特根斯坦生活形式的探索还是他对阿甘本生命形式的力量源泉的寻找，都不是为了提供一种有关生命形式的具体的、统一的、详细的内容与答案，而是对摆脱控制、欲望、束缚的生命形式的思索。他对阿甘本生命形式的解读，最主要的就是发现了其中所蕴含的抵抗生命政治的生命力量。基西克认为："生命本身的力量可以被视为对生命政治的

① David Kishik, *Wittgenstein's Form of Life*（To Imagine a Form of Life，Ⅰ），London，New York：Continuum，2008，p. 8.

颠覆。"①

基西克是如何描绘与延伸阿甘本生命形式中的力量图景的？又是如何在阿甘本生命形式的描述中塑造自身思考生命形式的方式的？

第一，在我们生活的世界中存在两股彼此对立的力量，驱使着我们的生活走向不同的发展方向。这是世界不会走向毁灭，生命不会趋向堕落的前提。"一种是凌驾在生命之上的权力，另一种则是生命的力量。一方面，阿甘本把生命权力理解为第一种权力，因为生命权力不断试图剥夺生命的形式，把生命还原成赤裸生命，还原成纯粹活着的事实。生命权力掏空了生命本身的力量。另一方面，生命权力也可以被视为一种内在于生命或处于生命内部的力量，通常被理解为一种生活形式、一种生活方式或生活风格：在那里，它展现着自己的力量。"②这是生命政治本身具有的内在冲突。

基西克承认，在面对诸种类型的权力装置控制、规训与监督时，也存在抵御这些装置的潜在力量。这种生命力量不是蕴藏在 zoē 式的生命之中的，而是蕴藏在 bios 式的生命之中。很显然，这与福柯、奈格里、埃斯波西托等人的观念一致。那么，这也就意味着阿甘本意义上的绝对的赤裸生命是不可能存在的，生命与其形式的彻底分离也是不可能的，因为总有一股力量在维持、促进、刺激着生命潜能的散发，对绝对事件的宣称终会指向一种幻想、虚构、谎言。

第二，人的生命与其形式的不可分离性，表现在形式上是生命的属

---

① David Kishik, *Agamben and the Coming Politics* (To Imagine a Form of Life, II), London, New York: Continuum, 2012, p. 8.

② *Ibid.*, p. 100.

性。作为生物体的人都具有某种既定的生命形式或者说生活方式，这是人类物种区别于其他生物物种的特征之一，而且形式是人必备的属性。在人类的日常社会生活实践过程中，生命形式不可能只具备某种单一的生活方式或生命形式，而是呈现出多样性与复杂性。换而言之，它既可以是一也可以是多，既可以是单数也可以是复数，正如对维特根斯坦生活形式的单复数学派之争。生命形式是与人类现实生活事实交织在一起的，因而不能将其禁锢在形而上学的逻辑结构之中，不能将其视为某种理论的或抽象的实体，而是应该在人类事实性实践过程中展开对它的思考。

"生命形式的建构是一种不断解构的行为。它是在真实的世界中而不是理念的世界中运作的，不仅要面对其他生命形式，还必须面对内在于它的诸多力量，因为不同的人必须构想和实践彼此不同的共同存在。"①这种共同存在必然保留着为了生存而斗争的生命潜能。"即使赤裸生命可以被无限地摧毁，有些东西仍然可以被保留下来。生命形式就是这种剩余。"②生命形式就是抵抗斗争、矛盾、权力、毁灭的最后希望，也是一种强大的、激进的、创新性的生命潜能的载体。因为生命形式中的基本元素，即生命、形式、权力并不是相互独立、相互孤立的实体，而是相互融合、相互渗透的，从而形成三位一体的结构，抑或将其称为"生命形式的权力"（the-power-of-form-of-life）。

这种权力结构类型类似于福柯对权力关系的界定。它没有中心，以

---

①　David Kishik, *Agamben and the Coming Politics* (To Imagine a Form of Life, Ⅱ), London, New York: Continuum, 2012, p. 104.

②　*Ibid.*, p. 106.

网络形式运作，展现的是块茎逻辑而不是树状逻辑。"这种块茎结构确保着我们的生活方式在抵御外部或内部攻击方面比集中式权力强大得多，因为一个中心可以很容易地被破坏、切断或关闭。这也意味着生命形式不是均匀分布的，而是倾向于创建高度的集群（簇）。因此，这是强大有力的，是相互作用的，那些分散的则是虚弱的分支。权力关系最关键、最重要的事情是建构了我们的网络，生命形式就类似于这种网络：它们事实上是无法统治和难以控制的。"①总而言之，"人的生命的力量在于他的生活方式，而不在于其他什么地方。对于生活方式而言，要变得强大有力是不可能的，除了在事实上以此种生活方式生存，以及不断生产或生成这种生活方式。通过这种方式，权力作为必要的媒介发挥作用。这种媒介可以使我们拒绝生命概念的分裂，而这种生命的概念开始于古希腊的 bios 与 zoē 的区分、生活方式与活着的事实之间的区分。在西方传统中，这只是一种语言差异，并没有先驱或继承者。一个人活着与他如何活之间的分离导致了两个完全无力的实体。权力把 bios 与 zoē 捆绑在一起，正如原子能把质子和中子结合在一起。这种捆绑生产了力量，这种力量又维持着这种捆绑与结合。"②

第三，无须对生命形式进行本体论追溯，它也不一定根植于宗教信仰、宗教仪式。最重要的不是界定生命形式到底是什么，生命形式在何种历史时期发生了强烈转变，生命形式在现代性中是否存在另一种面貌等，而是强调它本身就是力量的源泉，这是通过对斯宾诺莎主义的思考

---

① David Kishik, *Agamben and the Coming Politics* (To Imagine a Form of Life, Ⅱ), London, New York: Continuum, 2012, p. 107.

② *Ibid.*, pp. 107-110.

与延伸而得出的结论。生命本身蕴含的力量的最终胜利也不是一蹴而就的，而是经历了持久的、长期的斗争过程。这场革命需要更好的时机与机遇，因为"日益增长的生命的力量与日益增长的凌驾在生命之上的权力之间存在着直接的关系。生命形式的兴起不一定会导致赤裸生命的衰落。今天的风险只是更高。生命获得的力量越多，旨在控制生命的装置就越精巧；生命拥有越多的价值，旨在利用生命的策略就越复杂。"①

　　尤其是在多元化的资本主义时代，"从监控我们一举一动的闭路电视到操纵我们欲望的普通电视，从追踪我们行踪的手机到保存着我们庞杂消费账单的信用卡，从解析我们灵魂的心理医生到严格管制我们身体的医生，从规训我们的学校到垄断我们公共领域的大众传媒"②，更加精细、敏捷的权力控制装置布满社会生活的各个地方。各种精密、灵活的技术手段笼罩于生命之上，或许意味着异于传统资本主义的数字资本主义时代的到来，而生命形式的力量体现在"每一个行为和每一个手势中，每一个愿望和每一个想法中，每一件家常杂事和差事中。一旦能在今天的文化霸权中用一种天然有机的方式追求自己的生活模式，人就需要大量的坚持与抵抗来坚守阵地。如果说在后现代性中，对于那些琐碎的生活而言确实没有什么真正重要的东西的话，那么在即将来临的共同体中，对于生命形式而言，所有的东西都很重要"③。这亦可被解读为生命形式与凌驾于生命之上的权力的角逐，这是一场无硝烟的战争，是

---

　　① David Kishik, *Agamben and the Coming Politics* (To Imagine a Form of Life, Ⅱ), London, New York: Continuum, 2012, pp. 113-114.

　　② *Ibid.*, p. 114.

　　③ *Ibid.*, p. 115.

一场残酷的厮杀。

很显然，基西克对生命形式抱有强烈的期待。在他那里，生命形式不能被赋予任何既定的、具体的内容，它纯粹是摆脱权力控制的秘密空间，抑或是一种逃离权力捕获的宏观构想。在基西克看来，不是去寻找确切的革命主体，而是不断地构想充满力量的生命形式，即如何设想一种生命形式。这对阿甘本来说亦是如此。事实上，阿甘本对生命形式的设想更加具体，他曾很明确地表达："如何思考一种生命形式，一种彻底从法律的掌控与身体和世俗的使用中摆脱出来的人类生活，一种永远不会被证实为占有的人类生活？也就是说，把生命视为一种从未既定的所有权，视为一种共同的使用。"① 由此，阿甘本试图构想一种不受主权权力、法律和财产或所有权控制的生命形式，使人类生活能够如此这般地进行。

对于生命形式结构体，阿甘本在意大利语中做了两种表述："forme di vita"与"forma-di-vita"。英语、法语一般将其转译为"form-of-life" "forme-de-vie"。② 阿甘本将生命形式（form-of-life）视为赤裸生命的对立面，一种具有完全意义的生命，一种司法政治无法捕获的生命，一种纯

---

① Giorgio Agamben, *The Highest Poverty*: *Monastic Rules and Form-of-Life*, translated by Adam Kotsko, California: Stanford University Press, 2013, p. xiii.

② *Altissima povertà. Regole monastiche e forme di vita*（意大利语，2011），*The Highest Poverty*: *Monastic Rules and Form-of-Life*（英语，2013，《最高的贫困：隐修制度与生命形式》）；"Forma-di-vita"（意大利语，1993）、"Form-of-Life"（英语，2000，单篇论生命形式的文章）。很显然，在《最高的贫困》的转译过程中，阿甘本意大利语中的生命形式发生了两点变化：从复数形式转变为单数形式，从没有连字符而被加上连字符。生命形式的书写变化，很大程度上反映的是英译者基于对该术语的理解而做出的调整。

粹的人类生命，一种摆脱法律掌控的生命。从书写形式上来看，生命形式（form-of-life）中的生命与形式之间有连字符，以强调生命与形式的亲密关系，这明显体现了海德格尔的书写风格。从内容上看，与维特根斯坦对生活形式的模糊定义不同，阿甘本将其界定为"一种不可能与其形式相分离的生命，一种永远不可能隔离出某种类似于赤裸生命的生命"①。从语言差异的角度来看，生命形式（form-of-life）异于 forma vivendi、forma vitae、vita vel regula。生命形式既不是生命的形式，也不是诸种生命形式，而是以单数形式存在的生命形式。

"生命形式对立于以捕获 zoē 为主要目标的生命的诸种形式（forms of life）……生命的诸种形式描述的是权力装置界定和控制生命的诸种方式。这种复数形式是非常重要的，因为它确认了主权权力对生命的断裂与控制的多种方式。然而，生命形式是一种单一的生命，一旦分裂生命变得无效，这种单一的生命就会涌现出来。"②生命的诸种形式呈现的是主权逻辑与生命范畴之间的捕获、控制关系，抑或是主权权力模式萃取生命内容的各种迥异的方式，最终指涉的是主权对生命的否定关系。至于生命形式，虽然阿甘本在某种程度上称生命形式以抵御 zoē 的政治化为目标，反抗 bios 与 zoē 之间的分离，但是并没有赋予其任何具体性的内容，而是在与赤裸生命的对立关系之中来加以确认。因此，它只能通过对立面来获得自身的内涵与指向，这也就意味着它通常以一种潜在

① Giorgio Agamben，*Mean Without End*：*Notes on Politics*，translated by Vincenzo Binetti and Cesare Casarino，Minneapolis：University of Minnesota Press，2000，pp. 3-4.

② *The Agamben Dictionary*，edited by Alex Murray and Jessica Whyte，Edinburgh：Edinburgh University Press，2011，p. 72.

的、不在场的方式存在于对立关系之中，只有当对立面变得无效、不再起作用时，才会露出真实面貌。

生命形式成为阿甘本对那些误认为其是悲观主义者的反击[①]，也是阿甘本对人类摆脱生命政治法律逻辑控制的有力探讨。如果西方政治无法再离析出生物性存在的赤裸生命的话，那么这就代表着一种崭新的政治与伦理学的到来。这就是即将来临的政治哲学的基础，也是一种幸福生活，"一种绝对世俗的'充足生活'。这种生活使自身的力量与可交流性达到了完美境地——一种凌驾于主权之上的生活，一种主权不再具备掌控生命权利的生活"[②]。生命形式预示着"幸福生活"的到来。

在如何发现生命形式的问题上，阿甘本很抽象地说道："只有其事实性与物性中存在一种思想时，某种生命的形式才会转变为生命形式，即其中绝不可能离析出某种类似于赤裸生命的东西。"[③]阿甘本预设了生命形式存在的前提条件，即思想。思想是生命的诸种形式转变为生命形式的媒介，可以使某种单一的生命的形式转变为生命形式。因为思想本身具有"一种体验，一种实验"，而在这种体验与实验中，"它把生命以

---

① 例如，奈格里与哈特认为，阿甘本的生命政治是一个极度含混且充满冲突、暴力的领域，是一种缺乏力量与主体性的生命政治。他们对阿甘本生命政治的基本看法是否定性的。奈格里明确表明，阿甘本从一开始"就排除了生命政治概念的所有生产性特质，并将其强加在本体论维度之上。换而言之，生命政治被转换成了一种永恒性的形而上学的装置。阿甘本坚持认为自古典时代以来，要把生命与政治区分开来是不可能的"。埃斯波西托认为，阿甘本对生命政治的描述完全是否定性的，只是对主权权力致命逻辑的矛盾重复。

② Giorgio Agamben, *Mean Without End : Notes on Politics*, translated by Vincenzo Binetti and Cesare Casarino, Minneapolis：University of Minnesota Press，2000，pp. 114-115.

③ *Ibid.*, p. 9.

及人类智力的潜能特性视为对象"①。这是但丁意义上的思想权力，该思想权力即"使生命不断与其形式重新联合，或不断阻止生命与其形式分离"②。"思想即生命形式，这种生命不能与其形式相分离；这种亲近的不可分离的生命可以出现在物质过程和习以为常的生活方式的物质性中的任何地方，在那里，只存在思想，在理论中也是如此。这种思想，这种生命形式……必将成为即将来临的政治的指导性概念与统一的中心。"③

阿甘本并没有完全停留在对生命形式简略而又抽象的分析上，而是设定了一种生命形式的典范，即圣方济各会的隐修生活形式，从而开启了从权力形式向生命形式的政治神学思考。在圣方济各会的隐修生活与制度形式中，"值得讨论的不是规则，而是生活；不是宣称信奉这种或那种信条的能力，而是以某种方式生活的能力，即愉快而又公开地过着某种生活形式的能力"④。阿甘本强调的是圣方济各会的生命与生命形式，而不是某种单一的规则或形式。这是反抗生命政治逻辑的巅峰体现，而圣方济各会隐修规则中的"最高的贫困"与"使用"的生活方式是对抗资本主义的另一种具体的生命形式。

(二)反"有"：圣方济各会"最高的贫困"

福柯强调个体的身体受到各种纪律、规则、标准的约束与监督，其

---

①　Giorgio Agamben, *Mean Without End: Notes on Politics*, translated by Vincenzo Binetti and Cesare Casarino, Minneapolis: University of Minnesota Press, 2000, p. 9.

②　*Ibid.*, p. 11.

③　*Ibid.*, pp. 11-12.

④　Giorgio Agamben, *The Highest Poverty: Monastic Rules and Form-of-Life*, translated by Adam Kotsko, California: Stanford University Press, 2013, p. 93.

目的主要在于促使生命个体符合规范与标准，从而生产出驯服的肉体。这种政治解剖学体现的是将预先设定的各种规范与准则应用于个体的生活实践中，如此，生命个体终究是权力关系与权力技术的直接对象。阿甘本与此相反。

为了实现一种不受主权、法律、规范控制的生活方式，为了摆脱现代西方社会生命政治逻辑的束缚，为了颠覆福柯政治解剖学既定的生活方式，阿甘本构想了一种法外状态的存在方式，即建构一种生命形式。这种生命形式最基本的特征是不受法律的控制。不是规范被应用于生活或生命之中，而是生活或生命被应用于规范之中，在规范之中生存，或者说，形式、生命、规则进入了无差异门槛地带。因此，"这并不是一个把某种形式（或规范）应用于生命的问题，而是按照那种形式去生活的问题。这就是生命的形式。接下来，要让生命本身成为形式，并与之相一致"①。至于此种生命形式类型的体现，阿甘本将其追溯到了基督教的文化传统中，并直接将圣方济各会的隐修规则及其生活方式视为生命形式的典范，认为圣方济各会中的法外生活规则为人类构建好的行为方式、追求"幸福生活"指明了方向。

与福柯晚期转向苦行传统类似，阿甘本对基督教隐修制度的探讨旨在"通过隐修生活的典型例子构建出一种生命形式，即一种与其形式联系紧密的生命，以至于这种生命与其形式无法分离"。修道院中僧侣的生活方式、行为习惯与必须遵循的诸种规则是我们思考阿甘本意义上的

---

① Giorgio Agamben, *The Highest Poverty*: *Monastic Rules and Form-of-Life*, translated by Adam Kotsko, California: Stanford University Press, 2013, p. 99.

生命形式的核心。"从这个角度来看，该研究首先面对的问题是规则与生命之间的关系。这个关系界定了一种装置，而僧侣希望通过这种装置来实现他们共同生命形式的理想。"①阿甘本认为，正是隐修生活方式对僧侣最细微、最直接的生命调节，使得规则、法律、仪式、生命相互之间变得模糊，使得僧侣的生活实践成为"无差异领域"；世俗法律的禁止界限与修道院对僧侣生活的塑造变得不再可分，隐修规则脱离了原初的禁止与惩罚的设定而演变为对僧侣的生活方式最精细的关照。

阿甘本试图通过对中世纪圣方济各会运动中僧侣的共同生活的分析探寻如何逃离现代政治法律机制对生命的捕获与控制，思索如何避免沦为赤裸生命，最终摆脱主权权力与生命权力相一致的陷阱，走出生命政治趋向死亡政治学的逻辑框架。尽管阿甘本对基督教早期隐修制度或圣方济各会的生命与形式之间的关系问题持这样的立场，努力追求生命与形式的统一，"坚持不懈地接近它的实现"，但是又"一直在错过它"②。圣方济各会最终失败了，没有实现其生命与形式的完全统一，不过这并不会阻碍阿甘本将其视为生命形式的典范，他仍然可以从中汲取力量。

阿甘本的探索似乎说明，中世纪基督教隐修制度存在生命力的逻辑。福柯与奈格里也有过类似研究。虽然最终的目的不一致，但是他们分享了圣方济各会生活方式、存在模式的共同主题，都在一定程度上把圣方济各会的存在模式视为自身理论突破的方向。福柯在晚期关怀自我

---

① Giorgio Agamben, *The Highest Poverty: Monastic Rules and Form-of-Life*, translated by Adam Kotsko, California: Stanford University Press, 2013, p. xi.

② *Ibid.*, p. xii.

技术中转向了对主体化的古代模式的思考。他考察了诸种禁欲主义类型，比如对犬儒学派生存模式、生活方式进行思考，试图摆脱对犬儒主义的个人主义诠释方式，转向探寻犬儒主义的生存模式与真理话语之间的关系，以获得一种更好的生活，一种充满朝气的生活。福柯认为，在欧洲历史长河中，犬儒主义生存方式与生活纲要首先被转移到了基督教禁欲主义实践与机制中，并长期存在。换而言之，犬儒生活模式接近于基督教的生活，后者明显体现出前者的规划纲要、行为方式、生活态度等。"圣方济各会修士在某种程度上可以说是中世纪基督教的犬儒者，他们不名一文，四处漂泊，贫穷，乞食为主。"①

虽然福柯并没有详细分析圣方济各会如何实际地践行犬儒生活模式，只是单纯地将其视为中世纪基督教的践行者，但是它在福柯那里既是犬儒生活方式的代表之一，必然就具备犬儒主义行为方式的特征与功能。因此，圣方济各会的生活方式具备双重含义："这既是一种赤条条一无所有的生活方式，同时也是对世界与生命之真理赤裸裸的展示。生命的选择成为真理的轰动性展示，一无所有的生命成为在肉体上建构真理的展示剧场。"②

福柯在这种犬儒式的生活方式中找到了真理展现的场所，认为犬儒者的生活方式不是简单的、纯粹的禁欲生活，而是真理展示的生活方式，是不断对个体产生作用的生活方式。除此之外，福柯认为，圣方济各会的根本目就是"在信徒中间展开牧师工作"，"在修士自身之中重

---

① ［法］米歇尔·福柯：《说真话的勇气：治理自我与治理他者Ⅱ》，钱翰、陈晓径译，150—151页，上海，上海人民出版社，2016。

② 同上书，152页。

塑严格的牧师秩序"①。这也就意味着，为了过上一种真实的生活，圣方济各会在隐修生活中践行对人的持续关怀或自我关怀。这是福柯关怀自我技术的鲜明体现。简而言之，福柯将圣方济各会的生活方式与隐修规则视为真理、技术、伦理融合的领域，是自我关怀技术展现的场所，亦是突破权力技术压迫的生活方式之一。他在一定程度上表现出对圣方济各会僧侣贫乏状态的肯定。福柯不像阿甘本那样将圣方济各会生活方式模型视为核心主题，而是强调基督教"自身的技术"。但至少，他承认这种生活方式存在强大的生命力，是关照自我的早期体现形式。

对于奈格里与哈特而言，他们更加直接地表达了对圣方济各在贫困潦倒的境遇下所表现的反抗精神的赞赏，认为这是共产主义者必备的战斗精神。与福柯想要在圣方济各的生活方式中发现真理不同，奈格里与哈特主要强调圣方济各的贫穷状态及其反抗力量的构成，因为这是建构共产主义的核心。他们以圣方济各的生活境况来类比在后现代性中诸众面临的资本主义全球扩张的处境，为诸众承担圣方济各的历史任务与革命精神寻求理论支撑。从这个角度来看，圣方济各会指涉奈格里与哈特未来共产主义共同体的发展趋向。必须承认，奈格里与哈特对圣方济各会的直接描述较少，主要以隐喻的方式彰显生命政治思想。但是，在《帝国》的最后，他们直接说明了圣方济各在其理论建构中的重要位置：

　　一个古老的传说也许有助于说明共产主义战斗精神的前景，即

① 汪民安编：《什么是批判：福柯文选Ⅱ》，335 页，北京，北京大学出版社，2015。

阿西西的圣方济各的传说。想想他的工作。为了摒弃民众的贫困，他接纳了一般状况，在那里发现了一个新社会的本体论力量。共产主义斗士做了同样的工作，在民众的一般状况中识别出了它的巨大财富。在与尚未成熟的资本主义的斗争中，圣方济各拒绝了任何工具的规训，在反抗肉体的禁欲中(在贫困与既定秩序中)，他提出了要过一种欢乐的生活，包括所有的存在和自然、动物、月亮妹妹、太阳哥哥、田野里的鸟儿以及穷人和受剥削的人们，它们要一起来反抗权力意志和腐败。又一次在后现代性中，我们发现自己处在圣方济各的境况中，要以存在的愉悦来反对权力下的苦难。这是一场没有力量可以控制的革命——因为生命权力与共产主义、协作与革命一起在爱、单纯和天真当中保存下来。这是身为共产主义者的不可抑制的轻松和快乐。①

在贫困之中，圣方济各发现了新社会的本体论力量。在资本主义全球扩张的背景中，奈格里与哈特认为他们同样发现了新社会的本体论力量，即把圣方济各的使命赋予诸众这一具有生产性与创造性的革命主体，或者说作为穷人的诸众。圣方济各虽然在物质上处于贫困、匮乏的状态中，但是他努力追求内心的愉悦，竭力激发心中的热情，以表达对教会权力与财治的抵抗态度，从而获得精神与灵魂上的彻底满足感与幸福感。在后现代社会，奈格里与哈特认为穷人的诸众也需要以这种生活

---

① ［美］麦克尔·哈特、［意］安东尼奥·奈格里：《帝国——全球化的政治秩序》，杨建国、范一亭译，394—395页，南京，江苏人民出版社，2008。引文稍有改动。

方式和行为准则为目标，以推翻帝国的统治，走向未来的共同体。

那么，奈格里与哈特如何在帝国控制的经济全球化境遇中建构诸众的贫穷？他们集中分析圣方济各的贫穷境况，认为："圣方济各的行乞命令宣扬穷人的美德，既是为反对教会权力的腐败，也是为反对私有财产制度——这两者是紧密相连的。"①贫穷即力量的体现，是反抗压迫的力量体现。众所周知，贫穷是传统政治哲学领域的核心范畴，奈格里与哈特想要展现的是贫穷的力量，是穷人诸众的创造性与潜能。在奈格里与哈特看来，"诸众的贫穷并不意味着苦难、剥夺或者匮乏，而是确立社会主体性的生产，结果就是彻底多元且开放的政治体，这个政治体既反对个人主义又反对排他性、联合起来的拥有财产的社会团体。换句话说，穷人指的不是那些一无所有的人，而是那些无视社会秩序或财产、内嵌在社会生产中的广泛的多样性。"②

穷人的包纳性、开放性、多样性就是他们潜在的力量。这是一种内在性力量，而不是外界强加其上的赋予性力量。必须看到穷人的表达力与行动力，必须给予穷人创构性的分析方式，这也意味着，必须从生产性角度审视诸众的贫穷，诸众与贫穷之间的构成性关系是穷人的本体性力量的展现。因此，穷人"不是社会某一群体的排他性身份，而是不论身份或财产，以杂多性内嵌在社会生产机制中的群体，因为主体性的开放性和多元性而生机勃勃。正是因为穷人诸众的存在，才对财产共和国

---

① ［美］迈克尔·哈特、［意］安东尼奥·奈格里：《大同世界》，王行坤译，34 页，北京，中国人民大学出版社，2015。

② 同上书，31 页。

造成了实实在在的威胁"①。我们不应只关注穷人群体物质财富的匮乏及其在生产过程中的附属地位，也应看到他们对财产与身份的拒斥，看到统治者对他们的憎恶与恐惧，即看到穷人的无限革命力量。

圣方济各会的生活方式是窥见阿甘本构想的生命形式的窗口。修道院是生命形式活跃的场所，它们为一种不能与其形式分离的生命提供了模型。与福柯、奈格里、哈特对圣方济各会蜻蜓点水式的描述不同，阿甘本试图在圣方济各会的生活机制中重新解释基督教传统，发现批判资本主义生产方式的根基，为未来共同体的生活寻求线索。阿甘本对圣方济各会禁欲传统的描述集中关注其贫穷状态。这不是从司法政治角度出发，也不是从政治经济学批判角度来看待贫穷问题，而是认为贫穷言说着一种生命状态，一种存在状态。阿甘本试图从宗教、哲学角度出发重新审视基督教生活模式，思考圣方济各会的行为方式。在这里，他主要强调圣方济各会僧侣自愿选择贫困，他们的贫穷是一种"至上的贫穷""最高的贫穷"。不拥有任何权利，不占有任何东西，这就是圣方济各会典型的生命形式，也是对罗马教廷的强烈反抗。

对于贫穷概念的理解可以从以下角度出发。

第一，从僧侣的穿着习惯来看，他们并不需要光鲜靓丽、绚丽多彩的服饰，但也不至于衣衫褴褛。他们有着一套自身的服饰规则，倾向于简洁、朴素。阿甘本认为，"习惯"一词"最初指的是一种'存在方式或行为方式'，在斯多葛学派那里，习惯变成了美德的同义词……似乎越来

---

① ［美］迈克尔·哈特、［意］安东尼奥·奈格里：《大同世界》，王行坤译，36页，北京，中国人民大学出版社，2015。

越多意味着穿着方式……在某种程度上，这是'引导自己的方式'必不可少的一部分"①。在圣方济各会隐修制度中，习惯渐渐演变为一种着装习惯，一种生存状态，并与行为品德、指导自我的方式密切相关：这种着装习惯"已经呈现为一种教化过程，使得他们成为美德和生活方式的象征或寓言。正因如此，对外在着装的描述，就等同于揭示了内在的存在方式"②。阿甘本认为，外在修饰的素雅、简单也意味着个体内心的单纯、天真。在这个意义上，修道士的"贫穷"指涉的是服饰习惯的简单化与纯洁化对生命内部活动的隐喻。

"贫穷"也是僧侣形成此种生活习惯的前提条件，而不只是对着装简陋、材质粗糙的表达。"因此，僧侣日夜穿戴的小兜帽是让其'不断保持小孩的纯真和天真'的训诫。亚麻长袍的短袖'暗示着他们已经中断了这个世界的行为和工作'。穿过腋下的细羊毛绳使衣服紧紧贴在身上，表示他们已经为所有的体力劳动做好了准备。他们的衣领和肩膀上盖的小披风或外套象征着谦卑。手杖提醒着他们'绝不能在众多的恶犬中赤手空拳地走出去'。他们脚上的凉鞋代表着'我们的灵魂之足……必须时刻为精神上的竞技做好准备'。"③修道院生活习惯把服饰转变成一种生活习惯，一种生活方式，即着装与生活方式不可分离。而且，"只有在修道院生活中，人们才会目睹服饰的各个要素被彻底教化"④。

---

① Giorgio Agamben, *The Highest Poverty：Monastic Rules and Form-of-Life*, translated by Adam Kotsko, California：Stanford University Press, 2013, p. 13.

② *Ibid.*, p. 14.

③ *Ibid.*, pp. 14-15.

④ *Ibid.*, p. 17.

在阿甘本看来，穿着习惯上的"贫穷"既是僧侣共同坚持的生活规则，也是事实上的穷困状态，这是他们的生活方式和存在方式。在这种贫穷中，他们能够获得一种纯真的、单纯的生活模式。这是贫穷的结果，也是趋向美德的前提条件，同时也能使其获得圆满的教化过程。换而言之，在修道院服饰习惯中，贫穷并不意味着生活拮据的消极意义，人们应看到贫穷带来的肯定性内涵。贫穷在这方面也类似于福柯在晚期著作中对关照自我的生存美学的探讨。例如，福柯极力倡导将生活塑造成具有创造性的艺术品，使生活成为艺术。早期僧侣的服饰也体现出对艺术与美的追求，促使僧侣生活在单纯、天真、纯粹的生活之中。这不是根据某种隐修规则实现的，而是因这种生活方式而存在的。或者说，生命与规则相互渗透，使其不可区分。"修道院也许是第一个这样的场所，在那里，生命本身不仅是构成与调控修行的禁欲技艺，还会被呈现为一种艺术……类似于福柯在晚期著作中所构想的那样，即生命本身的定义与永无止境的实践相关。"①

从伦理学与美学角度来看，贫穷意味着一种生存美学、生活艺术，指向对自我的不断完善。在这个方面，僧侣的服饰习惯与生活方式的不可分离，即阿甘本意义上的生命形式。这不是在赤裸生命语境中谈论生命形式的内容，而是在规则、教义、教制与生命的关系中言说生命与其形式的不可分离。

第二，从法律角度来看，圣方济各会没有任何财产所有权概念。奈

① Giorgio Agamben, *The Highest Poverty: Monastic Rules and Form-of-Life*, translated by Adam Kotsko, California: Stanford University Press, 2013, p. 33.

格里与哈特认为："圣方济各会的信徒推崇'教会法'——'根据自然法，全部事物属于所有人'，'根据神法，所有的事物都是共同的'。"圣方济各会反对财治，反对财产共和国，支持共享制度，其共同体建筑在共同财富的基础上。① 从根本上看，这不是"所有权社会"，而是一种共产主义形式。亦可说，圣方济各会一无所有，然而又"无所不有"。他们不占有、不拥有任何东西，没有财产，没有所有权，没有专属于自身的东西，但是却能在共同中产生使用行为。这只是一种事实上的使用，而不是法律所指示的使用权。"财产和所有的人类法律都始于人类的堕落和该隐之城的建立……在纯真状态下，人类使用了东西，但是没有所有权。在圣方济各会那里也一样，以基督耶稣和使徒为榜样，圣方济各会放弃了所有的财产权，仅保留了对东西事实上的使用……放弃权利（ab-dicatio iuris，这意味着回到堕落之前的自然状态）以及所有权与使用的分离，构成了圣方济各会常常从专业的角度界定他们所谓的'贫穷'的特殊条件的基本装置。"②

早期圣方济各会对权力、制度提出激进的批判，抵抗世俗世界的法律与权利。最激进的批判即反对私有财产，反对个人所有物，反对对他人劳动的占有。从这个角度来看，圣方济各会反对任何占有，反对任何私有物，拒绝拥有任何东西。这就是圣方济各会"最高的贫困"，亦即"至高的清贫"。这是一种自愿接受而让人无限向往的生活方式，也是一

---

① ［美］迈克尔·哈特、［意］安东尼奥·奈格里：《大同世界》，王行坤译，34—35页，北京，中国人民大学出版社，2015。

② Giorgio Agamben, *The Highest Poverty*：*Monastic Rules and Form-of-Life*, translated by Adam Kotsko, California：Stanford University Press，2013，p. 113.

种符合放弃所有权利（abdicatio omnis iuris）之原则的实践，也就是说，人在法律之外且没有任何权利而存在的可能性"①。用阿甘本的话来说，"圣方济各会必须坚持'剥夺所有权'的贫穷特征……'最高的贫困……被剥夺了所有权，因为它不能占有任何共同的或个人的东西，既不能占有兄弟的东西也不能占有整个团体的东西'。他们拒绝小修道会的任何占有意图（animus possidendi），充分利用了不属于自身的东西"②。从放弃所有权的角度来看，这也就意味着对创造经济价值、经济利润的私有财产的拒绝，因而无法生产出资本主义生产方式下的剩余劳动或剩余价值，也就避免了对劳动者的剥削与压榨。这种生命体验即圣方济各会生命形式的主要体现。

值得注意的是，圣方济各会宣称放弃任何权利，不拥有任何东西，不是通过废除既定的社会法律与规则来实现的，相反，与其说倡导取消现定法律与权利，不如说是一种逃离，一种不服从，一种对既定法律与权利的无视，从而使自身处于法律、权利之外，使法律与权利自动失效。这就是一种至高的贫困。因此，圣方济各会的贫困既是一种生活习惯上的简朴，又是一种法律上对物权的舍弃。这不是根据某种世俗法规生活，而是使其融入生活之中，成为自身的生活形式、生活内容，使此种生活形式与自身的生命存在融为一体，不可分离。"这种形式不是一种强加在生命之上的规范，而是在追随基督生活过程中，给予自身一种

---

① *Agamben and Radical Politics*, edited by Daniel McLoughlin, Edinburgh: Edinburgh University Press, 2016, pp. 238-239.

② Giorgio Agamben, *The Highest Poverty: Monastic Rules and Form-of-Life*, translated by Adam Kotsko, California: Stanford University Press, 2013, p. 139.

形式并使自身成为一种形式去生活。"①阿甘本将圣方济各会"最高的贫困"视为一种拒绝任何形式所有权的生活方式，这是他建构其生命与形式不可分离的生命形式的一面，另一面则是"贫困的使用"。对"使用"（use）问题的探讨反映了生命形式具体操作的可能性，是阿甘本构建生命形式范式必不可少的一部分。

(三)使用概念的激进生命形式

阿甘本在生命政治学理论中展演了主权、法律、规则对生命的控制与捕获如何使生命沦为没有活力、激情、创造性、主体性的赤裸生命。为了摆脱主权权力逻辑与例外状态的全面束缚，使生命从法律、权力的禁锢中解脱出来，阿甘本诉诸生命形式的创造。与将生命政治的典范锁定在集中营的做法类似，阿甘本将走出生命政治逻辑框架锁定在圣方济各会运动中，把圣方济各会生活方式视为走向未来幸福生活的范例。圣方济各会运动最典型的特征就是法律、规则与生命之间的关系变得十分模糊。这两个明显充满差异的领域变得不可区分，成为"无差异门槛"地带，切断了法律、权力、主权控制与操纵生命的可能性。

阿甘本认为，法律概念之所以会在圣方济各会运动中失效，就在于圣方济各会对所有权的放弃。他们不再占有任何物的所有权，不再成为权利的主体。这是对传统罗马法律的反抗，以具有反"有"特征的"最高的贫困"的存在模式为抵抗武器。个体以"一无所有"的方式生活，没有

① Giorgio Agamben, *The Highest Poverty*: *Monastic Rules and Form-of-Life*, translated by Adam Kotsko, California: Stanford University Press, 2013, p. 105.

占有任何物的意志。这并不意味着没有财产或所有权，不是自权人，就不能生存。圣方济各会虽然不占有任何财产，但是，他们坚持共同使用任何物，使用任何共同物。使用范畴的革新是圣方济各会生活方式得以进行的前提条件，它体现的是法律、生命、所有权、权利之间关系的变革。阿甘本意义上的生命形式何以可能得益于使用理论的重新塑造。

从思想发展脉络来看，阿甘本 20 世纪 70 年代就提及过使用概念——基于马克思商品拜物教的分析来探讨商品的神秘性。显然，他不是为了在马克思的基础上延伸对资本主义生产方式的批判，继续分析商品如何从简单而又平凡的东西，从普通而又可感觉的物转化为"可感觉而又超感觉的物"①。他关注的既不是商品的使用价值或价值，也不是商品形式的物化与物象化过程，而是一种作为景观的商品秘密，是"可见而不可见之物"对一切生命的全面统治。阿甘本认为，当"商品容貌转变成着了魔的物体时，这是交换价值开始超过商品使用价值的标志"②。对此，怀特解释道："虽然阿甘本早期将之解释为对使用可能性的腐蚀，但它依然以克服使用价值的怀旧，挑战其潜在的功利主义预设为导向。阿甘本对使用概念的最早解释考虑的是与物的新关系的可能性。这种新关系既不是使用的功利主义概念，也不是交换逻辑。"③

阿甘本确实想要摆脱功利主义与交换逻辑的话语，不过，他并不是

---

① 《马克思恩格斯全集》第 44 卷，88 页，北京，人民出版社，2001。

② Giorgio Agamben, *Stanzas: Word and Phantasm in Western Culture*, translated by Ronald L. Martinez, Minneapolis: University of Minnesota Press, 1993, p. 38.

③ *The Agamben Dictionary*, edited by Alex Murray and Jessica Whyte, Edinburgh: Edinburgh University Press, 2011, p. 194.

想要在马克思的基础上重新思考使用范畴，或建构某种具体的使用理论。他谈论马克思在《资本论》中对商品拜物教及其秘密的论述，主要是为了将马克思塑造为景观批判的先锋，而不是重申马克思主义经济拜物教批判方式。因此，在此阶段，阿甘本谈论使用问题，更倾向于展现资本主义世界的景观统治，揭示交换价值对使用价值的超越，以至于最终成为操纵生命的绝对权威。与其说这是阿甘本对使用问题的最初解释，还不如说是他对资本主义景观社会批判的肯定。

20 世纪 90 年代，阿甘本再次回到了这个主题，高度赞扬了德波的景观社会批判，并进一步讨论了使用的可能性与不可能性。根据阿甘本的观点，在资本主义极端阶段，即资本主义以景观展示其自身的社会，"一切使用都变得不可能并将一直不可能"。[①] 这是阿甘本对使用概念的实际应用，以分析资本主义在大众消费社会通过景观影像、资本影像对人类生活的全新操控。这也说明阿甘本对使用概念的运用异于马克思在政治经济学领域中对商品使用价值的分析。不过，值得注意的是，阿甘本对资本主义领域使用问题的思考，是他在宗教领域中对圣方济各会生活形式的分析的现实运用与延伸。换而言之，要想更清楚地掌握阿甘本的使用概念、使用理论的根本特征，或作为一种生命形式的使用范畴，就必须回到中世纪宗教领域，回到圣方济各会运动，回到生命形式的典范，回到圣方济各会"最高的贫困"。

具体而言，阿甘本构建的使用理论具有以下几个特征。

---

① Giorgio Agamben, *Profanations*, translated by Jeff Fort, New York: Zone Book, 2007, p. 81.

第一，使用与所有权的对立，以建构一种生命形式为目标。"圣方济各会在对'最高的贫困'的倡导中，宣称一种完全被移出法律领域的使用是可能的。为把这种使用与用益权以及其他一切形式的使用权区分开来，他们将其称作事实上的使用（usus facti）、实际使用（de facto use，使用事实）。"①这异于物权法中的用益权、所有权的纯粹事实上的使用，这种纯粹的使用"是某种人们永远不可能拥有也永远不可能把它当作所有物来占有的东西。换而言之，使用通常指涉与某种不可能被占有的东西之间的关系；使用指涉的是那些不能成为占有对象的物"②。事实上的使用，抑或使用事实，强调的不是使用价值而是单纯的使用事实，即使用不是法律或权利问题而是事实、功能问题。与此同时，这又是一种"贫困的使用"，是一种实践行为与事实，是圣方济各会的生活形式。

阿甘本以"贫困的使用"来展示圣方济各会最初的生活方式。圣方济各会最核心的主张就是反对财产所有权，拒绝任何形式的所有权，这就是他们的生活方式，并以此与世俗社会相联系。在这种使用范畴中，重要的不是鉴定使用本身是什么，而是看到使用是一种生活实践行为，并使此种生活形式融入实践过程中，从而生成新的生活方式、生命形式。因此，阿甘本强调："在这里，使用不再意味着对律法的纯粹而又简单的放弃，而是把这种放弃建构成一种生命形式和生活方式。"③也就是

---

① Giorgio Agamben, *Profanations*, translated by Jeff Fort, New York: Zone Book, 2007, p. 82.

② *Ibid.*, p. 83.

③ Giorgio Agamben, *The Highest Poverty: Monastic Rules and Form-of-Life*, translated by Adam Kotsko, California: Stanford University Press, 2013, p. 142.

说，使用既是圣方济各会僧侣的具体实践，也是他们生命形式的体现。

第二，使用异于使用权，使用是没有权利的使用。在这方面，阿甘本受惠于 13 世纪圣方济各会神学家彼埃尔·让·奥利维（Pierre Jean Olivi）的使用概念。圣方济各会的隐修制度所呼吁的"最高的贫困"，不仅指放弃拥有物的权利，还必须放弃使用物的权利，即所有权与使用权的同时放弃。在奥利维看来，"使用和权利不是一回事：我们可以用某个东西，但没有所有权或使用权，正如奴隶用主人的东西，却没有任何所有权和用益权一样"①。圣方济各会践行的是不占有任何物，不拥有独属于自身的任何东西，而是共同使用。在这里，使用不表示任何价值内涵，也不隶属于法律范畴，而是一种纯粹以使用为目的的使用。这是一种短暂的拥有，这种拥有不代表任何意义——除了表达使用的单纯行为，也不是伦理或道德上的要求。从这个角度来看，使用表现的是一种共享行为，一种生活方式。人们被允许使用，但是不具有使用权，这与奥卡姆（William of Occam）所言类似："他们放弃了所有财产，放弃了所有占有的能力，但是并没有放弃使用的自然权利，因为它是一种不可放弃的自然权利。"②纯粹事实上的使用实践是个体本身具有的内在属性，是自然赋予的不可剥夺或放弃的权利。

---

① ［意］乔治·阿甘本：《剩余的时间：解读〈罗马书〉》，钱立卿译，35 页，长春，吉林出版集团有限责任公司，2010。

② Giorgio Agamben, *The Highest Poverty：Monastic Rules and Form-of-Life*, translated by Adam Kotsko, California：Stanford University Press，2013，pp. 114-115.

阿甘本试图将圣方济各会的使用概念激进化，从而延伸奥利维与奥卡姆等圣方济各会理论家对使用范畴的界定。在阿甘本看来，圣方济各会的失败在于"使用的事实性本身不足以保证法律的外在性，因为任何事实都可以转化为权利，正如任何权利都能暗示着事实方面"。"他们以这种方式将自己越来越多地纠缠在司法概念中，最后被这些司法概念颠覆和击败。"换而言之，圣方济各会"全神贯注地用司法术语来建构使用的正当性"①。圣方济各会对法律、权利范围之外的诉求是一种纯粹的、绝对的放弃，但又只是一种表面上的否定性，最终无法避免再次陷入司法领域。因此，圣方济各会受到了罗马教廷的强势打压，以失败告终。阿甘本为了摆脱圣方济各会运动遭遇到的法律困境，认为："与律法的冲突——更确切地说，试图使法律无效，通过使用让法律不再起作用——同样处于纯粹存在层面上，在那里，律法与仪式有效运作着。生活形式是纯粹的存在现实，这种纯粹的存在现实必须从律法和职责或义务的封印中解放出来。"②

从这个方面看，阿甘本发现了避免与法律发生冲突，逃离法律的可能性，那就是转向对圣保罗的思考，走向圣保罗对弥赛亚生活的界定。这就是阿甘本"使用"理论的第三个特征。圣保罗弥赛亚的真正使用使法律失效，使其不再发挥作用，以"要像不"（"好像不"）的方式重新发现使用理论。保罗说道："弟兄们，我对你们说，时候减少了，从此以后，那有妻子的，要像没有妻子。哀哭的，要像不哀哭。快乐的，要像不快

---

① Giorgio Agamben, *The Highest Poverty: Monastic Rules and Form-of-Life*, translated by Adam Kotsko, California: Stanford University Press, 2013, p. 139.

② *Ibid.*, p. 136.

乐。置买的，要像无有所得。用世物的，要像不用世物。因为这世界的样子将要过去了。"①可以以"要像不"使用的态度与立场对待使用，而不是采取抵抗法律或违背法律的激进行为，旨在"创造一个脱离权力和法律掌控的空间：不和它们冲突，却能使它们停止运作"②。以"要像不"的方式让渡法律、权利、所有权、社会身份、特权，以"要像不"的使用方式生活，"以'要像不'的形式生活，意味着丧失所有司法的和社会的所有权"③。这也意味着阿甘本对生命形式的建构从司法领域转向了宗教神学领域或经济神学领域，意味着阿甘本的政治旨趣并不是创造或生成全新的共同体，而是能够如此的共同体。"这并不是另一个样子或另一个世界；它就是这个世界的样子的逝去。"④

二、潜能与实现之辩证关系的对抗与重构

阿甘本对现代西方政治的描述遵从的不是传统的意大利马克思主义工人主义运动路径，如奈格里、哈特、维尔诺、拉扎拉托（Maurizio Lazzarato）、特隆蒂（Mario Tronti）等人所代表的自治主义马克思主义。

①　《新约·哥林多前书》7：29-31。
②　［意］乔治·阿甘本：《剩余的时间：解读〈罗马书〉》，钱立卿译，36 页，长春，吉林出版集团有限责任公司，2010。
③　Giorgio Agamben, *The Use of Bodies*（Homo Sacer Ⅳ, 2），translated by Adam Kotsko, California：Stanford University Press，2016，p. 274.
④　［意］乔治·阿甘本：《剩余的时间：解读〈罗马书〉》，钱立卿译，31 页，长春，吉林出版集团有限责任公司，2010。引文稍有修改。

这就注定了他与其他学者在面对资本主义生产方式的剥削与统治时，会走向不同的思想建构之路。然而，又因为他们同样面对着意大利的思想、文化与社会氛围，阿甘本虽与传统马克思主义保持着相应距离，但又无法完全处于马克思主义视域之外。例如，虽然阿甘本并没有直接采纳一般智力、劳动构成、阶级分析、社会关系等具有马克思主义色彩的关键术语，也没有直白地宣称自己是马克思主义者，但是，革命传统与思想对抗依旧是阿甘本一直坚持的原则。通过对使用、无用、潜能、生命形式、亵渎等术语的重新图绘，阿甘本勾画出了以"生命形式"为核心的无用政治学，即一种即将来临的政治。

具体说来，阿甘本想要把生命形式的无用政治建构为对死亡政治学的反抗与颠覆。一种不能与其形式相分离的生命形式范畴生成了阿甘本对解放政治的希望，这与选择传统革命与解放道路的差异也显而易见。阿甘本为了更加具体地展现生命形式的整体轮廓，毅然将圣方济各会的隐修制度视为范例。"在这里，遵守戒律的传统法律观念被颠覆了。圣方济各会不是遵守规则，而是生活于其中——甚至有一个更为极端的逆转，即生命被应用于规范而不是规范被应用于生命。"①

阿甘本试图透过圣方济各会运动中生命、规则、律法之间的特殊关系找到理论解放的出口。虽然圣方济各会运动最终并没有取得胜利，没有实现形式与生命的不可分离性，但是它的失败却成为阿甘本反生命政治逻辑得以继续的前提，并且为阿甘本对生命、法律、主权等关系的进

---

① Giorgio Agamben, *The Highest Poverty: Monastic Rules and Form-of-Life*, translated by Adam Kotsko, California: Stanford University Press, 2013, p. 61.

一步思考提供了宝贵的指导性意见。以此来看，生命形式范畴在阿甘本的生命政治学理论中发挥着中枢作用，既关涉生命、形式、法律、规则的关系问题，也标志着对以潜能、无用、亵渎范式为核心特征的无用政治学的建构。这种政治学的主要特征在于不再诉诸具体的革命战略、解放主体、政治纲领等。

那么，我们又该如何摆脱法律与主权对生命的控制？是否只能通过如此的方式，即"只有在燃烧的房子里，基本的建筑问题才能第一次显现出来。艺术，在其命运的最远点才能使它的最初计划可见"[①]？我们难道真的只有摧毁我们"寄居"的房子，才能发现它的根本问题吗？阿甘本认为："我们必须停止将任何革命行动的思想导向新司法秩序的建立。本雅明称之为纯粹暴力，一种永远不会建构新的司法秩序的暴力。你废除一个而无须修复另一个。如果你能够真正地强烈地并且清楚地证明政治秩序的不正当性，从某种意义上说，你就是正在破坏它。"[②]这种观点也类似于奈格里与哈特对生命政治生产的设定："它并不需要通过摧毁或者消耗原材料去创造财富。生命政治生产让生命（bios）进行运作，却并不消费生命。"[③]阿甘本对即将来临的政治构想也不再是从正面直接捣毁现代政治秩序与统治，摧毁现存法律体系与权力关系，而是从反面说明其政治体系的非法性问题，让一切既定政治制度与体系处于失效状

---

　　① Giorgio Agamben, *The Man Without Content*, translated by Georgia Albert, California：Stanford University Press，1999，p. 115.

　　② *Agamben and Radical Politics*，edited by Daniel McLoughlin，Edinburgh：Edinburgh University Press，2016，p. 226.

　　③ ［美］迈克尔·哈特、［意］安东尼奥·奈格里：《大同世界》，王行坤译，219 页，北京，中国人民大学出版社，2015。

态。或者说，安息日的到来，即代表着新世界的到来。

（一）潜能与非潜能

潜能是西方哲学的基本概念之一，在西方哲学历史发展过程中占据着至关重要的位置。从根本上看，阿甘本生命政治思想是以 bios-zoē 分隔性结构、神圣人、赤裸生命等被动性范畴为核心而建构的死亡政治学。这些丧失激情、自由、生产性与创造性的生命个体能够成为政治上的有效范例吗？如果不是选择奈格里与哈特对生命政治生产与共同性的关注的话，那么，阿甘本又该如何探索其中的潜能问题？阿甘本的政治哲学一面从最极端的立场来审视现实状况，另一面又保持着对逆转这种现实状况的希望，这是他一贯的思想立场与基本原则。对潜能与现实辩证关系的思考是阿甘本勾勒未来政治之可能性的一种选择，而这直接受惠于亚里士多德的潜能理论。他重新发现了潜能与现实、潜能与非潜能、潜能与自身的关系，建构出一种"全新而又一致的潜能本体论"，取代了"以现实首要性以及现实与潜能关系为基础"①的本体论。

亚里士多德之所以讨论潜能与现实的关系，是为了驳斥麦加拉学派的潜能理论，后者认为只有当潜能发挥作用，转变为现实时，某物才具有潜能。例如，建筑师只有在执行建筑行为时，才能被认为具有建筑的潜能，而当没有践行建筑行为时，他就不具备建筑的潜能。这种解释在亚里士多德看来非常荒诞。

---

① Giorgio Agamben, *Homo Sacer*: *The Sovereign Power and Bare Life*, translated by Daniel Heller-Roazen, edited by Werner Hamacher & David E. Wellbery, California: Stanford University Press, 1998, p. 44.

亚里士多德在运动变化理论中探讨了潜能与现实之间的对立统一。现实是"潜能"的实现，是事物存在已经实现的状态，即客观存在的事物已转变为现实，现实对应于表明事物本质的"形式"。现实是与潜能对应出现的，虽然亚里士多德并没有给予其明确的界定，但是它的内涵也是显而易见的。具有争议性、斟酌性的不是现实或实现范畴，而是潜能，但又不是亚里士多德灵魂语境中的潜能，也不是解释运动变化的潜能，而是潜能与现实的关系问题。亚里士多德对于潜能的界定是多元性的，认为它既可以表达某种能力或才能，也可以指涉潜在性或可能性，还可以表达对"能够"或某种功能的强调。面对潜能定义的多样性与丰富性，亚里士多德认为："潜能的最严格解释当限于有关动变的范围……总是指某些动变渊源，或说某一物成为另一物，或成为它自身（将自身当作另一物）的功能。"①"动变之能"是亚里士多德对潜能最核心的定义，即存在于运动变化过程中的根本性动力，或者说事物运动、变化、发展的内在矛盾，亦或者说一种原始潜能。

从运动变化角度来看，潜能又可以划分为两种类型："一类是受作用的被动潜能，即接受别一事物的作用（或将自己当作别一事物所发生的作用）而被动变的性能；另一类是不受动变性能，亦即不因别事物的作用（或将自己当作别一事物）而变坏以至于毁灭的动变渊源。"②简而言之，潜能存在作用与被作用、主动与被动之分。例如，一块普通的木头经过木匠或其他工匠的加工，可以变成精美的椅子或别致的桌子或

---

① ［古希腊］亚里士多德：《形而上学》，吴寿彭译，171 页，北京，商务印书馆，1995。
② 同上书，171—172 页。

其他物品。此时，木头就是一种受作用的被动潜能。当木头遭遇熊熊烈火而燃烧时，它会变成灰烬，而烈火就是一种作用的主动潜能。这种潜能对于人来说又会发生相应的变化。人不是作为某种单一潜能的持存者而存在的，人既具有被动的潜能又具有主动的潜能。因此，阿甘本很直接地认为，人具有两种亚里士多德意义上的潜能，即人类潜能具有双重性。这是亚里士多德潜能思想所蕴含的重要理念，具体表现如下。

对于儿童来说，他拥有一般意义上的潜能，并且可以通过接受教育、努力学习而改变自身以获得这种普通的潜能。因此，我们会说儿童有求知的潜能，或者有成为建筑师、诗人、科学家或政治家的潜能。儿童在此阶段拥有的是一种被动性的潜能（非理性的潜能），他只有通过接受教育的熏陶才能使自身获得塑造某物的能力。例如，儿童可以用小刀改造一块木头，但是无法使其成为专业的工艺作品。儿童对木头的改造最多只能算是一种游戏或玩耍，他们并不是真正意义上的木匠。但是，我们不能否认他有成为木匠或其他工匠的潜能。对于已经获得相关知识与技能的人来说，与儿童必须经过学习而获得改变不同，他已经有能力将潜能转变为现实。也就是说，他具有某物未行为化或未现实化的能力。因此，我们可以说建筑师有建筑的潜能，即使他没有在建筑房子；钢琴师有演奏钢琴的潜能，即使他没有在演奏曲子；木匠具有做木工活儿的潜能，即便他并没有在制作家具或其他工艺品。① 很显然，让亚里

---

① Giorgio Agamben, *Potentiality*, *Collected Essays in Philosophy*. edited and translated With an Introduction By Daniel Heller-Roazen, California: Stanford University Press, 1999, p. 179.

士多德感兴趣的并不是第一种一般的、普通的潜能，而是第二种潜能。阿甘本同样如此，并由此展开了对亚里士多德潜能理论的特殊解读，表达了对潜能的全新理解，即从本质上看，潜能即非潜能，潜能能够拥有自身的非潜能。

第一，潜能或能力暗含着自身的丧失，即潜能或能力既包含是的潜能或能力，又意味着不是的潜能或能力，两者统一于潜能之中。潜能与自身丧失的能力对于阿甘本来说都至关重要。这两种不同的潜能意味着："有时，潜能是持有某事物（的潜能），有时它是缺乏这一事物（的潜能）。如果丧失在某种程度上是一种能力（hexis），那么，潜能是如此之潜能，要么因为有某种能力（hexis），要么因为有这种丧失（sterēsis）。""有某种潜能、有某种能力就意味着：有某种丧失。"①阿甘本认为，亚里士多德的潜能思想蕴含着对这种持有丧失能力的潜能的表达，"潜能被其不实现的可能性从根本上定义了"②。这是阿甘本从对亚里士多德潜能思想的解读中得出的结论。因此，针对第二种潜能，我们可以将其转变为：建筑师有潜能，是因为他有不建造房子的能力；钢琴师有潜能，在于他可以不弹奏钢琴；木匠亦是如此，他可以不制造家具或工艺品。这也就意味着，重点"不是潜能仅仅作为逻辑可能性的潜能，相反，而是潜能存在的有效模式……如果想要自身的一致性而并不总是立即消失在现实中的话，那么潜能必须从根本上成为不是或不做什么的潜能，

① ［意］乔吉奥·阿甘本：《潜能》，王立秋、严和来等译，294 页，桂林，漓江出版社，2014。
② 同上书，295 页。

或者正如亚里士多德所说，潜能也是非潜能。"①

对于阿甘本而言，潜能与其对立面非潜能相互交织，相互依赖，潜能在其丧失中维持着与自身的关系。"这种关系就建构了潜能的本质。潜能意味着某种自身的丧失，与自身无能的关系。存在于潜能模式中的生命体有能力拥有自身的非潜能，只有这样，他们才能成为潜能。"②

第二，潜能与非潜能的同一性关系与非潜能的首要性。虽然阿甘本认为，亚里士多德的潜能与现实（潜在性与实在性）理论存在着基本的含混性，但是他从中提取了这样的观念："所有的潜能都是非潜能。"③人类既具有能够做某事的能力，也具有能够不做某事的能力。这是人类潜能所固有的双重性结构。潜能与非潜能之间并不是对立或矛盾的关系。相反，两者是统一的、共存的同一事物，做某事的能力也就是有能力不去做某事。由此，阿甘本将亚里士多德的潜能与现实的对立统一性问题、潜能与现实的首要性问题转变成是与做的潜能（the potentiality to be/do）和不是与不做的潜能（the potentiality to not be/do），即潜能与非潜能的关系问题。这也就意味着，在亚里士多德那里，潜能与现实的辩证关系完全被潜能与非潜能的关系取代，现实地位不再重要，趋向于堕落、消弭。

阿甘本认为："根据亚里士多德的观点，每种潜能都可分为两种模

① Giorgio Agamben, *Homo Sacer: The Sovereign Power and Bare Life*, translated by Daniel Heller-Roazen, edited by Werner Hamacher &David E. Wellbery, California: Stanford University Press, 1998, p. 45.

② Giorgio Agamben, *Potentiality*, *Collected Essays in Philosophy*, edited and translated With an Introduction By Daniel Heller-Roazen, California: Stanford University Press, 1999, p. 182.

③ *Ibid.*, p. 181.

式，决定性的一个即哲学家所谓的'不是什么的潜能（the potentiality not to be）'或者说非潜能。"①潜能本体论最重要的就是对潜能与非潜能的思考，重中之重则是对非潜能的探索。非潜能在潜能的存在模式中至关重要，它不再处于实现的语境之中，不再与实现相对应，而是一种纯粹的潜能，一种能够保持不实现的潜能。非潜能对于其他生物而言是可望而不可即的。"每个人的力量都是非潜能，每个人的潜能都与自身的丧失有关。这就是人类力量的起源（深渊）。相对于其他生物而言，这是如此暴力而又如此无限。其他生物只具有特有的潜能，只能做这个或那个。人类持有自身的非潜能，人类潜能的伟大性是由人类非潜能的深渊来衡量的。"②因此，在阿甘本看来，西方哲学历史对潜能与现实关系的集中讨论应该转变为对潜能与非潜能的共存与相互依赖关系、对非潜能的强调，这才是探讨事物存在的有效方式。

第三，是的潜能与不是的潜能是两种不同的潜能模式。"在是什么的潜能中，潜能把特定行动作为对象。在这个意义上，它是行动中的存在，只意味着通过一定的活动……另一方面，对于不是什么的潜能而言，行动从来不是仅由从潜能到行动的过渡构成的。换而言之，这种潜能把自身视为其对象，是一种潜能的潜能。"③具有是什么的潜能，即意味着行动是其

---

① Giorgio Agamben, *The Coming Community*, translated by Michael Hardt, Minneapolis: the University of Minnesota Press, 1993, p. 35.

② Giorgio Agamben, *Potentiality*, *Collected Essays in Philosophy*, edited and translated With an Introduction By Daniel Heller-Roazen, California: Stanford University Press, 1999, p. 182.

③ Giorgio Agamben, *The Coming Community*, translated by Michael Hardt, Minneapolis: the University of Minnesota Press, 1993, pp. 35-36.

对象。在现实之中通过行动实现自身，即行动化或现实化。对于它而言，最重要的不是从潜能到现实的实践过程，而是将自身视为对象，具有不将某种潜能转化为现实的能力，即存在于一种能力形式之中。

阿甘本强调了非潜能模式："非潜能在这里并不仅仅指潜能的缺席，也不仅仅是不能做某事，而是指'有能力不去做某事'，有能力不去施展个人的潜能。"①非潜能从根本上说对应于不是什么或不做什么的能力，对立于是什么或做什么的潜能。非潜能并不意味着无能力、无才能、无可能性等被动性意义，而是持有不转化为现实的能力的潜能。"它以悬置现实的形式保持自身与现实的关系，具有不将其转化为现实的行动能力，保有自身非潜能的至高能力。"②在这种非潜能的存在模式中，阿甘本宣称："既具有力量之能又具有无能之能的力量，才是至高无上的力量。"③这在主权禁止结构与法律关系中得到了最好的诠释。主权的悖论性存在逻辑既处于司法秩序之外，又处于司法秩序之内，这使主权既拥有统治与控制生命的潜能，又能够通过悬置自身的方式，在禁止结构中维持自身与禁止的关系，并以无能的方式展现出更强大的摧毁力量。这就是主权以有所不为、不将其潜能转变为任何现实的方式实现的强大潜能，不是什么或不做什么的潜能被保留在通往现实的过程中。

---

① Giorgio Agamben, *Nudities*, translated by David Kishik and Stefan Pedatella, California: Stanford University Press, 2011, p. 43.

② Giorgio Agamben, *Homo Sacer: The Sovereign Power and Bare Life*, translated by Daniel Heller-Roazen, edited by Werner Hamacher &David E. Wellbery, California: Stanford University Press, 1998, p. 45.

③ Giorgio Agamben, *The Coming Community*, translated by Michael Hardt, Minneapolis: the University of Minnesota Press, 1993, p. 36.

在转化为现实的过程中悬置非潜能，并不意味着对非潜能的取消、废除或摧毁，而是它的完成或实现。"通过潜能返回自身，这就相当于'将自身给予自身'，非潜能(im-potentiality)或不是什么的潜能(the potentiality to not be)，在自身悬置的方式下完全实现了自身。现在看来，现实作为一种不—不是的潜能出现了。"①现实不能仅仅指涉潜能必须实现自身的必然结果，也以非潜能的变化为基础，指涉非潜能的完整实现。正如罗森所指出的，"现实只不过是另一层级的潜能……现实将自身呈现为返回自身的一种不是什么或不做什么的潜能，具备不—不是的能力，并以这种方法承认现实的存在"②。因此，主权禁止通过悬置自身、不再应用自身而维持着与现实、禁止、弃置的关系。潜能的双重面貌(是的潜能与不是的潜能)使主权处于界限地带，在这里，"纯粹潜能与纯粹现实变得不可区分。主权正是这个无差别地带"③。

对此，阿甘本构想了一种逃离主权禁止结构的特殊方式，他认为："麦尔维尔的巴特比身上有对主权原则最强烈的反对，抄写员巴特比用'我宁愿不'抵制着在是的潜能与不是的潜能之间进行决断的每一种可能性。"④巴特比是麦尔维尔小说中的人物，也是政治哲学经常讨论的人

---

① Catherine Mills, *The Philosophy of Agamben*, Montreal & Kingston Ithaca, McGill-Queen's University Press，2008，pp. 31-32.

② Giorgio Agamben, *Potentiality*, *Collected Essays in Philosophy*, edited and translated With an Introduction By Daniel Heller-Roazen, California：Stanford University Press，1999，p. 18.

③ Giorgio Agamben, *Homo Sacer：The Sovereign Power and Bare Life*, translated by Daniel Heller-Roazen, edited by Werner Hamacher & David E. Wellbery, California：Stanford University Press，1998，p. 47.

④ *Ibid.*，p. 48.

物。本雅明、奈格里、齐泽克、德勒兹、德里达等都论述过巴特比。在小说中，巴特比是普通的法律抄写员，最初在死信处理局工作，随后进入华尔街的律师事务所。他的特殊行为是拒绝与老律师一起校对文件，拒绝与人交流，最后拒绝抄写。他以"我宁愿不"的表达而著称。在"我宁愿不"的表述中，巴特比并没有表达任何意志与立场，既不否定也不肯定，既是也不是。虽然他展现出消极、被动的拒绝姿态，但这处于一个界限地带，是肯定与否定的中间区域。必须指出的是，作为职员，巴特比完全具备工作所需要的能力。他有能力抄写，然而他却"宁愿不"。

在阿甘本看来，"巴特比并不是一个简单地拒绝书写的抄写员，而是一个'宁愿不'书写的抄写员。他是这种天使的极端形象，除了不书写的潜能外，他什么都不书写"[①]。阿甘本关注的是巴特比身上的潜能、非潜能与现实的问题，想表达一种完全远离现实的潜能，对实现逻辑的完全悬置，抑或潜能与现实的无差异，即一种纯粹的潜能或者潜能本身。巴特比于阿甘本是一个非潜能、纯粹潜能的典型形象代表，他以"我宁愿不"的方式保持着自身的纯粹潜能——不将书写付诸实践的潜能。抄写员巴特比既有抄写的潜能，也具备不抄写的潜能。他有能力将潜能转变为现实，也有能力将其不转变为现实。巴特比的力量就在于他拥有不实践其能力的潜能，即不—不抄写的潜能，而不是不抄写。

"'我宁愿不'是可能性在整体中的留存，它使可能性悬置在发生与

---

① Giorgio Agamben，*The Coming Community*，translated by Michael Hardt，Minneapolis：the University of Minnesota Press，1993，p. 37.

不发生之间，悬置在是什么的能力与不是什么的能力之间。"①"完全掌握书写艺术时不书写"，这是一种完全潜能、纯粹潜能的体现。巴特比是以一种潜能的方式存在的，而不是体现在实现之中。他是"一个新的造物"。这个新造物具有的非潜能就是一种自由的体验。在阿甘本看来，不可估量的潜能深渊隐藏着自由的根基，自由就意味着个体能够拥有非潜能的能力。② 从这个角度来看，阿甘本强调了自由与非潜能的关系。自由意味着有能力做这个或那个，如在政治方面有表达的自由、信仰的自由、集会游行的自由等，但更重要的是有能力不去做这个或那个的自由，即拥有自身的非潜能，持有丧失的能力。这对于人的存在而言至关重要。

对于阿甘本将巴特比视为纯粹潜能的存在，奈格里直接予以拒绝。从整体上看，奈格里认为阿甘本"把生命政治领域的现实强加在一种无限的否定性本体论的结构之上，将生产排除在生命政治环境之外"③。与此相反，哈特与奈格里坚持的是一种肯定性本体论。在他们看来，一般意义上的潜能无处不在，巴特比这种木讷、呆滞而又消极、被动的形象完全无法承担政治解放的任务。奈格里批判地说道："抵抗的高度被阿甘本解释为被动性而不是反抗。在阿甘本那里，抵抗的代表是巴特比而不是迈克尔·K，是神圣人而不是奴隶或无产阶级。"④相比于巴特比的自我封闭、

---

① Giorgio Agamben, *Potentiality*, *Collected Essays in Philosophy*, edited and translated with an Introduction by Daniel Heller-Roazen, California: Stanford University Press, 1999, p. 267.

② *Ibid.*, p. 183.

③ *Giorgio Agamben*: *Sovereignty and Life*, edited by Matthew Calarco and Steven DeCaroli, California: Stanford University Press, 2007, p. 123.

④ *Ibid.*, p. 123.

内心绝望、消极被动，库切笔下的迈克尔·K[①] 在追求美好生活的过程中不断挣扎、不停做斗争，以自身最大的努力来逃离悲惨的境况。

在奈格里与哈特看来，巴特比与迈克尔·K 的"这种拒绝是解放性政治的开端，但它也仅仅是个开端。拒绝本身是空洞的。巴特比和迈克尔·K 或许有着美好的心灵，但他们处于绝对纯净中的存在却挂在一个无底深渊边。他们在逃脱权威的线路上处于完全的孤独之中，他们始终踏在自杀的边缘。从政治角度讲，单纯拒绝（对工作、权威、自愿屈服）只能把人们引向社会自杀。斯宾诺莎说，如果我们仅仅把暴君的头颅从社会躯体上砍下来，我们只能得到社会残缺不全的尸体。我们要做的是创造出新的社会躯体，而这个任务远不能止步于拒绝。我们的逃亡和出逃路线必须是建设性的，必须能创造出实在的替代物。在简单拒绝之后，或者说作为拒绝的一部分，我们更要构造出新的生活方式和新的社会。这项工程不会引领我们成为单纯的人，我们会成为人中之人，人性将因集体的智慧和对社会的爱而丰富，而倍增"[②]。因此，革命主体与解放使命绝不是巴特比或类似之徒所能承受的，因为"他的拒绝如此绝对，以至于自己看起来一片空白，成为没有特性的人，或者用文艺复兴时期哲学家的话说，仅仅是个人。巴特比的纯粹被动，他对一切具体的拒绝，向我们展现出一个一般存在的形象，一个纯粹的存在，而且仅仅是存在，再无其他。随着故事的发展，他剥落许多，一步步接近赤裸的人性、赤裸的生活、赤裸的存在。最后，他消亡下去，在'坟墓'，这所曼哈顿臭名昭著

---

① 库切的小说《迈克尔·K 的生活和时代》中的人物。

② ［美］麦克尔·哈特、［意］安东尼奥·奈格里：《帝国——全球化的政治秩序》，杨建国、范一亭译，199—200 页，南京，江苏人民出版社，2008。

的监狱中化为乌有"①。巴特比最后死于监狱，就是最好的证明。

巴特比无法避免死亡，但是他很坦然地面对死亡的命运，知道自身"身处何处"。他了解一切。或许，这才是阿甘本对巴特比寄予希望的根本原因，即对巴特比身上的纯粹潜能之期待。这使他把巴特比视为激进危机的代表，视为颠覆既定政治社会结构的裂缝，视为政治抵抗的空间，视为"弥赛亚"的到来，而不是"耶稣基督"。

(二)无用政治学

"无用"②这一概念在阿甘本的著作中表现出惊人的神秘性，但这种

---

① ［美］麦克尔·哈特、［意］安东尼奥·奈格里：《帝国——全球化的政治秩序》，杨建国、范一亭译，198—199 页，南京，江苏人民出版社，2008。

② 意大利语"inoperosità"，法语"désoeuvrement"，英语"inoperativity、inactivity、inoperativeness"，最早来自科耶夫的"désoeuvrement"或"worklessness"（无作），随后被南希、巴塔耶、布朗肖等人使用。这个词很难有某种确定的意义，从字面意思上看指"懒惰""闲散""不活动""无所事事"，从学理角度来看基本可译为"无用""非功效""无效""非劳作"等。"非功效""无功效的""解除了作品效果的""不再发挥作用的""不操作"等，主要与"工作""功效""劳效"的意义共鸣。参见［法］让-吕克·南希：《解构的共通体》，郭建玲、张建华、张尧均、陈永国、夏可君译，11 页，上海，上海人民出版社，2007。"'去功用化''无功用性''无用''安歇'，它都意指某物不再使用，某些行为不再发生，这和他（阿甘本）所说的另一个词汇——悬置是对应的。在类似语境中，他还交替使用另一个词汇 neutralizzare，消解、中和，指对原有各种权力机制包括神学机制的消解。"［意］吉奥乔·阿甘本：《裸体》，黄晓武译，13 页，北京，北京大学出版社，2017。还有一些学者将其译为"安息""无作性"等。在这里我们根据语义变化而使用相应的中文表达。如果想更加详细地了解其内涵，可参看以下文献：Stefano Franchi, "Passive Politics", *Contretemps*, 2004, 5, pp. 30-41; Leland de la Durantaye, *Giorgio Agamben: A Critical Introduction*, California: Stanford University Press, 2009, pp. 18-20; Alex Murray, *Giorgio Agamben*, London and New York: Routledge, 2010, pp. 44-48; Catherine Mills, *The Philosophy of Agamben*, McGill-Queen's University Press, 2008, pp. 123-131; *The Agamben Dictionary*, edited by Alex Murray and Jessica Whyte, Edinburgh University Press Ltd., 2011. pp. 106-108.

神秘又无法遮蔽其在政治哲学中的重要地位。在阿甘本看来，"不是工作，而是无用和去创造……是即将来临的政治的范式……类似于'安息日的假期'"①。阿甘本对无用范式的论述在很大程度上受到科耶夫与巴塔耶的影响，但是，根本性的刺激应该还是来自亚里士多德，尤其是对《尼各马可伦理学》相关篇章的解读。

亚里士多德在谈论幸福和最高的善时，涉及对人的活动的疑问。"对一个吹笛手、一个木匠或任何一个匠师，总而言之，对任何一个有某种活动（ergon）或实践（praxis）的人来说，他们的善或者出色就在于那种活动的完善。同样，如果人有一种活动，他的善也就在于这种活动的完善。那么，我们能否认为，木匠，鞋匠有某种活动或实践，人却没有？并且生来就没有一种活动？"②亚里士多德根据职业、功能、工作类型或实践活动界定了人类物种存在类型的标准，提出了界定"人的工作"的问题，即人本身具有的特殊活动与实践问题。亚里士多德认为，每种生命体都有其本质性的特殊活动，如吹笛手、木匠、鞋匠的职业活动。他们在实践或工作过程中实现自身的善，并以此种劳动、工作、职业类型的履行为准则。但是，哪种活动是人类物种本身的特殊活动？它必须不同于植物所共享的营养性的生命活动，也不同于动物所共享的感觉性的生命活动，而是有逻各斯的部分的实践性的生命活动，是灵魂通过合乎逻各斯的实现活动和实践。

---

① Carlo Salzani, "Quodlibet: Giorgio Agamben's Anti-Utopia", *Utopian Studies*, 2012, 23(1): 212-237.

② ［古希腊］亚里士多德：《尼各马可伦理学》，廖申白译注，19 页，北京，商务印书馆，2003。

这种实践性的生命活动确实是人特有的本质性活动。"实践的生命的活动确定着人的种属的可能性的范围，然而它只是人的存在的可能方式，而不是存在的实现。人'是'什么样的人决定于他的实现活动，即他在其实践的生命的活动中所实现的东西。"①因此，在实现或实践过程中，作为人本身的生命活动并没有一种特定的工作或活动能够表现人本身的能力与性质。阿甘本由此说道："确认实现的可能性，确认作为人的人的工作（在工作、活动中），独立于并超越他假定的具体社会人物。"②人从最初的起源来看是不是一种无作（argia，without work）的存在？鞋匠、木匠或吹笛手能够在实践活动中将潜能转变为现实，实现本身所拥有的潜能，而作为人本身，它无法实现某种活动，没有对应的"工作"（ergon）。从这个角度来看，人没有任何特定的本质、属性或职业。"就人的具体的职业和功能而言，人的无作理念，人的本质的无用，就毫无疑问地被提出来了。"③

人在本质上是完全缺乏工作的、无作的存在，对作为人的人本身的工作的疑问是阿甘本无用政治学的基础。阿甘本认为，无用问题的极端表现之一就是第一次世界大战结束之后，"工作范式进入危机，对于民族国家来说，很明显，不再有可以分配的历史任务"④。"今天，在七十多年之后，所有绝对没有坏信仰的人都很清楚，人们不再有什么要承担

---

①　[古希腊]亚里士多德：《尼各马可伦理学》，廖申白译注，xviii 页，北京，商务印书馆，2003。

②　*Giorgio Agamben*，*Sovereignty and Life*，edited by Matthew Calarco and Steven DeCaroli，California：Stanford University Press，2007，p. 2.

③　*Ibid.*，p. 2.

④　*Ibid.*，p. 6.

的历史任务，甚至没有被分配到人们肩上的历史任务。在某种程度上，从第一次世界大战终结之后，欧洲的民族国家就已经无法再承担历史任务了，各民族自己注定要消失。"①不过，人类任务或工作的缺乏并不能被理解为某种毁灭，而是人类的最初特征，是未来政治共同体的前提。

阿甘本试图在这种无用语境中探索政治解放、政治自由的可能。在阿甘本所言的即将来临的政治宣言中，无用并不是一个独立存在的范畴，它与使用、潜能、安息日等有着密切的关系。从最基本的角度来看，使用的目的是生成一种无用、无效，从而达到真正的使用。例如，圣保罗思想中的"要像不"的使用是一种弥赛亚式的生活方式；无用与潜能的关系是根本性的，是人类自由的体现；对安息日的悬置是无用运作的一种方式。在这种以无用为核心建构的即将来临的政治中，只有使旧的主权权威、权力逻辑、司法政治、法律、规则结构无效、无用，不再发挥作用，幸福政治才得以可能，这个世界才能渐渐消逝，迎来崭新的世界。

对无用的全面理解，除了之前的使用理论外，也可以从潜能理念中提取它的有效内涵，而这依旧可以从巴特比这一典型形象出发。在阿甘本看来，巴特比"我宁愿不"的回应方式就是一种潜能、非潜能的表达与缩影，他拥有的非潜能又意味着解放、自由的可能。正如拉斯穆斯·牧吉特（Rasmus Ugilt）所言："巴特比是人类自由的典型形象。"②虽然巴特

---

① Giorgio Agamben, *The Open*: *Man and Animal*, translated by Kevin Attell, California: Stanford University Press, 2004, p. 76.

② Rasmus Ugilt, *Giorgio Agamben*: *Political Philosophy*, Humanities-eBooks, 2014, p. 34.

比最后以死亡的姿态定格了命运，但是，他在华尔街律师事务所里的表现却是一种希望的证明，其抵抗能力不容抹杀。最开始，巴特比是安静而又努力的抄写员，他"大量大量地抄写。仿佛久饿的人见到食物一般，似乎要把文件都狼吞虎咽下去。连停下来消化的时间都没有。他白天靠着灯光，夜晚借着烛光，夜以继日地不停地抄写"①。这意味着巴特比非常擅长抄写工作，有能力很好地完成抄写任务。几天之后，情况发生了很大的变化，他以"我宁愿不"的方式拒绝抄写、拒绝校对以至于拒绝任何工作。与其说这种拒绝是主观意志意义上的拒绝，将自身的意志强加于他人的拒绝，还不如说这是一种无能之能，无抵抗之抵抗。

这种拒绝最直接的后果不是巴特比的退缩而是老律师的退让："既然他不离开我，那么我就必须离开他。我要更换我的办公室；我要挪到别处去；我要明确地告诉他，如果我在新办公地点发现他的话，那么我会将他视为入侵者，从而起诉他。"②老律师最终搬离了原来的办公室，巴特比却依旧保持着"我宁愿不"的方式直到被以流浪汉的名义逮捕。在"我宁愿不"的方式下，巴特比不断地刺激、激怒老律师，最终战胜了老律师。然而，他不是通过将自身抄写的潜能现实化或行为化的方式抵抗老律师的命令与要求的，而是以一种非潜能，以"我宁愿不抄写"的非潜能表达对老律师的抗拒。在这个意义上，不是抵抗者的个人意志，也不是抵抗者本人力量的强大，而是对非潜能的保留，不将潜能转变为现实，不将潜能耗尽在现实的实现过程中获得了胜利。

---

① Herman Melville, *Melville's Short Novels*, New York: W. W. Norton and Company, 2002, p. 10.

② *Ibid.*, p. 28.

巴特比身上的非潜能发挥了至关重要的抵抗作用。拥有积极性的潜能，即具有是什么或做什么的能力的潜能，在古典传统中确实占据举足轻重的地位，然而，拥有否定性的潜能，即具有不是什么或不做什么的能力的潜能更重要。对于阿甘本来说，"对那些被与他们自身所能隔离的人来说，他们依然可以抵抗；他们依旧可以拥有不去做什么的能力。然而，对那些被与他们自身的非潜能隔离的人来说，他们首先丧失了抵抗的能力。正如只有我们强烈地意识到我们不是什么时才能保证对我们是什么的真理认识，只有对我们不能是什么或做什么，或者能不是什么或做什么的清晰洞察才能给我们的行动带来一致性"①。而现代资本主义社会正在努力创造我们与非潜能的分离，迫使我们丧失反抗的能力。

阿甘本之所以认为非潜能至关重要，在于非潜能能够在转变为现实的过程中被保留，这种潜能的剩余能够通过悬置装置的方式导致既定的法律、规则、命令失效，不再发挥作用，即无用。这种方式才是反抗主权、法律的最有效的方式。由此来看，巴特比在"我宁愿不"的句式中展现出一种无效的力量，使老律师代表的政治法律结构失效，而不是主动促使其彻底毁灭。阿恩·德·布菲（Arne De Boever）将巴特比的"我宁愿不"直接解读为"无用力量"的索引，因为巴特比有能力瓦解权力逻辑的运作。② 根据阿甘本的观点，无用"既不是简单的工作的缺乏，也不

---

① Giorgio Agamben, *Nudities*, translated by David Kishik and Stefan Pedatella, California: Stanford University Press, 2011, p. 45.

② *Giorgio Agamben*, edited by Alex Murray, London and New York: Routledge, 2010, p. 49.

是(正如在巴塔耶那里)一种至高而又无用的否定性形式。理解无用的唯一而又连贯一致的方式，就是将其视为一般的潜能模式。这种潜能模式不会在从潜能到行动的转变过程中被穷尽(像个人行动或被理解为个人行动之总和的集体行动那样)"①。从这个角度来看，无用不是南希意义上的劳作或活动的缺席，也不是布朗肖(Maurice Blanchot)对主权消极的界定或巴塔耶的无目的，而是表达与潜能的关系。它并不意味着从潜能到实现过程的穷尽、耗尽，而是其对立面的无穷无尽。它最终的目的旨在促使"运作本身的安息，即一种别具一格的'活动'，旨在使所有行动或活动的特殊力量不再发挥作用、失去效应"②。

无用是阿甘本对未来政治的又一构建方式，也是阿甘本即将来临的政治的主要范式。简而言之，"这种政治对应于人类本质上的无功用性，对应于人类共同体彻底的无工作(无功效)。存在政治的原因在于人类的无功用性，在于人不能被任何特有的运作界定。这就是说，人类是纯粹潜能的存在，任何身份或职业都不能使其穷尽"③。即将来临的政治试图在人类纯粹潜能中展现无功用性的主导地位，抑或可以将其称为无用政治学的到来。"无用"是现代政治哲学中的核心术语，从与潜能的关系

① Giorgio Agamben，*Homo Sacer：The Sovereign Power and Bare Life*，translated by Daniel Heller-Roazen，edited by Werner Hamacher & David E. Wellbery，California：Stanford University Press，1998，pp. 61-2.

② Giorgio Agamben，*The Kingdom and the Glory：For a Theological Genealogy of Economy and Government*，translated by Lorenzo Chiesa and Matteo Mandarini，California：Stanford University Press，2011，p. 251.

③ Giorgio Agamben，*Mean Without End：Notes on Politics*，translated by Vincenzo Binetti and Cesare Casarino，Minneapolis：University of Minnesota Press，2000，p. 140.

来看，它流露着"人的独特潜能。这种潜能不是使人本身具有做或成为这个或那个的能力的特征，而是有能力不（做或是）。这种潜能是自主存在的，无关于任何特殊的现实或'工作'"①。

无用与潜能密切相关，彼此相互支撑，走向自由。这是无用的主要特征。"简单来说，潜能与无用是自由的两面。"②与此同时，必须指出，无用或无作与20世纪六七十年代意大利自治主义马克思主义运动中"拒绝工作"（源自特隆蒂）的口号相异，但确实也有共鸣。在运动初期，自治主义马克思主义者坚持的革命策略之一就是"拒绝工作"。这是自治革命政治主体必须坚持的原则。"拒绝工作"策略作为自治主义马克思主义者的战斗口号，并不是主张消极对待工作，提倡懒散、懈怠的工作态度，"并不意味着拒绝创造性或生产性的活动，而是拒绝在已建构的资本主义生产关系中工作"③。因此，拒绝工作不是拒绝工作本身，而是拒绝资本主义生产方式与生产关系的束缚与剥削，拒绝资本逻辑的奴役，拒绝工人阶级生产劳动的资本主义生产条件，克服资本主义政治社会的诸种关系、身份、阶级、地位、种族等，否定现有的体制与生产关系，从而使自身从资本主义生产关系中解放出来。从这个角度来看，拒绝工作不是一种普通的实践活动，而是自治主义马克思主义者的战略机制。正如索伯恩所言："拒绝工作……不应该被简单地理解为一套实践，

---

① *The Agamben Dictionary*, edited by Alex Murray and Jessica Whyte, Edinburgh: Edinburgh University Press Ltd., 2011, p. 19.

② Sergei Prozorov, *Agamben and Politics: A Critical Introduction*, Edinburgh: Edinburgh University Press Ltd., 2014, p. 38.

③ Paolo Virno and Michael Hardt, *Radical Thought in Italy: A Potential Politics*, Minneapolis: University of Minnesota Press, 2006, p. 2.

而是应该被视作拒绝工作中的大量奴役的机制，或者连续反对工作及其身份的机制。"①

阿甘本的无用或无作范畴，在意义上的直接表现并不是对工作的拒绝，或对以工作为核心的诸种社会关系的直接拒绝，也不是主张主动实践各种生产性或创造性的活动，它更倾向于传递一种被动性而不是积极主动地开展实践活动。用普罗佐罗夫的话来说，即"确认无用不是要去肯定迟钝、不活动或失用，更不必说功能失调或破坏，而是确认一种没有任何目的或任务，无法实现任何本质，也无法符合任何属性的实践形式"②。这在很大程度上异于"拒绝工作"的革命战略口号。

阿甘本还在其他范例之中表达了无用范畴。这种无用的最初来源，可以追溯至宗教神学领域中的荣耀机制。在基督教或犹太教等宗教神学传统中思索世俗化的问题，是阿甘本研究政治、哲学、法律等问题的重要方法论方向。阿甘本认为，宗教信仰或教义是政治思想、政治行动、政治变化的重要资源。他在这点上类似于施米特（"现代国家理论中的所有重要概念都是世俗化了的神学概念"③），但绝不是停留在宗教神学领域而是试图超越。阿甘本对荣耀的谱系学追踪，是为了在更广泛的政治神学语义中审视主权权力与治理权力逻辑、权力与荣耀之间的紧密关系，以及发现西方政治机制中权力的核心秘密，揭示政治权力在神圣与

---

①　Nicholas Thoburn, *Deleuze*, *Marx and Politics*, London：Routledge, 2003, p. 111.

②　Sergei Prozorov, *Agamben and Politics*：*A Critical Introduction*, Edinburgh：Edinburgh University Press Ltd. , 2014, p. 33.

③　［德］卡尔·施米特：《政治的神学》，刘宗坤等译，49 页，上海，上海人民出版社，2015。

世俗领域中的运作总是涉及仪式、欢呼、喝彩的荣耀在场，必须在荣耀中展现自身的奥秘。阿甘本对荣耀神学或政治学给予了很高的期待，认为："在这个区域中，欢呼、典礼、仪式、徽章起着作用。我们将会看到一片研究领域在我们面前敞开，这片领域十分重要，仍存在着未曾被探索之处。"①

根据阿甘本的观点，荣耀在宗教神学中具有两个层面。其一是上帝的荣耀，这是内在于自身的、无条件的、至高无上的荣耀，因为上帝是全知全能的、完美的、永恒的存在，上帝在自然之工与恩典之工中荣耀自身。这隶属于神圣天国而不是俗世。其二是对上帝的赞颂，这是人类或所有造物给予上帝的荣耀，具体表现为用心灵、行为或语言来表达对他的信仰、赞美、爱慕，即荣耀上帝。例如，神圣天国中天使的主要活动就是赞颂上帝。又如，世俗世界教会中吟唱赞美上帝的颂歌。荣耀的双重形象，即上帝的荣耀（客观的荣耀）与荣耀上帝（主观的荣耀）相互支撑，相互维持。上帝虽然全知全能，但无法孤立地展现自身的荣耀，必须在赞美、欢呼、庆典、仪式、喝彩中维持圆满的存在。从根本上看，荣耀上帝是因为上帝的荣耀。在这种荣耀形象中，需要注意的是，上帝对世俗世界的治理并没有实际的行动与作用。或者说，上帝"统治而不治理"，委托天使来治理俗世。从另一个角度来看，是诸神和人类的荣耀行为创造了上帝并维持着上帝的存在。这体现了上帝的无用与空洞性，犹太教与基督教传统对此都有明确或含蓄的表达。

―――――――――――

① Giorgio Agamben, *The Kingdom and the Glory: For a Theological Genealogy of Economy and Government*, translated by Lorenzo Chiesa and Matteo Mandarini, California: Stanford University Press, 2011, p. 188.

上帝的这种形象类似于中世纪常见的空王座。这不是被主权者或统治者占据的椅子，而是空荡的、预备的、充满神圣力量的宝座。它端放在那里，包含所有神圣权力的符号与象征，等待着上帝荣耀的到来，因为主权者、统治者或上帝是"遗失的"，不在场的，或者说，是以一种不在场的方式存在的绝对在场。阿甘本认为，将空王座的价值锁定在世俗与神圣统治的王权象征是有局限性的，必须注意到在基督教传统中，空王座有至关重要的意义。"空王座并不是王权的象征，而是荣耀的象征。荣耀先于创世，并在结束之后继续存活下来。王座是空的并不仅仅是因为荣耀（尽管它与神之本质一致，但并不与之完全等同），而且因为荣耀就在其最深层的自我安息和守安息之中。空就是荣耀的权威形象。"①荣耀与安息（无用）的关系在空王座中表现得淋漓尽致。空王座的空洞性既是完全荣耀的体现，也是安息（无用）的构成部分，而荣耀必须抓住这种空洞性、无用、安息来运作。简而言之，荣耀机制捕获安息，人类若想获得本质上的安息，必须逃离荣耀机制的捕获，在荣耀机制之外思考安息。

人类本身受到上帝或统治者的捕获，无法实现真正的安息，这就是西方政治机制权力的核心。对此，阿甘本直接说道："荣耀机制在空王座的权威中找到了最完美的解码。其目的就是在治理机制中把握那种不可思考的安息——让其成为它的内在动力，而不可思考的安息构成最终的神之秘密。展现神之安息的客观荣耀，正如人类通过安息庆祝其永恒

---

①　Giorgio Agamben，*The Kingdom and the Glory：For a Theological Genealogy of Economy and Government*，translated by Lorenzo Chiesa and Matteo Mandarini，California：Stanford University Press，2011，p. 245.

的大安息日的荣耀。神圣和世俗的荣耀机制在这里变得和谐一致。"①治理机制在空洞性中把握了人类的本质，人类的安息。

阿甘本在论述安息的过程中，举了多种确认安息的例子。安息（无用）的典型范例之一即犹太教的安息日。"在犹太教中，安息（安歇）是最适合于上帝的维度，而人被赋予安息日之中宏伟的形象。事实上，这个最典型的犹太节日具有一个神学上的根基：不是创造工作的日子被认为是神圣的，而是上帝停止所有工作的日子才是神圣的……因此，安息就是最适合上帝的名称。"②阿甘本引用了《圣经》中《创世记》与《出埃及记》的描述："第七日，上帝完成了造物的工作，就在第七日放下一切工作安歇了。上帝赐福给第七日，定为圣日，因为上帝在这一日安歇，放下了创造万物的一切工作。""要谨记安息日，奉为圣日。六天要从事劳动，做一切工作。但第七天是上帝所定的安息日。"这种安息不是拒绝从事一切活动，而是不能从事以生产为目的的活动。这是一种特定的生活方式。又如，最后的审判之后，即耶稣基督复活之后，荣耀的身体问题 ["在天堂中复活的身体的性质与特征（在天堂中复活的身体更加一般的生命问题）"③]与安息密切关系。"作为审判日之后人的命运的前提条件，荣耀与所有活动、所有工作的终止有关。在神的安济机制达到圆满，天使臣僚的等级制彻底变得安息之后，这就是所残余下来的东西。

---

① Giorgio Agamben，*The Kingdom and the Glory：For a Theological Genealogy of Economy and Government*，translated by Lorenzo Chiesa and Matteo Mandarini，California：Stanford University Press，2011，p. 245.

② *Ibid.*，p. 239.

③ Giorgio Agamben，*Nudities*，translated by David Kishik and Stefan Pedatella，California：Stanford University Press，2011，p. 91.

在地狱中，惩罚管理之类的东西仍然起作用，而在天堂中，不仅没有治理，也没有写作，没有阅读，没有神学，甚至没有仪式庆典——只剩下荣耀的圣歌。荣耀占据了审判之后万事安息的位置，正是在永恒的阿门中，所有的工作、所有神和人的言辞都得到了消解。"①

阿甘本列举了很多例子，最终的诉求是说明这个世界囚禁人类本质的权力、法律、荣耀等失去效应，不再发挥作用，反抗治理机制使其失去活力。这是阿甘本政治意图的核心主张之一，也是即将来临的政治的手段与目的。如果说安息是阿甘本的政治规划想要实现的结果，那么如何使人类与上帝或诸神获得安息呢？阿甘本提出的策略之一即亵渎——亵渎荣耀装置、亵渎空王座。他认为只有这样才能获得永生。

(三)亵　渎

阿甘本在图绘未来哲学或即将来临的政治过程中，与其说旨在勾勒未来政治的基本轮廓，还不如说在零散的、慌乱的逻辑思路中提供虚弱的政治预示。无论是对生命形式的论述，还是对使用范畴的说明，或是对无用政治学的期待，阿甘本的目的都是使其建构的生命政治机制无效，使西方现代政治走出死亡政治学的陷阱，使现代政治存在摆脱沦为神圣人或赤裸生命的命运。

亵渎是阿甘本设想的使生命政治装置无用的一种方式。与斯宾诺莎和巴迪欧对亵渎的关注不同，在阿甘本这里，亵渎处于政治神学语境之

---

① Giorgio Agamben, *The Kingdom and the Glory*: *For a Theological Genealogy of Economy and Government*, translated by Lorenzo Chiesa and Matteo Mandarini, California: Stanford University Press, 2011, p. 239.

中，是一种政治操作，而不是宗教领域的范畴，也区别于世俗化概念。它是政治解放的手段之一，最重要的是，承担着使资本主义政治制度、法律机制趋向毁灭的任务。与此同时，阿甘本还提出游戏是亵渎的主要方式。这是他 20 世纪 70 年代就开始研究的主题。游戏的重新使用主要是为了重申亵渎在即将来临的政治中的重要作用。它不再受到预先给定的目的的束缚，不再局限于某种具体的目的，而是一项无目的的手段的政治任务，是本雅明纯粹手段政治的继续与发展。

从词源学的角度来看，亵渎可以追溯至拉丁语动词 profanare。根据舒茨的描述，它由 pro（在……之外、缺乏、离开）与 fanum（庙宇、神殿、圣地或神圣区域）组合而成。动词 profanare 具有"玷污、使非神圣化、使……失去神圣色彩、使神圣之物返回世俗（凡俗）的使用"之意。① 亵渎指使某物从神圣领域中被提取出来，然后返回人类的自由使用，使属神之物返回世俗之间，并不等同于一般社会学、历史学意义上的"世俗化"这一概念。

为说明亵渎与世俗化的异同，阿甘本进行了明确的界定："世俗化是一种抑制形式。通过把这些力量简单从一个地方转移到另一个地方，它完整地保留了它所处理的力量。神学概念的政治世俗化（作为主权权力范式的上帝的超越性）只是把天国的君主制替换为世俗的君主制，并完整地保留了它的力量。亵渎则是使它亵渎的东西中立化或无效。一旦遭遇亵渎，那原本不可用的、分隔出来的东西就会失去光环，返回使

---

① *The Agamben Dictionary*, edited by Alex Murray and Jessica Whyte, Edinburgh: Edinburgh University Press Ltd., 2011, p. 163.

用。世俗化与亵渎都属于政治操作：前者通过将权力带回神圣模式而确保权力的运作；后者通过使权力装置失效而使权力夺取的空间返回共同的使用。"①世俗化的社会历史发展过程与宗教历史的发展有着密切的关系。或者说，世俗化更倾向于表达权力在不同领域中的行使，而不是宗教领域与现代社会领域的截然分离，虽然世俗化过程意味着逐渐摆脱宗教意识形态的神圣性与神秘性。在这个过程中，权力关系与技术运作的装置依旧在维持着自身的运转，并没有由于作用领域的更改而呈现消退之势。它的形式并没有发生改变。

亵渎最重要的特征在于权力运作装置失效，不再发挥作用，促使权力占据的空间结构面临瘫痪，并使其向一种新的可能性开放，迈向一种新的使用。亵渎并不意味着摧毁、败坏既定政治权力机制的工具或力量，而是使其不再运作、不再产生旧有作用的方式。这是专属于人类的实践。被亵渎之物的失效状态即失去了自身的神圣光环，事物不再具有之前拥有的特性或神圣内涵。对旧有用途的中和是诞生新的使用的基础与前提，而不是重新创造或发明某种新的使用。在这点上，它与无用相似。亵渎与无用都是打开幸福大门的方式，也是阿甘本对即将来临的政治的肯定性期许。

阿甘本的重点显然不是亵渎与世俗化之间的差异，而是强调神圣与世俗之间的分离或分隔性关系。那么对宗教领域的关注必然是阿甘本考虑的方向。一直以来，对宗教的解读更多是从神与人结合的角度，思考

---

① Giorgio Agamben, *Profanations*, translated by Jeff Fort, New York: Zone Books, 2007, p. 77.

世俗世界之外的超自然的、拥有绝对权威的神秘实体或力量。阿甘本认为，宗教最重要的不是人与神的结合，而是人与神的分离的确保，最根本的即某些物专属于诸神，某些物适合于人类的自由使用。在这个过程中，必须关注分离行为的产生与对某物的排除（专属于某个领域）。因此，宗教主张"把事物、场所、动物或人从共同使用中移除出去，并将它们转移到分隔的领域"①。宗教暗示着不断制造分离，制造区分。比如，通过献祭装置实现某些事物的神圣化，迫使它们与正常的使用相分离，从而从世俗之域转移到神圣之域，从人的领域过渡到神的领域。简而言之，献祭维持着分离的运转。

不过，在宗教仪式或程序的干预之下（如接触被神圣化的事物），某些事物能够返回人类的正常使用，被重新使用。这就是亵渎，即把神圣之物从宗教领域中释放出来，使其重返世俗领域。"亵渎意味着打开特殊的疏忽形式的可能性。这种疏忽忽视了分离，更准确地说，这种疏忽将分离置入一种特殊使用。"②亵渎就是要使这种分离结构失效，因为正是神圣与世俗之域的分离使生命神圣化，有了沦为赤裸生命或神圣人的危险。这种分隔性结构通过暴力性的排除方式不断维持着世俗与神圣之间的差异，也就意味着不断制造特权空间。用普罗佐罗夫的话来说，"世俗化维持着包含在一个单独的领域内存在的无用的荣耀逻辑，并将这个单独领域从神圣领域转移到世俗领域。因此，从内容上而不是从形式上看，它是反宗教的。亵渎恰恰以分隔宗教形式为目标，所以没有必

---

① Giorgio Agamben, *Profanations*, translated by Jeff Fort, New York: Zone Books, 2007, p. 74.

② *Ibid.*, p. 75.

要对其内容怀有敌意"①。世俗化在领域更迭过程中形式并没有发生变化，亵渎则是从形式上摧毁神圣与世俗之间的分隔性结构。根据阿甘本的观点，亵渎之所以重要，在于这是使资本主义装置无效的方式，因为资本主义体制正在不断创造不可亵渎之物，不断摧毁亵渎的潜能。"亵渎不可亵渎之物是将来一代人的政治任务。"②

在神圣与亵渎之间，阿甘本展开了对资本主义的批判。他指出，在现代政治与权力经济学下，资本主义作为一种宗教而运作。很显然，这个主张是本雅明作为宗教的资本主义的延续。本雅明 20 世纪 20 年代撰写了《作为宗教的资本主义》一文，虽然篇幅很短（只有三四页纸），且形式零散，但逻辑结构布局清晰，内涵深奥，引起了众多学者的关注与研究。在这个片段中，我们可以明显地感受到本雅明受到了韦伯的深刻影响，但却比韦伯走得更远。本雅明直接说道："要论证资本主义的宗教结构——为了说明它不仅是宗教所决定的结构，正如韦伯所相信的那样，而且在本质上是一种宗教现象。"③资本主义即宗教本身的宣称比韦伯构想的资本主义兴起是宗教改革的社会基础，是新教伦理信仰的世俗化更加激进。阿甘本高度赞扬本雅明的这个片段，认为它非常具有洞察力，并且深受启发，也撰写了一篇题为《作为宗教的资本主义》的文章来

---

① Sergei Prozorov, *Agamben and Politics*：*A Critical Introduction*, Edinburgh：Edinburgh University Press Ltd. , 2014, p. 44.

② Giorgio Agamben, *Profanations*, translated by Jeff Fort, New York：Zone Books, 2007, p. 92.

③ *Walter Benjamin*：*Selected Writings Volume Ⅰ*, *1913-1926*, edited by Marcus Bullock and Michael W. Jennings, Cambridge, Massachusetts：The Belknap Press of Harvard University Press, 1996, p. 288.

回应本雅明。

从内容上看，与本雅明侧重于对资本主义宗教特征的描述不同①，阿甘本试图从世俗与神圣的分隔关系出发，批判资本主义宗教的分隔结构的普遍化。神圣，意味着把事物移出人法的领域，亵渎则意指把神圣之物返回人类以自由使用。神圣与世俗（亵渎）的分隔确保了人与神、世俗与神圣的不同。阿甘本认为，资本主义宗教就是不断生产这种绝对的分裂与分隔结构。"在资本主义宗教的极端形式中，资本主义宗教实现了纯粹的分离形式，纯粹到没有留下任何可分之物。一种绝对的、无剩余的亵渎。"②

在阿甘本看来，资本主义既是一种宗教现象（分离结构），又彻底地体现了绝对的亵渎。与此同时，这也预示了无差异领域的诞生，即神圣与世俗、神与人之间的差异消失，两者的界限不再清晰，而是相互渗透，变得不可区分。分隔性结构趋向彻底化与绝对化，世俗之域完全神圣化，两个领域可以相互转换，从而使事物的共同使用变得不可能。阿甘本直言："在商品中，分离是物本身固有的形式，即分裂为使用价值与交换价值，然而，现在被转变成不可理解的恋物。对所做的、生产的、体验的所有事情来说亦是如此，甚至人的身体、性、语言也是如

① 本雅明主要论述了资本主义宗教结构的三个特征。第一，资本主义是一种纯粹的偶像崇拜的宗教，也许是有史以来最极端的偶像崇拜。资本主义，事物只有与崇拜相关才有意义；但是资本主义不具备任何特定的教义，也不是神学。第二，崇拜具有永恒性。资本主义不存在普通的工作日，没有一天不是节日，节假日与工作日不再区分。第三，创造负罪感。资本主义很可能是创造负罪感而不是赎罪的宗教崇拜的第一个实例。

② Giorgio Agamben, *Profanations*, translated by Jeff Fort, New York：Zone Books，2007，p. 81.

此。现在，它们与自身分开，并被置入一个不再能界定任何实质性划分的分隔领域。在那里，所有使用都变得不可能并将一直不可能。"①这是资本主义宗教具有的实质性特征，即不再生产差异、异质的元素，"旨在创造绝对不可亵渎的东西"②。阿甘本认为，资本主义生产不可亵渎之物的典型例证，或者说使亵渎潜能失效的最好说明即色情装置。

那么，逃离资本主义不可亵渎之势的行为又是什么呢？阿甘本认为是疏忽。当然，这不是说要制造各种疏忽，粗心大意，故意犯错，而是要持有这种漫不经心的气质，不给予某物、某事特别的关注而"专心玩"。疏忽的不经意的心态是值得借鉴的。面对资本主义制度、法律、宗教等，不妨以疏忽的姿态架空其形式与内容，如圣保罗"要像不"的生活姿态。这不是废除或根除法律机制，而是以疏忽的姿态让法律机制不再发挥作用。用更具体化的词汇来表达，即游戏（play，嬉戏、玩）。阿甘本认为："亵渎并非简单意味着废除或取消分隔，而是学会将它们置于一种全新的使用中，与它们游戏……以便将它们转化为纯粹的工具。"③

阿甘本 20 世纪 70 年代就在幼年与历史体验中讨论了游戏概念，着重分析了仪式、游戏、时间、历史之间的关系。他引用了科洛迪（Carlo Collodi）小说中的游乐场场景——这是一个全部由男孩构成的特别国度，每个男孩都在嬉戏、喧闹、欢乐的氛围中玩着自己的游戏，如玩球、骑

---

① Giorgio Agamben, *Profanations*, translated by Jeff Fort, New York: Zone Books, 2007, p. 81.

② *Ibid.*, p. 82.

③ *Ibid.*, p. 87.

车、唱歌、朗诵等，诸种骚动、混乱和无拘无束的游戏方式充斥于这个国度。在这个游乐场中，游戏即生活，生活即游戏，最显著的结果就是时间的改变与加速，这导致了日历的瘫痪。阿甘本还论及了本维尼斯特对仪式与游戏的描述。神圣仪式与游戏两者关系紧密，仪式在于其形式与神话内容的结合，游戏则是要破坏这种统一。要么是纯粹的仪式形式（作为一种身体游戏），要么是纯粹的神话内容（作为一种词语游戏），两者的分离建构了游戏。

从起源上看，游戏确实与古老的神圣仪式、舞蹈、格斗和占卜相关。阿甘本举出了一些实例。例如，来源于占卜工具的掷骰子、陀螺、下棋等，从求神谕的实践（"碰运气"习惯）演变而来的赌博游戏，等等，都与宗教仪式紧密相关。游戏在演变过程中逐渐摆脱了宗教仪式规则，失去了原有的宗教内涵，也远离了原有的用途，而在另一个维度上被重新使用，产生了全新的使用可能性。

必须指出的是，在游戏的转变史中，其宗教仪式与功能的黯然失色并没有遭遇故意的摧毁或改变，而是在演变过程中自然发生的。游戏的宗教痕迹逐渐褪去，人们专心于游戏，这也是人们疏忽游戏的宗教仪式规则与形式的表现，或者说是对宗教仪式等内容的悬置与暂停，最终实现对神圣之物的亵渎。因此，阿甘本之后转向游戏的主题时，不再强调仪式、游戏、历史与时间的关系，而是强调亵渎与使用问题。游戏是亵渎的一种形式，与神圣之域有着密切的关系，是对神圣之物的不当使用。这是阿甘本对资本主义极端阶段的景观特征的批判策略之一。亵渎可以在游戏中实现，因为"游戏意味着将人从神圣之域中解放出来和转移出来，但是并没有废除这个神圣之域"①。

　　为了更加具象化地说明亵渎的内涵，阿甘本列举了儿童玩玩具与小猫玩线团的例子。这些玩具可以是任何废品或旧物。对于儿童而言，他们只专注于游戏本身，而不会在乎玩具的内容与功用（玩具置换了神圣之物）。这就使人从经济、法律等活动中解放出来。对于小猫而言，线团置换了老鼠，将自身从捕猎活动中解放出来。阿甘本认为，这两个例子都说明了活动原有的意义与目的被置换（并不是说要有意撇开这些活动或领域），游戏可以将事物从既定的领域、特定的使用范围中释放出来，生成新的使用的开放，创造一种新的使用维度。"解放的行为依旧能够再生产出并模仿那些它从诸种活动形式中解放出来的活动形式，然而，在卸空它们的意义以及任何与目的的强制性关系时，解放行为也向这些活动形式开放，使它们可用于新的用途。"②阿甘本将游戏视为一项政治任务，即政治解放、政治抵抗的手段。以游戏与法律为例，阿甘本认为："有一天人类将会与法律做游戏，就像小孩子玩着用不着的东西。这不是为了还原它们的经典之用，而是为了使它们决定性地自行解放。在法之后所发现的，并不是一种在法之前更本真与原初的使用价值，而是一种只在它之后诞生的新用。而用本身，尽管曾经被法污染，也必须从自己的价值之中解放出来。这个解放便是研读，或是玩耍的任务。这个用功研读的游戏将是一条通道，能让我们达到正义。在一篇死后出版的残篇中，本雅明如此定义这种正义：一种世界的状态，其中世界呈现

---

　　①　Giorgio Agamben, *Profanations*, translated by Jeff Fort, New York: Zone Books, 2007, p. 76.

　　②　*Ibid.*, pp. 85-86.

为绝对无法被占有或法律化的善。"①游戏法律使生命政治主权的法律逻辑无效，使经济、政治在游戏中失去活力。这是走向正义的通道，也是通往幸福的大门。

不过，阿甘本也注意到游戏正在经历衰落，尤其是面对资本主义景观社会的各种分离与区分、全球资本消费文化的繁盛时，要使事物回到人类的自由使用状态并不是件容易的事情。这也就意味着，在资本主义极端阶段中游戏是一项艰巨的政治任务。

---

① ［意］吉奥乔·阿甘本：《例外状态》，薛熙平译，100 页，西安，西北大学出版社，2015。

第五章 | 人类共同体形态结构的政治
筹划与理论定位

西方的政治社会生活一直都延续着对人类群体集体生活的思考，尤其是在遭遇政治社会结构与关系的强烈压迫与剥削时，理论家往往会采取"批判—建立"的政治革命策略构想未来的社会模式与生活方式，即构建未来政治共同体或共产主义理念。从批判角度来看，"批判—建立"的政治革命策略通常存在两种对立的意识形态认识方式：要么是以全面批判或解构既定的政治秩序与制度为基础的具有深刻性、彻底性、颠覆性的革命质变方式，要么是对政权结构、社会存在以及面临的诸种问题采取渐进性、局部性、限制性的政治改良路径。不过，这并不是说西方政治社会生活中只存在这种"二元"对立的批判模式。虽然西方社会自古希腊时期以来便深受这种"二元"对立批判模式的影响，然而，我们不能以此将其归结为非此即彼的简单粗暴的逻辑结构，要避免走向虚无主义或理想主义的陷阱。从社会建构类型角度来看，一般是以摆脱压迫、剥削、不平等等政治思想范式为主要目标的宏大叙事型的规划政治共同体，最终要实现人类自由、解放、进步、幸福的追求。

纵观社会历史发展过程，建立全面实现人类的自由发展、平等安全、民主进步的共同体绝不是一蹴而就的事情，或者说，这需要长时间的考验与等待。因此，从现实的角度来看，理论家对于未来政治共同体或科学共产主义的构想，首先能做的就是从理论层面打开其实现的可能性视角，为其真正的发展提供可能的朝向，而不至于迈向乌托邦之境。在这个方面，作为激进左翼理论家，阿甘本贡献了对未来政治共同体的思考方向，即"即将来临的共同体"。这主要是为了回应 20 世纪 80 年代南希的"非功效的共同体"与布朗肖的"不可言明的共同体"①。这三种共同体形式代表了 20 世纪八九十年代政治共同体的主要对话模式。除此之外，奈格里的自治主义共同体、埃斯波西托的免疫共同体也与之形成了鲜明的对比，并占据了举足轻重的地位。

对未来政治共同体或共产主义的设想涉及众多理论家。巴迪欧、齐泽克等纷纷表达了自身的理论立场与设想方式，使未来社会的发展模式呈现出丰富的多元性与复杂性，虽然依旧无法在现实社会生活中提供具体的指导蓝图。即便如此，正如齐泽克所言："我们必须一次又一次地

---

① 从共同体的流通性与可交流性角度来看，共同体亦即共通体。下文部分引文即采用"共通体"这一表述。

开始，虽然开始又总是最艰难的。但也有可能是开始已经发生了，而现在是忠诚于这一开始的问题了。那么，这就是未来的任务。"①未来政治共同体、科学共产主义的构想已经在慢慢形成，最重要的是在坚持社会历史发展矛盾的过程中，继续坚持这一开始并不断探索。这既是当代人不可推卸的政治使命，也能够在资本主义全球扩张的背景中展现思考诸种共同体模式的不同理论视角及其发展前景。

很显然，我们不能以固定而静止的姿态探索政治共同体的实体化与具体化组织形式，而应该在动态结构中发现未来共产主义发展趋势的思想线索。从某种意义上看，人类从来不缺乏对未来美好社会图景的渴望与期待。对于这些理论家孜孜不倦的追求，可以借用埃德加·莫兰的体验来概括："共产主义是我一生中的主要问题和首要经验。我从来没有停止在它所表达的憧憬中承认自己，而且，我至今相信另一个社会和另一种人性的可能性。"②始终坚信"另一个社会、另一种人性、另一个世界的可能性"，或许是他们为之奋斗的根本动力。

一、政治共同体的新政治学走向

18 世纪开始，由于资产阶级工业革命的到来以及社会历史演变浪

---

① *The Idea of Communism*，edited by Slavoj Žižek and Costas Douzinas，New York：Verso，2010，p. x.

② ［法］莫里斯·布朗肖：《不可言明的共通体》，夏可君、尉光吉译，5 页，重庆，重庆大学出版社，2016。

潮的影响，欧陆哲学掀起了对共同体概念的热烈讨论。这尤其体现在社会学、文学、政治学、哲学、人类学等领域。正因为不同学科领域的广泛研究，共同体概念呈现出鲜明的复杂性与丰富性。然而，在西方传统政治中，共同体的社会结构似乎一直都被界定为围绕某种语言、民族、种属、归属、习俗、观念、生活需要、身份准则等建构起来的政治组织。这也就意味着，共同体的可能性是围绕某种共同的媒介或中介物建构起来的。唯有这样，共同体成员才能在其中获得法律权利、地位、自由、财产、安全等。因此，共同体既是人类保护自身安全、获取生存资源、争取政治法律身份、遵守社会准则的根源性条件，也是发生暴力、冲突、矛盾、纠纷、敌对等破坏共同体团结一致、和平稳定等行为的政治空间。这是因为共同体由诸种界限确认，如成员身份问题，只有归属某个共同体才能获得相应的政治法律权利，而被排除在外的人需要竭力获得身份认同或通过与主流共同体意识形态发生暴力冲突来解决身份问题。这也就意味着，共同体充满众多排除、纳入、孤立、隔离、抛弃范畴的社会分隔性结构。很显然，这种传统的共同体模式过于趋向同一性，消解了他异性与独特性，严重地阻碍了人类的自由发展与个性舒展。

20 世纪之后，虽然对共同体的重新思考依旧面临诸多社会与政治危机，但政治哲学领域涌现了一大批理论家，他们对未来政治共同体有全新的理解，竭力主张重新思考共产主义或共通体。他们逐渐发现："它们承担的含义，全然不同于那些从属于……一个团体，一个群体，

一个议会，一个集体的人所共有的东西。"①而且先前共同体的讨论"没
能真正地、明确地且在论题上（尽管这里的'明确''在论题上'都是非常
不确定的范畴）同某种关于共通体的思想相沟通。毋宁说，他们与这种
思想的沟通依然是隐秘的，或是悬而未决的"②。欧陆哲学领域再一次
掀起了对共同体讨论的热潮。除了巴塔耶、南希与布朗肖之外，最为典
型的就是意大利政治哲学领域的代表。例如，自治主义马克思主义者奈
格里与哈特在坚持马克思主义的前提下，通过对现代经济中共同性生产
的高度赞扬，对资本主义全球化秩序与劳动模式的挑战，寄希望于生命
政治劳动生产方式与诸众革命主体的形成，期待后者取代马克思劳动价
值理论与无产阶级，成为资本主义制度与生产方式的掘墓人。埃斯波西
托试图从共同体的词源学与语义学角度出发，并注入免疫范式，实现对
传统政治哲学共同体界定的颠覆与重构等。阿甘本对现代西方资本主义
政治制度的诊断认为，所有公民都是潜在的神圣人或赤裸生命。这也就
意味着，在建构未来政治共同体的过程中，他对政治革命主体的塑造不
会求助于马克思式的无产阶级或奈格里式的诸众革命主体。

那么，阿甘本是如何具体规划所谓的即将来临的政治中的共同体
的？又是如何实现对未来政治共同体的另类建构的？阿甘本一方面对现
代西方政治采取生命政治学批判策略，另一方面也表达了对未来西方政
治发展趋势的论述，即一种全新的、即将来临的政治。"即将来临的政

①　[法]莫里斯·布朗肖：《不可言明的共通体》，夏可君、尉光吉译，4 页，重庆，
重庆大学出版社，2016。

②　[法]让-吕克·南希：《无用的共通体》，郭建玲、张建华、夏可君译，16 页，郑
州，河南大学出版社，2015。

治的新颖性在于它将不再是一种为争夺或控制国家而进行的斗争，而是一种国家与非国家（人类）之间的斗争，是任意的独特性与国家组织之间的不可逾越的分离。"①在即将来临的政治话语中，阿甘本勾勒出处于弥赛亚时间维度的"即将来临的共同体"，一种不再由身份、地位、阶级、种族、归属或某种共同本质环绕的"来临中的共同体"，一种由"任意的奇点（独特性）"架构的"即将到来的共同体"，以便洞见新世界的微光和希望。

意大利批判理论家开启了对共同体理念的全新解读模式，其解读成为政治共同体新政治学走向的典型标杆，引领了在新时代下研究共同体理论的新风向。

(一)共同体的共产主义模式

奈格里与哈特对于未来政治发展方向的思索更倾向于从当下、现在，即资本主义全球扩张对社会、经济、文化和政治实践的影响出发，而不是像阿甘本或埃斯波西托那样，在对过去或传统政治思想的批判的基础上阐述对当代历史、政治、哲学的理解。奈格里与哈特对未来政治、社会发展趋势的构想充满期待，并在斯宾诺莎、马克思、福柯、德勒兹、瓜塔里等人思想的启发下，尤其通过对《1857—1858年经济学手稿》与《资本论》的重新研读，提出了众多发人深省的理论依据，以证实其政治思想路径的可靠性与合理性。他们对未来政治共同体或共产主义

---

① Giorgio Agamben, *The Coming Community*, translated by Michael Hardt, Minneapolis: University of Minnesota Press, 1993, p. 85.

满怀信心的最重要的原因即对个体潜能与生产范畴的强烈坚持。在这点上，福柯与阿甘本是缺乏的，尤其是阿甘本。奈格里与哈特对阿甘本不包含生产力量内容的生命政治概念持坚定的批判立场。他们有对于潜能与生产性范畴的偏好。从理论上看，正如卡萨里诺所言，奈格里"试图生产一种以潜能本体论为核心的内在性哲学……一直强调生产的问题，强调存在的生产力问题"①。其中最重要的政治目的就是为图绘未来共产主义社会提供力量支撑。他们不致力于悲情地窥视现代个体的生命遭遇与社会关系的变形，而是在经济全球化背景下随着资本与阶级构成的剧烈转变而寻找摆脱社会困境与危机的可能性与方法。因此，探寻革命的政治力量因素或改革僵化的制度关系既是他们工作的主要任务，更是颠覆资本主义生产关系霸权统治、构筑未来共产主义社会图景的有力探索，而具体的实践操作在于诸众共同性与生命政治劳动或非物质劳动的最终形成。

奈格里与哈特认为，"根植于对主体性谱系的分析和发展，根植于对个体和抵抗的另类生产的分析和发展"②，"另一个世界的诞生是可能的"，共同性的共产主义社会的到来是可能的。这既因为生命政治时代中的资本正在创造自身的掘墓人，又因为"资本主义生产越来越多地依赖于共同性，共同性的自治是共产主义的本质——表明了今天共产主义

---

① Cesare Casarino and Antonio Negri, "It's a Powerful Life: A Conversation on Contemporary Philosophy", *Cultural Critique*, 2004, 57: 151-183.

② ［意］安东尼奥·内格里：《超越帝国》，李琨、陆汉臻，200 页，北京，北京大学出版社，2016。

计划的条件和武器比以往任何时候都多"①。资本主义生产方式与生产过程终究会遭遇共同性生产的颠覆。

从自治主义理论的基调来看，奈格里与哈特在经济全球化背景中构建的生命政治思想路径一开始就是要颠覆否定性的生命政治属性，摆脱生命政治死亡政治学的趋势。毫无疑问，其生命政治思想脉络结构必须充斥对潜能、生产、生产力、解放、抵抗、主体等问题的讨论。这不仅奠定了奈格里与哈特未来政治哲学的肯定性基调，也是充实未来共产主义社会物质内容的基本前提。从构建未来政治共同体的权力关系与政治主体角度来看，奈格里与哈特和阿甘本对未来政治共同体的描绘可以形成鲜明对比。奈格里与哈特积极性的生命政治论调与阿甘本消极性的生命政治论调截然相反。奈格里认为："阿甘本在理解政治方面是相当有限的（缺乏政治斗争实践）——在他的著作中，这种限制采用的是激进的海德格尔主义形式。他绝对地坚信人是向死而生的（为死的存在）。这种人类观念给他的研究带来了一种矛盾的节奏。那么，这意味着阿甘本会以此种理念为基础，即世界在生命的极限中不断地、奇迹般地重生，也就是说，以死亡的门槛为根基。"②基于这种理论旨趣与发展倾向，奈格里与哈特对阿甘本的未来政治共同体构建或共产主义理念设想抱持着强烈的怀疑。

奈格里与哈特至少在权力与个体两方面与阿甘本的政治思想存在矛

---

① *The Idea of Communism*，edited by Slavoj Žižek and Costas Douzinas，New York：Verso，2010，p. 144.

② Cesare Casarino and Antonio Negri，"It's a Powerful Life：A Conversation on Contemporary Philosophy"，*Cultural Critique*，2004，57：151-183.

盾与对立。就权力而言，在阿甘本那里，它主要以否定性形式出现，尤其是他的生命政治学理论将生命权力与主权权力置于同源结构中，促使生命权力趋向于死亡权力，那么承担未来共产主义社会的权力关系就失去了生产性与构成性的功能。很显然，阿甘本的理论风格与政治旨趣使他习惯于从极限构建中探寻思想火花。奈格里与哈特则将权力置于后现代性语境中，并在形式吸纳与实质吸纳的转化关系中思索权力形式的变化，最重要的是以资本主义生产关系的权力与诸众生产力的力量的对抗为核心。不过，他们对于权力概念的理解更倾向于将其视为潜能，致力于发现权力本身具有的生产性与创造性。这与福柯对权力与抵抗关系的理解类似，即试图在帝国主权统治的逻辑下思索权力运作、抵抗权力、主体生成的问题。

就个体主体性而言，阿甘本对于传统个体承担政治解放的任务并不感兴趣，因为所有人都是神圣人或潜在的赤裸生命，无法胜任如此重大的政治使命。奈格里批判了阿甘本的赤裸生命理论，认为："用赤裸来表征生命就意味着使主体的本质与使主体赤裸的权力的本质一致化。那种赤裸性预示着混淆了所有生命的力量。但是生命比赤裸更强劲，赤裸生命不能解释意识形态和历史对我们生存的世纪犯下的可怕暴力。"①奈格里极力反对阿甘本对赤裸生命的塑造，认为它消解了权力的积极性运作，认为这种纯意识形态的主张完全是荒诞滑稽的，不可能摧毁资本主义机器的生产关系与制度根基。

---

① Cesare Casarino and Antonio Negri, *In Praise of the Common: A Conversation on Philosophy and Politics*, Minneapolis: University of Minnesota Press, 2008, p. 209.

确实，阿甘本将集中营中的历史事实简化为对现代政治发展趋势的预示，将犹太人等视为革命解放力量的脆弱形象，将权力完全简化为毫无生气的压迫等，这种充满悲观气息的生命政治学理论构造一直为批判理论家所诟病与指摘。必须承认，阿甘本在其生命政治学理论构筑中，显而易见的理论缺陷就是试图使死亡的权力与生命的力量同质化，模糊具体化的政治主体的崛起。奈格里与哈特则努力构筑诸众的政治主体形象，认为诸众抵抗帝国统治的行为不仅是可能的，而且对于资本主义命运而言是毁灭性的。"诸众挥着对立的意志和对解放的欲求，必须奋力穿过帝国，在另一头穿越而出。"①

在奈格里与哈特的政治思想中，诸众承担了摧毁经济全球化时代资本主义帝国统治逻辑的任务，成为建设共产主义社会的政治革命主体，它的主要作用类似于马克思所说的无产阶级的使命。然而，诸众政治的难题不在于概念与物质内容的鉴定问题，而在于其现实性与实践性问题，诸众政治组织筹划能力和方向的问题，即何以成为可能的问题。按照维尔诺的看法，对于 17 世纪与后福特主义时代的诸众来说，从本质上看，抵抗权内在于诸众本身。这种抵抗权"不在于'夺权'，建立新的国家或垄断新的政治决断，而是保护多样性的经验、非国家的公共空间与创新的生活方式。这一切不是内战，而是抵抗权"②。奈格里与哈特则寄希望于诸众的共同性，认为共同性的生产既能促使内在于帝国统治

①　[美]麦克尔·哈特、[意]安东尼奥·奈格里：《帝国——全球化的政治秩序》，杨建国、范一亭译，214 页，南京，江苏人民出版社，2008。

②　王晓明、蔡翔主编：《热风学术》第一辑，262 页，桂林，广西师范大学出版社，2008。

的诸众主体反抗帝国生命权力的控制，并成为构筑诸众自主性的前提，又是刺激民主诞生的关键，而且诸众的共同性与共产主义社会紧密相连。在奈格里与哈特那里，共同性既指涉人类生活赖以存在的诸种共享的自然资源，又指示在协作、交流、生产等关系网络中形成的语言、知识、理念、情感、符号、信息、社会关系等专属的人类劳动产品与创造力。资本主义生产关系既以对共同性的生产为导向，又以对共同性的剥削为目标。剥削不再集中于劳动组织单独的个体之上，而是蔓延至全球。

简而言之，"资本主义社会似乎想要通过对生产资料甚至社会生活的方方面面进行私有化来消除或者掩盖共同性"①。共同性在资本主义生产与再生产关系中既得到了强化与提升，又会通过将其转化为私有财产或公有财产而遭遇削减与摧毁。这个双重过程内在于资本主义生产过程，也是资本主义生产关系的矛盾存在。"资本主义的发展必然导致合作和共同性核心作用的日益增加，反过来，这就为推翻资本主义生产模式提供了工具。资本主义发展建构了另一种社会、生产模式的基础，即共同性的共产主义。"②

必须强调的是，共同性是共产主义社会的独有特征，也与马克思所言的"废除私有财产"的共产主义相异。它"既不是资本主义的私有财产，也不是社会主义的公共财产，而是共产主义的共同性"③。在奈格里看

---

① ［美］迈克尔·哈特、［意］安东尼奥·奈格里：《大同世界》，王行坤，121 页，北京，中国人民大学出版社，2015。

② *The Idea of Communism*，edited by Slavoj Žižek and Costas Douzinas，New York：Verso，2010，p. 140.

③ *Ibid.*，p. 131.

来，共同性不仅由废除财产、所有权界定，而且由对共同性的肯定所界定。共同性与所有权相互对立。共同性是公共的又必须是共享的，比如某种创新性理念的共享。在这个共享过程中，理念并不会因为共享而降低价值，反倒会生产出更大的社会价值。然而，如果共同性作为一种财产而存在的话，就会大大降低生产效率，从而阻碍生产力的发展。在自治主义马克思主义视域中，共同性界定的共产主义最适合于现代资本主义政治经济，而资本主义所有权模式则试图不断地弱化共同性。共产主义的共同性的到来是因为资本构成、资本主义生产条件、产品以及劳动组织的技术构成发生了深刻改变，即现代资本主义经济的生命政治转向——生命政治生产或非物质劳动生产占据经济霸权地位。

因此，我们必须大力发展共同性，抵御资本主义或新自由主义对共同性的私有化，必须促成共同性或生命政治生产的自主生产。这是共产主义社会到来的关键前提，而这又取决于诸众共同性与生命政治生产的进展。诸众是非物质劳动生产或生命政治生产的关键枢纽。"非物质劳动生产物质产品、商品和交流。它的组织是通过一个个语言的、协作的、电子的和信息的网络。它们都是极度物质的，它的发生则是凭借诸众的各类联系——和运动。"①

奈格里与哈特的非物质劳动思想得益于意大利自治主义马克思主义的传统理论。这尤其体现在对意大利学者拉扎拉托"非物质劳动"概念的继承与发展上。奈格里与哈特认为，自治主义马克思主义者把注意力

---

① ［意］安东尼奥·奈格里：《艺术与诸众：论艺术的九封信》，尉光吉译，103 页，重庆，重庆大学出版社，2016。

放在了智力和非物质方面，却忽视了肉体的生产力和情感的价值，因此，先前被遗漏的内容得到了他们的高度关注，并形成了具有其特色的非物质劳动概念。他们将非物质劳动表达为"创造非物质性的产品，如知识、信息、交际、人际关系或情感反应的劳动"，认为可以通过两种主要的方式认识非物质劳动。"第一种主要为脑力或语言的劳动，如解决问题，符号型及分析型的任务及语言表达。这种非物质劳动产生思想、标志、规范、篇章、语言、符号、形象及其他类似产品。第二种我们称之为'情感型劳动'……情感劳动是一种可以生产或控制舒适感、幸福感、满意感、兴奋感或者激情感的劳动。"①

对于生命政治概念，奈格里与哈特说道："把'非物质劳动'理解成'生命政治劳动'，可以让我们更好地了解和把握这个概念，即'不仅创造物质产品，也创造人际关系乃至社会生活本身的劳动'。"②"我们把这种新的主导性生产方式称作'生命政治生产'，强调它不仅包括严格的经济意义上的物质资料生产，同时涉及社会生活、经济、文化和政治各个领域的生产。这种生命政治的生产及其对共同点的扩展是今天有可能建立大范围民主的有力支柱。"③奈格里与哈特很难从实质上区分非物质劳动与生命政治劳动或生命政治生产的关系，但是，两者之间还是存在微妙差异的。从这种差异性出发，我们能够更加深刻地理解经济全球化时代非物质劳动或生命政治生产的丰富内容。

---

① Michael Hardt, Antonio Negri, *Multitude*: *War and Democracy in the Age of Empire*, New York: The Penguin Press, 2004, p. 108.

② *Ibid.*, p. 109.

③ *Ibid.*, p. xvi.

　　首先，从概念角度来看，两者之间具有一定的交叉性与矛盾性。第一，非物质劳动强调的是，我们所进行的生产是一种非物质性生产，而非物质性指的是它的产品。对于生命政治劳动来说，生命政治生产不仅创造非物质性产品，而且创造物质产品。因此，就产品范围来看，生命政治生产更具广阔性与开放性。第二，非物质劳动更倾向于表达当代资本主义劳动组织形式的转变，体现的是一种经济变化的宏观总趋势。生命政治劳动更多是从微观层面展现传统的经济、政治、社会、文化领域之间的界限不再清晰。因此，奈格里与哈特强调说："在全球经济的后现代化过程中，财富的创造更倾向于我们所说的生态政治的生产，即社会生活自身的生产。其中，经济的、政治的、文化的生活不断地相互重叠，相互投资。"①总而言之，奈格里与哈特认为，把非物质劳动理解成生命政治劳动是具有矛盾性的，非物质劳动与生命政治劳动在广度和深度上有着明显的差异性与相似性。

　　其次，从与生命权力的关系角度来看，致力于创造思想、信息、形象、知识、交流、人际关系以及情感反应的非物质劳动，在保障帝国生命权力的运转上发挥着重要作用。生命权力是帝国主权的统治机制，是帝国主权所使用的凌驾于所有社会生活与生命之上的权力。生命权力的实施使人们的生命和整个社会生活统统处于它的监督与控制中。非物质劳动对劳动者肉体与精神的双重压榨，促进了这种至高无上的生命权力对其思想、意识、社会关系和社会生活的全面操纵。也就是说，后现代

————————

　　①　[美]麦克尔·哈特、[意]安东尼奥·奈格里：《帝国——全球化的政治秩序》，杨建国、范一亭译，序言，3页，南京，江苏人民出版社，2008。

社会中的非物质劳动弥漫着剥削与压迫的气息。致力于构建社会生活本身的生命政治则是生命对权力的一种抵抗，展现出对生命权力这种反动统治发起的挑战。因此，生命政治与生命权力处于势不两立的境况之中，两者之间充满尖锐的矛盾，不可调和。当然，生命政治生产在创造物质产品或非物质产品以及构建社会生活、社会关系、生命形式的过程中，也会对生命权力的执行产生一定的作用，但从根本上说，它们在帝国机器内部的关系是水火不容的。

　　最后，从生产主体的角度来看，无论是非物质劳动还是生命政治劳动，它们都是一种主体性生产。根据奈格里与哈特的观点，反抗帝国主权形式的主体可以在交流、协作与情感关系之中自动形成。而且这种主体从事着非物质劳动，也是一种生命政治的存在。奈格里与哈特认为："生产的力量事实上如今全是生态政治的；换而言之，它们不仅遍布在生产中而且在整个再生产领域，并直接由二者组成。生态力量成为一种生产的中介，这正当整个再生产的情境被吸纳到资本主义统治之下，即当再生产与自身组成它的根本性关系直接变成生产性的时候。生态力量是资本之下社会的真正吸纳的另一个名称，二者与全球化的生产秩序同义。生产充斥着帝国的表层；它是一架充满生机的机器，一种智能的生机通过在生产与再生产，同样也在(劳动、情感与语言的)流动当中表现其自身的方式，赋予社会一种新的集体意义，并认可了合作之中的道德与文明。"①

---

　　①　[美]麦克尔·哈特、[意]安东尼奥·奈格里：《帝国——全球化的政治秩序》，杨建国、范一亭译，351页，南京，江苏人民出版社，2008。

非物质劳动与生命政治劳动在资本主义生产方式中随处可见，而且会成为资本主义社会关系下占主导地位的生产形式。换句话说，经济全球化背景下的新的劳动范式会遍及生产与再生产领域，也会跨越社会关系和社会生活的全部空间。除此之外，非物质劳动与生命政治劳动在挑战帝国统治权威、创造解放力量方面具有高度的一致性，都蕴含着革命的政治主体的出场。它们内在地孕育着革命的因素，而且这种革命因素能在残酷的统治中找到突破口，进而摧毁压制性统治，赢得自身的解放。因此，奈格里与哈特说道："非物质劳动在展现其自身的创造性能量中似乎为一种自发和基本的共产主义提供了潜力。"[1]"生态（命）政治生产的广阔图景让我们最终认识到无产阶级概念的完全的普遍性。"[2]

总而言之，对于资本主义全球扩张时代下帝国主权统治的全面渗透与控制，非物质劳动或生命政治劳动的生产为共产主义社会的到来提供了坚实的物质基础，也滋养了政治革命主体的成长，为其解放提供了充分的养料。在奈格里与哈特那里，正是诸众的茁壮成长、非物质劳动或生命政治劳动的繁荣发展，保障了共产主义社会的降临。不过，虽然不至于落入乌托邦或虚无主义的陷阱，但这也只是理论层面的思想探索，是对未来社会发展的美好期待。

（二）共同体的免疫模式

埃斯波西托一直认为，传统西方政治范畴在面对新时代的政治思想

---

[1] ［美］麦克尔·哈特、［意］安东尼奥·奈格里：《帝国——全球化的政治秩序》，杨建国、范一亭译，287页，南京，江苏人民出版社，2008。

[2] 同上书，385。

时有显而易见的局限性，因而需要重新塑造、理解政治的术语与内涵，以获得对西方政治思想更加深入的把握。这是他执着于用革新的术语或范畴解读现代社会政治理论问题与危机的基本思路，也意味着埃斯波西托最重要的理论旨趣并不在于创造或生产崭新的范式或理论，而是在解构范畴或理论的基础上生成新的见解，显然，他也不会致力于对具体实践方案的撰写，这是埃斯波西托开展理论研究与探讨的学术特色。埃斯波西托对传统政治思想范畴的进一步质询主要是以免疫范畴为核心，重新建构异于福柯、奈格里、哈特、阿甘本与哈拉维等人的对生命政治的解读。在他看来，在事关生命的政治转变为事关死亡的政治的过程中，依旧能够摆脱死亡的全面笼罩而浮现出一种肯定性生命政治。其间免疫范式与共同体之间的辩证关系是埃斯波西托建构其肯定性生命政治共同体的关键。

埃斯波西托一直强调，他试图颠覆传统社会政治理论中的共同体理念，即 20 世纪早期德国社会中的共同体的有机体模式、哈贝马斯的交往—伦理共同体模式以及英美的新社群主义模式。在埃斯波西托看来，这三种讨论共同体的典型话语模式的主要特征在于："在实体论、主观意义上设想共同体。共同体被理解成通过共同身份的共享，而把某些个体与其他个体连接起来的实体。基于这种认识，从概念角度来看，共同体似乎与'特有'（本身）的形象联系在一起：无论它是占有共同的问题还是与特有进行交流的问题，共同体仍然是被相互的归属定义的。成员的共同之处在于他们是特有的（本身的）——是共同性的所有者。"①从这个角度来看，他们的共同体理念与所有权、身份、归属等元素连接在一起，个体只有在具有某种身份特征或成员共享的特性时才能被共同体接纳与承认。简而言之，身份凌驾于共同性之上，单纯的个体会遭遇排斥与驱逐。"也就是说，共同体是用自身的种族、土地或语言来确定自己身份的东西。"②埃斯波西托主张从相反的逻辑，即从消除身份、归属、财产、特有的角度重新审视共同体问题，从共同体术语的最初使用探索其截然不同的意义，最终，不是从排除性的封闭模式来思考共同体，而是专注于对共同体新空间的探索并使其成为可能。

埃斯波西托倾向于解构传统政治哲学核心范畴的具体表现之一就是对范畴进行词义溯源，这与阿甘本在政治学理论研究过程中的习惯性做法类似。他仔细分析了共同体的拉丁语名词 communitas［共同体 cum-munus，从字面意义上来看，就是一群人（cum）分享某物（munus）］的词源学与语义学内涵，主要从该术语的 commun 与 munus 角度展开对共同体术语的词源学追踪与释义。从 common（commun，共同的、公共的）"群体成员共享的共同性"角度的定义来看，它对立于特有的、本身的（the proper）或我自己的（my own），"开始于特有之物终结之处"，也就是与我自身本有的表达相对立，即不是属于某人特有的，而是多人或

---

① Roberto Esposito, "Community, Immunity, Biopolitics", translated by Zakiya Hanafi, *Angelaki*, 2013, 18(3): 83.

② Roberto Esposito, *Terms of the Political*, *Community*, *Immunity*, *Biopolitics*, translated by Rhiannon Noel Welch, New York: Fordham University Press, 2013, p. 48.

所有人共有的①，不能够被某人占有的东西。它不指涉同一性，而是指涉他异性。埃斯波西托拒绝传统政治哲学将共同性界定为某种特有的东西，拥有特殊的属性，以及共同性通过特有性质得以定义，将共同性与特有交织在一起的做法，认为共同性不是特有的而是与特有相对立，彼此之间有明确的界限。这是埃斯波西托对共同体进行词源追踪强调的第一个层面，但这层含义并不是埃斯波西托解构传统共同体的主要理论依据（munus 才是）。

与南希从共同体的拉丁语 communitas 的前缀 cum（"和""一起"）出发相反，埃斯波西托将研究触角伸向了一直被忽视的对象，即共同体拉丁语的后一个组成部分 munus。在古罗马语中，它指涉"义务、职责、礼物"三层内涵：onus（load/burden：责任/义务）；officium（office：职责、职务、功能）；donum（gift：礼物、赠送、给予）。donum 在某种意义上正好结合了前两者内涵，因此，在有关共同体的讨论中，埃斯波西托主要是从 munus 的 donum 出发。② 不过，其共同体理论的重点并不是强调 munus 本身的特定内涵，而在于与免疫共享词根 munus。免疫（immunitas）范式与共同体（communitas）具有相同的词根 munus，这在社会政治哲学理论中往往被理论家们忽略。从词源角度思考共同体与免疫的不可分割的关系成为埃斯波西托展开其理论建构的突破口。根据埃斯波西托的观点，共同体理论具有以下特征。

首先，共同体本身涵括神话维度。柏拉图在《普罗泰戈拉篇》中谈及

---

① Roberto Esposito, *Communitas：The Origin and Destiny of Community*, translated by Timothy Campbell, California：Stanford University Press，2010，p. 3.

② *Ibid.*, p. 4.

了诸神指派普罗米修斯与厄庇墨透斯执行任务的故事。① 在实际操作过程中，厄庇墨透斯的遗忘与过失导致人类一无所有。其他生物都在补偿机制下被赋予了相应的生存技能，以保护自身的安全与发展，拥有特殊的力量，唯独人类处于原初的缺乏与危险境遇中，一切既定的力量都与人类绝缘。普罗米修斯为了拯救人类盗取了技艺与火种，将其作为礼物赠送给人类。除此之外，人类的正义与尊敬也是天神馈赠的礼物。由此来看，人类共同体的最初起源并不是签订契约的结果，而是诸神赠送的神圣礼物使人类紧密相连，munus 便是内在于人类共同体的一种神圣礼物形式。神圣礼物既补偿了人类最初的缺乏与无助，又保障了人类生存的延续。这个神话故事虽然不是在强调 munus 的神话内涵，但至少说明了异于其他生物群体的人类共同体之所以能够得到繁衍与延续，在很大程度上得益于普罗米修斯赠予的技艺，而不是在诸神规定的既定分配原则下获得的礼物。技艺、正义、智慧的获得促使人类形成不同于其他生物的共同体，礼物在人类共同体的形成中至关重要。

其次，内在于共同体的义务关系维度。埃斯波西托对构成人类共同体的礼物原则进行了详细的解说，不过，他强调的不是某个具体的礼物类型，而是在礼物交换过程中呈现的共同体成员彼此之间的交换关系。在参涉本维尼斯特与莫斯的经典语言学的基础上，埃斯波西托写道："一旦人们接受了 munus，就意味着创建了交换 munus 的义务：要么是

---

① 《柏拉图全集》第 1 卷，王晓朝译，441—443 页，北京，人民出版社，2002。

以物品的形式，要么是以服务的形式进行交换。"①回礼成为一种义务，一种强制性的义务，而不是可供选择的权利。此外，"munus 仅预示着赠送的礼物，而不是收到的礼物"②。正如天神赠予人类的各种礼物，展现的也只是单方面的赠送，赠予者并不强求接受者以任何方式做出回应（不是外界主权因素对接受者施加某种暴力因素，而是一种强制性的义务关系，一种必须执行的义务关系）。也就是说，人类共同体的成员紧密相连的唯一条件，即不断给予他人礼物，自身不拥有任何财产、任何身份。"共同体的主体是通过义务而被统一起来的。"③"人们必须赠予，不能不赠予。"④赠送礼物的义务关系行为构成了人类共同体成员之间的纽带，这也意味着人类结合在一起形成共同体，不是因为财产、所有权、身份、归属感，也不是因为某种共同的本质或内容，而是因为 munus，因为彼此间空洞的礼物交换关系。

在共同体成员执行赠予行为的过程中，munus 代表一种以强制性力量为特征的对义务关系原则的恪守，并以此表达对共同体的尊重与贡献。这与莫斯的古代社会礼物交换原则大相径庭。莫斯援引了大量的民族志文献材料，发现礼物交换原则必须严格遵循给予—接受—给予（赠送礼物、接受礼物和回送礼物）的三位一体模式。这种礼物交换模式与其说是一种义务关系的执行、交流媒介的体现，不如说是一种人与人之

---

①　Roberto Esposito, *Communitas: The Origin and Destiny of Community*, translated by Timothy Campbell, California: Stanford University Press, 2010, p. 4.

②　*Ibid.*, p. 5.

③　*Ibid.*, p. 6.

④　*Ibid.*, p. 5.

间社会关系和社会结构的构建过程。与埃斯波西托对 munus 的利他性
与义务关系的履行不同，莫斯三位一体的礼物交换模式更倾向于呈现浓
厚的政治、经济、宗教、伦理、法律、美学色彩，而不是单纯的某种
"人情"礼节。在这种礼物交换原则下，情感作为媒介甚至不再发挥作
用，它越来越与人的命运、声望、权力、财力等因素捆绑在一起（如原
始社会中的夸富宴），展现的是一种互惠利益原则。埃斯波西托义务关
系式的赠礼行为，中断了赠礼—回礼的基本模式，成员之间共享的义务
与责任凌驾于权利、所有权、身份、特定利益之上。然而，其中暴露的
问题就是，共同体成员不能长时间持有礼物，也没有公私之分。在不断
通过赠予礼物维系与共同体关系的过程中，礼物是缺乏的，只存在于赠
予行为中，共同体就是围绕礼物的缺乏建构起来的。简而言之，个体在
这种原初的缺乏中没有识别自身的能力，因为不具有任何身份、归属、
所有权等元素。

　　对此，埃斯波西托直接阐述道："如果共同体的理念表达了一种亏
损、排除或剥夺——如果共同体回想起来的不是充实而是一种空虚和改
变，这意味着共同体的理念被认为是一种风险，是对主体的个人身份的
威胁。这是因为它放松了，或打破了确保个人身份稳定性和存在性的边
界。共同体将个人暴露在与具有潜在危险的他人的接触之中，而且会受
到这个具有潜在危险的他人的触染。"①共同体在相互赠礼的义务中迫使
个体面对外在的威胁，迫使自身为了他者而剥夺自身。坎贝尔补充道：

---

　　① Roberto Esposito, *Terms of the Political*, *Community*, *Immunity*, *Biopolitics*, translated by Rhiannon Noel Welch, New York: Fordham University Press, 2013, p. 49.

"赠礼的债务或义务对于所有属于共同体的人来说是一种原始缺陷。这种缺陷环绕着相互捐赠对个人身份的有害影响。"①

埃斯波西托认为,免疫机制是解决共同体矛盾的有效方法。在他看来,"在共同体内,由于受到面向他人的礼物法则和关怀法则的制约,成员间有互赠礼物的义务。但是,免疫意味着从这样的互赠礼物关系中得到豁免和减免。谁具有免疫性,谁就不受某些义务和危险的制约,而这些义务和危险是其他所有人都必须遵循和规避的;他也无须放弃任何东西,因为放弃就意味着自身利益的削减,而利益最终说来就是他自己"②。从这个角度来看,munus 对于共同体的成员而言,事实上意味着一种灾难的威胁与危险,一种无限的缺乏,一种无法偿还的债务,因而需要免疫性社会机制的干涉与调节。

最后,对 munus 的前两种分析主要是从其礼物内涵的角度出发,是对共同体原初结构的基本说明,现在我们要从免疫范畴与共同体的共有词根 munus 出发探索两者之间否定性的辩证关系。"immunitas 不仅是一种免于职责,或者免除礼物,它是打破相互间的礼物馈赠的社会循环的东西。赠送礼物是术语 communitas 最早也最有约束力的含义。假如共同体的成员是由归还 munus 的义务联系起来的,那么通过把自己从义务中释放出来并置于共同体之外,他们就是免疫的。"③免疫意味着

---

① Roberto Esposito, *Bios: Biopolitics and Philosophy*, translated and with an introduction by Timothy Campbell, Minneapolis: The University of Minnesota Press, 2008, p. x.

② 汪民安、郭晓彦主编:《生产》第 7 辑,236 页,南京,江苏人民出版社,2011。

③ Roberto Esposito, *Immunitas, The Protection and Negation of Life*, translated by Zakiya Hanafi, Cambridge: Polity Press, 2011, p. 6.

从共同的义务关系中解放出来，豁免于共同体成员彼此之间的赠礼行为。它不仅与共同体截然不同，而且与之对立。

免疫与共同体语义内涵的否定辩证关系具体表现在以下几个方面。

第一，从免疫与共同体的对立角度来看，在原初语义上，免疫与共同体相互对立，即不必履行共同体成员必须履行的礼物原则，成员之间的联系不再是基于赠送礼物的义务关系，而是基于对外界风险的规避以及个体特殊身份与边界的重建。因此，免疫暗示着对一切既定规则的背离，暗示着对个体身份的维护与保持，共同体则是对既定规则的义务式遵守，对个体身份的逐渐破坏。正如埃斯波西托所言，"追溯到免疫的词源能够发现，免疫展现的是共同体的否定形式或缺失形式。假如说共同体体现的是一种关系，这种关系将成员束缚在互赠礼物的义务以及使个体身份处于危险境地的话，免疫则是这种义务免除的条件。因此，免疫抵御着共同体的剥夺性特征"①。

从个体主体性角度来看，共同体成员由于受到共同体的法律规则的约束与限制，在很大程度上隶属于共同体，服从于共同性，屈从于他者。个体存在于共同状态之中，彼此之间相互接触，没有任何界限（如个体身份障碍）的阻拦。但是，这并不是说因为其界限的摧毁，共同体成员之间会趋向于同质性实体，相反，共同体成员共享身份、所有权、归属等，没有属于自身的东西。可见，共同体在个体主体性上往往倾向于削弱、减少、剥夺。免疫解除了义务关系，规避了诸种他者面临的风

① Roberto Esposito, *Bios: Biopolitics and Philosophy*, translated and with an introduction by Timothy Campbell, Minneapolis: The University of Minnesota Press, 2008, p. 50.

险。免疫装置本身就内含排除外在危险的功能，因而释放了共同体成员被压制的主体性，重新构建了共同体成员之间的身份差异。用埃斯波西托的话说，"如果说共同体把个人束缚在超越自身的事物上，那么免疫则是通过保护他们免受与他者的危险接触，免除他们对他者的一切义务，以及再一次将他们包裹在自身的主体性之中，重新构建他们的身份。共同体开放个体、暴露个体，并彻底暴露个体内部，使个体向外在性释放；免疫则是使个体重返自身，再一次用自己的皮肤包裹自身。免疫会把外部纳入内部，消除外在个人的任何部分"①。

第二，免疫开始指向一种特殊境况，抑或是由共同体成员遭遇的环境决定，其中免疫与共同体的关系逐渐演变为共同体对免疫的摄取与纳入。共同体本身的缺陷使成员暴露在危险中，这种特殊境遇激发了共同体成员生命保护的愿望，从而需要免疫原则来消除自身面临的各种危险。在这一层面上，埃斯波西托把免疫原则的创建追溯到了霍布斯，认为自霍布斯以降，免疫范式就成为现代政治哲学的基础。霍布斯认为，在早期原始社会，人类处在相互斗争、残酷厮杀的自然状态，即人人相互为战的战争状态。② "人类所普遍具有的是拥有被杀的能力，这是人类的共同之处，也是驱使他们更像彼此而不是其他任何东西。"③简而言之，人人具有被杀害的能力，即人人都能被杀死。因为无时无刻不面对

---

① Roberto Esposito，*Terms of the Political*，*Community*，*Immunity*，*Biopolitics*，translated by Rhiannon Noel Welch，New York：Fordham University Press，2013，p. 49.

② ［英］霍布斯：《利维坦》，黎思复、黎廷弼译，95 页，北京，商务印书馆，1986。

③ Roberto Esposito，*Communitas*：*The Origin and Destiny of Community*，translated by Timothy Campbell，California：Stanford University Press，2010，p. 13.

死亡的威胁，人类共同体对周遭环境心怀恐惧，从而急需一种共同权力来摆脱这种不安全感。"如果要建立这样一种能抵御外来侵略和制止相互侵害的共同权力，以便保障大家通过自己的辛劳和土地的丰产为生并生活得很满意，那就只有一条道路：把大家所有的权力和力量付托给某一个人或一个能通过多数的意见把大家的意志化为一个意志的多人组成的集体。"①即人人相互订立契约，形成集体意志的代理人国家。国家的形成即免疫原则的具体体现，它使共同体成员能够获得一定的和平与稳定，并且具备抵御外来侵略的能力，从而摆脱对暴力和死亡的恐惧。

　　恐惧与自我保存的需求引发了免疫反应，这也就意味着："牺牲生命是为了维护生命。在这种保护生命和牺牲能力的融合中，现代免疫达到了自身毁灭性力量的高度。"②共同体的生存需要免疫机制的参入，后者对于共同体的安全来说必不可少。共同体与免疫成为彼此的对象与内容。

　　通过对共同体的本体论分析，埃斯波西托得出的结论是："共同体不是实体，也不是集体性主体或各种主体的总和，而是一种关系。这种关系使他们不再是个体主体，因为共同体建立了一种不断否定和改变他们的界限，从而使他们与自己的身份相分离。"③这种共同体相异于某些现代哲学家所认为的共同体是一种实体、一种所有权、一种财产、一种

---

　　①　[英]霍布斯：《利维坦》，黎思复、黎廷弼译，131页，北京，商务印书馆，1986。

　　②　Roberto Esposito, *Communitas：The Origin and Destiny of Community*, translated by Timothy Campbell, California：Stanford University Press，2010，p. 14.

　　③　*Ibid.*，p. 139.

物、一种其成员特有的物或场所等。

埃斯波西托明确说道："共同体与由个人组成的群体、集体拥有财产这样的观念不相关，也与他们属于同样的身份这样的观念不同。"①共同体是他们彼此进行 munus 交换的场址和他者联系交流的空间。这种 munus 形成了彼此的社会关系，这就是共同体最初的起源。可是，由于 munus 具有复杂的内涵，所以共同体又呈现出脆弱性。"共同体不能保持我们的温暖，也不能保护我们，而是让我们面临极端的风险。"②因此，我们需要免疫，需要建立免疫范式的共同体来保护自身的安全。

免疫是对共同体的一种否定，免疫者不必履行共同体其他成员必须履行的 munus 义务，也不必承受共同体其他成员必须面对的风险。他享有特权，是一种合理的例外，以此实现对自身财产和生命的保护。就免疫与共同体的关系而言，假如说共同体中断了个体成员的身份，那么免疫就是不断重建这种界限，从而与威胁它的因素做斗争。"共同体不能被视为一种身体，也不能被视为一个诸多个体建立在更大个体中的法人。共同体既不能被理解为一种共同的、主体间的'识别'——个体之间相互显示，以至于能够确认他们的初始身份；从某种意义上说，它是把之前分离的个体连接起来的纽带。共同体不是一种存在模式，更不是个体主体的'制造'。它不是主体的扩张或增加，而是使其暴露在阻断这种

---

① Roberto Esposito, *Communitas: The Origin and Destiny of Community*, translated by Timothy Campbell, California: Stanford University Press, 2010, pp. 137-138.

② *Ibid.*, p. 140.

关闭之下并使其内部向外显露：在主体的连续性中头晕目眩、昏厥、痉挛。"①

　　埃斯波西托对共同体的阐述既是为了批判 20 世纪早期社会政治理论中对共同体性质的描述，更是为了在现代生命政治语境中重新建构以免疫为核心的共同体模式，从而明确当代西方政治所要承担的任务与使命，即使免疫的否定性效果失效。现代政治往往在保护生命过程中以死亡逻辑为驱力，它不但不努力削减死亡，相反，通常以允许、默认或支持的方式让死亡逻辑变得肆无忌惮。众所周知，埃斯波西托的政治哲学基调趋向于肯定性，他的整个生命政治计划也是为了在否定性生命政治中创建一种肯定性生命政治，而免疫性的共同体会成为其阻碍，它会保护、关照内部成员，对外部人员来说则预示着毁灭、破坏。免疫与共同体不可分离。共同体的形成需要免疫机制的运作，免疫机制也依赖于共同体的空间场所。"一个没有任何免疫系统的共同体注定要爆炸。同样，当超出某个阈值时，免疫系统很可能会导致内爆……当它们彼此分离或超越时，其后果可能是灾难性的。"②因此，要将免疫与共同体的力量维持在均势状态中，而不能偏颇于某一方。

　　埃斯波西托对共同体的解释路径在很大程度上类似于南希、巴塔耶、布朗肖、阿甘本等人，他们都不是关注共同体中的实体、身份、归

---

　　①　Roberto Esposito, *Communitas：The Origin and Destiny of Community*, translated by Timothy Campbell, California：Stanford University Press, 2010, p. 7.

　　②　Roberto Esposito, *Living Thought：The Origins and Actuality of Italian Philosophy*, translated by Zakiya Hanafi, California：Stanford University Press, 2012, p. 261.

属或所有权的问题，而是试图从不同的路径解构政治范畴，建构全新的
政治话语。对于埃斯波西托而言，他最显著的特色是从政治领域思考共
同性与免疫力量的矛盾关系。

(三)即将来临的共同体

与埃斯波西托对现代生命政治自我免疫性转向的论述不同，阿甘本
认为，现代西方政治充斥着现代极权主义的生命政治以及大众享乐主义
与消费主义社会的生命政治。它们不仅严重影响了生命个体的自由发
展，而且隐匿着摧毁人类世界的令人恐惧的可能性。摆脱这种否定性的
生命政治，粉碎生命政治诸种捕获装置与条件，构建一种全新政治、一
种幸福生活迫在眉睫。

一直以来，阿甘本都对现代政治持否定性的、批判性的立场，期盼
着全新的政治的到来，即不再以对赤裸生命的纳入性排除为基础的全新
的政治，一种救赎政治。然而，阿甘本对未来政治共同体或共产主义社
会的构想并没有提供具体的规划方案，甚至很难梳理出实质性内容。虽
然其早期思想包含对马克思思想的分析，但是基本上没有涉及对马克思
共产主义思想的详细解剖。即便如此，我们也不能忽视阿甘本对现代政
治共同体理论做出的杰出贡献。从阿甘本整个政治计划角度来看，他更
倾向于对当代西方政治进行激烈批判，这是其开展政治哲学理论研究的
出发点与落脚点，而在对未来社会发展模式的设想方面相对薄弱。或者
说，他是从否定性层面来图绘未来社会的基本轮廓的。

阿甘本不像奈格里那样，坚定地宣称自己是一位马克思主义者。他
不会从经典的马克思主义思想传统出发考虑资本与劳动之间的关系或阶

级构成的问题，即不会诉诸政治经济学批判思路，而是从摆脱法律、所有权、主权权力的角度出发思考未来可供选择的生命形式，即生命政治批判模式。哈特认为，资本主义是之于财产私有制而言的，社会主义是之于财产公有制而言的，共产主义是之于共同性而言的。哈特期待共同性的生产逐渐成为资本主义生产过程的基础，同时演变为颠覆资本主义生产过程的中坚力量，以此预示共产主义社会曙光的到来。阿甘本等待的既不是资本主义生产方式的革命性变革，也不是承担推翻资本主义经济制度之使命的政治主体的降临，他对未来共产主义社会的初步探索表现为对圣方济各会的生活方式的描述（遵守修道院规则与戒律）。威尔基（Rob Wilkie）将这种隐修传统中的共同体生活模式界定为"隐修共产主义"（Cenobitic Communism），不过丹尼尔·麦克洛克林（Daniel McLoughlin）认为："阿甘本最近论贫困与使用的著作让其更接近于共产主义无政府主义传统，而不是马克思的治理型共产主义。"①具体来看，阿甘本在构筑共同体结构方面深受南希"无用的共同体"的影响，从而塑造了"即将来临的共同体"，隐喻未来社会可能的发展模式。这种错综复杂、扑朔迷离的政治共同体思想脉络在很大程度上依旧富有启发性与开放性。

　　20 世纪八九十年代，欧陆哲学掀起了重新探索政治共同体或共产主义理念的热潮。这在很大程度上确实受到了历史发展环境的强烈影响。柏林墙倒塌、东欧社会主义政治经济体制激变、苏联解体、社会主

---

　　① *Agamben and Radical Politics*，edited by Daniel McLoughlin，Edinburgh：Edinburgh University Press，2016，p. 7.

义阵营瓦解、西欧共产主义政党与运动的边缘化与衰退化、国际共产主义运动实践力不从心等政治现实，引发了欧陆哲学家（南希、布朗肖、德勒兹、利奥塔、朗西埃、巴迪欧、阿甘本、奈格里、齐泽克等）对共产主义体制、共产主义生命力、共产主义内容等的重新思考，试图从诸种理论角度出发对未来政治共同体、共产主义发展前景展开深入解剖。在此社会历史发展阶段，南希"非功效的共同体"①、布朗肖"不可言明的共同体"与阿甘本"即将来临的共同体"在共同体政治学理论研究过程中相互呼应，产生共鸣。其中最主要的就是不再在封闭或静止的状态下思考共同体的存在模式，不再囿于将共同体视为实质性的、同一性的归属认同。

巴迪欧在讨论一种特殊的世界不可能性过程中，曾简要地说明了三种不同类型的共同体模式："如果一种共同体其存在的布局无法被发现，即这种共同体是未定位的，或者说无法向其中任何人承诺它，而只有对它的意愿（这种共同体没有家园或家，仅仅只是爱的共同体，不允许将自身委托给或传达给任何它所不是的东西），那么，我们可以按照布朗肖的说法，将其称为一种不可言明的共同体。如果一种共同体没有任何可以实现的体制，也无法长期持存，以至于我们只能在事件的影响下，让自己去拥抱它的即将到来，那么，我们可以按照让-吕克·南希的说法，将其称为一种非功效的共同体。如果一种共同体是一种并非当下或在场的共同体，只能在它的即将来临中把握它，而时间的毁灭已经剥夺了其赤裸的主题，已经暴露了其良好的替代项，那么，我们可以按照阿

---

① 也常表述为"无用的共同体"或"无用的共通体"。

甘本的说法，将其称为即将来临的共同体。"①

根据南希的观点，西方传统历史上曾是此种怀旧式的共同体占据统治地位，即"自然家庭、雅典城邦、罗马共和国、最初的基督教共同体、行会、公社或兄弟会……共同体是由诸多紧密而协调的、牢不可破的关系编织而成的，而且尤其是在诸多制度、仪式和象征上把它本己的统一性、内在的亲密性和自律表现乃至活生生的祭品给予它自己"②。简而言之，共同体的产生、形成与发展围绕着诸种制度、统一性与亲密性，共同体成员必须遵守社会关系与规则。南希拒斥此种共同体范畴，提出"无功效的共同体"，即无法在共同的劳作中实现的共同体（无法在劳作中生产出人类的共同本质与特征，简单来说，可以与"劳作的共同体"相对立。也就是说，那种能够生产具体的规则与标准而界定其成员身份与归属的共同体，由于制度规则的运作而诞生的共同体，正因为过度强调内在性与同一性而容易导致纳粹主义等极权主义政体）。它否定同一性、统一性与同质性，拒绝传统身份认同政治与诸种归属条件的预设性设置与布局，不是追求单维度的融合（把个体或特殊的同一性转变为某个单一的实体或实质，形成具有共同特征的整体或总体），而是承认差异性、独特性、开放性，也不致力于探寻具有生产性与创造性的共同体组织形式或革命主体的涌现。

南希认为："共同体区别于社会（社会是诸多力量和需要的简单组合

---

① Alain Badiou, *Conditions*, translated by Steven Corcoran. Continuum, 2008, p. 148.

② ［法］让-吕克·南希：《无用的共通体》，郭建玲、张建华、夏可君译，20 页，郑州，河南大学出版社，2015。

与分布），也反对控制（迫使人民归顺其刀剑和荣耀，从而使共同体分崩离析）。共同体不仅是成员之间的亲密联系，而且是自身与它固有本质的有机吻合。共同体不仅是由任务和利益的公正分配构成的，也不仅是由力量和权威的美妙均衡构成的，而是说，它首先由众多成员当中对同一性的分享、传播或浸润构成，其中每个成员仅仅通过辅助性中介，即他与共同体的生命机体的认同而得到认定。"①南希强调，不能将共同体范畴与以生活需要或必要性、生产外在性关系为根基的社会概念混为一谈，它也相异于那种通过暴力手段而使人民聚集、聚拢起来的共同体模式，同时区别于马克思主义视域中共产主义生产模式的建构。更重要的是，要竭力反对对失落共同体的任何形式的同一性的回顾意识。简而言之，就是要解构失落的共同体。南希试图建构一种全新的共同体形式。这种共同体不再诉诸对物品的占有、对既定实体本质的把握，即不再以财产所有权、以共同体共同属性为导向，而是趋向于海德格尔的共在意义，在与他者的共在关系中建构独一复数存在的个体，探究独一复数存在彼此共在的敞开状态，而这种独一复数的存在个体并不是一种共同的存在而是"在共通之中存在"，"存在于共通"。

南希对于共同体理念的塑造充满复杂性与多样性。它无法在现实的场域中被直接感知，也不是对未来具体形象的图绘，而是"存在于共通"的共同体，因而不能在封闭固定的框架结构中被把握。那么，如果不能用逻辑运算方式来展现自身的话，这种类型的共同体又会发生在何处？

---

① ［法］让-吕克·南希：《无用的共通体》，郭建玲、张建华、夏可君译，20—21页，郑州，河南大学出版社，2015。

会以何种方式展现身影？南希给予了直接的回答："共通体必然发生在布朗肖所谓的非功效之中。非功效（无用）指的是，在作品之前或超越作品，退出作品，不再与生产或实现相关，而是遭遇中断、分裂和悬置。"①"非功效的共同体"除了体现共同体无实质、无实体的属性之外，最显著的特征就在于"未完成""未实现"的分享过程。这不是一种"不足或缺乏"，"而是一种动态的分享活动"，一种"无作的、非功效的活动"。"这里并不涉及某个共通体的形成、生产或建立；也不涉及在其中崇拜或畏惧某种神圣的权力——而是涉及未完成它的分享。"②在这个意义上，"非功效的共同体"意味着未实现、未完成的过程，非对象化、非生产的过程，使政治、经济、社会、技术等劳作不再发挥效应的过程。"共通体并不是一个融合筹划，不是一般方式上的生产或操作筹划——也根本不是筹划。"③

布朗肖与南希持有同样的立场，认为之前的共同体"似乎都为自身设定了一种共通的甚至融合的趋向，也就是一种欢腾。它聚合了各个元素，只是为了构成一个统一体（一个超个体）"④。布朗肖拒绝将共同体视为其成员的高度统一，拒绝单一身份的融合，承认其差异性与他异性。不过，与南希强调诸多独一性个体或者说独一复多性个体体验分享的共同体架构不同，布朗肖在承袭巴塔耶"否定的共同体"的基础上提出了

---

① ［法］让-吕克·南希：《无用的共通体》，郭建玲、张建华、夏可君译，73 页，郑州，河南大学出版社，2015。

② 同上书，82 页。

③ 同上书，34 页。

④ ［法］莫里斯·布朗肖：《不可言明的共通体》，夏可君、尉光吉译，12 页，重庆，重庆大学出版社，2016。

"不可言明的共同体"。很显然，这主要涉及的不是共同体的存在问题而是其表达。"不可言明的共同体"类似于南希"非功效的共同体"的无实体、无实质、无具体形象，这是 20 世纪八九十年代批判理论家对共同体理论研究的基本立足点，即无法将共同体范畴锁定在僵化的时空、话语体系中（不以共享的身份、文化共生、历史、归属、命运、语言、土地等为根基），更倾向于一种不确定的体验，其中也包括阿甘本、埃斯波西托等。

"不可言明的共同体"强调自身的超越性、不可表征性与绝对的外在性。"它是一个通过自身外露而展露的东西。它包含了那排斥它的存在的外在性。这是思想无法掌握的外在性。"[①]绝对的外在性即无法用言语具体描绘与揭示，言语系统不能表征其意义与内涵。也就是说，言语在自身失效或无法在言语中获得自身，因为"它不得不通过对其自身的忽视来认识自身"[②]。共同体的体验是不可言明自身的。它外在于具体的共同体形式，无法在语言中穷尽对共同体的描述，只能在忽视它的过程中认识它。从这个角度来看，共同体的"不可言明"也归结于共同体的缺席。"共通体的缺席并非共通体的失败：缺席属于共通体，它是共通体的极端时刻，或是把共通体暴露给其必然之消失的考验。"[③]共同体的缺席意在表明，共同体不是能够在现实政治生活中形成的真实的存在，需要诸种具体的共同体模式的消失才能显现自身，而又不能具体描绘其存

---

① ［法］莫里斯·布朗肖：《不可言明的共通体》，夏可君、尉光吉译，21 页，重庆，重庆大学出版社，2016。
② 同上书，44 页。
③ 同上书，27 页。

在样式。这也就意味着，在布朗肖那里，共同体既缺席又在场，既可能又充满不可能性。

布朗肖与南希对共同体范畴的解构虽然在很大程度上展现了不同的思考路径，如布朗肖遵循了列维纳斯的伦理关系，南希追随了海德格尔的步伐，但也呈现出明显的相似性。最基本的就是，他们在解构共同体的过程中，并没有对未来共同体的形象进行具体的设计与规划，而是倾向于在批判共同体的基础上呈现共同体的发展趋势。在某种程度上，他们对共同体理论的论述在现代西方政治共同体研究浪潮中形成了彼此间的呼应与共振。阿甘本在加入这一浪潮时，无疑也会参考前辈们在此领域做出的杰出贡献。

奇怪的是，阿甘本在共同体理论研究过程中摈弃了惯用的词源学、谱系学研究方法。这类方法却被埃斯波西托大力发展。埃斯波西托以追踪传统政治范畴共同体的谱系学出发，从词源学角度重新建构了共同体的经典内涵。他在这个过程中发现了共同体的法则，即 munus、义务与规律对共同体的效应。它们既是驱使共同体团结一致的核心要素，又是使共同体成员不再成为权利的直接主体，不再具有主体性性质的根本原因。对于埃斯波西托而言，共同体不是某人或某个群体特有的财产，不归属于任何具体的个人或群体，共同体成员之间没有任何共同的特征或共享某种共同的起源。其中，个体之间没有任何共同之处，而且共同体也不是衍生个体法律权利的坚实基础，成员之间只有无限的义务，不停地指向他者。从格雷格·伯德（Greg Bird）对埃斯波西托政治共同体的义务论解读模式来看，是共同体成员对共同体法则、义务关系与职责的遵循与守护维系了彼此的统一。

虽然阿甘本和埃斯波西托共享某些目标与兴趣，而且从根本上看，两人都将共同体置于本体论、伦理学、政治学领域中，但是，阿甘本并不期待把对共同体的本体论讨论置于共同体词源学领域，置于礼物交换义务关系的讨论域中。"即将来临的共同体"或"来临中的共同体"是阿甘本对未来政治共同体形式的初步构想。他借鉴了斯宾诺莎的共同性理念，认为至关重要的是"非本质的共同（通）性理念，一种绝不关涉本质的一致性"①。因此，他将"即将来临的共同体"界定为一种与身份、归属、所有权、财产、阶级等传统政治范畴无关的政治共同体组织形式。从共同体范畴的物质内容或物理结构角度来看，阿甘本并没有对"即将来临的共同体"进行结构性规划或实质性内容预设。在他看来，这种政治共同体形式是无定型的然而却又是现实性的。这种现实性不是指涉其具体性的实体化形式，而是一种现实的"非现实"。

"即将来临的共同体"也可以被界定为"无预设原则"的共同体，这是阿甘本对共同体理念的基本要求。他认为："在预设的基础上不可能有真正的人类共同体，无论这预设是某个民族、某种语言甚或是解释学所说的那种先验的交流。在人类自身之中统一人类的不是某种天性、某种声音，或者共通地囿于意指性语言……一个真正的共同体只可能是一个不被预设的共同体。"②"无预设原则"的共同体是众多欧陆哲学家所坚守的共识，不提前预设统一共同体的条件或基础是其基本原则，那些有关

---

①　Giorgio Agamben, *The Coming Community*, translated by Michael Hardt, Minneapolis: University of Minnesota Press, 1993, pp. 18-19.

②　[意]乔吉奥·阿甘本：《潜能》，王立秋、严和来等译，32页，桂林，漓江出版社，2014。

民族、语言、先验交流、界线特征或其他鲜明识别物（本质、属性、条件、要求）的常见的前提条件必须被搁置甚至铲除。简而言之，共同体不具有任何具体性的内容与特质，也不具有任何绝对性的外在性标准。这不是一个拥有具体轮廓的政治共同体组织形式，而只是一个单纯指向必然性的未来政治共同体。很显然，在这里，阿甘本受到了南希等欧陆哲学家的深刻影响。

从共同体形成的时间维度来看，"即将来临的共同体"既不是尚未到来的共同体，也不是未来将出现的共同体。它或许是不能显现出来的共同体，强调的不是将来在某个时间点上突然发生的质变问题，而是倾向于表达这种共同体一直处于来临着的状态或过程中，与过去、现在、将来的线性时间表达无关，是"来临中的共同体"。对于阿甘本"即将来临的共同体"的关键理解在于对"来临"或"即将到来"（the coming）内涵的准确把握。从这个角度来看，亚历克斯·默里与卡洛·萨尔扎尼（Carlo Salzani）的解读是值得借鉴的。

第一，"即将来临的共同体"是一种潜能的存在（对潜能的重构是阿甘本政治范畴的核心主张），"一种关于或命名人类集体存在潜能的方式"[①]，一种潜能本体论的存在模式。它不是指向未来某个确定或不确定的时刻，而是当下。它没有具体的实体化或现实化，而是以潜能模式体现自身缺席的在场，或者说不在场的在场，即"一种绝对不可表征的共同体"[②]。正如萨尔扎尼所理解的："这种共同体没有专属于自身的东

---

① Alex Murray, *Giorgio Agamben*, London and New York: Routledge, 2010，p. 51.

② Giorgio Agamben, *The Coming Community*, translated by Michael Hardt, Minneapolis: University of Minnesota Press, 1993，p. 25.

西，除了近似于其所有可能性；它没有命中注定要去实现的东西，没有本质，没有任何历史或精神的使命。它通常是被剥夺的，就这样存在于排除的不可能性中。因此，'即将来临'首先并不意味着在场，而是任何关系的纯粹可能性……它不能与分类性概念联系在一起，因为没有术语、概念和表征性公理可以声称代表它。"①没有任何概念、范畴或准则可以描绘或表征"即将来临的共同体"，它也没有任何实质性的共同性。这种共同体"无法证实一种身份（同一性），一种人类的共同归属，没有任何可表征性的归属条件"②。也就是说，"即将来临的共同体"坚决排斥那种以纳入—排除暴力逻辑为前提条件而形成的共同体模式，力求规避一切可表征性的本质主义归属条件，也无须竭尽全力地证实或维系某种身份或归属范围，旨在摆脱共同体政治封闭性与同一性的静态枷锁而走向外在性的无限敞开。

第二，萨尔扎尼认为，"即将来临"建构了等待与渴望之间的关系——等待救赎，渴望解放。这是"即将来临的共同体"本身所内含的必不可少的拯救属性。这种拯救的可能性也是阿甘本解放政治的重要指向。阿甘本曾明确地表达过"即将来临并不意味着未来"③。根据默里的解读，"即将来临的共同体"，"是从我们自己时代的矛盾和问题中浮现出来的，它内在于我们动乱不安的背景中，不应该被看作一种乌托邦式

---

① *The Agamben Dictionary*，edited by Alex Murray and Jessica Whyte，Edinburgh：Edinburgh University Press，2011，p. 45.

② Giorgio Agamben，*The Coming Community*，translated by Michael Hardt，Minneapolis：University of Minnesota Press，1993，p. 86.

③ *The Agamben Dictionary*，edited by Alex Murray and Jessica Whyte，Edinburgh：Edinburgh University Press，2011，pp. 45-46.

的思想形式，一种我们必须渴望的对未来的思考"①。

对"即将来临的共同体"的等待与渴望基于对当前我们时代环境的等待与渴望，是从当下出发建构另一种社会组织形式的等待与渴望。这种等待与渴望的时间效度引发了阿甘本对"即将来临的"弥赛亚时间性的思考。弥赛亚时间不是线性的编年体时间，也不是预言性或启示性的时间。我们更不能将其与末世论时间相混淆。"弥赛亚时间是时间凭借它开始走向终结的时间。或者更准确地说，是我们凭借它走向终点，获得我们的时间表象的一种时间。这不是一种线性的编年体时间（编年体时间是可表征的但是是难以想象的），不是编年体时间终结的那一瞬间（还是不可思议的、难以想象的），也不是从编年体时间中切割下来的一部分；相反，它是一种操作时间，在编年体时间的内部压迫它，操纵它，改变它。这是我们所需要的使时间终结的时间：这是留给我们的时间……弥赛亚时间，一种操作时间，在那里，我们可以抓住它并获得时间的表征。弥赛亚时间是我们自己如其所是的时间……它是唯一真实的时间，是我们拥有的唯一时间。"②"即将来临的共同体"运行在弥赛亚时间维度中。它也处于世俗的编年体时间中，只是不指涉未来时间面向，而是"关于现在的时间"。它不是时间的终结而是终结的时间。

在这种时间维度中，共同体的到来不是建基于批判—建立的具体革命政治筹划。这并不是人类主动创造的事关未来的共同体，而是在时间

---

① Alex Murray, *Giorgio Agamben*, London and New York: Routledge, 2010, p. 51.

② ［意］乔治·阿甘本：《剩余的时间：解读〈罗马书〉》，钱立卿译，84 页，长春，吉林出版集团有限责任公司，2010。引文稍有修改。

缝隙下裂变而来的与众不同的共同体。正如萨尔扎尼所言，"即将来临的共同体"的"即将来临"是"随时到来、总是来临、一直即将来临"。"它存在于终结的时间之中。它的政治性会发现它的位置既不是在过去的浪漫主义那里，也不是在对乌托邦未来的向往之中，相反，而是在意义深远的现在，现在的实现中就展现着变化与转换的可能性或潜能。彻底的改变必须从这个世界的现在时间开始。""有着弥赛亚时间概念的政治学并不是要'生产'一种新的共同体，一个新的身份、种族、阶级、人民、国家、信仰、世界秩序或世俗。"①

由此可见，阿甘本对未来政治共同体的描绘从本质上看浸染着浓厚的弥赛亚主义色彩。这种无构形、不定形的共同体在以潜能存在模式的基础上呈现为一种必然性的"即将来临"状态，而又无法准确捕捉到其存在的具体时空架构。这也使得这种共同体类型陷入了神秘主义之域。阿甘本强调，"即将来临的共同体"并不是对未来美好社会愿景的具体图绘，也不是摧毁现有社会政体机制形式后诞生的新型共同体模式，而是以既定的、当下的世俗世界为基础孵化出来的新世界。这种崭新的即将来临的政治趋向于一种无作、无用的政治学。但是，这并不意味着"即将来临的共同体"以虚空、空洞来填充其本质内容，相反，它拒绝进行本质性的界定与描绘，即否定本质性的共同性，而是诉诸"任意的奇点"（Whatever singularity），即独特性。"任意的奇点想要占有归属本身，占有它自身在语言中的存在，因此拒绝所有的身份以及归属条件，是国

---

① Carlo Salzani, "Quodlibet：Giorgio Agamben's Anti-Utopia", published by the Pennsylvania State University Press, *Utopian Studies*，2012，23(1)：212-237.

家的主要敌人。"①

　　"对于阿甘本而言，任意的奇点（独特性）是一种不能由一种属性定义的存在，它存在于与预言相关的本体论悖论状态中。这样，所有的预言都不能建构差异。"②以任意的奇点形式存在的个体可以被视为"即将来临的共同体"的政治主体形式，近似于阿甘本对生命形式的建构。在阿甘本那里，"任意的奇点"是对政治主体的概述，但是依旧没有任何预先设定的形象，也没有可以界定的确定场所。它只是一种逃离任何归属条件，拒绝任何身份与阶级的纯粹独特性的任意的存在。这就意味着它能够摆脱主权禁止结构的束缚，不再受制于以纳入—排除逻辑为主导的主权权力的压榨。"任意的奇点"预示了阿甘本"即将来临的共同体"实现的可能性。从某种程度上说，虽然阿甘本对预先假定的政治逻辑持批判与否定的态度，主张在"无作"的特殊政治行动下重申即将来临的政治，构建"即将来临的共同体"，但是，他想要实现的可能性与坚实的基础却处于虚无缥缈的梦境中，没有任何值得依赖与仰仗的显性或隐性的可靠支点。在如何切实改造世界上，这种模式显然是微不足道的。"我们只有这个世界和这种生命，我们没有时间去浪费。"③立基于这个世界寻觅洞见未来世界的曙光依旧刻不容缓。

　　①　Giorgio Agamben, *The Coming Community*, translated by Michael Hardt, Minneapolis: University of Minnesota Press, 1993, p. 87.

　　②　*The Agamben Dictionary*, edited by Alex Murray and Jessica Whyte, Edinburgh: Edinburgh University Press, 2011, p. 201.

　　③　Leland de la Durantaye, *Giorgio Agamben: A Critical Introduction*, California: Stanford University Press, 2009, p. 382.

二、马克思主义视域下阿甘本的共产主义构想

　　从阿甘本建构的主权—治理生命政治模式来看，他在现代西方政治构型过程中，对现代自由民主国家的批判方式既异于福柯开创的权力—治理生命政治模式，也不同于马克思主义政治经济学逻辑解释路径，而是采取了一种不再以资本主义生产方式的资本与剥削逻辑为核心的主权生成—统治的生命政治批判模式，即以法律、主权、例外状态、权力的政治结构取代了劳动、商品、资本、价值的经济性社会结构。根据阿甘本的观点，这种以主权权力形式为主导的政治筹划与统治策略不仅是新自由主义资本主义正在遭遇的客观社会现实，而且是世界必然走向毁灭的惊人征兆。神圣人计划中匪夷所思甚至异想天开的具有浓厚末世论色彩的理论主张与宣告，以及故意无视资本主义生产方式内在矛盾与冲突的尖锐化与激烈化，不仅使阿甘本遭到大批学者的嘲讽与抨击，甚至被无情地戏谑为现代版的"卡珊德拉"。

　　再者，在西方激进左翼批判理论家齐泽克、巴迪欧、朗西埃、伊格尔顿、奈格里、哈特等人①主导的伦敦"共产主义理念"规划中，虽然阿甘本构想了未来政治共同体的发展趋向，并在神圣人计划后期将圣方济各会的隐修制度、生活方式及具体实践视为对共产主义社会的初步设想，但是，毫无疑问，众人还是以实际行动质疑了逃离法律、权力、主权的生命形式实现的可能性与可操作性。在这场代表"共产主义理念回

---

　　①　齐泽克认为，人们"应该被允许去了解并充分投入共产主义之中，再一次充分忠诚于共产主义观念"。他们即投入共产主义构想的积极代表，但拒绝承认传统马克思主义将社会主义与共产主义视为人类解放过程的两个不同阶段，拒绝将社会主义界定为实现共产主义的过渡阶段，而是认为社会主义与共产主义相互对立，因而只向往共产主义社会的到来。他们在很大程度上将社会主义等同于苏联社会主义模式。

归"的重要会议上，阿甘本遭到了无可厚非的"排除"。

阿甘本确实没有遵从传统马克思主义方法论与认识论立场，而且主动摒弃了马克思主义资本逻辑(阿甘本实际上也讨论过马克思主义的核心范畴，如劳动、商品拜物教、无阶级社会、资本史前史等)。他不像奈格里与哈特那样在主权、法律、权力与资本之间建立亲密关系并持有坚定的马克思主义理论立场，这使他在理论的深刻性、长远性与实践的创新性、操作性方面备受谴责，尤其是他逐渐趋向政治神学化，披上了形而上学的神秘外衣。然而，必须承认，"马克思主义改变了历史，但历史也同样改变了马克思主义"①。马克思在资本主义经济发展过程中的动态分析的有效性是无可置疑的，然而我们也需要跟随资本主义的当代新变化来更深入地理解资本主义生产方式内在矛盾的复杂化，理解当下资本主义本身。因此，即便阿甘本被贴上了乌托邦、虚无主义、空想主义等标签，但是，他对资本主义社会政治法律结构的细致分析，对现代西方政治社会历史现实的持续追踪，对社会及其生命个体自由发展命运的期待与希望，既在一定程度上充实和丰富了马克思主义理论，也在一定程度上批判与动摇了资本主义政治法律权力结构。正如齐泽克所言："激进政治实践被设想为永无终止的过程，它可以动摇、置换权力结构，而未必能够有效地瓦解这种权力结构。"②但这种动摇与置换的现实运动或许是瓦解与颠覆资本主义体制的必要组成部分。

---

① [美]马克·波斯特：《福柯、马克思主义与历史：生产方式与信息方式》，张金鹏译，36页，南京，南京大学出版社，2015。

② [斯洛文尼亚]斯拉沃热·齐泽克：《欢迎来到实在界这个大荒漠》，季广茂译，116页，南京，译林出版社，2015。

(一)马克思主义意义上的共产主义及其变化

阿甘本在生命政治中转向了对"即将来临的共同体"的塑造。这不是一种类似于福柯生命政治治理术中的关照自我的伦理转向，而是带有明显的弥赛亚意味，寄希望于在弥赛亚时间维度中获得最终的解放与救赎。虽然这种共产主义理念设想指向了一种截然不同的社会结构，然而却远离了解放政治的政治主体、社会经济架构、资本的有机构成、阶级斗争与冲突等革命性激进政治的有效话语体系，最重要的是，没有科学的立场、观点与方法支撑其对未来社会的展望。这使阿甘本的政治规划不可避免地重归乌托邦理想。

要审视阿甘本对未来世界的初步构想，我们需要将其置于马克思主义理论场域中，发现其固有的局限性与狭隘性。从思想的发展历程来看，马克思对共产主义社会的经典论述经历了从哲学共产主义到科学共产主义的转变。他在批判性地继承与凝结人类优秀文化遗产和思想精华的基础上，运用科学方法论深刻地谛视与解剖资本主义社会历史发展过程，发现资本主义社会的弊端与缺陷，揭露资本主义生产关系的基本矛盾，洞察资本主义社会阶级对立等因素，获得了对人类社会发展规律的客观认识，从而为描绘未来社会图景找到了可靠的理论支撑。这是马克思基于既定的历史环境与社会条件而做出的对人类命运与社会发展的预告。

然而，在经济全球化的时代背景下，在资本主义生命政治话语体系的全面笼罩下，马克思主义政治经济学阐释路径又会发生何种变化，面临何种挑战？对此，自治主义马克思主义者哈特强调"马克思的共产主义概念与现代资本主义经济的生命政治转向的一致性与亲近性"，认为"它们都是面向人道的人类生产、社会关系和生活方式——所有一切都处于共同性的背景中"①。这促使我们在资本主义生命政治转向中重新发现马克思主义的革命性与科学性。

1. 哲学共产主义转向科学共产主义

马克思对共产主义社会的科学展望也不是一蹴而就的。他不仅经历了对以往诸种空想社会主义与共产主义形式的批判与借鉴，而且自身理论发展也经历了从幼稚、相对成熟到成熟的演变历程，旨在不断超越以往共产主义的空想与幻想色彩，最终成为人类社会发展的向导。马克思对共产主义概念的初步完整阐发主要体现在《1844 年经济学哲学手稿》中。在经济领域资本主义生产方式、政治领域资产阶级统治逐渐占据主导地位的社会境况下，马克思从资本主义生产方式展现的剥削事实、工人阶级遭遇的窘困处境、活跃的共产主义思想以及文化、哲学、政治经济学理论发展需求等社会因素的现实与理论角度出发，对资本主义社会的经济制度与思想学说展开了激烈的批判，以获取对无产阶级阶级地位与人类解放道路的正确认识。

马克思在《1844 年经济学哲学手稿》中描绘了共产主义形式的基本架构，宣称：

> 共产主义是对私有财产即人的自我异化的积极的扬弃，因而是通过人并且为了人而对人的本质的真正占有；因此，它是人向自身、也就是向社会的即合乎人性的人的复归，这种复归是完全的复归，是自

① *The Idea of Communism*，edited by Slavoj Žižek and Costas Douzinas，New York：Verso，2010，p. 142.

觉实现并在以往发展的全部财富的范围内实现的复归。这种共产主义，作为完成了的自然主义，等于人道主义，而作为完成了的人道主义，等于自然主义，它是人和自然界之间、人和人之间的矛盾的真正解决，是存在和本质、对象化和自我确证、自由和必然、个体和类之间的斗争的真正解决。它是历史之谜的解答，而且知道自己就是这种解答。①

此种共产主义形式由于既发现了私有财产的本质又洞察到了人类本质复归的秘密，因而既区别于以蒲鲁东、傅立叶、圣西门为代表的社会主义者，又相异于粗陋的平均主义式的共产主义与"还未完成的"共产主义(政治共产主义)形式。这种共产主义概述的"相对完整性"主要体现在两个方面。其一，从资本与劳动对立关系的经济视角出发，主张废除资本主义私有制经济制度，初步认识到私有财产既是人类生产活动的异己力量，更是资本主义生产体制固有的社会弊病，即这是在财产私有制客观矛盾基础上推演出共产主义。其二，对私有制运作而产生的异化劳动的积极扬弃，造就了人与人之间新型的社会关系，逃离了资本主义反人道的非人化社会关系的束缚。马克思希望在摧毁劳动者与产品、劳动本身、类本质及他人之间的异化关系基础上，实现人类本质的复归及对人的本质的真正的全面占有，实现人类自由自觉的劳动目的，摆脱资本关系的压迫与剥削，从而使人与自然、人与人、人与自身、人与物之间的关系得到有效协调，即从社会新型关系角度重新界定共产主义。

从总体上看，该种共产主义模式主要以人的现实生活存在窘境与人

---

① 《马克思恩格斯文集》第1卷，185—186页，北京，人民出版社，2009。

的预设本质或人的类本质之间的矛盾佐证共产主义到来的历史必然性与不可避免性。具体来说，马克思对该种共产主义形式的总体概要与基本描述建立在对私有财产、异化劳动、类本质等论述的基础上，并在对人类理想本质提前预设的前提下回溯对资本主义生产关系的批判与否定，而不是以具体的、历史的、现实生活的生产逻辑与方法论为核心展开对阻碍人类自由发展的资本主义生产方式与生产关系的社会经济结构的深入剖析。简而言之，他既没有发现无产阶级与资产阶级对立的真实本质，也没有察觉到人的本质在资本主义生产体系中的真正基本矛盾，更没有发现资本主义经济运行的整个历史运动规律。

显而易见，此时的马克思其思想还依旧带有鲜明的费尔巴哈哲学人本主义色彩，也没有形成科学方法论的指导，而是将一种体现伦理价值的人本主义架构置于经济生产领域之中，或者说将哲学论证僭越于经济学分析之上。因此，马克思此阶段的共产主义思想被视为"哲学共产主义"（赫斯式的共产主义或"德国人的共产主义"），亦即建立在哲学原则、系统伦理规则基础之上的共产主义，主要表现为在费尔巴哈人本主义哲学原则的影响下思考共产主义的合理性与历史必然性问题。这是马克思通往真正科学共产主义道路的"不完全"探索。根据马克思的观点，哲学共产主义并不是人类发展与人类社会形态的最终目标，只是走向未来理想社会，实现人类真正解放与全面发展的必然阶段。从某种意义上说，马克思必然会将研究触角再次伸向该领域，以实现自身理论基础的发展与超越。

总而言之，马克思此时虽然严厉批判与指摘了以往具有空想性质的诸种社会主义与共产主义形式，并试图揭露资本主义生产方式与生产过程中的弊端、无产阶级残酷的现实生活及人性本质的彻底沦丧，却依旧没有达到科学共产主义的高度。此种哲学共产主义模式一定程度上展现了马克思在这一阶段的思想局限性。但是，不容否认的是，《1844年经济学哲学手稿》对共产主义形式基本内容的规划与批判方向的把握，为后来科学共产主义的诞生奠定了理论基础。

　　经历了哲学共产主义阶段，随着自身理论研究视野、能力、世界观与方法的不断成熟，马克思逐渐褪去了费尔巴哈哲学色彩，超越了前辈们的理论思想成果，建构了具有自身特色的科学理论原则——唯物史观与剩余价值学说。二者的伟大发现与完善构成了成熟的科学共产主义的哲学与经济基础。唯物史观科学方法论原则与剩余价值学说被运用于资本主义生产方式与经济运动过程中，后者也是检验其正确性与创造性的实践领域。从整体上看，科学共产主义的科学性与革命性主要在于科学地揭示了资本主义必然走向灭亡、共产主义必然胜利的哲学的、经济学的、政治学的基础，揭示了无产阶级革命斗争的历史使命与根本任务。《资本论》是科学共产主义思想的最完整、最成熟、最集中的体现与凝结。①

―――――――――――――

　　①　"事实上，自由王国只是在必要性和外在目的规定要做的劳动终止的地方才开始；因而按照事物的本性来说，它存在于真正物质生产领域的彼岸。像野蛮人为了满足自己的需要，为了维持和再生产自己的生命，必须与自然搏斗一样，文明人也必须这样做；而且在一切社会形式中，在一切可能的生产方式中，他都必须这样做。这个自然必然性的王国会随着人的发展而扩大，因为需要会扩大；但是，满足这种需要的生产力同时也会扩大。这个领域内的自由只能是：社会化的人，联合起来的生产者，将合理地调节他们和自然之间的物质变换，把它置于他们的共同控制之下，而不让它作为一种盲目的力量来统治自己；靠消耗最小的力量，在最无愧于和最适合于他们的人类本性的条件下来进行这种物质变换。但是，这个领域始终是一个必然王国。在这个必然王国的彼岸，作为目的本身的人类能力的发挥，真正的自由王国，就开始了。但是，这个自由王国只有建立在必然王国的基础上，才能繁荣起来。工作日的缩短是根本条件。"参见《马克思恩格斯文集》第7卷，928—929页，北京，人民出版社，2009。

首先，从唯物史观角度来看，唯物史观的创立与运用是分析资本主义生产方式经济运动规律与未来社会经济形态结构的理论基础。早在《德意志意识形态》期间①，马克思就通过清算以费尔巴哈、鲍威尔和施蒂纳为代表的现代德国哲学的唯心主义历史观，批判"真正的社会主义"或各式各样的先知代表的"德国社会主义"，概述了唯物史观的大概轮廓，展露了对科学社会主义的表述与认识。具体说来，在唯物史观原则建构过程中，马克思彻底摒弃了以思辨或抽象的原则审视人的存在及其本质问题的方法，转向立足于现实的、具体的历史生活事实，描述人们的诸种实践活动与实际发展过程，并从实际活动的、现实的、从事物质资料生产活动的个人出发，探讨历史主体、历史运动规律、历史发展动力等问题，揭示出人类社会的基本矛盾与社会发展的根本动力（生产力与生产关系、经济基础与上层建筑之间的矛盾）。虽然此时马克思对唯物史观的表述已相对成熟，但是，他在经济史、政治经济学以及经济学与哲学的结合研究方面仍有待完善。通过对政治经济学艰苦卓绝的研究，马克思终于在《〈政治经济学批判〉序言》中表述了更加完整的唯物史观，并使之成为科学的指导原则与理论。在《资本论》中，马克思运用唯物史观，

① 《德意志意识形态》中有关于唯物史观的经典描述："这种历史观就在于：从直接生活的物质生产出发来考察现实的生产过程，并把与该生产方式相联系的、它所产生的交往形式，即各个不同阶段上的市民社会，理解为整个历史的基础；然后必须在国家生活的范围内描述市民社会的活动，同时从市民社会出发来阐明各种不同的理论产物和意识形态，如宗教、哲学、道德等等，并在这个基础上追溯它们产生的过程。这样做当然就能够完整地描述全部过程（因而也就能够描述这个过程的各个不同方面之间的相互作用）了。这种历史观和唯心主义历史观不同，它不是在每个时代中寻找某种范畴，而是始终站在现实历史的基础上，不是从观念出发来解释实践，而是从物质实践出发来解释观念的东西。"参见《马克思恩格斯全集》第 3 卷，42—43 页，北京，人民出版社，1960。

透彻地分析资本主义社会历史发展的经济运动规律，科学地揭示出资本主义经济现象及其过程的本质、发展趋向与人类社会的基本演进规律。

其次，从剩余价值学说角度来看，马克思在批判性地继承与汲取资产阶级古典政治经济学研究成果以及自身创立的劳动价值理论的基础上，逐渐建构了能够揭露资本主义生产方式的本质与规律、资本家剥削工人阶级的秘密、资产阶级与无产阶级的阶级对立的物质基础、人类社会历史形态的根本变迁等主要内容的剩余价值学说。剩余价值学说既成为理解资本主义生产方式、生产过程、社会经济结构的关键钥匙，也成为论证资本主义生产方式必然走向灭亡、共产主义必然胜利的经济理论基石。

马克思在《资本论》中对唯物史观与剩余价值学说的完美结合为共产主义社会运动与发展趋势提供了坚实的哲学与经济学基础，并使其成为科学共产主义最有力的支撑。科学共产主义不再以哲学意识与理性原则为基础，不再停留在从简单的异化劳动、扬弃人的自我异化向人的本质复归等逻辑演变过程中，而是以唯物史观与剩余价值学说为基础，揭露资本主义生产方式运动规律，在资本主义经济运动过程中发现摧毁自身经济体制的抵抗因素，揭露资本主义社会发展的内在矛盾及其属性，赋予无产阶级解放全人类的历史使命。

科学共产主义具体表述了共产主义的生产资料所有制形式，坚决扬弃社会分工，否定以剩余价值生产为基础的社会产品分配模式，主张根据以物质生产为基础的社会关系演变历程形成自由人的联合体，竭力实现人的自由、全面发展。它预设了在生产劳动过程中将智育与体育相结合的教育情境，还对无产阶级的解放道路给予了科学的经济学论证。由此可见，马克思从哲学共产主义转变为科学共产主义是建立在科学方法论原则基础上的，并将这样的原则运用在人类社会历史发展与经济运动规律中，尤其是在哲学与政治经济学研究的推动下，对资本主义生产方式的内在矛盾、资本逻辑与阶级对立进行了深入的研究与解剖，以论证资本主义生产方式自我否定的发展趋势、资本主义社会的历史暂时性，以此预示人类历史发展命运（而不是依靠思辨、空洞、想象的意识形态），图绘未来共产主义社会的基本原则与发展趋势，对未来社会发展前景进行细致的勾勒。

2. 共产主义理念回归

马克思对共产主义社会的考察建立在对资本主义生产方式根本矛盾的揭露与批判基础上，是以工业资本主义经济发展条件与规律为参照系的对共产主义社会的展望。然而，随着资本主义生产力水平的逐步提高与经济全球化趋势的不断增强，马克思立基于资本主义经济运动规律、社会劳动组织形式、阶级斗争等要素的共产主义实践，遭遇到时代诸种历史条件与环境的深刻割裂。这也就意味着，马克思对资本主义社会经济结构的分析注定面临新的社会、文化、政治、哲学、经济等话语体系，从而得到革新与重塑。简而言之，马克思的共产主义构想既描绘了资本主义生产方式的结构性矛盾，又将颠覆它的阶级主体与能量置于资本主义生产过程中，因而无须从外部环境角度寻找摧毁资本主义政治经济制度的力量。而这在生命政治话语中最鲜明的体现，即奈格里与哈特在自治主义马克思主义背景下，重新解读资本构成、资本主义生产条件与产物、劳动的技术构成、阶级主体的变化等，勾连起资本主义生命政治话语与马克思共产主义思想的紧密关系。与此同时，奈格里与哈特对马克思的共产主义思想路径或马克思式的内在论路径做出了最有力、最彻底的坚持与发展。

　　奈格里与哈特的思想理论与逻辑架构是政治经济学批判与现代生命政治学批判结合的典范，而他们之所以想要在生命政治体系中找寻阐释马克思共产主义思想的路径，在很大程度上是受到了福柯的影响。在福柯的启发下，他们试图在马克思主义视域中开启对生命政治生产的建构之旅。哈特认为："生命政治过程不能只局限于资本作为一种社会关系的再生产，同时也展现出可以摧毁资本和创造全新事物的自治过程的潜力。生命政治生产显然意味着新的剥削机制和资本主义控制，但是追随福柯的直觉，我们也应当察觉到，生命政治生产如何能够为劳动提供更多的自主权，如何为解放事业提供工具或武器，尤其是在超越资本关系的界限以及持续涉及共同性方面。"①与马克思类似，哈特也主张在资本主义生产过程中寻找共产主义理念的基础与线索，寻找否定资本主义资本逻辑的革命力量。但是，这并不是说，"资本主义发展正在创造共产主义或生命政治生产立刻或直接带来解放，而是说通过资本主义生产中共同性的核心性的不断增加——理念、情感、社会关系和生活形式的生产，为共产主义事业提供诸种条件与武器。换而言之，资本正在创造自身的掘墓人"②。

　　奈格里与哈特依据经典马克思主义政治经济学批判与生命政治学批判诊断资本主义时代的共产主义命运。在资本主义全球扩张时代的共产主义构想方面，他们所恪守的理论原则更倾向于斯宾诺莎式的内在论路

---

　　① *The Idea of Communism*，edited by Slavoj Žižek and Costas Douzinas，New York：Verso，2010，p.143.

　　② *Ibid.*，p.143.

线，而不是巴迪欧式的超验主义原则——试图在既定政治秩序之外寻找颠覆现存制度的事件，而非诉诸对既有的政治规则与制度的改进或完善。巴迪欧更偏向于将共产主义理念问题解读为一种哲学问题，而不是立足于政治经济学思想内容的社会历史、政治问题。这显然会掉入宗教神秘主义的陷阱。奈格里与哈特则是在遵循马克思主义传统思想的前提下，从社会历史运动的现实本身出发去挖掘颠覆现存秩序的内在力量。

齐泽克是持有相似立场的激进左派学者，他也致力于共产主义回归事业。齐泽克在表明忠诚于"共产主义假设"的前提下，为了论证资本主义政治经济制度的暂时性与灾难性，论述了内存于资本主义秩序的四种对抗性："迫在眉睫的生态灾难威胁；关涉所谓'知识财产'的私有财产概念的不恰当性；新技术—科学发展（特别是在生物遗传学中）的社会伦理意涵；最后，同样重要的是，新形式的种族隔离、新的围墙和贫民窟。"①这四种对抗性，在齐泽克看来既是摧毁全球资本主义再生产及其制度的根本保障，也是共产主义得以可能的基本条件。

激进左派思想在资本主义全球扩张时代对共产主义理念的重新思考，确实一定程度上折射出马克思主义共产主义话语遭遇的时代困境。虽然从根本上说，这些激进批判理论家无法科学地、恰当地处理理论与实践、解释世界与改造世界的革命统一性，难免走向革命乌托邦圈套，但是，不可否认，他们确实为在资本主义全球扩张背景中重新审视与思考共产主义命运提供了不同的哲学理论路径与现实构想策略。

---

① Slavoj Žižek, *First as Tragedy，Then as Farce*，New York：Verso，2009，p. 91.

(二)阿甘本共产主义观的历史局限性

阿甘本对共产主义社会的图绘不能被视为从马克思主义传统的哲学、政治与经济领域出发构筑的对未来社会的设想。虽然阿甘本确实在生命政治学理论的基础上探寻了前资本主义经济学范畴(凌驾于人类生命之上的经济治理模式),但正如巴迪欧所言:"坚持这一观念(共产主义观念),坚持这一假设(共产主义假设),并不意味着它的第一种表现形式,即聚焦于财产和权力的形式,应该如此所然地被维持。事实上,我们被赋予了一个哲学的任务,甚至一个义务,那就是帮助这一假设的新的存在形态面世。"①阿甘本在很大程度上将共产主义理念聚焦于政治、哲学与宗教领域,尤其是借鉴了犹太教与基督教的弥赛亚主义。他对共产主义理念的坚守鲜明地体现出一种弥赛亚救赎模式。

在阿甘本看来,"救赎不是世俗的东西变成神圣的东西的一个事件,也不是失去的东西又被发现的事件。相反,救赎是失去的东西无法弥补的损失,是对世俗的决定性亵渎。但正是出于这个原因,它们也实现了其目的——某种界限出现了"②。阿甘本政治哲学以无差别视角、无差异领域为考察的重点,对门槛地带、界限区域有深入思索。阿甘本并没有形成统一的弥赛亚救赎思想,而是在不同范畴的讨论下,如生命形式、即将来临的共同体、使用、亵渎、无用等范畴中表达自身的救赎思想。从这个角度来看,阿甘本建构的弥赛亚救赎方式最核心的理念旨在

---

① Alain Badiou, *The Meaning of Sarkozy*, translated by David Fernbach, New York: Verso, 2008, p. 115.

② Giorgio Agamben, *The Coming Community*, translated by Michael Hardt, Minneapolis: University of Minnesota Press, 1993, p. 102.

促使生命个体生活在绝对内在性之中，bios 与 zoē 之间的分隔性不再可能，主权权力逻辑不再凌驾于生命之上。这就是一种幸福生活，即以生命形式的方式生活。弥赛亚救赎的世界是以往或现在未曾出现过的、未曾存在过的世界，阿甘本认为："只有在生成者与被生成者、记忆与希望、哀歌与赞歌、一次与重复彼此交换时，幸福才会实现。在这里所发生的……是从来没有发生过的。但是，就是这种从来没有发生过的，是人类历史性的和完全真实的家园。"①阿甘本司法—政治领域中主权例外状态式的生命政治学理论最终的理论归宿指向"从来没有发生过的"事物的出现，尤其主张对弥赛亚例外状态（"真正的例外状态"纯粹潜能即反对主权逻辑的内在力量）、圣保罗"要像不"生活方式的坚守。这是具有浪漫主义气息的美好预想，然而却会在现实操作中遭遇"滑铁卢"。

1. 弥赛亚救赎的乌托邦理念

阿甘本生命政治学理论虽然建立在福柯生命政治学理论的基础上，但是，在后期转向过程中，阿甘本并没有继续追寻福柯生存美学伦理学的趋向，而是走向了弥赛亚救赎伦理学。两者之间的差异或许只是理论立场的不同。福柯后期认真论述了西方政治传统中的生命救赎模式，在很大程度上展现的是一种拒绝与否定的姿态，因为他的思想旨趣并不在于将未来的希望寄托在资本主义自我否定的政治经济学逻辑上，也不指望弥赛亚式救世主引领人们逃离苦难，而是关注自我，关注现实生活，在现实生活中锻造修身的技艺，促使自身走向自由。阿甘本显然对关怀

---

① Giorgio Agamben, *Potentiality*, *Collected Essays in Philosophy*, edited and translated with an Introduction By Daniel Heller-Roazen, California：Stanford University Press，1999，p. 159.

自我的生存技艺不感兴趣，更倾向于宗教神学，尤其是基督教文化传统中的诸种教义、教规，试图从弥赛亚主义思想中萃取有关救赎思想的种子，摆脱主权例外状态式的生命政治思想逻辑的束缚。

　　具体来看，福柯在思想晚期转向了对生命拯救问题的思索，这或许可以被视为一种突破生命政治思想逻辑结构的有趣尝试。1982 年 2 月 3日，在法兰西学院讲座中，为了更加深入地说明关怀自我的具体内容及其演变历程，福柯论述了三种西方传统思想中的生命拯救模式。

　　第一，柏拉图式的以城邦为中介的拯救模式：为了有效地关心他人、治理、监督城邦，必须关心自己。因此，在柏拉图式的拯救模式中，关心自我成为指向城邦与他人的前期准备。换而言之，关心自我是建构、治理城邦，帮助、关怀他人的手段。与此同时，由于自身也从属于城邦共同体，这就意味着自我也会在这个过程中获得补偿与保障。因此，福柯概述了自我、他人、城邦、政治、公正等范畴在此种拯救模式中所蕴含的三种关系与联系，即目的性关系、相互性关系与蕴含关系。① 这是柏拉图式拯救模式的典型特征。

　　第二，希腊化—罗马时期的拯救模式：关心自我不再直接指向城邦或其他人，而是转向自我，即着重强调关怀自我的重要性与核心性，排除了关心他人的目的性。自我关照的修身技术与实践活动成为转向自身

---

　　①　"政治技术中的目的关系（我必须关心我自己以便恰当地了解让我可以关心其他人的政治技术），城邦形式中的相互性关系（因为我通过拯救自己而拯救了城邦，而且，我通过拯救了城邦而拯救了自己），第三是回忆形式中的蕴含关系。这就是关心自己与关心其他人之间的大致关系，这就是在柏拉图那里所确立的关系，而且牢固得难以解开。"参见［法］米歇尔·福柯：《主体解释学》，佘碧平译，190 页，上海，上海人民出版社，2005。

的确定而又唯一的目标，以致达到自身的实现与圆满。简而言之，自身成为实施拯救活动的行为者、对象、工具和目的，关心自我在该时期的拯救模式中承担了一切，消除了来自他者的干扰。与柏拉图式的拯救模式相比，这种拯救模式既不再是众要素之一，也不再对城邦、他人、政治等指向开放，而是迈向自我封闭性、主体性与唯一性。

第三，宗教形式的拯救模式。它具有三个特征。首先，从人生发展历程角度来看，拯救被纳入二元系统中，总是涉及生与死、善与恶、腐朽与不朽、消失与永恒、此岸世界与彼岸世界、不洁的世界与纯洁的世界之间的矛盾。人在世俗世界的存在总是充满艰难险阻，布满荆棘坎坷，这需要我们既拯救自己也拯救他人。其次，拯救总是与戏剧性、悲剧性的事件相关。无论是在世俗世界的时间线索中，还是在上帝或永恒性的时间概念中，拯救总是会牵涉某种错误、堕落。例如，基督教传统文化中有"原罪"理念，认为人们需要不断忏悔、祷告，由此获得解救。最后，拯救主体与他者的关系处于一系列复杂的实践活动中。拯救主体有时会涉及一些具有弥赛亚救世主形象的他者，需要某种隐喻形象促使受难的群众走出困境，摆脱束缚，从而迎来自由、幸福与解放。

福柯认为，这三种拯救模式都渗透着浓厚的消极意义，而他倾向于从中搜索出拯救的积极内涵，即解除宗教意识形态的拯救外衣，塑造具有哲学意蕴的拯救内核。为此，福柯探索了拯救的形容词与名词形式，列举了拯救的诸种意思：摆脱某种危险；保护某个东西，使其维持现存状态；保存、保护某个东西，作为廉耻、荣誉或回忆；使某人免受不利于他的指控（司法意义）；坚持原先的状态；做善事；确保某物、某人或某个集体的良好状态。面对拯救大相径庭的内涵，福柯极力推崇自救的积极意义：既能够主动掌握自身的命运，决定自身的言行，又能够拥有抵抗统治、奴役、压迫、剥削的能力，以及努力摆脱诸种约束与规制自身的准则和他者因素，确定自身的权利。这意味着拯救自身总是对外界事物与他人保持着高度警惕，对人生历程中的各种风险与危害有着清醒的认识，也在积极维护自身的权利、自由与尊严。除此之外，自救还意味着能够对外界的干扰保持免疫状态，即让自身处于绝对自由状态，不会因为外界事物的变化而发生相应的改变，始终坚持自身的原则与选择，积极地追求幸福与宁静的生活，绝不妥协于任何破坏或威胁幸福、自由、快乐的东西。从这个角度来看，自救即能够一直保持对幸福而又有尊严的生活的热情，自主追求更大的自由与愉悦。

然而，自救并不是要求人们在现实生活之外寻找能够承担此任务（带来幸福、自由的生活）的政治主体或先验力量，而是立足于自身与现实生活本身，将信念与希望寄托于现实生活与自身，从现实生活中获取自身的自由与幸福。因此，福柯极力拒绝宗教式的拯救模式而偏向于希腊化—罗马时期的哲学意义上的拯救模式。他提出的关怀自身的生存技艺主要建基于对自身以及现实生活本身的肯定与确认，而不是诉诸来自他者的救世主力量或某种事件、奇迹。①

福柯将生命救赎转向了关怀自我的生存技艺的伦理学领域。这种生存美学以回归自我与现实生活为诉求，引导个体努力生成自我的审美生存智慧，旨在带来最终的自由与解放。塑造生存美学的技艺与精神是福

---

① ［法］米歇尔·福柯：《主体解释学》，佘碧平译，188—198 页，上海，上海人民出版社，2005。

柯针对终结生命个体遭遇资本主义诸种权力技术压榨与剥削而提出的伦理策略。阿甘本并没有采纳福柯的策略，而是与巴迪欧类似，选择转向宗教学领域。从阿甘本对神圣人原初形象的追溯、施米特与本雅明例外状态理论的阐释、圣方济各会隐修制度中生命形式的探索等来看，阿甘本在神圣人计划中一直致力于探访宗教哲学领域，这成为其政治哲学研究的重要思想来源之一。宗教学知识构成阿甘本政治哲学思想必不可少的部分。更重要的是，阿甘本既试图从宗教领域中获取所需的理论资源与线索，又试图将脱离当代资本主义病理学诊断的结果寄托在宗教神学中，即诉诸弥赛亚救赎方式。①

弥赛亚救赎政治与阿甘本对潜能的界定（是或做什么的潜能与不是或不做什么的潜能，即非潜能）有着非常密切的关系，首先表现为弥赛亚有战胜主权权力结构特征的潜能。众所周知，弥赛亚主义在宗教学语境中主要指涉某种危机和整个法律秩序与结构的根本性转变。与此同时，它也意味着创造一种不同于弥赛亚事件之前的新的法律秩序和世界秩序。简而言之，法律与世界会以一种新的形式和面貌回归，但是新旧两者之间并不是简单的取代关系（用新的法律结构取代旧的法律结构）。阿甘本强调应该从司法—政治角度看待弥赛亚主义（超越宗教），并将传统中的弥赛亚律法结构置于司法政治秩序中思索，即建构弥赛亚例外状态理论，以此突破生命政治主权结构与暴力逻辑的枷锁。这也是阿甘本

---

① 虽然他否定将弥赛亚事件置入宗教领域而倾向于将其植入政治、法律领域："术语弥赛亚主义，源于希伯来语 masiach（受膏者），指的是来自上帝的具有特殊使命的犹太人的宗教概念，从广义上看，它有时也很松散地指涉改善人类或世界状态的末世论（涉及最后时刻），以及历史最后圆满的信仰或理论。"

构想未来社会的特征之一，即摆脱"虚拟的例外状态"统治，走向"真正的例外状态"，终结赤裸生命。具体来说，在本雅明"真正的例外状态"理念的启发下，阿甘本试图概述一种弥赛亚的例外状态。这是对人们生活于其中的由主权权力主导的"虚拟的例外状态"的抵抗，是摆脱法律、主权、权力政治结构的方式，也是使幸福生活成为可能的纯粹潜能。

阿甘本认为，弥赛亚主义有两种存在形式。"第一种形式（我们可以称之为不完美的虚无主义）使法律虚无化，却在永远的、无限延迟的有效状态中维持这种虚无；第二种形式，完美的虚无主义，则甚至不会让有效性在其意义之外幸存下去。"①第一种形式代表的是"虚拟的例外状态"，意味着法律被剥夺了所有的内容，不意指任何事情，而只是作为纯粹的法律形式而存在，就是使法律虚无化，消除其固有的物质内容，让合法与非法变得无可区分。然而，这种例外状态并没有消除效力，仍旧具有法律暴力的效应（没有任何法律形式的暴力），存在法律与禁止的结构关系。法律依旧在持续运作（索罗姆针对卡夫卡小说而做的对法律状态的提议——"有效却无意义"——为典型案例），"法律就它什么也不命令，变得不可实现而言，才是有效的"②。

虽然法律不再展现其应用的具体形式，但是，并不是说法律不再存在，或者完全处于一种无法状态，而是不再在具体的意义与内容中应用。法律以悬置的方式在政治领域中运行，它不再命令具体的事物，不再转化为现实，并因此变得具有效力。所有行为都有可能是非法的，而

---

① ［意］吉奥乔·阿甘本：《潜能》，王立秋、严和来等译，283 页，桂林，漓江出版社，2014。

② 同上书，285 页。

我们就生活在这种具有效力但无意义的法律模式中。这就是现代政治操纵生命的计谋，它不断剥夺保护我们的诸种法律权利，制造各种"虚假的例外状态"，让生命个体沉浸在法律规范形式不在场的法律暴力中。第二种形式要推翻具有效力但无意义的法律。在这种完美虚无主义中，法律既不具有意义，也不再具有效力，它的内容及有效性同时遭到剥夺。或者说，法律在例外状态中不再发挥作用，而阿甘本从中发现了救赎的因素，这就是"真正的例外状态"，即弥赛亚例外状态（本雅明的例外状态）。这是逃离主权禁止运作与生命政治捕获赤裸生命逻辑的有效方式。可以"把弥赛亚事业理解为让律法不起作用，让它再也无法运作，使之回到一种潜能的状态"①。律法以不实现的状态存在（因为它既具有实现的潜能，又具有不实现的潜能）。弥赛亚例外状态不是要创建一种新的律法，也不是从过去的时间中激活某种律法。它既不源于过去，也不是对未来的预设，而是从现在、当下涌现出来的。它促使法律失效化、去活化与无效化，从而呈现出一种从来不曾存在过的实现，使另一个世界的到来（弥赛亚王国）成为可能。

对于弥赛亚主义到来的时间维度问题，阿甘本指出："弥赛亚的时代没有构成一个坐落在历史的时代和即将到来的世界之间的，时间性的周期；相反，可以说它们以一种对法律下的时代的延迟和拖延的形式，即作为一个失去的时代的历史效果而在场……另一个世界和另一个时代必然呈现在这个世界和这个时代之中。这意味着历史的时间不可能简单

---

① ［意］乔治·阿甘本：《剩余的时间：解读〈罗马书〉》，钱立卿译，122 页，长春，吉林出版集团有限责任公司，2010。

地被取消，而且，弥赛亚的时间也不能完美地同质于历史。相反，这两个时代必然彼此陪伴——以可化约为一个二元逻辑（此世/彼世）的模态存在。"①由此可见，阿甘本式的弥赛亚主义不同于德里达式的"尚未到来"、面向未来的弥赛亚主义。阿甘本强调的是关于现在的时间，而不是终结的时间，强调的是此刻在这个时代、这个世界中"随时到来的""来临中的"崭新世界。

总而言之，阿甘本在对本雅明弥赛亚主义思想的解读中建构了弥赛亚例外状态，即"真正的例外状态"，以弥赛亚救赎理念作为消除主权政治逻辑的未来社会的构想，而不是跟随福柯走向自我技术的塑造。最终，阿甘本无望的政治逻辑转变为充满希望的政治。阿甘本对弥赛亚救赎政治的表达绝不仅限于对弥赛亚例外状态的重视。例如，他在《剩余的时间：解读〈罗马书〉》中着重论述的将圣保罗书信建构为弥赛亚主义文本所做的努力，对"要像不"的生活方式的期待，都充斥着对未来救赎社会的愿望。从阿甘本整个思想语调来看，他确实在努力批判现代西方政治对生活于其中的人进行的压迫与剥削，试图在激进左翼思想潮流中另辟蹊径，开启独树一帜的批判路径。然而，他在未来社会设想方面依旧难以避免"救世神学"的圈套，陷入救赎式的弥赛亚乌托邦境地。

2. 末世论控诉及其回应

阿甘本在生命政治学理论建构过程中，描绘了生命个体在资本主义权力技术模式下的诸种遭遇：生命不断成为潜在的或现实的赤裸生命，

---

① ［意］吉奥乔·阿甘本：《潜能》，王立秋、严和来等译，279 页，桂林，漓江出版社，2014。

不断化身为现代版神圣人；主权逻辑积极塑造例外状态的常规化，促使权力技术结构"凝结""渗透"在人的生命层面；将纳粹主义历史事件界定为资本主义政治统治的缩影等。阿甘本勾勒的资本主义灾难图景确实充满了毁灭性的基调，似乎现代灾难即将来临，人类终究会奔向万劫不复的深渊。人们在反思自身的生活境遇时，能够轻易找寻到阿甘本描绘的诸种境况，从而产生强烈的共鸣，但是又会感觉到自身所面临的情况似乎并没有那么严重，全然不会走向堕落或湮灭。阿甘本对现代政治社会的毁灭性批判确实很容易让人产生世界末日的印象，或许会让人觉得他就是在传达末日情怀。"直到我们走失之后，或者说，迷失了这个世界，我们才会开始认识自己，意识到我们身在何处，意识到我们跟外物的联系是何其无穷无尽。"①但是，这并不意味着阿甘本的生命政治学理论纯是为了建构世界末日的图景，相反，他更倾向于在明显带有"灾难性"的色彩中发现未来的道路。

指控阿甘本政治思想走向末世论的典型代表是奈格里与哈特。他们将神圣人计划显露的政治学趋势指控为具有末世论倾向的政治学，谴责阿甘本将主权权力与例外状态解释逻辑普遍化与泛滥化，控诉主权权力致使社会法律与经济结构处于无效状态或退居其幕后，从而使主权权力与主权例外取得超验性的、至高无上的地位。从这个角度来看，奈格里与哈特对阿甘本的指控是很有道理的。虽然我们在现代西方资本主义政治秩序中确实很容易发现主权权力运作机制及其产生的暴力效应，也很

---

① ［美］亨利·戴维·梭罗：《瓦尔登湖》，仲泽译，179页，成都，四川文艺出版社，2009。

容易找到主权例外状态建构的政治架构，但是，它们的普遍存在并不意味着自身就是主导资本主义政体的核心形式，或许只是资本主义政治经济制度运行的普遍方式与有效手段，难以成为决定其政治内核的最典型操作。正如奈格里与哈特所言："对于超验权威和暴力的过度强调，遗漏并且神秘化了今天真正支配着我们的主导权力形式——体现在财富和资本中的权力，这种权力内嵌于法律之中并且依赖后者而得以存续。"①

　　奈格里与哈特在构建具有自治特征的生命政治学理论过程中，依赖于马克思主义政治经济学批判路径。他们既有对社会劳动组织形式、资本的技术构成、阶级斗争、革命主体、社会关系、共产主义理念等传统马克思主义领域的重新解读，又有对资本主义全球扩张时代下生命政治学批判领域中的共同性、共同体、爱、幸福等全新术语的形塑。由此来看，奈格里与哈特选择了生命政治学批判与资本主义政治经济学批判结合的立场，并大胆地将马克思主义理论植入其生命政治学理论思想脉络与逻辑演变中。

　　阿甘本的马克思主义立场就显得极其薄弱了。阿甘本早期也论述过马克思主义的传统范畴，但并不自视为马克思主义者，最后甚至"抛弃了"马克思主义视角。这主要是因为他在思想研究过程中所汲取的思想十分多样，如所谓的反马克思主义者施米特、与马克思主义关系暧昧不明的福柯与阿伦特、坚持马克思主义传统立场的本雅明与德波等，并非仅吸收某个固定的思想流派之精华。显然，阿甘本的生命政治学无法被

①　［美］迈克尔·哈特、［意］安东尼奥·奈格里：《大同世界》，王行坤译，2页，北京，中国人民大学出版社，2015。

直接界定为持有马克思主义立场，而只能说一定程度上受到了马克思思想的熏陶。

奈格里与哈特认为，阿甘本趋向于末世论的第二个指控，是解放力量的缺乏，没有塑造颠覆资本主义政治制度与社会结构的内在性力量。虽然阿甘本描述了赤裸生命或神圣人的现实存在，但并没有挖掘其具有积极性的至关重要的抵抗潜能，没有赋予其解放政治的使命与义务。西蒙·贝尔曼（Simon Behrman）也认为，抵抗在阿甘本的著作中是缺乏的。阿甘本没有涉及或超越各种主权权力形式的抵抗观念，也没有在激进政治学中表达革命主体规划的任务，更不必说政治主体的具体形象了，而是倾向于促使国王或教皇协助神学家和哲学家践行其理念。在阿甘本主权权力与例外状态逻辑的笼罩下，我们完全没有逃避权力操纵与控制的可能的实践方法。

在这点上，阿甘本确实与其他批判理论家不同。例如，马克思有受剥削、受压迫的无产阶级，奈格里与哈特有承担历史解放任务的诸众，巴特勒有展现政治能动性的安提戈涅式的反抗力量，朗西埃有"无分之分"的潜能，巴迪欧有忠诚于"事件"的主体，齐泽克有产生于实在界与象征界的主体等。与此相比，阿甘本没有在政治革命理论中塑造解放政治的革命主体形象，没有展现进行激烈政治斗争与对抗的承载者。哪怕他细致地描述了赤裸生命等处于社会边缘中的个体，也没有从中萃取出类似于马克思无产阶级主体所隐藏的革命潜能。从这个角度来看，阿甘本的激进政治带有明显的被动性与消极性：除了庞大的资本主义机器，并没有涉及明确的敌我矛盾。

阿甘本对神圣人范畴的概述，在某种程度上表达了当代西方政治统治与剥削造成的毁灭性结果以及警醒世人的忠告，具有提高资本主义危机意识的意义，这是值得称赞的。阿甘本对未来人类存在方式的神圣人预设，也对其他批判理论家产生了很大的影响，如齐泽克、巴特勒等人。不过，他们并不是完全依附于神圣人计划，而是在借鉴相关范畴与概念的基础上将其置入自身理论研究领域，从而展现生命政治主张的新变化，演绎全新的解释资本主义政治秩序的话语体系。

齐泽克比较喜欢借用神圣人、赤裸生命范畴，他曾直接表述说："拉姆斯菲尔德（Donald Rumsfeld）直言不讳的主张，以及其他类似的现象（如关押在关塔那摩湾的阿富汗囚犯的不确定的身份），都有其问题。其问题在于，它们似乎都直接指向了阿甘本对充分公民（full citizen）和神圣人（Home sacer）的区分。神圣人尽管也是生物意义上的人，却不是政治共同体的组成部分。"①由此可见，齐泽克一定程度上支持阿甘本对神圣人命运的控诉，而且在现代政治事实中列举了多种神圣人形象，如"不受法律管辖的作战者"、接受人道主义救援的人、法国的"非法居民"、住在巴西贫民窟的人、住在美国黑人区的人等。②

齐泽克对今日之神圣人形象提供的逻辑证据，在很大程度上反映的是内在于资本主义经济发展过程的对抗性因素，尤其是被排斥者与被纳入者之间的对抗。齐泽克还指责了被排斥者与完全公民的政治法律身份的丧失与获得，以及占有神圣人形象的政治策略："如果真正的问题并不在于被排斥在外之人的脆弱身份，而在于下列事实呢：在最为基本的

---

①　[斯洛文尼亚]斯拉沃热·齐泽克：《欢迎来到实在界这个大荒漠》，季广茂译，105页，南京，译林出版社，2015。

②　同上书，105—107页。

层面上，我们全都像神圣人那样被'排斥在外'，因为我们最基本的、'零度'的身份即'生命政治的对象'这一身份；我们的可能的政治权利和公民权利是别人出于生命政治策略的考虑才赋予我们的，它们只是我们的第二姿态?"①

与齐泽克类似，巴特勒也以阿甘本的生命政治学为基础解读西方具体的政治策略与外交政策，反思以主权名义进行的各种暴力实践，从而展开对未来政治生活的思考。巴特勒在区分治理术与主权模式的差异以及主权权力、紧急状态普遍化的前提下，重点审视了美国政府在"9·11"事件之后为了消除自身的不安全感所采取的搁置法律机构、无限期褫夺人民权利等安全预备措施。巴特勒也描述了各种被剥夺法律与政治身份的个体成为"无效生命"的范例，指责美国不断积极地炮制"法外之地"，控诉其一系列举措肆无忌惮地显露出主宰生命个体的超越性，斥责美国霸权统治促使传统主权暴力日渐占据政治统治的核心地位。

齐泽克与巴特勒是用阿甘本的生命政治思想解释现代西方资本主义政治的积极推行者。他们不竭余力地运用阿甘本的核心范畴与主张，既使自身的理论思想得到了充实与丰富，也有益于阿甘本在西方激进左翼批判理论思潮中占据重要位置。

从阿甘本整个生命政治策略角度来看，人的形象是由政治、伦理、法律、自然架构的。阿甘本对人的真实遭遇的思考并不纯粹停留在理论描述上，而且分析了西方现代性中的具体实践事例，以此实现其思想在

---

① ［斯洛文尼亚］斯拉沃热·齐泽克：《欢迎来到实在界这个大荒漠》，季广茂译，109—110 页，南京，译林出版社，2015。

理论上与实践上的有效论证。在现实生活中，阿甘本并没有像奈格里那样直接参与政治斗争，更倾向于通过政治理论与现象的分析来表达自身的政治意愿。他最直接的政治主张就是把集中营界定为现代西方生命政治的基本范式，将其视为现代社会的隐秘基质。他强调，对纳粹集中营的分析并不是为了描述这一悲惨的、让人绝望的历史事实，而是为了探索集中营中的法律与生命的结构关系，从而揭露集中营的本质特征。简而言之，集中营"是司法政治秩序之外的领土的一部分，是例外状态的物质化。今天，例外状态与去政治化已经渗透到一切领域"。

阿甘本以极权主义性质来反衬资本主义民主制度，最显著的政治意图即提醒读者："奥斯维辛的文身看起来无疑是管理被驱逐进集中营的个体最正常也最经济的方式。现在美国强加在进入其领土的个人身上的生命政治的文身，也有可能成为一种先兆：它预示着不久之后，我们将被迫接受作为国家装置与机制中的良好公民的正常身份登记。这就是为什么我们必须反对它。"这种绝望的警告，这种"世界末日式的基调"，既是对西方政治社会制度与秩序的激烈批判，对西方现代政治基本趋势的病理诊断，也是对其他思考西方民主制度思想流派的刺激与启发。

这种末世论语调，尤其是所有公民都是潜在的恐怖分子，都是潜在的神圣人，都将被还原为赤裸生命，世界正面临解体与崩溃的论调，使很大一部分对阿甘本感兴趣的人认为，阿甘本是一个绝对的悲观主义者。对此，阿甘本回应道："首先，从个人层面来看，情况并非如此。其次，悲观与乐观的概念与思想无关。德波经常引用马克思的一封信，他说：'我所生活的社会的绝望处境使我充满希望。'激进的思想总是采取最极端的绝望立场。西蒙娜·薇依（Simone Weil）说：'我不喜欢那些心里充满空洞希望的人。'对我来说，思想就是这样：绝望的勇气。这难道不是乐观主义的高度吗?"①因此，在阿甘本那里，讨论悲观主义或乐观主义显然是没有任何意义的，思想的表达并不是这种简单的悲观或乐观情绪可以界定的。虽然绝望立场蔓延在思想领域，但这并不意味着对未来政治持绝望态度，而是为了在这种绝望中发现新生的希望。

奈格里对于阿甘本走向这种最极端的状况表达了自己的看法，认为与斯宾诺莎主义的二元论相比，阿甘本更倾向于接受海德格尔主义，而且执着于将其发挥至极致。"他坚信人是向死而生的。这种人的概念使他的研究产生了一种矛盾韵律，然后基于此种理念，世界会不断地、奇迹般地在生命的极限下重生。换句话说，即以死亡为门槛。"②虽然阿甘本受到了海德格尔死亡观的强烈影响，但实质上阿甘本的兴趣并不在于末世论，而是习惯于将政治问题延伸至极限语境中来讨论，即表现为对界限、门槛境况的关注。这种想法也确实弥漫在整个神圣人计划之中。

对阿甘本政治思想肯定性维度的批判性介绍主要来自赫尔辛基大学的普罗佐罗夫。作为阿甘本政治思想肯定性维度最得力的解读者，普罗佐罗夫认为，阿甘本虽然揭露了当代国家政治正在遭遇全球例外状态的

---

① "我常常因这种我自身都没有意识到的悲观情绪而受到责备。但是，我并不这样认为，马克思曾经说过一句话，这句话德波也常用，我也非常喜欢这句话：'我所生活的社会的绝望处境使我充满希望。'我分享了这种观念：绝望之处存有希望。我并不认为我是一个悲观主义者。"参见郑秀才：《生命政治与主体性(下)——阿甘本访谈》，载《国外理论动态》，2005 年第 7 期。

② Cesare Casarino, Antonio Negri, "It's a Powerful Life: A Conversation on Contemporary Philosophy", *Cultural Critique*, 2004, 57: 151-183.

袭击，以及资本主义景观对社会生活的渗透，但是，他也指出了逃离这种绝望、虚无主义困境、生命政治装置的方式。① 普罗佐罗夫对阿甘本政治思想肯定性维度的思考是值得借鉴的，尤其是在阿甘本思想面临激烈抨击与批判的情况下。普罗佐罗夫的肯定性解读方式促进了对阿甘本政治哲学思想更加全面的理解与把握，为那些对阿甘本思想理论感兴趣的读者提供了另一种有效的阅读方式。这些肯定性遗珠散落在阿甘本的系列著作之中，是阿甘本极力拒绝任何"个人或心理悲观"情绪的最好证明。这便需要我们更耐心、更细致、更谨慎地去发现它们。持此观点的还有怀特。怀特认为，阿甘本"正是在灾难性的现实中，看到了一种值得被命名为救赎的新的生命形式的可能性"②，坚决反对将其类比于末世论。

必须承认，关于抵抗问题，相对于对西方政治的否定性诊断，阿甘本在这方面确实显得阐述薄弱。但是，这并不意味着他全然否决赤裸生命可能具有的能动性与积极性。哪怕是微弱的抵抗火苗，也有发展成熊熊烈火的可能。这个希望的火苗出现在阿甘本对 11 世纪莱昂的圣伊西多罗教堂一个银质圣骨盒所雕刻的场景的解读中。在亚当与夏娃要被逐出伊甸园的最后时刻，上帝为他们穿上"兽皮外套"。亚当在极大的悲伤中妥协地穿上了外套，夏娃却表现出极其愤怒、挣扎的态度。"夏娃依旧光着腿，然而上帝似乎正在强迫她穿衣服。我们只能从领口之上勉强

---

① Sergei Prozorov, "Why Giorgio Agamben is an Optimist", *Philosophy and Social Criticism*, 36(9): 1053-1073.

② Jessica Whyte, *Catastrophe and Redemption: The Political Thought of Giorgio Agamben*, State University of New York Press, 2013, p. 4.

看到夏娃的脸。从她的脸上，我们可以看到她正在全力抵抗这种神圣暴力。她的双腿不自然的扭动，眼睛里斜射出的痛苦，以及右手绝望地拽住上帝的姿势，都毫无疑问地证明了这点。"①圣骨盒的制作者和购买者或许都没有意识到夏娃的这种拒绝的意义，或许也没打算赋予夏娃的拒绝姿态任何特别的内涵。"只有当我们想起这是这对夫妻穿上兽皮衣服、永远被逐出伊甸园的最后时刻，我们的祖先仍然可以赤身裸体的最后时刻，这段情节才会获得特有的意义。如果确实如此，那么这个纤弱的、拼命抵抗穿衣服的银色人物形象就是女性气质的典型象征。这个女性就是伊甸园式裸体的顽强守护者。"②因此，虽然阿甘本在谈及抵抗问题时力度并没有那么大，也没有显现出顽强的战斗精神，但他并非完全不涉及抵抗甚至否定抵抗。事实上，阿甘本试图在微弱的线索中找寻解答当代面临问题的思想资源。

总而言之，阿甘本的生命政治学理论以思考生命个体命运为核心，而不是以资本构筑的社会关系为出发点。它展开了对当代资本主义社会政治秩序的深刻批判与病理诊断，也试图提出共产主义社会到来的必要性和可能性。或许正是因为对现代政治现实的绝望式批判，阿甘本最终只能求助于救赎梦想来实现幸福生活，或者在穷竭状态中发现救赎的可能性。遗憾的是，这却使激进的政治批判沦为弥赛亚救赎式的政治伦理学。阿甘本作为当代十分有影响力的激进左翼政治批判理论家，在生命政治学理论思想阐述过程中确实表现出对资本主义现代诊断的敏锐洞察

---

① Giorgio Agamben，*Nudities*，translated by David Kishik and Stefan Pedatella，California：Stanford University Press，2011，pp. 61-62.

② *Ibid.*，p. 62.

力和远见卓识，也让我们更加系统地了解到资本主义社会在当代面临的诸种危机与日益暴露的各种弊端，为资本主义社会批判带来了启发与思考。虽然在逃离资本主义压迫与剥削的实际方案上，阿甘本依旧难以摆脱乌托邦的幻想，但是，我们应该将注意力更多地集中在他对资本主义性质与内容的精彩批判上，而不是以最终的宗教伦理指向否定其杰出的贡献。

从这个角度来看，或许我们可以用马克思批判性思维来审视阿甘本以生命政治批判方式对现代西方资本主义政治的诊断："新思潮的优点就恰恰在于我们不想教条式地预料未来，而只是希望在批判旧世界中发现新世界。"[①]人们应当坚定发现新世界的信念，始终保存发现新世界的愿景，使其为努力找寻通往新世界的道路提供不竭的动力，哪怕屡次"从头再来"。

---

① 《马克思恩格斯全集》第 1 卷，416 页，北京，人民出版社，1956。

结　语

　　社会批判、反思理论对西方资本主义社会现代性的批判有着众多既与众不同又丰富多彩的视角，如马克思主义对资本主义政治制度与生产方式的政治经济学批判，以法兰克福学派为代表的文化批判、意识形态批判、理性批判、技术批判、政治经济学批判，抑或消费社会批判、晚期资本主义批判等。它们都试图展现西方现代性社会中人的生存境遇与压抑状态，揭露资本主义制度本质上的暂时性与局限性，表达对未来社会或世界的美好政治愿望。然而，想象资本主义的终结可谓轻而易举，要实现资本主义的终结却又是那么举步维艰。理论与现实、解释与改造的严重脱节是所有批判理论都面临的问题。但是，以批判性或革命性的姿态审视资本主义社会的不合理性及其本质，既是对社会历史发展过程与规律的深刻洞察，也是变革社会制度、改造社会现实的必要前提。从某种意义上说，对资本主义社会发展方式的深入剖析，是摆脱、逃离资本主义政治制度与经济秩序的基础。在激进话语体系中涌现出的以福柯为代表的生命政治批判路径，尤其是以奈格里、哈特、埃斯波西托、阿甘本等人为代表的西方左翼思想家，实质上是现代性批判理论必不可少的一环。

就目前的发展形势来看，我们无法断言生命政治批判可以超越诸多批判理论的发展模式与理论弱点——从批判理论家的现实困境中走出来，粉碎资本主义社会繁荣发展的幻象，颠覆资本主义社会的主导体制，激发具有科学性、创新性的实践蓝图和行动纲领。不过，生命政治批判对资本主义社会的批判立场与态度是现代性批判理论多元化发展的重要组成部分和显著体现，或许可以为研究资本主义社会解放政治目标的实现指明方向，为突破资本主义生产关系、阶级关系创造新的可能性，为找寻资本主义的"阿喀琉斯之踵"提供基本参考。这种批判方式还可以让我们在各种学科之间进行互动，从而突破传统学科固有的边界与分隔。这也是一种致力于思考未来生活的行为，试图在对现实的分析与批判中找寻可能的生活方向。当然，在萃取出生命政治批判模式的生产性这一前提下，我们也要对过度张扬此种批判理论的言论保持清醒的认识，并能在马克思主义视域下有效地辨别生命政治批判可能带来的陷阱，理解生命政治批判在马克思主义理论中应有的地位。

第一，从生命政治范式的缘起性语境来看，生命政治批判具有反资本主义逻辑的革命属性。福柯运用考古学与谱系学的方法论展开对资本主义社会政治现实与制度的批判。在批判方式与策略的具体选择上，福柯以社会历史发展形势为基础，认为："19 世纪，两种解读历史的类型得以发展；一种与阶级斗争紧密相连，另一种与生物学上的冲突紧密相连。"①很显然，福柯拒绝统治阶级与被压迫阶级的阶级斗争角度，选择了后者，原因在于福柯试图构建一种新的政治哲学和本体论思路。福柯曾明确表示，其研究的主题是主体而不是权力，他对权力细致详尽的分析也基于对主体问题的思考。正是这种理论旨趣，让福柯在权力关系理论中展现出对资本主义社会现实的生命政治批判路径。与马克思主义者把权力形式主要集中于政治、经济领域尤其是生产领域，从宏观角度来阐释国家机器的暴力与压迫特质、资产阶级社会的狡诈与残酷性相反，福柯认为："所有人类关系在一定程度上都是权力关系。我们所卷入的世界永远充满了各种战略关系。就其本身而言，所有权力关系并不就是坏的，但事实是它们总是带来一些危险。"②对于福柯而言，人不仅被置入经济关系之中，还被卷入各种复杂的权力关系之中，而后者很少被注意到。这便成为他的研究方向以及想要完成的任务。

在福柯的权力话语中，权力像毛细血管渗透在社会生活、社会领域的方方面面。他不再从国家机制与制度的宏观角度探讨权力问题，而是从微观领域出发，揭示权力关系的压迫性与生产性。由此，福柯从权力关系与形式的布展逻辑出发演绎出主权权力、规训权力、生命权力的发展脉络。其中，生命权力与资本主义的兴起密切相关。"如果说西方的经济起飞始于导致资本积累的技术，那么或许也可以说，人员积聚的管

---

① ［法］米歇尔·福柯：《必须保卫社会》，钱翰译，206 页，上海，上海人民出版社，2010。

② 汪民安编：《自我技术：福柯文选Ⅲ》，204 页，北京，北京大学出版社，2015。

理方法导致一种脱离传统的、讲究仪式的、昂贵的和粗暴的权力形式的政治起飞。"①如果说马克思着手解决的是资本积累问题的话，那么福柯则是聚焦于人员积聚的问题，引发了关于政治解剖学与生命政治的论述。

　　根据福柯的描述，18 世纪末 19 世纪初，资本主义越来越把社会化的身体作为其发展的重要因素，生命权力形式成为资本主义政治体制运行的机制。"这一生命权力无疑是资本主义发展的一个必不可少的要素。如果不把肉体有控制地纳入生产机器之中，如果不对经济过程的人口现象进行调整，那么资本主义的发展就得不到保证。但是资本主义的发展要求得更多。它要求增大肉体的规训和人口的调节，让它们变得更加有用和驯服。它还要求能够增强各种力量、能力和一般生命的权力手段，而不至于使得它们变得更加难以驯服。"②

　　这意味着以下三点。其一，生命个体或者总体性的人口蕴含着无穷的潜能和生命的各种可能性，可以为资本主义社会的发展提供保障，而这种保障来自个体本身所拥有的劳动力。马克思把劳动力定义为"一个人的身体即活的人体中存在的、每当他生产某种使用价值时就运用的体力和智力的总和"③。这说明人本身之中就蕴含促进发展所需的能力、经验、特长、知识等。与马克思从经济理论角度出发，揭露资产阶级剥

---

　　①　[法]米歇尔·福柯：《规训与惩罚（修订译本）》，刘北成、杨远婴译，247 页，北京，生活·读书·新知三联书店，2012。

　　②　[法]米歇尔·福柯：《性经验史》，佘碧平译，91 页，上海，上海人民出版社，2005。

　　③　《马克思恩格斯文集》第 5 卷，195 页，北京，人民出版社，2009。

削与榨取剩余价值的秘密相反，福柯侧重于从政治哲学角度探究生命和人口现象，以此展现资本主义治理方式对现代社会生活和生命的规训与控制。

福柯并没有把生命权力与劳动力结合起来考虑资本主义社会的发展过程，最主要的原因是福柯与马克思对权力范畴有着相异的界定。福柯认为，权力无处不在，无中心，散落在社会领域的各方面，因而不会致力于集中挞伐资本主义经济制度。在这个方面有出色表现的是维尔诺，他实现了马克思的劳动力概念与生命政治范式的结合。"资本家对工人的生命、工人的身体感兴趣，只因为一个间接的原因：这个生命、这个身体包含着能力、潜能、动力。生命体成为被支配的对象。这不是因为它固有的价值，而是因为它是真正重要事物的基础：劳动力是人类最多样化的能力（说话、思考、记忆、行动等的潜能）的总和。只有在获得非物质的（本身不在场）劳动力的时候，生命才位于政治的中心。出于这个原因，也仅仅是这个原因，谈论'生命政治'才是合理的。"[1]生命体本身所内存的诸种潜能正是资产阶级关注的焦点。生命权力锁定的不是已经实现了的生命潜能，而是那些尚未被实现的、目前不存在的、不在场的、无形的潜能。"当它还没有被应用的时候，这种潜能便是资本家和工人交流的核心。"[2]这种潜能既能像其他商品一样进行买卖，也蕴含人类各种多样化的能力，包括那些消极的、积极的、生产性、非生产性

---

① Paolo Virno, *A Grammar of the Multitude*：*For an Analysis of Contemporary Forms of Life*, translated from the Italian Isabella Bertoletti, James Cascaito, Andrea Casson. Semiotext[e], 2004, pp. 82-83.

② *Ibid.*, p. 82.

的、革命的、抵抗的、压制的、堕落的能力。维尔诺对劳动力概念的定义区别于马克思那种体力和智力相综合的劳动力，"不是指一种特定的能力，而是与生产实践所包含的一样多的全部人类能力"①。指向生命的生命权力的双重性是自治主义马克思主义理论的基础，即抵抗与反抗共存于其中。总而言之，生命既是一种可以随意塑造、雕刻的生命，也具有生产性、抵抗性的潜力。前者为资本主义的发展奠定了基础，后者成为对资本主义结构的威胁。

为了避免个体和人口的生命潜能爆发出威胁资本主义社会发展趋势的毁灭性元素，必须加大管制、监控、操纵的权力，抑制生命"恶魔"的出现。这就是说，资本主义经济的增长也会促进生命权力的发展。生命权力形式在帮助资本主义社会摆脱危险方面发挥了重要作用。根据福柯的观点，这种专注于扶植、增强、提高、保障个体生命和集体人口质量的生命权力，以及自由主义治理技艺的实施，为资本主义的有效发展提供了大量驯服且有用的生命。资本主义社会权力关系的渗透不再是压抑性的而是从根本上拓展生命力量，这种权力形式变得比以往任何时候都要普遍、恐怖和阴险。从某种程度上说，福柯开创的生命政治学理论批判路径是对马克思政治经济学批判研究方法的补充与延续。抑或说，生命政治批判应在政治经济学领域占有一席之地。

其二，生命政治批判路径也是分析资本主义社会弊端的方法论工具。这种新颖的批判和分析方法，为揭露资本主义蕴含的深层性的、系

---

① Paolo Virno, *A Grammar of the Multitude*: *For an Analysis of Contemporary Forms of Life*, translated from the Italian Isabella Bertoletti, James Cascaito, Andrea Casson. Semiotext[e], 2004, p. 84.

统性的危机提供了一种觉察方式，在批判资本主义现实制度与社会场域上具有一定的深刻性。此外，它要在一种动态关系中把握生命与政治的关系，而不是单纯诉诸生命的政治化或政治的生物化。对于这种生命政治分析法的前景，莱姆克主张："应该研究权力过程、知识实践和主体化模式之间的关系网络。"①这显然是对福柯式生命政治思想的回应。

莱姆克认为，这种生命政治分析法可以包含以下三个维度。

首先，生命政治需要有关生命与生命体的系统知识。生命政治展开的逻辑基点是对身体和生命知识的扩展、延伸与改变。正是对生命的不同理解衍生了诸种生命政治形式。埃斯波西托把生命过程与免疫范畴相结合，强调生命潜在的内在性力量，从而构建了一种典型的肯定性的生命政治。奈格里与哈特也看到了生命本身蕴含的爆发性潜力，塑造了抵抗帝国主权逻辑的革命性的政治主体。阿甘本基于对生命起源的最初性分析，阐发了个体的生物性生命在强大的政治权力结构前面临着毁灭性的灾难。罗斯则在新时代生物技术、生物科学知识、生物遗传知识等社会历史条件下，重新定义生物经济领域生命本身正在遭受的境遇。诸多理论家都选择从生命与政治角度出发来论述生命、政治、权力等范畴，同时，都倾向于将这些范畴置于一种网络关系之中，而不是将其视为彼此独立的实体性存在。生命就是生命政治技术的首要因素。

其次，真理体制与权力问题不可分离。这也是权力策略与技术在对待有关生命的知识时，思考两者的关系如何的问题。在权力关系的共时

① Thomas Lemke, *Biopolitics: An Advanced Introduction*, New York: New York University Press, 2011, p. 119.

性和历时性维度上，权力策略与生命之间的肯定性或否定性关系，不能在单一逻辑条件下被阐说，我们要结合具体的社会历史情境，发现复杂多样的关系网络，运用动态性的、系统性的思维方式，审视生命政治实践领域诸多显性或隐性的不平等结构、价值层级体系和不对称现象。例如，在基因组学时代，生物性生命在面对生物资本主义政治技术难以想象的压榨时，生命所遭遇的改组、塑造、操控、定义、掠夺会引发何种有关种族、阶级、性别、宗教、民族、信仰等因素的价值等级结构的体验？为了追求利润的最大化，生命会以何种姿态与生物经济领域的资本、技术共处？谁又是这种发展理念的受益者或受害者？

最后，必须考虑主体化形式。在生命政治思想发展线索中，主体生命过程在政治学、生物学、政治经济学、社会学、宗教、伦理学、统计学等众多学科的引导下，历经了从保卫君主到保卫社会再到保卫个体生命和健康的阶段，从被动性的关注生命、健康、医疗保健与服务转变为主动性的接受专业知识与专家的指导，从简单政治技术策略对生命过程的介入转变为受到各种复杂、先进的科学知识与基因、遗传技术的全面干涉。个体身体与生命的生物性特征逐渐被机械性质的部件取代与占领。生命陷入"值得与不值得""高等还是低劣""强大抑或羸弱""提高或堕落"等的区分陷阱中，在生命政治话语构镜中远离了传统马克思主义者的资本、异化、劳动等范畴。

从这些维度来看，生命政治分析法是一种分析生物性生命在权力、知识、真理、主体中如何被处置与被对待的问题，而这可以成为对生命政治思想的生物中心主义或生物学主义的回应。从历史角度来看，生命政治分析法使得生命与政治这两个范畴的具体内涵发生了深刻改变。生命不再局限于个体活着的状态或人口层面的自然性，甚至追溯到了细胞、精子、胚胎的领域，而政治也延伸到了传统政治行为与理论、权力行使、国家机制之外，生殖克隆、养老保障、健康政策都被纳入政治讨论的范围。从实证角度来看，生命政治分析法能够允许我们打破管理、学科和认知的边界，从而在不同的知识文化、分析模式和解释能力之间进行跨学科对话。生命政治分析法也会履行一种非常重要的批判功能，揭示偶然性的、约束性的现实。[①] 在莱姆克看来，生命政治类似于一种分析工具，并指示一种研究领域，将人类学、社会学、科学研究、历史、哲学、生态学、政治学等诸多学科形成一个连续的、统一的研究领域。从这个角度来看，生命政治领域可以无限延伸与拓展，隐含着诸多不平等和差异性。

　　总而言之，生命政治概念本身充满模糊性与多样性。从起源一直到随着社会历史发展过程而演变，生命政治的内涵并不是静态的、固定的，而是处于一种动态变化之中。这种活跃性、开放性、包容性会使生命政治概念或理论不断得到补充与丰富。就其理论本身而言，问题的关键不在于鉴定出哪一种理论学说可以代表生命政治学理论的巅峰，而是需要探索不同的生命政治学理论道路，深刻地揭露资本主义社会现象与现实的真实面貌，为当下与未来社会的发展提出建设性的分析视角与合理化建议。生命政治批判方法的运用在西方马克思主义批判理论的建构中可以延展其逻辑变迁与价值判断，从而帮助我们更加清晰地理解各种

---

　　① Thomas Lemke, *Biopolitics: An Advanced Introduction*, New York: New York University Press, 2011, pp. 117-123.

批判理论的发展状况与趋势，在广度和深度上更好地展现诸种分析立场与研究思路。"当前对批判思想而言，最迫切的需要是发明、扩大和检测一个适用于当前现实的分析工具箱。"①

其三，生命政治批判越过对资本主义生产方式具体运行过程的考察，倾向于迈向纯粹理论、概念的建构。在将生命政治批判置于资本主义现代性批判方面，阿甘本试图将福柯权力双重性的属性转变为主权权力的单一复归。这主要是因为阿甘本在剖析资本主义政治现实时敏锐地察觉到资本主义政治秩序具有死亡政治的特征。然而，阿甘本对这种立场的笃定既不是立基于对人类社会发展规律的思索，也不是根植于对社会阶级矛盾关系的考虑，更不是诉诸对资本主义生产关系与生产力基本矛盾的认识，而是以政治生命与自然生命的二元区分为基础的。阿甘本着重探索人类个体生命如何在现实政治生活中逐渐自然化，诊断出资本主义政治制度乃至整个西方政治秩序的邪恶本质。

纵观阿甘本生命政治批判的整个逻辑架构与政治规划，他确实在很大程度上拥有当前西方左翼激进政治典型的激进政治态度，致力于激烈批判资本主义政治秩序。很显然，他承袭了马克思主义的革命与批判精神。这种坚定的批判立场与态度是革命的，然而，在具体实践过程中却往往倾向于依赖对某种概念、术语的重新阐发或重造。从马克思主义立场来看，随着社会历史条件的不断发展，确实需要新的概念或范畴重新激发革命理论与实践的潜能。然而，若仅仅为了迎合某种特定的理论诉求，而肆意创造或有意歪曲概念或术语本身的革命力量，并且忽视概念

---

① 汪民安、郭晓彦主编：《生产》第 7 辑，96 页，南京，江苏人民出版社，2011。

或术语本身所内含的历史或社会发展历程的话，那么，这种所谓的革命性举动就会站不住脚。例如，阿甘本在阐发其生命政治学理论的过程中，过度强调生命的脆弱性与薄弱性，推出赤裸生命的概念。这确实在一定程度上具有警醒世人的效应，也能让人们深切地体会到资本主义政治制度带来的毁灭性灾难，从而引发对推翻旧世界、创造新世界的期待。但是，这种惊世骇俗的宣说虽然在让人们直观地感受资本主义政治的迫害性与残酷性方面举重若轻，却也容易让人们忽视资本主义政治制度更加本质的特性，忽略对人类社会发展规律的深入把握。此外，这种概念仅仅停留在"口号"的呐喊阶段，既无法提供完整的历史发展线索，也无法展开有效的理论逻辑布展，更无法在实践领域中显示赤裸生命演化的普遍性趋势。最终，只能从某种单一的、片面的生活现象出发，得出所有人都是现实的或潜在的赤裸生命的结论。

这是激进政治哲学的普遍特点：要么放弃马克思主义传统中现实的阶级革命主体，求助于某些概念或神秘的力量；要么在文化、伦理、语言、艺术、生命等领域中建构人的主体性与革命性，寻求政治的解放。更为重要的是，激进政治哲学还有着无法在理论与现实中为自身的政治立场与革命策略提供合理有效的逻辑或事实认证的致命弱点。虽然它们表现出了严厉的激进视角，但依旧无法摆脱走向虚幻、想象的批判姿态。值得注意的是，虽然它们终将在不同程度上走向浪漫主义革命，陷入乌托邦想象，但是从另一个角度来看，它们也会为马克思主义理论的延伸与拓展提供丰富的理论资源与革命范式。

在某种程度上，马克思主义理论本身的科学性与革命性需要在社会历史与理论发展过程中不断充盈，并在实际运用过程中不断发展，以获得内在的创造性与持久的生命力。这些与众不同的社会批判理论，特别是经济全球化语境下的生命政治批判能在一定程度上刺激马克思主义理论的丰富与发展。与此同时，我们也应该高度重视世界范围内涌现出的诸种资本主义社会批判理论本身具有的历史局限性，警惕资本主义社会批判理论对马克思主义理论的僭越，尤其是要鉴别出那些被西方学术界"追捧"的形形色色的理论热潮，识别出那些改头换面后占据理论制高点的诡计。这就需要我们坚定不移地坚守马克思主义的立场、观点与方法，科学地审视世界范围内的诸种社会批判理论掩盖的事实真相，通过对激进政治话语局限性的揭露与批判，科学有效地践行马克思主义的理论活力。

附　录

阿甘本简介

阿甘本 1942 年 4 月 22 日出生于意大利罗马，后就读于罗马大学。在那里，他研习了法律与哲学，还参与了意大利著名导演皮埃尔·保罗·帕索里尼执导的电影《马太福音》，饰演使徒腓力。他的博士论文未发表，主要论述法国哲学家、马克思主义激进分子西蒙娜·薇依的政治思想。1966—1968 年，作为弗莱堡的博士后学者，阿甘本参与了海德格尔在普罗旺斯的勒托尔举行的关于黑格尔和赫拉克利特的研讨会。值得注意的是，1968 年后，他既没有继续聆听海德格尔的讲座，也没有经历革命风暴的洗礼，而是选择了离开，开启了拜访西方政治与哲学诞生地的雅典之旅。1968 年"五月风暴"结束时，他抵达了巴黎，随后辗转到达纽约。在纽约，他被百老汇音乐剧吸引。之后他去了哈佛，参与哈佛大学教授亨利·基辛格开设的国际研讨班，同年返回罗马。

1974—1975年，他在伦敦大学的瓦堡研究所取得研究员职位。20 世纪
80 年代，他返回意大利，在不同的大学任教，包括意大利的维罗纳大
学和马切拉塔大学、德国的杜塞尔多夫大学、法国的国际哲学学院（也
是该学院的项目主任）以及美国的新学院大学。同时，他也是威尼斯大
学艺术与设计学院的美学教授，欧洲研究生院巴鲁赫·德·斯宾诺莎教
授，也任教于瑞士的门德里西奥建筑学院。他还是美国多所高校的客座
教授，后来由于拒绝美国移民部门的指纹录入而被限制入境。1978 年，
他开始担任《本雅明全集》意大利版的编辑。20 世纪 90 年代，他开启以
"神圣人"为名的研究计划，成为意大利哲学与激进政治理论界的领军人
物之一，也是欧洲后马克思思潮的重要代表。

　　从阿甘本思想创作的整个发展轨迹来看，他的研究旨趣并不在于建
构某种宏大的理论叙事，政治目的也不仅仅在于对资本主义现实展开激
烈的批判，而是试图对整个西方历史发展范式以及政治传统结构发起挑
战。阿甘本前期主要执着于对语言、文学、美学等学科的研究，后期将
研究重心转向生命、政治、法律、主权等领域。正是在文学理论、欧陆
哲学、政治思想、宗教研究以及艺术等方面的杰出论述，使他成为当代
颇有活力和创新精神的批判理论家之一。他在 20 世纪八九十年代深受
亚里士多德、黑格尔、尼采、马克思、海德格尔、阿伦特、施米特、本
雅明、德里达、福柯、南希、德勒兹、加塔里、利奥塔、德波等思想大
师的影响，尤其是让福柯的生命政治学理论与阿伦特的极权主义思想联
盟，使自己的生命政治学理论在西方激进左翼批判理论中占据重要
地位。

　　除此之外，阿甘本熟知圣经文本、保罗书信，通晓古希腊罗马法，

对意大利自治主义与情境主义感兴趣，而且在写作中经常引用卡夫卡的相关著作表达理论诉求。从这个角度来看，阿甘本非常擅长从他处汲取思想精华来支撑自身的理论研究。阿甘本最具影响力的是神圣人计划。他以神圣人计划勾勒的资本主义终结论图景充满悲剧性色彩，特别是他对每一位公民都是现实的或潜在的赤裸生命的断言，对集中营是现代西方政治典范的宣说，似乎都在证明人类终究会走向万劫不复的深渊。他也因此受到批驳。虽然阿甘本对当代资本主义政治秩序展开了深刻批判，进行了严肃的病理诊断，也试图提出共产主义社会到来的可能性，但是他并没有认识到资本主义社会发展过程中最根本的矛盾，也没有呈现能够承担历史使命的革命主体，因而无法摆脱走向乌托邦的命运。

阿甘本的主要著作如下：

中文名	英文名	意大利版出版时间	英文版出版时间	中文版出版时间	神圣人计划备注
《诗节：西方文化中的词和幻觉》	*Stanzas: Word and Phantasm in Western Culture*	1977	1993		
《幼年与历史：经验的毁灭》	*Infancy and History: The Destruction of Experience*	1978	1993	2011	
《语言与死亡：否定之地》	*Language and Death: The Place of Negativity*	1982	1991	2019	
《来临中的共同体》	*The Coming Community*	1990 2001 （再版）	1993	2019	
《散文的理念》	*Idea of Prose*	1985	1995	2020	

中文名	英文名	意大利版出版时间	英文版出版时间	中文版出版时间	神圣人计划备注
《无内容的人》	*The Man Without Content*	1994	1999		
《神圣人：至高权力与赤裸生命》	*Homo Sacer：Sovereign Power and Bare Life*	1995	1998	2016	Homo Sacer，Ⅰ
《诗的终结：诗学研究》	*The End of the Poem：Studies in Poetics*	1996	1999		
《无目的的手段：政治学笔记》	*Means Without Ends：Notes on Politics*	1996	2000	2015	
《奥斯维辛的剩余：证据与档案》	*Remnants of Auschwitz：The Witness and the Archive*	1998	1999		Homo Sacer，Ⅲ
《潜能》	*Potentialities：Collected Essays in Philosophy*		1999	2014	
《剩余的时间：解读〈罗马书〉》	*The Time That Remains：A Commentary on the Letter to the Romans*	2000	2005	2011	
《敞开：人与动物》	*The Open：Man and Animal*	2002	2004	2019	
《例外状态》	*State of Exception*	2003	2005	2015	Homo Sacer，Ⅱ，1
《渎神》	*Profanations*	2005	2007	2017	
《什么是装置?》①	*What is an Apparatus*	2006	2009		
《宁芙》	*Ninfe*	2007		2016	

---

① 收录于阿甘本的《论友爱》(北京大学出版社 2017 年版)。

续表

中文名	英文名	意大利版出版时间	英文版出版时间	中文版出版时间	神圣人计划备注
《王国与荣耀：安济与治理的神学谱系学》	*The Kingdom and the Glory：For a Theological Genealogy of Economy and Government*	2007	2011		Homo Sacer，Ⅱ，2
《语言的圣礼：誓言考古学》	*Sacrament of Language：An Archaeology of the Oath*	2008	2011	2016	Homo Sacer，Ⅱ，3
《万物的签名：论方法》	*The Signature of All Things：On Method*	2008	2009	2017	
《裸体》	*Nudities*	2009	2011	2017	
《教会与王国》①	*The Church and the Kingdom*	2010	2012		
《最高的贫困：隐修制度与生命形式》	*The Highest Poverty：Monastic Rules and Form-of-Life*	2011	2013		Homo Sacer，Ⅳ，1
《主业：责任考古学》	*Opus Dei：An Archaeology of Duty*	2012	2013		Homo Sacer，Ⅱ，5
《彼拉多与耶稣》	*Pilate and Jesus*	2013	2015	2019	
《身体之用》	*The Use of Bodies*	2014	2015		Homo Sacer，Ⅳ，2
《火与叙事》	*The Fire and the Tale*	2014	2017		
《内战：作为政治范式的内战》	*Stasis：Civil War as a Political Paradigm*	2015	2015		Homo Sacer，Ⅱ，2

① 收录于阿甘本的《论友爱》（北京大学出版社 2017 年版）。

索　引

A

阿甘本　1－37,39,49,57,68,72,
　　73,81,88,89,95,97,116－120,
　　122,124－126,129－131,133－
　　145,148,150,151,153－176,
　　186,188,189,196－204,207,
　　211－219,221,223－225,228,
　　234,236,239,241－253,255,
　　256,260－265,267,270－272,
　　274－284,286－293,295－298,
　　300,301,303－316,318,321－
　　326,333,334,344－347,351－
　　361,371,372,376－389,391,
　　396,399,400,402－405

埃斯波西托　4,8,31,35,38,39,
46,49,50,52,57,71,72,87－
91,93－95,97,98,100－102,
110,118,124,137,164,165,
175,186,192－194,196,201,
203,204,216,221,222,256,
262,318,321,322,332－336,
338－345,351－353,391,396

B

边沁　61,113,229

C

赤裸生命　2,3,5,7－10,13－17,
20,21,23－25,27,29,31－34,
37,117－119,125,129,130,134－
137,139－144,154－159,161,

163,164,167,169—172,174—176,178,199—201,213,215—219,221,244—249,251,252,256,257,259—262,265,272,275,284,307,310,321,325,345,377—379,382,383,385,387,400,404,405

F

福柯 1—4,7,8,11,12,25,27,28,30—32,35,39—41,43—47,49—73,84,86,87,101—105,110—115,117,118,122—125,130,131,135,136,140,144—148,150,151,153—155,157—159,167,174—176,178,180,182—192,194—199,201,203—213,215—218,223—234,236,242,243,247,250,256,257,263—267,270,272,322,323,325,333,359—361,369,372—376,379,381,391—396,399,403

G

共产主义 9,10,195,235,251,267,268,273,317—320,322—328,332,345—347,349,359,361—365,367—371,381,388,404

共同体 7,8,12,13,16,19,32,63,93,94,99,104,127,139,140,142,143,152,159,163,164,175,195,221,226,227,240,241,244,246,252,259,267,269,270,273,281,298,301,317—322,324,332—359,361,371,373,381,383,404

J

集中营 4,13,17,19,24,25,28,29,31,32,36,37,118,151,157,167,169,170,175,199,200,217,220,224—226,228,236,241—248,275,326,385,404

L

例外状态 2,5,6,8,13—16,19,

31, 33, 37, 88, 117, 119, 158, 159, 161, 162, 166 — 173, 175, 176, 199, 213, 218, 244, 246, 247, 249, 251, 275, 315, 359, 372,373,376—382,385,386,405

195, 235, 238, 240, 249, 251, 256, 257, 262, 269, 281 — 293, 295,297—302,311,313,323—325, 353, 354, 357, 372, 376—379,382,393—395,399,405

N

奈格里 4,19,24—26,30,31,34, 35,38—41,45,60,71—73,75—77,79—84,86—89,95,102, 110,118,124,125,137,145,148—151, 174, 175, 177, 186, 194—196, 199, 201, 223, 233—242, 247, 251, 256, 262, 265, 267—270,272,273,281,283,284,292—294, 318, 321—333, 345, 347, 359,360,368—370,380—382, 385,386,391,396

S

神圣人 2—5,7—9,13—16,20, 21,24,26—31,33,35—37,116, 119,125,136—140,142—144, 155, 156, 158, 159, 161—163, 165—167, 169, 199, 200, 202, 246, 247, 253, 284, 293, 307, 310,321,325,359,376,380,382—386,403—406

生活政治学 1—6,9—11,21,23, 35,39—41,45,46,49—52,57, 62,69—72,76,87,88,97,101—103, 105, 106, 112, 113, 115—119,122—125,129—131,133, 136, 137, 140, 143—146, 150, 152, 156, 158, 159, 162, 163, 167,174—177,183—185,187,

Q

潜能 6,16,17,19,23,25,34,69, 81, 85, 86, 107, 116, 120, 173, 175, 177, 178, 184, 185, 194,

191，192，194，196，197，200 —
204，206，211，212，214，216，
217，223，224，231，233，242，
243，250，251，275，283，321，
325，326，369，371，372，379 —
381，384，388，395，398，400，403

生命权力 7，11，25，59 — 62，64，
67，69，70，72，73，85，101，103，
109，110，118，146 — 148，150，
152 — 155，157，158，176，180，
182，186，194，199 — 201，204，
206 — 215，222，223，234，244，
246，256，265，268，325，327，
330，331，392 — 395

生命形式 2，11，12，16，21 — 24，
27，49，85，122，125，128，142，
175，178，197，215，219，249，251 —
253，255 — 265，270，272，274 —
279，281 — 283，307，331，346，
358，359，371，372，376，387，406

死亡政治学 71，88，95，97，100，
175，176，192，196，197，201 —
204，207，212，214 — 216，221，

222，224，242，244，265，282，
284，307，324

Y

圆形监狱 61，103，113，229，233，236

Z

种族主义 49，57，62，202 — 213，
215，217，224，239，242

主权 3，7，12，14，15，17，19，29 —
31，34 — 37，58，62 — 64，67 — 69，
71，75，76，81，84，86，109，116 —
118，124，130，141，143 — 159，
161 — 167，169 — 176，180，181，
184，199，201，207，208，210 —
213，215，216，218 — 222，234，
244，246 — 249，251，252，260 —
262，264，265，275，282，283，
290，291，298，300，301，303，
305，308，316，325，330 — 332，
337，346，358 — 360，369，372，
373，376 — 382，384，392，396，
399，403

参考文献

一、中文专著

1. ［意］吉奥乔·阿甘本：《幼年与历史：经验的毁灭》，河南大学出版社 2011 年版。

2. ［意］乔吉奥·阿甘本：《潜能》，漓江出版社 2014 年版。

3. ［意］吉奥乔·阿甘本：《例外状态》，西北大学出版社 2015 年版。

4. ［意］吉奥乔·阿甘本：《无目的的手段：政治学笔记》，河南大学出版社 2015 年版。

5. ［意］吉奥乔·阿甘本：《剩余的时间：解读〈罗马书〉》，中央编译出版社 2016 年版。

6. ［意］吉奥乔·阿甘本：《语言的圣礼：誓言考古学》，重庆大学出版社 2016 年版。

7. ［意］吉奥乔·阿甘本：《宁芙》，重庆大学出版社 2016 年版。

8. ［意］吉奥乔·阿甘本：《神圣人：至高权力与赤裸生命》，中央编译出版社 2016 年版。

9. ［意］吉奥乔·阿甘本：《万物的签名：论方法》，中央编译出版社 2017 年版。

10. ［美］汉娜·阿伦特：《极权主义的起源》，生活·读书·新知三联书店 2014 年版。

11. ［美］汉娜·阿伦特：《论革命》，译林出版社 2011 年版。

12. ［美］汉娜·阿伦特：《人的境况》，上海人民出版社 2009 年版。

13. ［英］安东尼·吉登斯：《社会的构成：结构化理论大纲》，生活·读书·新知三联书店 1998 年版。

14. ［法］莫里斯·布朗肖：《不可言明的共通体》，重庆大学出版社 2016 年版。

15. ［德］瓦尔特·本雅明：《单行道》，译林出版社 2012 年版。

16. ［德］瓦尔特·本雅明：《德意志悲苦剧的起源》，北京师范大学出版社 2013 年版。

17. 包亚明主编：《权力的眼睛——福柯访谈录》，上海人民出版社 1997 年版。

18. ［英］戴维·米勒、韦农·波格丹诺编：《布莱克维尔政治学百科全书》，中国政法大学出版社 1992 年版。

19. ［美］博拉朵莉：《恐怖时代的哲学：与哈贝马斯和德里达对话》，华夏出版社 2005 年版。

20. 《柏拉图全集》第 3 卷，人民出版社 2003 年版。

21. ［美］马克·波斯特：《福柯、马克思主义与历史：生产方式与信息方式》，南京大学出版社 2015 年版。

22. ［美］L. 德赖弗斯、保罗·拉比诺：《超越结构主义与解释学》，光明日报出版社 1992 年版。

23. ［英］狄更斯：《我们共同的朋友》，上海译文出版社 1986 年版。

24. ［英］戴维·哈维：《后现代的状况——对文化变迁之缘起的探究》，商务印书馆 2003 年版。

25. ［英］大卫·哈维：《希望的空间》，南京大学出版社 2006 年版。

26. ［英］大卫·哈维：《资本社会的 17 个矛盾》，中信出版社 2016 年版。

27. ［法］米歇尔·福柯：《规训与惩罚（修订译本）》，生活·读书·新知三联书店 2012 年版。

28. ［法］米歇尔·福柯：《必须保卫社会》，上海人民出版社 1999 年版。

29. ［法］米歇尔·福柯：《词与物：人文科学考古学》，上海三联书店 2002 年版。

30. ［法］米歇尔·福柯：《安全、领土与人口》，上海人民出版社 2010 年版。

31. ［法］米歇尔·福柯：《性经验史》，上海人民出版社 2005 年版。

32. ［法］米歇尔·福柯：《生命政治的诞生》，上海人民出版社 2011 年版。

33. ［法］米歇尔·福柯：《不正常的人》，上海人民出版社 2010 年版。

34. ［法］米歇尔·福柯：《疯癫与文明（修订译本）》，生活·读书·新知三联书店 2012 年版。

35. ［法］米歇尔·福柯：《说真话的勇气：治理自我与治理他者Ⅱ》，上海人民出版社 2016 年版。

36. ［法］米歇尔·福柯：《主体解释学》，上海人民出版社 2005 年版。

37. ［德］费迪南·费尔曼：《生命哲学》，华夏出版社 2000 年版。

38. ［英］霍布斯：《利维坦》，商务印书馆出版 1985 年版。

39.. ［德］海德格尔：《在通向语言的途中》，商务印书馆 2004 年版。

40. ［美］唐纳·哈拉维：《类人猿、赛博格和女人——自然的重塑》，河南大学出版社 2012 年版。

41. ［美］亨利·戴维·梭罗：《瓦尔登湖》，四川文艺出版社 2009 年版。

42. 胡大平等：《西方马克思主义的资本主义批判理论：资本主义理解史》第 5 卷，江苏人民出版社 2009 年版。

43. 夏铸九：《空间的文化形式与社会理论读本》，明文书局 1988 年版。

44. 《卡夫卡全集》第 1 卷，河北教育出版社 1996 年版。

45. ［德］克劳斯·费舍尔：《纳粹德国：一部新的历史》，江苏人民出版社 2005 年版。

46. ［法］卢梭：《社会契约论》，商务印书馆 2011 年版。

47. ［英］莱姆克等：《马克思与福柯》，华东师范大学出版社 2007 年版。

48. 《马克思恩格斯全集》第 1 卷，人民出版社 1956 年版。

49. 《马克思恩格斯全集》第 3 卷，人民出版社 2002 年版。

50. 《马克思恩格斯全集》第 30 卷，人民出版社 1995 年版。

51. 《马克思恩格斯全集》第 44 卷，人民出版社 2001 年版。

52. ［美］迈克斯·泰格马克：《生命 3.0》，浙江教育出版社 2018 年版。

53. ［美］麦克尔·哈特、［意］安东尼奥·奈格里：《帝国——全球化的政治秩序》，江苏人民出版社 2008 年版。

54. ［美］迈克尔·哈特、［意］安东尼奥·奈格里：《大同世界》，中国人民大学出版社 2015 年版。

55. ［意］安东尼奥·内格里：《超越帝国》，北京大学出版社 2016年版。

56. ［意］安东尼奥·奈格里：《艺术与诸众：论艺术的九封信》，重庆大学出版社 2016 年版。

57. ［法］让-吕克·南希：《无用的共通体》，河南大学出版社 2015年版。

58. ［英］尼古拉斯·罗斯：《生命本身的政治：21 世纪的生物医学、权力与主体性》，北京大学出版社 2014 年版。

59. ［斯洛文尼亚］斯拉沃热·齐泽克：《欢迎来到实在界这个大荒漠》，译林出版社 2015 年版。

60. ［美］汉娜·阿伦特编：《启迪：本雅明文选》，生活·读书·新知三联书店 2008 年版。

61. ［德］卡尔·施米特：《政治的概念》，上海人民出版社 2004 年版。

62. 宋晓杰：《政治主体性、绝对内在性和革命政治学：奈格里政治本体论研究》，人民出版社 2014 年版。

63. 汪民安主编：《生产》第 2 辑，广西师范大学出版社 2005 年版。

64. 汪民安主编：《生产》第 3 辑，广西师范大学出版社 2006 年版。

65. 汪民安、郭晓彦主编：《生产》第 7 辑，江苏人民出版社 2011 年版。

66. 汪民安、郭晓彦主编：《生产》第 9 辑，江苏人民出版社 2014 年版。

67. 汪民安、陈永国主编：《后身体：文化、权力与生命政治学》，吉林人民出版社 2011 年版。

68. 汪民安编：《声名狼藉者的生活：福柯文选Ⅰ》，北京大学出版社 2016 年版。

69. 汪民安编：《什么是批判：福柯文选Ⅱ》，北京大学出版社 2016 年版。

70. 汪民安编：《自我技术：福柯文选Ⅲ》，北京大学出版社 2015 年版。

71. ［奥］维特根斯坦：《哲学研究》，商务印书馆 2000 年版。

72. 《亚里士多德全集》第 3 卷，中国人民大学出版社 1992 年版。

73. ［古希腊］亚里士多德：《政治学》，商务印书馆 2016 年版。

74. ［古希腊］亚里士多德：《形而上学》，商务印书馆 1995 年版。

75. ［古希腊］亚里士多德：《尼各马可伦理学》，商务印书馆 2003 年版。

76. ［法］伊夫·夏尔·扎尔卡：《权力的形式：从马基雅维利到福柯的政治哲学研究》，福建教育出版社 2014 年版。

77. 周枏：《罗马法原论》，商务印书馆 2001 年版。

78. ［法］朱迪特·勒薇尔：《福柯思想辞典》，重庆大学出版社 2015 年版。

79. 张一兵：《回到福柯：暴力性构序与生命治安的话语构境》，上海人民出版社 2016 年版。

二、其他中文文献

1. 郑秀才：《生命政治与主体性（上）——阿甘本访谈》，载《国外理论动态》2005 年第 6 期。

2. 郑秀才：《生命政治与主体性（下）——阿甘本访谈》，载《国外理论动态》2005 年第 7 期。

3. 黄世权：《生命权力：福柯与阿甘本（上）》，载《国外理论动态》2007 年第 7 期。

4. 靳琦：《生命权力：福柯与阿甘本（下）》，载《国外理论动态》2007 年第 8 期。

5. 胡继华：《生命政治化——简述乔治·阿甘本》，载《国外理论动态》2006 年第 5 期。

6. 高奇琦：《填充与虚无：生命政治的内涵及其扩展》，载《政治学研究》2016 年第 1 期。

7. 高奇琦：《世俗化的弥赛亚精神：阿甘本的宗教哲学思想》，载《世界宗教研究》2015 年第 3 期。

8. 蓝江：《语言哲学下的生命政治——当代马克思主义哲学与语言转向》，载《哲学动态》2013 年第 12 期。

9. 蓝江：《从赤裸生命到荣耀政治——浅论阿甘本 homo sacer 思想的发展谱系》，载《黑龙江社会科学》2014 年第 4 期。

10. 蓝江、董金平：《生命政治：从福柯到埃斯波西托》，载《哲学研究》2015 年第 4 期。

11. 蓝江：《在美杜莎与宁芙之间——论阿甘本的图像理论》，载《文艺理论研究》2015 年第 6 期。

12. 蓝江：《誓言与亵渎：论阿甘本的元语言哲学》，载《江西社会科学》2016 年第 9 期。

13. 蓝江：《共产主义的可能性——当代激进政治理论家的思考》，载《黑龙江社会科学》2016 年第 5 期。

14. 蓝江：《生命政治学批判视野下的共产主义》，载《吉林大学社会科学学报》2016 年第 3 期。

15. 蓝江：《赤裸生命与被生产的肉身：生命政治学的理论发凡》，载《南京社会科学》2016 年第 2 期。

16. 蓝江：《记忆与影像——从古希腊到阿甘本的生命—影像哲学》，载《浙江工商大学学报》2016 年第 1 期。

17. 蓝江：《什么是人民？抑或我们需要什么样的人民？——当代西方激进哲学的人民话语》，载《理论探讨》2016 年第 4 期。

18. 牟晓龙：《至高权力：探析阿甘本的主权概念》，华东师范大学硕士学位论文，2016 年。

19. 吴冠军：《关于"使用"的哲学反思——阿甘本哲学中一个被忽视的重要面向》，载《马克思主义与现实》2013 年第 6 期。

20. 吴冠军：《生命权力的两张面孔——透析阿甘本的生命政治论》，载《哲学研究》2014 年第 8 期。

21. 吴冠军：《"生命政治"论的隐秘线索：一个思想史的考察》，载《教学与研究》2015 年第 1 期。

22. 吴冠军：《生命政治：在福柯与阿甘本之间》，载《马克思主义与现实》2015 年第 1 期。

23. 吴冠军：《阿甘本论神圣与亵渎》，载《国外理论动态》2014 年第 3 期。

24. 吴冠军：《"我们所拥有的唯一时间"——透析阿甘本的弥赛亚主义》，载《山东社会科学》2016 年第 9 期。

25. 姚云帆：《阿甘本"牲人"概念研究》，北京外国语大学博士学位论文，2013 年。

26. 姚云帆：《论阿甘本 Homo Sacer 概念的含义》，载《马克思主义与现实》2015 年第 1 期。

27. 张宪丽：《阿甘本法律思想研究》，华东政法大学博士学位论文，2015 年。

28. 张一兵：《奥斯维辛背后不可见的存在论剩余——阿甘本〈奥斯维辛的剩余〉解读》，载《哲学研究》2013 年第 11 期。

29. 张一兵：《黑暗中的本有：可以不在场的潜能——阿甘本的哲学隐性话语》，载《社会科学战线》2013 年第 7 期。

30. 张一兵：《孤离的神姿：阿甘本与德波的〈景观社会〉》，载《马克思主义与现实》2013 年第 6 期。

31. 张一兵：《生命政治学与现代权力治理术：福柯的法兰西演讲评述》，载《天津社会科学》2015 年第 1 期。

三、英文文献

1. Agamben，*Language and Death：The Place of Negativity*，Minneapolis，MN：University of Minnesota Press，1991.

2. Agamben，*The Coming Community*，Minneapolis：University of Minnesota Press，1993.

3. Agamben，*Infancy and History：On the Destruction of Experience*，London：Verso，1993.

4. Agamben，*Idea of Prose*，translated by Michael Sullivan and Sam Whitsitt，Albany：State University of New York Press，1995.

5. Agamben, *Homo Sacer*: *Sovereign Power and Bare Life* (Homo Sacer, Ⅰ), Stanford: Stanford University Press, 1998.

6. Agamben, *The Man Without Content*, Stanford: Stanford University Press, 1999.

7. Agamben, *Potentialities*: *Collected Essays in Philosophy*, Stanford: Stanford University Press, 1999.

8. Agamben, *Remnants of Auschwitz*: *The Witness and the Archive* (Homo Sacer, Ⅲ), New York: Zone Books, 1999.

9. Agamben, *Means Without End*: *Notes on Politics*, Minneapolis: University of Minnesota Press, 2000.

10. Agamben, *The Open*: *Man and Animal*, Stanford: Stanford University Press, 2004.

11. Agamben, *State of Exception* (Homo Sacer, Ⅱ, 1), Chicago: University of Chicago Press, 2005.

12. Agamben, *The Time That Remains*: *A Commentary on the Letter to the Romans*, Stanford: Stanford University Press, 2005.

13. Agamben, *Profanations*, New York: Zone Books, 2007.

14. Agamben, *The Signature of All Things*: *On Method*, New York: Zone Books, 2009.

15. Agamben, *What Is an Apparatus? and Other Essays*, Stanford: Stanford University Press, 2009.

16. Agamben, *The Kingdom and the Glory*: *For a Theological Genealogy of Economy and Government* (Homo Sacer, Ⅱ, 2), Stanford:

Stanford University Press, 2011.

17. Agamben, *Nudities*, Stanford: Stanford University Press, 2011.

18. Agamben, *The Sacrament of Language: An Archeology of the Oath* (Homo Sacer, Ⅱ, 3), Stanford: Stanford University Press, 2011.

19. Agamben, *The Church and the Kingdom.*, Seagull Books, 2012.

20. Agamben, *The Highest Poverty: Monastic Rules and Form-of-Life*, Stanford, CA: Stanford University Press, 2013.

21. Agamben, *Opus Dei: An Archaeology of Duty*, Stanford: Stanford University Press, 2013.

22. Agamben, *Pilate and Jesus*, Stanford: Stanford University Press, 2015.

23. Agamben, *The Use of Bodies*, Stanford: Stanford University Press, 2015.

24. Agamben, *Stasis: Civil War as a Political Paradigm*, Stanford: Stanford University Press, 2015.

25. Marcelo Svirsky and Simone Bignall, *Agamben and Colonialism*, Edinburgh University Press, 2012.

26. Matthew Calarco and Steven DeCaroli, *Giorgio Agamben: Sovereignty and Life*, California: Stanford University Press, 2007.

27. Daniel McLoughlin, *Agamben and Radical Politics*, Edinburgh University Press, 2016,

28. Alex Murray, *Giorgio Agamben*, London and New York: Rout-

ledge, 2010.

29. Antonio Negri, *Goodbye Mr. Socialism*, Seven Stories Press, 2006.

30. Antonio Negri, *The Savage Anomaly: The Power of Spinoza's Metaphysics and Politics*, Oxford: University of Minnesota Press, 1991.

31. Alain Badiou, *The Meaning of Sarkozy*, London/New York: Verso, 2008.

32. Catherine Mills, *The Philosophy of Agamben*, Acumen Publishing Ltd. , 2008.

33. Catherine Mills, *Biopolitics*, London and New York: Routledge, 2018.

34. Jenny Edkins and Nick Vaughan-Williams, *Critical Theorists and International Relations*, Routledge, 2009.

35. Carl Schmitt, *Political Theology: Four Chapters on the Concept of Sovereignty*, the Massachusetts Institute of Technology Press, 1985.

36. David Kishik, *Wittgenstein's Form of Life* (To Imagine a Form of Life, I), Continuum International Publishing Group Ltd. , 2008.

37. David Kishik, *The Power of Life: Agamben and the Coming Politics* (To Imagine a Form of Life, II), Stanford University Press, 2012.

38. Jon Simons, *From Agamben to Žižek: Contemporary Critical Theorists*, Edinburgh University Press, 2010.

39. Matthew Calarco and Steven DeCaroli, *Giorgio Agamben: Sover-*

eignty and Life, Stanford University Press, 2007.

40. Tom Frost, *Giorgio Agamben: Legal, Political and Philosophical Perspectives*, Routledg, 2013.

41. Georges Canguilhem, *On the Normal and the Pathological*, D. Reid-el Publishing Company, 1978.

42. Hannah Arendt, *The Origins of Totalitarianism*, San Diego, New York, London: Harcourt Brace Jovanovich, Publishers, 1973.

43. Hannah Arendt, *The Human Condition*, Chicago: University of Chicago Press, 1998.

44. Herman Melville, *Melville's Short Novels*, New York: W. W. Norton and Company, 2002.

45. Jessica Whyte, *Catastrophe and Redemption: The Political Thought of Giorgio Agamben*, State University of New York Press, 2013.

46. Judith Butler, *Precarious Life: The Powers of Mourning and Violence*, New York: Verso, 2004.

47. Jean-Luc Nancy, *The Birth to Presence*, Stanford, California: Stanford University Press, 1994.

48. Jean Bodin, *On Sovereignty: Four Chapters from The Six Books of the Commonwealth*, Cambridge: Cambridge University Press, 1992.

49. Jacques Derrida, *The Beast and the Sovereign*, Vol. I, Chicago: Chicago University Press, 2009.

50. Jacques Derrida, *Dissemination*, London: Athlone Press, 1981.

51. Karl Kerényi, *Dionysos: Archetypal Image of Indestructible Life*, Princeton: Princeton University Press, 1976.

52. Leland de la Durantaye, *Giorgio Agamben: A Critical Introduction*, Stanford University Press, 2009.

53. Leonard Lawlor and John Nale, *The Cambridge Foucault Lexicon*, Cambridge University Press, 2014.

54. Mathew Abbott, *The Figure of This World: Agamben and the Question of Political Ontology*, Edinburgh University Press, 2014.

55. Miguel Vatter, *The Republic of the Living: Biopolitics and the Critique of Civil Society*, New York: Fordham University Press, 2014.

56. Michael Hardt and Antonio Negri, *Multitude: War and Democracy in the Age of Empire*, New York: The Penguin Press, 2004.

57. Michel Foucault, *Power: Essential Works of Foucault 1954-84*, vol. 3, New York: New Press, 2000.

58. Michel Foucault, *Subjectivity and Truth*, Lecture at The College De France, *1980-1981*, Macmillan Publishers Ltd., 2017.

59. Michel Foucault, *Ethics: Subjectivity and Truth*, the Essential Works of Foucault 1954-84, vol. 1, New York: New Press, 1998.

60. Michel Foucault, *The Hermeneutics of the Subject*, Lecture At The College De France, *1981-1982*, Macmillan Publishers

Ltd. , 2005.

61. Michel Foucault, *Power/Knowledge: Selected Interviews and Other Writings*, *1972-1977*, New York: Pantheon Books, 1980.

62. Michel Foucault, *The History of Sexuality*, *Volume I: An Introduction*, New York: Pantheon Books, 1978.

63. Michel Foucault, *Society Must be Defended: Lectures at the Collège de France*, *1975-1976*, New York: Pantheon Books, 2003.

64. Nikolas Rose, *The Politics of Life Itself: Biomedicine, Power and Subjectivity in the Twenty-First Century*, Princeton: Princeton University Press, 2007.

65. Andrew Norris, *Politics, Metaphysics, and Death: Essays on Giorgio Agamben's Homo Sacer*, Duke University Press, 2005.

66. Roberto Esposito, *Bios: Biopolitics and Philosophy*, The University of Minnesota Press, 2008.

67. Roberto Esposito, *Communitas: The Origin and Destiny of Community*, Stanford University Press, 2010.

68. Roberto Esposito, *Immunitas, the Protection and Negation of Life*, Cambridge: Polity Press, 2011.

69. Roberto Esposito, *Terms of the Political*, *Community, Immunity, Biopolitics*, Fordham University Press, 2013.

70. Rasmus Ugilt, *Giorgio Agamben: Political Philosophy*, Humanities-eBooks, 2014.

71. R. B. Onians, *The Origins of European Thought: About the*

Body, *the Mind*, *the Soul*, *the World*, *Time and Fate*, Cambridge University Press, 1988.

72. Sergei Prozorov, *Agamben and Politics: A Critical Introduction*, Edinburgh University Press Ltd. , 2014.

73. Sergei Prozorov, "Why Giorgio Agamben is an optimist", *Philosophy and Social Criticism*, 36 (9), 2010.

74. Slavoj Žižek, *Event: A Philosophical Journey Through A Concept*, Melville House, 2014.

75. Slavoj Žižek, *First as Tragedy*, *Then as Farce*, London, New York: Verso, 2009.

76. Sven-Olov Wallenstein, *Biopolitics and the Emergence of Modern Architecture*, New York Princeton Architectural, 2009.

77. Jeremy W. Crampton and Stuart Elden, *Space, Knowledge and Power: Foucault and Geography*, Ashgate Publishing Company, 2007.

78. Justin Clemens, Nicholas Heron and Alex Murray, *The Work of Giorgio Agamben: Law, Literature, Life*, Edinburgh University Press, 2008.

79. Graham Burchell, Colin Gordon, and Peter Miller, *The Foucault Effect: Studies in Governmentality: With Two Lectures by and an Interview with Michel Foucault*, The University of Chicago Press, 1991.

80. Alison Ross, *The Agamben Effect*, Duke University Press, 2008.

81. Thomas Lemke, *Biopolitics: An Advanced Introduction*, New

York University Press, 2011.

82. Timothy Campbell and Adam Sitze, *Biopolitics: A Reader*, Duke University Press, 2013.

83. Timothy Campbell, *Improper Life: Technology and Biopolitics from Heidegger to Agamben*, University of Minnesota Press, 2011.

84. Alex Murray and Jessica Whyte, *The Agamben Dictionary*, Edinburgh University Press, 2011.

85. Slavoj Žižek and Costas Douzinas, *The Idea of Communism*, New York: Verso, 2010.

86. Peter Gratton and Marie-Eve Morin, *The Nancy Dictionary*, Edinburgh University Press Ltd. , 2015.

87. Walther Benjamin, *Illuminations*, New York: Schocken Books, 1968.

88. Xavier Bichat, *Physiological Researches on Life and Death*, printed by Smith &.Maxwell, Philadelphia, 1809.

后　记

　　2012年9月，我怀揣着追逐梦想的愿望来到南京。那时候未来在我头脑中还只是构想，隐约浮现出理想生活的轮廓。即便如此，一切也都显得那么美好，催人痴心向往。想到这，我非常感谢大学时的郑桦老师。如果没有她的悉心指导、热情关怀与积极鼓励，我必定会错过在南京大学哲学系这段难以忘怀而又充满幸福感的学习生活。

　　一直以来，我都觉得自己非常幸运。虽然高考没能如愿踏入理想的大学，但我依旧收获了大学应有的色彩与激情。正是这段奇异而又绚丽的青春体验激励着我走向更高的学习殿堂去追逐自己的梦想。转眼间，我在南京大学度过了平淡而又有趣的硕士、博士阶段。六年光阴实在太快，还没来得及细细品味就已成回忆。

　　刚来南京时，我也心存些许不安与疑惑，不知自己是否能够快速地适应新的环境，毕竟以往的生活与学习相对安逸与轻松。来到南京大学哲学系后要学习新的专业、结交新的同学、熟悉新的老师、适应新的环境，这对我而言确实是个不小的挑战，但在老师、同学与朋友们的支持与帮助下，我找到了适合自己的生活方式与学习方式。这些年来，哲学系的诸位老师在专业知识、科研能力、治学态度上严谨诚实的作风，让我深刻地体会到了刻苦钻研专业、勇攀学术高峰的精神。更重要的是，他们时刻在为每一位学生付出真切的关怀，给予无微不至的照顾，这让我深受感动。

　　在这里，我要特别感谢我的导师蓝江教授，感谢您让我成为您的学生，感谢您六年来从不缺席的关爱，感谢您对我自始至终的鼓励，感谢您在学业上孜孜不倦的指导，感谢您那始终保持而又极富感染力的微笑。我还要特别感谢陪伴我走过硕士、博士生活的室友崔韩颖。在这几年的朝夕相处中，你一直在包容我、帮助我、照顾我，也让我看到了一个始终积极向上、开朗面对生活境遇的坚强女孩。我也十分感谢六年以来的各位老师，感谢张一兵教授、胡大平教授、刘怀玉教授、张传平教授、尚庆飞教授、张亮教授、姜迎春教授、王浩斌教授、沈晓珊教授、孙乐强老师、周嘉昕老师给予我的谆谆教诲，感谢吴雨芳老师、王玲老师、于玉梅老师、郭明姬老师、陈刚老师在生活中给予我的关心与支持。再者，非常感谢湖南科技大学马克思主义学院诸位领导与同事在工作与生活上给予我的莫大支持与帮助。最后，感谢我的家人对我生活、学业与职业选择的无条件支持与陪伴。这么多年，你们总是默默付出，从不会给我半点压力，一直呵护着我、关爱着我，力求让我安心地享受学习生活、踏实工作。你们是我勇敢面对生活的坚强后盾。过去承蒙各位老师、同学、朋友、家人的厚爱，希望未来不负期待。

本书是在我的博士论文的基础上修改而成的，也是湖南省教育厅科学研究优秀青年项目"马克思主义视野下阿甘本的生命政治学研究"（项目编号18B218)的阶段性成果。由于学识和能力有限，书中难免有不妥之处，恳请各位专家学者批判指正！

图书在版编目（CIP）数据

生命权力、生命形式与共同体：阿甘本的生命政治学研究 /
刘黎著. —北京：北京师范大学出版社，2021.11
　（当代国外马克思主义哲学研究）
　ISBN 978-7-303-26556-5

　Ⅰ.①生… Ⅱ.①刘… Ⅲ.①吉奥乔·阿甘本－政治哲学－
研究 Ⅳ.①B546②D0-02

中国版本图书馆 CIP 数据核字（2020）第 248877 号

营 销 中 心 电 话　010-58805385
北 京 师 范 大 学 出 版 社
主题出版与重大项目策划部　http：//xueda.bnup.com

SHENGMING QUANLI SHENGMING XINGSHI YU GONGTONGTI
出版发行：北京师范大学出版社　www.bnup.com
　　　　　北京市西城区新街口外大街 12-3 号
　　　　　邮政编码：100088
印　　刷：鸿博昊天科技有限公司
经　　销：全国新华书店
开　　本：730 mm×980 mm　1/16
印　　张：27.75
字　　数：330 千字
版　　次：2021 年 11 月第 1 版
印　　次：2021 年 11 月第 1 次印刷
定　　价：98.00 元

策划编辑：郭　珍　　责任编辑：梁宏宇
美术编辑：王齐云　　装帧设计：王齐云
责任校对：康　悦　　责任印制：赵　龙